Ingo Bultmann/Thomas Neumann/Jutta Schiecke (Hrsg.)

Hannover zu Fuß

Ingo Bultmann, studiert Geschichte und Wirtschaft, bisherige Veröffentlichung: Reisehandbuch Mexico, Mundo- Verlag

Thomas Neumann, studierte Geschichte, Soziologie, Erziehungswissenschaften, arbeitet zur Zeit an einer Dissertation

Jutta Schiecke, Geschäftsführerin der Grünen, gelernte Reisebürokauffrau, Diplomsozialwissenschaftlerin, Tätigkeit als freie Journalistin

Thomas Backhauß, Mitarbeiter der Geschichtswerkstatt Hannover

Hubert Brieden, Lehrer, Berufsverbot, Mitarbeiter einer Regional-Zeitung und im Arbeitskreis Regionalgeschichte

Heike Brück-Winkelmann, arbeitet im Stadtarchiv Langenhagen

Hinrich Ewert, Historiker, Mitarbeiter des Freizeitheim Vahrenwald

Michael Fender, studierte Geschichte und Germanistik, arbeitet als Rundfunkredakteur

Klaus Fesche, Historiker, arbeitet zur Zeit in der Geschichtswerkstatt Hannover

Rainer Fröbe, Historiker, Veröffentlichungen zur Geschichte Hannovers und zur Sozialgeschichte des Nationalsozialismus

Heiko Geiling, Sozialwissenschaftler, arbeitet über neue soziale Bewegungen.

Geschichtsinitiative Hannover-Ost der Naturfreundejugend OG Hannover und Kulturtreff Roderbruch

Claudia Gröschel, studierte Soziologie, Politik und Psychologie

Sabine Guckel, studierte Germanistik und Geschichte, arbeitet an einer Dissertation

Axel Harneit-Sievers, Historiker, arbeitet zur Zeit an einer Dissertation

Werner Heine, Historiker, arbeitet im Stadtarchiv Hannover

Gudrun Henke, Diplompädagogin, bisherige Veröffentlichungen: Reisehandbücher Spanien, Mexico, Mundo-Verlag

Thomas Hestermann, freier Journalist, gelernter Setzer, Diplom-Sozialwissenschaftler

Werner Holtfort, Rechtsanwalt, MdL Niedersachsen

Reinhard Jacobs, Politologe, arbeitet zur Zeit am Institut für politische Wissenschaften in Hannover

Wolfgang Kaese, studierte Geschichte und Politik, arbeitet zur Zeit an einer Dissertation

Ralf Knobloch, Sozialwissenschaftler, Mitarbeiter des »Bundesweiten Schülerfilm- und -videozentrums« in Hannover

Gesine Krüger, studierte Geschichte und Politik

Michael Meilwes, Sozialwissenschaftler, arbeitet als Schuldnerberater im Arbeitslosenzentrum Hannover

Marko Paysan, studiert Germanistik, Geschichte, publiziert regelmäßig über Jazz im Nationalsozialismus

Eberhard Prölß, Dipl.-Sozialwirt, Referent bei der DAG-Jugend Niedersachsen/Bremen, ehrenamtl. Geschäftsführer der Arbeitsgemeinschaft Bergen-Belsen e.V.

Friedrich Wilhelm Rogge, Historiker und Politologe, lebt und arbeitet in Hannover und Umgebung

Stefan Schellenberg, freier Journalist

Rudolf Schulz, Soziologe, arbeitet in einem Qualifikationsforschungsprojekt

Wolfgang Schulz, Baudiplomingenieur, Mitbegründer und -arbeiter der Arenha Ing. GmbH

Peter Schulze, Historiker, arbeitet über die Geschichte der Juden in Hannover

Eckart Spoo, Journalist

Thilo Thielke, freier Journalist, studierte Geschichte und Germanistik

Michael Vester, Prof. am Institut für politische Wissenschaften, Hannover

Barbara Wurzel, Mitarbeiterin im Pavillon

Ingo Bultmann/Thomas Neumann/
Jutta Schiecke (Hrsg.)

Hannover zu Fuß

18 Stadtteilrundgänge
durch Geschichte und Gegenwart

Mit Beiträgen von
Thomas Backhauß, Hubert Brieden, Heike Brück-Winkelmann, Ingo-Bultmann, Hinrich Ewert, Michael Fender, Klaus Fesche, Rainer Fröbe, Heiko Geiling, Geschichtsinitiative Hannover-Ost der Naturfreundejugend OG Hannover und Kulturtreff Roderbruch, Claudia Gröschel, Sabine Guckel, Axel Harneit-Sievers, Werner Heine, Gudrun Henke, Thomas Hestermann, Werner Holtfort, Reinhard Jacobs, Wolfgang Kaese, Ralf Knobloch, Gesine Krüger, Michael Meilwes, Thomas Neumann, Marko Paysan, Eberhard Prölß, Friedrich Wilhelm Rogge, Stefan Schellenberg, Jutta Schiecke, Rudolf Schulz, Wolfgang Schulz, Peter Schulze, Eckart Spoo, Thilo Thielke, Michael Vester, Barbara Wurzel

VSA-Verlag, Hamburg 1989

Die Passagen zum ehemaligen Gerichtsgefängnis und Mahnmal im Rundgang Oststadt stammen von Werner Holtfort.

Besonderer Dank für Anregungen, Informationen, Fotos gilt: Volkard App, Helene und Otto Barcke, Pastor Heinz Behrends, Jürgen Beuste, Valentin Bialecki, Edgar Frackmann, Mike Gehrke, Wolfgang Jakob, Christine Kürschner, Kurt Loose, Dieter Müller, Matthias Munke, Erna Plaue, Robert Simon,Herbert Schröder vom Freizeitheim Lister Turm, Freizeitheim Vahrenwald, Thomas Salowski und Willi Westermann, Paul Wiener, Stadtarchiv Hannover

Kartengrundlage: Stadtplan Hannover 1:100000 und 1:20000, herausgegeben vom Stadtvermessungsamt Hannover mit freundlicher Genehmigung des Herausgebers

Titelfoto: Ulrich Kirmes
Foto der Rückseite: Klaus Hoffmann

Gesamtverzeichnis anfordern!

Satz: satz + repro kollektiv GmbH, Hamburg
Druck und Buchbindearbeiten: Evert Druck, Neumünster
ISBN 3-87975-471-3

Inhalt

Rundgang 1: Altstadt und Calenberger Neustadt *(von Thomas Hestermann)*

Wo lose Freiheit lockt und Otto Brenner Tango tanzte 9

Rundgang 2: Innenstadt *(von Sabine Guckel)*

Georgstraße »verkehrt« herum 29

Rundgang 3: Südstadt *(von Klaus Fesche)*

Kosaken, Klubb und acht Kometen 51

Rundgang 4: Rund um den Maschsee *(von Rudolf Schulz und Michael Meilwes)*

Sport, Spiel, Spannung 65

Rundgang 5: Döhren *(von Wolfgang Kaese)*

Klingelbier und Spargel 83

Rundgang 6: Linden-Nord *(von Axel Harneit-Sievers und Thomas Neumann)*

Philosophie, große Politik und ein Puschenkino »umme« Ecke 93

Rundgang 7: Linden-Süd *(von Axel Harneit-Sievers und Thomas Neumann)*

Ein schillernder König zwischen Bär, Berg und Blech 105

Rundgang 8: Ricklingen/Mühlenberg *(von Jutta Schiecke)*

Fidelet Dörp mit Kiesteich-Riviera 121

Rundgang 9: Limmer/Ahlem *(von Friedrich Wilhelm Rogge)*

Gummi, Schwefel und Asphalt 133

Rundgang 10: Nordstadt *(von Claudia Gröschel und Ingo Bultmann)*

Zarte Versuchung, Kultur vor der Haustür 141

Rundgang 11: Herrenhäuser Gärten (von Gesine Krüger und Thomas Neumann)

Ein böser Busch im Grünen Museum 161

Rundgang 12: Von Bothfeld nach Stöcken *(von Ralf Knobloch)*

Alte Heide hinter Bahn und Kanal 173

Rundgang 13: Vahrenwald *(von Hinrich Ewert)*

Stiefelwichse mit Goldmedaillen und ein Freiwilliger namens Löns 183

Rundgang 14: Oststadt *(von Gudrun Henke)*

Bummelparadies und Träume von einer besseren Welt 193

Rundgang 15: List *(von Gudrun Henke)*

Spekulanten, Schellack und Schleckereien 203

Rundgang 16: Zoo/Bult/Eilenriede *(von Stefan Schellenberg)*

Vom Sprechenden Zoo ins Café Loriot 213

Rundgang 17: Kleefeld *(von Rainer Fröbe und Werner Heine)*

Dreigeteilt — schon immer 223

Rundgang 18: Misburg *(von der Geschichtsinitiative Hannover-Ost der Naturfreundejugend OG Hannover und Kulturtreff Roderbruch*

Versteinerte Muscheln auf einer Reise nach Jerusalem 237

Gedenkstätte und Ausflugsziele 251

Praktische Tips 255

Zum Weiterlesen 259

Personenverzeichnis 262

Verzeichnis der Straßen und Objekte 264

Themenkästen

Schützenfest *(Barbara Wurzel)* 19
700 Jahre jüdische Gemeinde *(Peter Schulze)* 23
Nanas kontra Notarztwagen *(Thilo Thielke)* 14
Pressestadt Hannover *(Barbara Wurzel)* 31
Protestbewegungen, APO und der Rote Punkt *(Heiko Geiling/Michael Vester)* 40
Industriegeschichte Hannovers *(Thomas Backhauß)* 61
Die zockende Unschuld *(Michael Fender)* 81
Schwitters = MERZ *(Wolfgang Kaese/Michael Meilwes)* 86
Stadtentwicklung: Vorbild für die Welt *(Thomas Neumann)* 99
Wiederaufbau der Gewerkschaft *(Reinhard Jacobs)* 114
Frauen — Bewegung — Treffs *(Gudrun Henke)* 149
Gefallene Söhne und imposante Erbbegräbnisse *(Peter Schulze)* 155
Die »Fälle« Lessing und Brückner *(Thomas Neumann)* 157
Die Welfen *(Werner Holtfort)* 165
Auf High-Tech-Kurs *(Stefan Schellenberg)* 191
Kennen Sie Knigge? *(Eckart Spoo)* 200
Ein Schäferhund für Hindenburg *(Stefan Schellenberg)* 215
Flucht in den Freisprung *(Michael Fender)* 217
Hannover-Messe *(Thomas Neumann)* 242
Blues in Hannover *(Thilo Thielke)* *259*

Vorwort

»Zurückhaltung und Besonnenheit; praktische Tüchtigkeit und gute Haltung verdienen alles Lob, nur verbreiten sie keinen urbanen Charme.« Mit dieser Charakterisierung Hannovers und seiner Bewohnerinnen und Bewohner traf Frank Thieß eine weit verbreitete Meinung. Nun möchte niemand grundsätzlich widersprechen, daß »Hannöversches« auch den Beigeschmack von »Sturem« und »Provinziellem« hat, aber aus ersten, unwirschen Begegnungen kann bei weiteren Berührungen schnell eine »Liebe auf den zweiten Blick« entstehen. Hannover hat viel Liebenswertes und Interessantes zu bieten: die verstreuten Biergärten, die Musikkultur, die Stadtgeschichte mit ihren großen und kleinen Töchtern und Söhnen ... Stück für Stück steigt die Verbundenheit, ohne daß sich die alten Vorurteile restlos zu Grabe tragen ließen.

Schwitters stellte bereits 1920 fest: »Der Unterschied zwischen Hannover und Anna Blume ist der, daß man Anna von hinten und von vorne lesen kann, Hannover dagegen nur von vorne.« Hannover von hinten hieß für ihn »re von nah«, also »Rückwärts von nah«, und daraus folgte für Schwitters, daß »die Übersetzung des Wortes Hannover von vorne lauten würde: ›Vorwärts nach weit‹. Das heißt also: Hannover strebt vorwärts, und zwar ins Unermeßliche«. Und tatsächlich haben die Stadtväter viel mit Hannover und seinem Image vor: 1991 ein Jubelfest zum 750jährigen Bestehen und 1998 soll gar die Weltausstellung in der Messestadt stattfinden.

Anlaß genug für ein Buch wie »Hannover zu Fuß«, das mehr als ein offizielles Hannoverbild bietet. Dieser Stadtführer zeigt Bewohnern und Besuchern die Stadt aus vielfältigen, oft ungewohnten Blickrichtungen.

Viele, die sich lange und intensiv mit ihrer Stadt beschäftigt haben, trugen mit zahlreichen Ideen und Vorschlägen dazu bei, daß *ein* facetten- und abwechslungsreiches Buch entstanden ist — auch wenn etliches aus dem reichhaltigen Wissensschatz buchstäblich keinen Platz mehr fand und interessante Nuancierungen unberücksichtigt bleiben mußten. Wir danken den Mitautorinnen und -autoren und all denjenigen, die mit Tips, Anregungen und Informationen bei den Recherchen behilflich waren. Es soll aber nicht verschwiegen werden: Der eine oder andere hat sich auch »hannöversch« gezeigt. Unserem Elan und Spaß tat dies keinen Abbruch, und so wünschen wir allen Fußgängern oder Radfahrern viel Vergnügen beim Schauen und Lesen in und über Hannover.

Die Herausgeber, Hannover 1989

Die in den einzelnen Rundgängen eingeschlagenen Routen — vorgegeben durch die Reihenfolge der Stationen und Orientierungspunkte — sind Vorschläge, deren Verlauf in den dazugehörigen Karten nicht im einzelnen aufgeführt ist. Genaue Straßen- und (gelegentlich) Hausnummernbezeichnungen in den Randspalten erleichtern die Orientierung. Darüber hinaus sind wichtige Orientierungspunkte durch Ziffern am Rand notiert, die in den Karten wiederauffindbar sind. Jeder/jedem bleibt es indes freigestellt, die Touren anders zusamenzustellen, Stationen auszulassen, andere Ausgangs- oder Endpunkte zu wählen. Die von uns vorgeschlagenen Ausgangs- und Endpunkte, die in der Regel mit öffentlichen Verkehrsmitteln gut zu erreichen sind, haben wir am Beginn der Rundgänge angegeben, ebenso wie die voraussichtliche Dauer. Einzelne Touren erstrecken sich über größere Distanzen. Sie sind daher besser mit dem Fahrrad zu bewältigen.

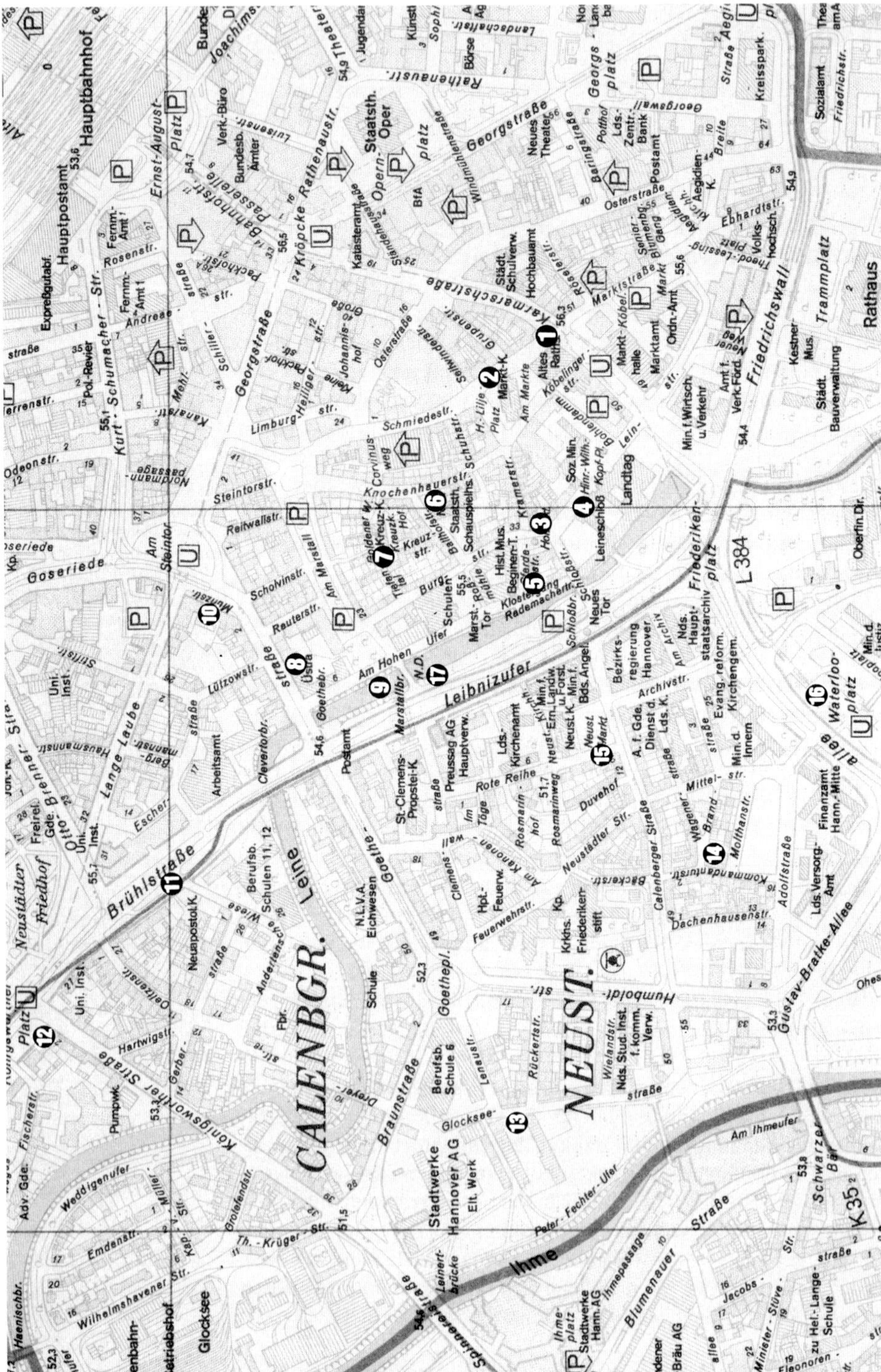
Hauptbahnhof
Hauptpostamt
Ernst-August-Platz
Bahnhofstr.
Kröpcke
Rathenaustr.
Georgstraße
Opernplatz
Staatsth. Oper
Karmarschstraße
Altes Rathaus
Markt-K.
Marktkirche
Osterstraße
Leinestraße
Leineschloß
Landtag
Friedrichswall
Friederikenplatz
Trammplatz
Rathaus
Kestner-Mus.
Waterlooplatz
Leibnizufer
Am Hohen Ufer
Goethestraße
Brühlstraße
Am Steintor
Goseriede
Lange Laube
Kurt-Schumacher-Str.
Königsworther Straße
Königsworther Platz
CALENBGR.
NEUST.
Leine
Ihme
Glocksee
Braunstraße
Humboldtstr.
Calenberger Straße
Neustädter Str.
Rote Reihe
Hist. Mus.
Neues Tor
Bezirksregierung Hannover
Nds. Hauptstaatsarchiv
Finanzamt Hann.-Mitte
Gustav-Bratke-Allee
Stadtwerke Hannover AG
Blumenauer Straße
Neustädter Friedhof
Georgsplatz
Aegidientorplatz
L 384
K 35

Wo lose Freiheit lockt und Otto Brenner Tango tanzte

Altstadt und Calenberger Neustadt

von Thomas Hestermann

Ausgangspunkt: Altes Rathaus (Stadtbahn 3, 7, 19)
Endpunkt: Nanas am Leibnizufer
Dauer: ca. 3 1/2 Stunden

Das Hannoversche Stadtsiegel von 1266

»Zum Bersten langweilig«, haderte *Karl Marx* mit Hannover, als »Hauptstadt der Rekorde« pries das Hochglanzblatt »Vogue« die »Schöne an der Leine«. Immerhin: Zwischen Ihme und Georgstraße sann der Philosoph *Gottfried Wilhelm Leibniz* und mordete *Fritz Haarmann*, entstanden der erste deutsche Flohmarkt und die einzige staatliche Alternativschule der Bundesrepublik, log sich Innenminister *Wilfried Hasselmann* um sein Amt und stritten *Rosa Luxemburg* und *August Bebel* über den Kurs der Sozialisten. Hier wurden Hexen verbrannt und die Nanas bespuckt, erhoben zornige Bürger »zwölf Forderungen an den König« und leuchteten die ersten Gaslaternen des europäischen Kontinents.

Die Gassen zwischen Kreuz- und Marktkirche, das mittelalterliche Hanovere, bildeten vor dem Krieg das Elendsviertel der Stadt: Fünf bis zehn Menschen hausten in muffigen, engen Wohnungen mit Klo auf dem Hof, teilten sich durchschnittlich zu zweit ein Bett. Die meistverbreitete Krankheit, die Tuberkulose, wurde die »Wohnungskrankheit« genannt.

Dennoch, erinnert sich Altbürgermeister *Otto Barche* (Jahrgang 1910), war etwa die Osterstraße ein »Paradies für die Kleinen«, führten die Arbeiterkinder auf dem einzigen Fahrrad der Gegend Zirkuskunststücke vor und kassierten dafür von Passanten fünf Pfennig, krachten mit selbstgebauten Rollern über das Kopfsteinpflaster und klauten Gymnasiasten die Schülermützen: »Wir warn auch Rabauken.«

Nahe dem Hohen Ufer feilschten die Hehler und Stehler, handelten die jüdischen Trödler, sammelten sich Nazi-Trupps im SA-Sturmlokal »Kreuzklappe«. Kühler Kommerz bestimmt heute das Viertel, in das Kneipen und Cafés erst nach 1974 drängten — als Ordnungshüter noch mit dem Maßband darüber wachten, daß an keinem Freiluftlokal Tische mehr als einen Meter in die Straße ragten.

Doch die Spuren der Vergangenheit sind vielfach verwischt: In

Hannovers Altstadt vor der Zerstörung im II. Weltkrieg. Leinebrücke an der Neuenstraße

der Nacht zum 9. Okober 1943 stand Hannover in Flammen, zerbombten alliierte Flugzeuge die Innenstadt zu 85 Prozent. Die Fachwerkhäuser der Knochenhauer und Schmiede waren Schutt und Asche. Ausgebrannt die »kellerfarbene Hinterwelt« (Theodor Lessing) der Calenberger Neustadt, die früher »Klein Venedig« hieß, weil sich ein Seitenarm der Leine durch das düstere Viertel zog. Jetzt ist es ein verschlafenes Quartier, wo Ministeriale und Kirchenbürokraten residieren. Zudem haben Hannovers Stadtplaner seit Jahrhunderten Schneisen in gewachsene Wohngegenden geschlagen, Altes zerstört und rollfeldgroße Straßen wie das Leibnizufer angelegt.

Gewandert ist das Rotlichtviertel. War vor 450 Jahren das Freudenhaus im Roten Kloster an der Leinstraße (wo man damals Pastor *Melchior Berndes* bei den Dirnen erwischte und deshalb aus der Stadt jagte), standen die Huren und Stricher der zwanziger Jahre nahe der Leine, locken nun die Puffs, Peepshows und Schwulentreffs ans Steintor und in die Lange Laube.

Ob das »neue Steintor«, für das ein jüngst gebauter Büroblock mit Ladenstraße wirbt, weiterhin Platz läßt für die Spelunken, in denen sich Gestrandete und Nachtschwärmer treffen, für die türkischen Cafés und *Paul Wieners* Waschsalon mit Restauration, wird sich zeigen.

❶
Altes Rathaus
Schmiedestr. 1

Der Backsteinbau mit den gotischen Treppengiebeln und den Fratzen im Gestein, das Alte Rathaus, wurde im fünfzehnten Jahrhundert erbaut. Hier berieten Hannovers Bürger über Butterhandel und Straßenlicht, saßen zu Gericht und zechten im Keller.

1532 war ein Jahr der Rebellion: Die Bürgeropposition verfaßte drei Beschwerdeschriften. Sie forderte vom Rat nicht nur den Abbau kirchlicher

Privilegien (»Die Pfaffen sollen Grundsteuer zahlen und Wachdienst leisten«), sondern rügte auch den zu teuren Wein im Ratskeller und Treibholz im Schiffgraben.

Im Jahr darauf besetzten zahlreiche Hannoveraner das Rathaus, die katholischen Bürgermeister und Ratsherren flohen nach Hildesheim. Doch bald schon war die Reformation vorüber. 1534 ächtete der neugewählte lutherische Rat seinerseits Rebellen wie die Wiedertäufer als »ärgerliche Sekte« und widmete sich wieder alltäglichen Exzessen: Die Bürger sollten sich, so befahlen es die Stadtoberen, nicht »mit Saufen, Grölen und Völlerei überladen«.

Der Frau des Kuhhirten Tiele Evers, *der Hertschen, wurde 1605 der Prozeß gemacht. Unter der Folter gestand sie, daß sie »zweimal mit dem Teufel gebuhlt« und mit ihm am Weihnachtsabend um den Brunnen auf der Osterstraße getanzt hätte. Nachdem sie zur »Erforschung der Wahrheit« aufs neue gequält wurde, starb sie in den Kellergewölben des Rathauses, dem damaligen Gefängnis. Doch der Hexenwahn erreichte in Hannover nie die Ausmaße wie in anderen deutschen Gegenden.*

Dann wurde Karneval im Festsaal gefeiert, nach venezianischem Vorbild und so schwungvoll, wie man es den spröden Hannoveranern gar nicht zugetraut hätte. Einen »breiten Wollustweg« sah da der dichtende Arzt Paul Gottlieb Werlhof, *»wo der Müßiggang die Laster wirken lehrt, wo lose Freiheit lockt ...«*

Ein zweites Mal kam es zum Aufruhr am Rathaus: Am Mittag des 17. März 1848 verkündeten zahlreiche Bürger »zwölf Forderungen an den König«. Sie wollten Pressefreiheit (»In der reinen lautern Wahrheit ist die alleinige Quelle des Glücks und des Fortschritts zu finden«), Versammlungsfreiheit und Rechtsreformen. Nach Tumulten hob König Ernst August immerhin die Pressezensur auf. Abends zogen Jugendliche durch die Stadt, sangen Freiheitslieder und warfen bei Reichen die Scheiben ein.

Das Alte Rathaus

Die Ratsherren zogen 1863 aus, zunächst in das gegenüberliegende Wangenheim-Palais. Dem neuerwachten Bürgerstolz wäre das Alte Rathaus fast zum Opfer gefallen. Doch statt des geplanten Abrisses wurde der »Dogenpalast« an der Köbelingerstraße angebaut. Gewöhnlich markiert Hochzeitskonfetti auf dem Straßenpflaster seinen Eingang — hier sind Standesamt und Stadtarchiv untergebracht.

Die benachbarte Marktkirche wurde auf dem Sockel ihrer romanischen Vorgängerin erbaut. 1349 noch Baustelle, war die Kirche zehn Jahre darauf fast fertig — bis auf den Turm. Der sollte eigentlich höher werden, doch waren nach der Chronik des Magisters *Hilmar Ising* »die Bauleuthe müde und im Säckel kranck« geworden, so daß sie »den Thurm an seinen vier Giebeln und Archen best, wie sie gekunt zugedecket, diese itzige geringe Spitze hinauffgesetzet haben«.

Figuren des Brunnens zwischen Marktkirche und Altem Rathaus

Hanns-Lilje-Platz
Marktkirche
❷

Immerhin waren die Bürger Hannovers reich genug, um die drei gotischen Kirchen der Altstadt allesamt um 1350 zu errichten — zur gleichen Zeit, als die Pest durch die Stadt fegte.

1523 warnte der Rat vor der »Martinschen Sekte«, und wer mit Lutherschen Schriften erwischt wurde, hatte 20 Bremer Mark zu zahlen, »ohne Gnade«. Bereits zehn Jahre später schworen die an der Marktkirche Versammelten, jeder ein »evangelischer Bruder« zu sein.

Die alten Grabmale an den Wänden und im Boden der Kirche erinnern nicht nur an Verstorbene wie Hans Michael von Obertraut, *den dänischen Generalleutnant und angeblich Urbild des deutschen Michels, der im Dreißigjährigen Krieg fiel. Auf seiner Tafel ist auch Alltagsleben beschrieben: 1280 war, so vermerkte Pastor* David Meier, *eine »wohlfeile Zeit«. Tatsächlich, ein Huhn kostete damals nur einen Pfennig. Und auf Zetteln in einer Nische haben Kirchenbesucher jüngst Genesungswünsche, Nonsens und Liebesgrüße hinterlassen. »Wenn du eine Träne in meinem Auge wärst, ich würde nie mehr weinen, aus Angst, dich zu verlieren«, schrieb ein junges Mädchen.*

Friedrich Schwarze *war der letzte Turmwächter, der bis 1907 vom fast hundert Meter hohen Kirchturm auf die Altstadt hinunterblickte und, »sobald ein Feuer bemerkt wird, die Feuerwache durch den Telegraphen zu benachrichtigen und die Feuer-Signale am Thurme auszuhängen« hatte.*

Das Bronzeportal von Gerhard Marcks *erinnert an die Schrecken des Faschismus und des Zweiten Weltkrieges — die zur Kirchengeschichte gehören. So predigte der braune Christ und Präsident des Kirchentages,* Gerhard Hahn, *in den dreißiger Jahren von der Kanzel: »Hitler, wir von der Kirche tragen dich und dein Amt mit Glaubenskraft.«*

In der Außenwand links neben der Tür zum Alten Rathaus ist in etwa drei Metern Höhe Hannovers ältester Zeitmesser eingelassen. Die rund 850jährige Sonnenuhr, ein Stück des romanischen Gemäuers, teilt den Tag nicht nach Stunden, sondern nach den sechs Messen ein.

Ihrem Namen wird die Marktkirche übrigens nur noch einmal jährlich gerecht — wenn beim Weihnachtsmarkt rundherum Kandis und Pötte, Lebkuchen und Lüttje Lagen zu kaufen sind.

Parkhaus/ Schmiedestraße

Etwa dort, wo jetzt ein Parkhaus steht, ließ sich gegen 1856 der jüdische Arzt *Louis Kugelmann*, Mitglied des verfolgten Bundes

Der Weihnachtsmarkt rund um die Marktkirche, 1969

Nach dem II. Weltkrieg, Schwarzmarkt; im Hintergrund die Marktkirche

der Kommunisten, nieder. Am 16. April 1867 traf bei ihm *Karl Marx* ein, der die Korrekturabzüge seines neuen Werkes »Das Kapital« aus London erwartete. »Trotz schwerer Verhältnisse« meldete Marx: »guter Humor, ohne Leberanschläge.«

Der prominente Kommunist schilderte seiner Tochter Laura das hannoversche Wetter (»ebenso schlecht und unbeständig wie gewöhnlich in London«) und das Leben in der Stadt: »Die Atmosphäre ist zum Bersten langweilig. Das Lebensniveau ist zu niedrig. Das ist das Los des kleinen Mannes, und man muß nicht von großer Statur sein, um sich wie Gulliver unter den Liliputanern zu fühlen.« Auch *Friedrich Engels* machte im gleichen Jahr Station bei Kugelmann.

Detail des Leibnizhauses

Nebenan stand früher das Wohnhaus von *Gottfried Wilhelm Leibniz*. Im Zweiten Weltkrieg zerstört, wurde seine Fassade am Holzmarkt wiederhergestellt.

Schmiedestraße

Schräg gegenüber dem Parkhaus stand früher das Haus Nr. 33, wo *Maria Wiegmann* 1886 geboren wurde. Als *Mary Wigman* war sie eine der »wirkungsmächtigsten Tänzerinnen dieses Jahrhunderts« (Stadtmagazin Flex), die das moderne Tanztheater prägte. Sie verließ Hannover schon früh, um in ihren Schulen den freien Tanz mit spärlicher oder ohne Musikbegleitung als »reine Kunst« zu entwickeln.

Anfangs sympathisierte Mary Wigman mit den Nazis und entwickelte Massentänze für die Olympiade 1936. Nach dem Krieg lehrte sie in Berlin, schrieb »Die Sprache des Tanzes« und starb 1973.

Die Kramerstraße ist die einzige Straße der Altstadt, die Bombenhagel und Feuer einigermaßen überstanden hat. In der mittelalterlichen »platea institorum« wurden Gewürze und Küchengeschirr, Stoffe und Nähzeug angeboten.

Kramerstraße 24

Im Haus Nr. 24 lebte *Cord Broyhan,* der 1526 das erste helle Bier erfand und braute.

❸
Holzmarkt

Am Platz mit dem schmiedeeisernen Oskar-Winter-Brunnen begann 1967 der erste Flohmarkt der Republik, der mittlerweile beide Ufer der Leine säumt, samstags und — bundesweit einmalig — das ganze Jahr über. Ganz unbürokratisch wird er selbstverwaltet.

Am Holzmarkt steht das neuerrichtete Leibnizhaus mit seiner nachgebauten Renaissance-Fassade. *Gottfried Wilhelm Leibniz* war von 1676 bis zu seinem Tod 1716 Hofrat und Bibliothekar des Welfenhauses.

Leibnizhaus
Holzmarkt 6

»Was mich am meisten behindert, daß ich nicht in einer großen Stadt wie Paris oder London lebe, die eine Überfülle von hervorragenden Gelehrten beherbergen«, klagte der Universalgelehrte. Sich selbst beschrieb er als von »hagerer mittelmäßiger Statur«. Er liebte den Zucker so sehr, daß er selbst den Wein damit zu vermischen pflegte, und brannte vor »Begierde, alles tiefer als gewöhnlich geschieht zu durchdringen und etwas neues zu erfinden«.

Nanas kontra Notarztwagen — Straßenkunst

»New York, Spoleto, Amsterdam. Hannover reiht sich ein.« Mit Kunstobjekten wollte Oberstadtdirektor *Martin Neuffer* Hannover übersäen wie mit Bäumen. So begann das Experiment Straßenkunst und versprach »zusätzliche Erlebnisdimensionen«, Steigerung des Lebensgefühls, Pop und Pep in der Niedersachsenmetropole.

Am 29. August 1970 wandeln Hannoveraner in einem riesigen Gummischlauch über den Maschsee, der Künstler *Klaus Goehling* verstopft mit der aufblasbaren Plastikwurst »Bubbleplast« die engen Altstadtgassen, *Hein Sinken* läßt im Festtrubel seine Windobjekte drehen.

Rund 200 000 Hannoveraner feiern das erste Altstadtfest als Premierenfeier der Kunstkampagne und erleben, wie das Rathaus mit bunten Plastikkuben behängt wird, farbige Fesselballons aufsteigen und *Kenneth Snelsons* Aluminiumkonstruktion von spielenden Kindern zum Klettergerüst umfunktioniert wird. Bürger werden mit Kunst konfrontiert, Künstler verlassen ihren Elfenbeinturm.

Hannover war 1970 die erste bundesdeutsche Stadt, die dieses Konzept zum kommunalpolitischen Programm machte: Bis zum September 1973 sollten jährlich rund eine Million Mark für die Straßenkunst ausgegeben werden, beschloß der Rat der Stadt. Tatsächlich konnte die unkonventionelle Imagepflege, angetrieben von Martin Neuffer und dem Direktor des Kunstvereins, *Manfred de la Motte*, Hannover von Attributen wie »langweilig, stur, steif« befreien. Die waren zuvor in einer Umfrage der Marplan-Forschungsgesellschaft als typisch für die niedersächsische Landeshauptstadt ermittelt worden.

Doch als im Januar 1974 die drei Nanas der Künstlerin *Niki de Saint Phalle* am Hohen Ufer errichtet werden, bricht ein Sturm der Entrüstung aus. Insgesamt 150000 Mark kosten die farbenfrohen Figuren aus Frankreich. Zuviel, nach dem Geschmack der Hannoveraner. »Die hätten damals«, erinnert sich Hannovers Imagepfleger *Mike Gehrke*, »lieber Notarztwagen gekauft.« Andere sehen in den fülligen Frauenfiguren eine Verunglimpfung des weiblichen Geschlechts.

Die Absicht zu provozieren, wurde dem Experiment zum Verhängnis. Das Straßenkunstprogramm ist — obwohl nie offiziell verkündet — beendet. Dafür steht das Altstadtfest immer noch hoch in der Gunst der Hannoveraner — ohne Kunst.

Knapp zwanzig Jahre nach dem euphorischen Beginn des Experiments Straßenkunst hat sich nach der Erfahrung Gehrkes die Meinung »der Leute durchgesetzt: Grau ist schön«. Seine Pläne, die Hochstraße am Aegidietorplatz bunt zu streichen, mußte er ebenso begraben wie neue Pläne, Hannovers Bürger für provozierende Plastiken zu begeistern.

»Wenn wir heute demokratisch abstimmten, welche Kunstwerke ins Stadtbild gehören, stünden hier nur Gartenzwerge rum«, meint Mike Gehrke 1989. Verzweifelt? »Eigentlich ständig.«

Thilo Thielke

Leibniz war nicht nur der bedeutendste Philosoph an der Leine, der über die »nackten Monaden, die wahren Atome« grübelte und eine Idealsprache entwarf. Er ist auch geistiger Vater der Bits und Bytes: Ohne sein Zweizahlensystem aus Null und Eins hätten Computer nie rechnen gelernt.

Der »Barfuß« vor dem gleichnamigen Bierlokal stammt aus einem Gigantenrelief des Nazi-Künstlers *Arno Breker*, das der hannoversche Bildhauer *Hans-Jürgen Breuste* aus einem Steinbruch im Fichtelgebirge herschaffte. Mit dem Fuß mußte Breuste vorliebnehmen, weil er sich die Köpfe der zwölfmeterhohen »Kameradschaftsgruppe« nicht leisten konnte — sie wurden für dreißigtausend Mark an reiche Amis verscherbelt. Nun dient der Granitfuß als Biertisch, und in der Kneipe hat Hans-Jürgen Breuste weitere Objekte hinterlassen.

Die Kneipe »Barfuß«, 1989

Ende des dreizehnten Jahrhunderts bezogen Minoritenbrüder, Franziskanermönche, ein Kloster, das 1637 dem Leineschloß der hannoverschen Herrscher wich.

Die Kurprinzessin Sophie Dorothea, *Frau des späteren Königs* Georg I., *lebte hier im siebzehnten Jahrhundert. Sie betrog ihn mit* Philipp Christoph von Königsmarck, *dem sie schrieb: »Ich gehöre Ihnen unbeschränkt, und mir scheint, als ob meine Leidenschaft in jedem Augenblick wächst«.*

Doch man stellte und erstach den Liebhaber im Schloß, warf seine Leiche mit Steinen beschwert in die Leine. Der Mörder, Graf Nicolò Montalban, *erhielt 15.000 Taler aus der Kammerkasse.*

Sophie Dorothea wurde noch im gleichen Jahr geschieden, in das einsame Schlößchen Ahlden an der Aller gebracht und dort zweiunddreißig Jahre bis zu ihrem Tode festgehalten. Ihre beiden Kinder sah sie nie wieder.

Ihr Exmann regierte nicht nur die Welfen, sondern wurde 1714 zugleich König von Großbritannien. Er residierte in London, was seine Nachfahren auch so hielten. Während der königslosen Zeit besetzten die Franzosen die Stadt fast ein Jahrzehnt. Die hannoversch-britische Personalunion endete 1837.

❹ Hinrich-Wilhelm-Kopf-Platz 1

Im potemkinschen Leineschloß (nur die von Laves entworfene Fassade ist erhalten, das Innere erneuert) debattiert seit 1962 der niedersächsische Landtag.

Manchmal gehen Niedersachsens Parlamentarier in den Untergrund: Das neugebaute Hinterhaus gegenüber mit weiteren Abgeordnetenbüros und Sitzungszimmern ist vom Landtag per Tunnel zu erreichen.

Im Saal 1105 befaßten sich Untersuchungsausschüsse mit dem staatlich befohlenen Bombenanschlag auf das Celler Gefängnis und der Pleite der hannoverschen Spielbank. Hier bestritt Innenminister *Wilfried Hasselmann*, daß er Geld und Gold von dem windigen Spielbankchef *Marian Felsenstein* erhalten hatte. Die Schwindelei (wendedeutsch: »subjektive Wahrheit«) kostete den Minister schließlich sein Amt.

Bürgermeister Ulrich Grupen

Wie sagte schon Bürgermeister *Christian Ulrich Grupen* 1761: »Durch Geschenke sich verleiten zu laßen, das Recht zu beugen oder auch ungeschickte Leute zu Diensten zu bringen, sind pflichtvergeßene actiones.«

❺ Pferdestraße 6

Im alten Zeughaus lagerten die Hannoveraner ihre Kriegswaffen; 1903 entstand hier das »Vaterländische Museum«, das heutige Historische Museum für die Geschichte Hannovers und Niedersachsens. Da stehen der Hanomag-Kleinwagen »Kommißbrot«

und die Luxuskarossen der Monarchen, Modelle der Synagoge und des alten Marktplatzes.

Der Beginenturm am Hohen Ufer vor dem II. Weltkrieg

Von der alten Stadtmauer am Hohen Ufer ist der Beginenturm, das früher stärkste Bollwerk der Stadt, aus dem vierzehnten Jahrhundert übriggeblieben. Jetzt ist eine Bierstube darin.

Fast schwerelos pendeln die Stahlarme an *George Rickeys* Nadelobjekt, und den gepreßten Schrott hat *Janos Nadasdy* aus der Leine gefischt.

Etwas weiter, an der einstigen Pferdetränke, überspannte die Roßbrücke den Fluß. Von ihrem Geländer seilte sich *Otto Barche*, späterer Bürgermeister und hannoverscher Meister im Weittauchen (63 Meter), ab und pinselte in weißen Lettern: »Wer Hitler wählt, wählt den Krieg«. Womit er recht behalten sollte.

Burgstraße

Etwa um die Jahrtausendwende dürfte eine Bauernsiedlung an der Burgstraße entstanden sein, die Keimzelle der Stadt. Das Ensemble alter Wohnhäuser am Museum wurde allerdings als künstliche »Traditionsinsel« von verschiedenen Plätzen zusammengetragen. Nur 32 der über 1.600 Fachwerkhäuser haben den letzten Krieg überdauert.

Herschel Grynszpan, der als Attentäter weltweit Schlagzeilen machte, wurde 1921 dort geboren, wo heute der Museumsneubau steht.

Der Sohn ehemals polnischer Juden war elf, als die Faschisten an die Macht kamen. Vier Jahre später reiste er allein zu Verwandten nach Paris. Vergeblich versuchte er, ins Land seiner Träume, nach Palästina zu gelangen. Im August 1938 verlor der junge Jude seine Aufenthaltsgenehmigung, lebte illegal weiter in der französischen Hauptstadt. Ende Oktober wurden seine Eltern und Geschwister von Hannover nach Polen verschleppt.

»Das Herz blutet mir, wenn ich von eurer Tragödie und 12.000 anderer Juden hören muß« schrieb ihnen Herschel Grynszpan am 7. November. »Ich muß protestieren, das die ganze Welt meinen Protest erhört, und das werde ich tun, entschuldigt mir.«

Dann ging der Siebzehnjährige in die deutsche Botschaft und erschoß Legationsrat Ernst vom Rath. Das Attentat nahmen die Nazis zum Anlaß, in ganz Deutschland jüdische Geschäfte zu plündern, Synagogen niederzubrennen und Juden zu ermorden.

Herschel Grynszpan wurde bei Paris inhaftiert und später von den deutschen Besetzern gefangengenommen. Seine Spur verliert sich 1942 im KZ Sachsenhausen. Vermutlich aber hat er den Krieg überlebt.

Burgstraße 12

Das Haus Nr. 12 ist das älteste Fachwerkhaus Hannovers, erbaut 1566.

❻ Ballhofstr. 12

1649 entstand der Ballhof zunächst als Sporthalle für ein tennisähnliches Ballspiel, bald auch als Theater. Die erste italienische Oper Hannovers wurde hier aufgeführt, die Leinebürger konnten seltene Tiere bestaunen und den Ballon, mit dem *Jean Pierre Blanchard* vom Reitwall nach Herrenhausen flog.

Waren die Aufstände 1830 und 31 an Hannover vorbeigegangen, kam es nach dem Pariser Februar-Umsturz 1848 zu ersten Unruhen und Versammlungen.

Die Pferdeschwemme am Hohen Ufer, 1917

Die »Allgemeine Deutsche Metallarbeiterschaft«, eine der ersten gewerkschaftsähnlichen Vereine, wurde zwanzig Jahre darauf gegründet. Im Ballhof bestimmte der Allgemeine Deutsche Arbeiterverein, Vorläufer der SPD, die ersten sozialdemokratischen Reichstagskandidaten; beklagte ein »Kongreß aller nichtgewerblichen Arbeiter Deutschlands« die »traurige Lebensweise« der hannoverschen Lohnabhängigen im Jahre 1891; stritten *August Bebel*, *Karl Kautsky* und *Rosa Luxemburg* beim SPD-Parteitag um den Kurs der Linken.

1938 saniert, ist der Ballhof heute allein Theater, das Schauspielhaus des Niedersächsischen Staatstheaters.

❼
Kreuzkirche
Kreuzstraße

Die gotische Kreuzkirche, genauer »Schloß- und Stadtkirche Sankt Crucis«, im April 1333 eingeweiht, birgt die ältesten Grabmäler Hannovers und ein Altarbild von *Lucas Cranach*, an ihre Südseite schmiegt sich die barocke Duvekapelle.

Kreuzkirchhof 5

Die Kreuzklappe, heute ein türkisches Restaurant, galt in den zwanziger Jahren als kommunistische Kneipe, in der auch »Gassendirnen und ihre Zuhälter, Nepper, Strezer und Schoresmacher manche Missetat ausbaldowerten« (Theodor Lessing). Dann wurde die Kreuzklappe zum SA-Sturmlokal, Stützpunkt der braunen Rollkommandos.

Italienisches Plastikgetier, Biedermeieruhren und der Haifischhaken mit Stahlvorfach und Wirbel sind in der Knochenhauerstraße zu kaufen. Den Schwittersreim auf dem Pflaster gibt's gratis dazu.

Gegenüber dem Anglergeschäft stand früher die Kneipe Bunter Hans. Dort traf sich in den frühen dreißiger Jahren der Agitprop-Trupp der Sozialistischen Arbeiterpartei, pazifistischen SPD-Abtrünnigen, darunter der Arbeiterfotograf *Walter Ballhause.*

Knochenhauerstr. 34

Im Sitzungszimmer der ersten Etage planten sie Veranstaltungen und übten Gedichte von *Erich Kästner* und *Kurt Tucholsky* im Sprechchor ein. Hin und wieder allerdings brachte einer sein Grammophon mit, und die Genossen und Genossinnen tanzten englischen Walzer und Tango. Kreisvorsitzender der linken Minipartei, die 1930 in Hannover gerade 100 Mitglieder zählte, war der spätere IG Metall-Chef *Otto Brenner.*

In der Knochenhauerstraße, deren Name an die mittelalterlichen Fleischer erinnert, ist kein Fachwerkhaus erhalten — nur das Haus Nr. 34 wurde aus alten Bauteilen wiedererrichtet.

Wer Puff- und Peepshowmilieu erleben will, wer spät abends Appetit auf Giros oder Kalbshaxen bekommt oder Billardkönnern zusehen möchte, die mit etwas Glück alle acht Kugeln in einer Serie wegfegen (und dafür mal 50, mal 500 Mark einstreichen), wer nach einer durchzechten Nacht mit dem Nachdurst kämpft oder im türkischen Teehaus Tavla spielen will, ist im Steintorviertel richtig.

In den zwanziger Jahren war es das Varieté-Viertel. So traten in der Roten Mühle, einem exklusiven Cabaret, Zauberer und Tänzerinnen, Humoristen und Jongleure auf; das Deutsche Theater an der Reuterstraße war Hannovers Ohnsorgtheater. Kindermärchen und Schwänke bestimmten das Programm. »Eindeutig zweideutig« wurde die Gegend erst später.

Scholvinstr. 7

Paul Wieners »Waschsalon mit Restauration« ist wohl einzigartig: Während die Waschmaschinen surren, können die Gäste im Hinterzimmer ein Schnäpschen mit Wurst genießen, Schokolade oder Krimis (Stück eine Mark) kaufen. Zur Kundschaft gehören die Nutten von nebenan (Wiener: »Schreibense lieber ›Liebesdienerinnen der Venus‹«) ebenso wie die pensionierte Majorin der Heilsarmee. Und der Transvestit, der seinen Milchreis löffelt, sagt mit Nachdruck: »Der Paul, der hat ein gutes Herz«.

An gleicher Stelle führte Paul Wiener die Kneipe »Knast — das fröhliche Kittchen«, dekoriert mit echten Gefängnispritschen und dem Schneidbrenner hinter der Theke. Ein anderes Steintorlokal des 68jährigen hieß »Büro«. Der schlichte Name erlaubte durstigen Ehegatten, sich zu Hause wahrheitsgemäß mit Überstunden im Büro abzumelden.

Goethestr. 7

Wo das Goethehaus-Kino Softpornos zeigt, stand früher das Biotophon — ein Lichtspieltheater, das bis Anfang der dreißiger Jahre Stummfilme mit Klavierbegleitung bot. Pech für den Pianisten, daß sich viele Zuschauer zuvor im Laden gegenüber mit Erdnüssen versorgten: »Der mußte mächtig in die Tasten hauen, um das Knacken der Nüsse zu übertönen«, erinnerte sich ein Althannoveraner.

Schützenfest

Keine andere deutsche Stadt ist mit dem Schützenwesen so verbunden wie Hannover, das seit 1955 sogar den Ehrentitel »Deutsche Schützenstadt« trägt — verliehen vom Präsidenten des Schützenbundes anläßlich des 21. Bundesschießens.

Mehr als ein halbes Jahrhundert zuvor, 1903, hatte das letzte Bundesschießen in der Leinestadt stattgefunden, über dessen Verlauf Hermann Löns, der damals als Fritz von der Leine in einer hannoverschen Tageszeitung das Stadtgeschehen glossierte, folgende Verse schrieb:

Schön war das Fest, jedoch noch länger
Zu feiern, das ging nicht mehr an,
Soviel Vergnügen auszuhalten
Kann nicht der allerstärkste Mann.

Das alle Sommer wieder stattfindende Schützenfest kann auf eine lange Tradition verweisen. Im Jahre 1529 hatte der Welfenkönig Erich I. erlaubt, alljährlich das Schützenfest abzuhalten. Die Pflege des Schützenwesens geht auf die Wehrverfassung des Mittelalters und auf eine Modeströmung, die aus Flandern kam, zurück. Dort gründeten die Bürger der reichen Städte Schützengesellschaften. 1837 wurde der erste Zusammenschluß von am Schießen interessierten Bürgern in Hannover gegründet, vorher lag das Schützenwesen in städtischer Hand. 1955 war ein Fest der Superlative, aber auch in »gewöhnlichen« Jahren nimmt die niedersächsische Landeshauptstadt für sich in Anspruch, daß in ihren Mauern das größte Schützenfest der Welt gefeiert wird. 1979 nahmen an dem Schützenausmarsch über 13.000 Personen teil: Schützinnen und Schützen, Spielmannszüge, Fanfarenzüge, Reitergruppen, Festwagen, Ehrengäste, Sondergruppen. Den Festplatz, mit seiner Ausdehnung von 11,4 ha, besuchten weit über eine Million Vergnügungssüchtige, die die Freuden eines »Riesenrummels« genossen, wobei sicherlich auch »Gesöff und Schwelgerey« nicht zu kurz kamen.

Zu dem aus alter Tradition entwickelten Ritual gehört die Verpflichtung der Bruchmeister — vier »ehrbarer, unbescholtener und unverehelichter junger Männer«, deren Aufgabe es ist, »über Ordnung, Anstand und Sitte zu wachen« (Versuche, auch Frauen in dieses Amt zu wählen, sind bislang gescheitert!) — ebenso wie der Anstich des ersten Fasses Schützenbier durch den Oberbürgermeister zur Eröffnung des Volksfestes. Das spektakulärste Ereignis, für die gesamte Bevölkerung wie für Schaulustige aus Nah und Fern, ist aber der große Schützenausmarsch, der sich am Sonntagvormittag, einem riesigen Lindwurm gleich, stundenlang durch die Innenstadt zum Schützenplatz windet, begrüßt und bejubelt von Tausenden von ZuschauerInnen, die zum Teil seit den Morgenstunden strategisch günstige Plätze am Rand der Marschroute besetzt halten.

Das alles mag heute etwas anachronistisch, ja martialisch anmuten. Dabei sollte aber nicht aus dem Bewußtsein verlorengehen, daß das Schützenwesen eng mit der bürgerlichen Emanzipationsbewegung in Zusammenhang steht, und daß die Herzöge von Braunschweig und Lüneburg das militärische Treiben ihrer städtischen Untertanen — die sich das öffentliche Schießen (dazumal noch auf einen bunten Holzpapagei, nicht auf die Scheibe) als Privileg von ihrem Landesherrn erkämpft hatten — zumindest mit gemischten Gefühlen sahen.

Barbara Wurzel

An der Stadtmauer; Steintorstraße

1987 und 88 kam es am Steintor zu heftigen Auseinandersetzungen zwischen deutschen und türkischen Jugendlichen, teils angestachelt durch Skinheads und organisierte Neonazis. Bis zu 400 Polizisten waren im Einsatz, um die Wochenendtumulte zu befrieden. Von der »Westsidestory an der Leine« sprach der Spiegel.

❽ Goethestr. 19

Hannovers erstes Parkhaus war der Marstall, die 1861 eröffnete Wagenremise des Königs. Die stattliche Großgarage bot Platz für 100 Droschken und in einer zweiten Etage für 60 seltener gebrauchter Wagen, »welche durch eine Hebevorrichtung mit Leichtigkeit in die Höhe geschafft werden konnten«.

Nachdem hier bis vor ein paar Jahren der Jesustreff der Christenfreaks war, arbeiten im renovierten Marstall (was soviel wie Pferdestall bedeutet) Gewerkschafts- und Verkehrsangestellte.

Clevertor

Der Name der Straßenbahnhaltestelle erinnert an das frühere Clevertor der Stadtmauer, benannt nach dem Bürger *Heinrich Cleve*, der laut Chronik »dabey wohnete, hundert und etliche Jahre alt ward«.

❾ Hanebuts Gang

»Hanebuts Gang«, der Fußweg zwischen Hohem Ufer und der Leine, erinnert an den 1653 geräderten Raubmörder *Jasper Hanebut.* Mit seinen Kumpanen soff er »den Bürgern den Broyhan aus und fragte nicht nach der Zeche«. Als Pferdedieb ertappt, gestand Hanebut unter der Folter, daß er auf Streifzügen 19 Menschen ermordet hatte, zuletzt seine Geliebte Maria.

Ein gutes Wams, ein paar böhmische Groschen, ein Pferd: Mehr war dem früheren Söldner des Dreißigjährigen Krieges ein Menschenleben nicht wert. Der Rathauschronik nach ging der Mörder »ohne Merkzeichen einiger Reue ganz frevel zum Tode«.

Wer an Alis Imbißstube vorbei bis in den sechsten Stock steigt, kann sich dem Billard mit Ausblick weit übers Steintorviertel widmen. Türkische Männer spielen Carambolage oder Okey, eine Arte Rommé mit Plastikplättchen statt Karten, und warmes Essen gibt es auch.

⑩ Münzstr. 3-4

Schwules Dreieck heißt die Gegend zwischen Langer Laube, Goethe- und Brühlstraße, weil sie dreieckig ist und es hier seit den siebziger Jahren mehrere Treffpunkte der homosexuellen Szene gibt — vor allem das Vulkan, eine Kneipe mit Tanzbar. Deren Publikum reicht, so ein Szenekenner, von engagierten Homosexuellen, »Bewegungsgusten«, bis zu den gepflegten Herren, die nur am Wochenende schwul sind. Im Darkroom, früher Keller des »schnellen Sex«, werden im Aids-Zeitalter nur noch Videos gezeigt. Dem Vulkan angegliedert ist das Café Opus. Etwas weiter das Cup (alias Petite Fleur alias Tutu alias Crisco).

Lange Laube 24

Escherstraße 11

Im Café Caldo, einem der (inklusive Thekenmannschaft) schönsten Lokale Hannovers, können wir verschnaufen. Früher war es der Club Voltaire, in dem die hannoverschen Uni-Linken diskutierten, etwa der verfemte Psychologie-Professor *Peter Brückner.*

Bergmannstraße 7

Das Viertel an der Langen Laube ist zugleich zentraler Anlaufpunkt der Arbeitslosen — einen Steinwurf vom Arbeitsamt entfernt liegen das Arbeitslosenzentrum und das Café Gegenüber.

Lange Laube 24

Kläre Berliner gehörte das Haus Brühlstraße 7 (heute 27). Sie gewährte zahlreichen Juden Unterschlupf und half ihnen auszuwandern — was ihr selber nicht gelang. 1941 enteignet, wurde sie 1943 in das Konzentrationslager Theresienstadt verschleppt. Dort starb sie vermutlich am 14. Dezember des gleichen Jahres.

⑪ Brühlstr. 27

Hannovers größter Vogel ist aus Stahl, geschaffen von dem Bildhauer *Erich Hauser.* Der tonnenschwere Koloß geht zurück auf die Initiative des Kö24-Galeristen *Robert Simon.* Bezahlt haben ihn über hundert private Gönner, Toto Lotto, die Sparkassenstiftung sowie Stadt und Land. Stolzer Preis: fast eine Million. Der Vogel ist Teil der bundesweit einmaligen »Skulpturenmeile« zwischen Landtag und Georgengarten. Simon hat auch die übrige Stahlkunst an den Königsworther Platz gebracht, etwa die silbrigen Würste vor den Sitz der Industriegewerkschaft Chemie.

Das Conti-Hochhaus ›unterm Schwanz‹ des Stahlvogels

Gegenüber — Aug in Aug mit dem »Sozialpartner« — wird die Conti verwaltet. Weiß der Kuckuck, warum der 15geschossige Klotz Denkmalschutz genießt — vielleicht, weil er kurze Zeit Deutschlands höchster Nachkriegsbau war. An gleicher Stelle war früher das Arbeitsamt.

⑫ Königsworther Platz

Hartwigstraße 7

Vorbei die Zeit, als der Frauenbuchladen annabee Männern den Zutritt verwehrte — seit die neuen Mütter mit ihren Wonnebabys flanieren, statt die Machos zu befehden, die Kundschaft eher Tarotkarten und Beziehungsschnulzen statt Feminimus verlangt, bietet annabee verstärkt Romane, Polit- und Schwulenliteratur an.

Am Gewerkschaftshaus Dreyerstraße entlang und über die Leine geht es ins frühere Kleingartenviertel Glocksee, als »dat

Der »Runde Gasbehälter«, 1989

Klocse« bereits 1360 erwähnt und seit 1870 Teil Hannovers. Seine damaligen Bewohner, die Gartenleute, lebten vom Gemüseanbau und standen, so *Georg J.P. Merkel*, »bei den Städtern in dem Rufe einer gewissen Rohheit und groben Sitte, aber gewiß mit Unrecht«.

1826 erhielt Hannover (als erste Stadt des europäischen Festlands) Gas-Straßenlaternen, gespeist vom Werk der »Imperial Continental Gas Association«. Der kreisrunde Gasbehälter dient heute als Kantine des städtischen Elektrizitätswerks.

Das Haus mit der knallbunten Fassade, das frühere Fuhramt, wurde 1972 zum Unabhängigen Jugendzentrum Glocksee — städtisch finanziert, aber selbstverwaltet.

⑬
Jugendzentrum Glockseestraße 35

Umstritten war »die Glocksee« immer, ob sich hier Rocker oder Volkszählungsboykotteure trafen, der Trägerverein eine Mitarbeiterin gegen das Veto der Stadt einstellte oder das Rathaus besetzen half. Anfangs beherbergte das hufeisenförmige Gebäude auch die nach Döhren gewanderte Glockseeschule, Deutschlands einzige staatliche Alternativschule.

Im früheren Pförtnerkabuff spielen jetzt Kinder, Schauspielschüler führen ein Theater, im Café Glocke laufen Konzerte, und in den Kellern proben Bands, die weit über Hannover hinaus bekannt wurden. Das mittlerweile ausgezogene Schatt-El Arab-Studio nahm im Keller mehrere Platten auf.

Dem oft befürchteten Rotstifttod — etwa 1982, als schon ein Grabmal im Innenhof errichtet wurde — ist »die Glocksee« allemal von der Schippe gesprungen.

Glockseestraße 4

Im Haus gegenüber ging der Student *Markus H.* auf seine nächtlichen Reisen, per Heimcomputer und Telefon. Für digitales Know-

Das unabhängige Jugendzentrum Glocksee

how, aus US-Datenbanken gezapft, kassierten H.'s Hackerfreunde vom sowjetischen Geheimdienst KGB 15.000 Mark pro Lieferung — bis Ende '86 die Polizei einschritt.

700 Jahre jüdische Gemeinde

Die Geschichte der Juden in Hannover gehört zur Stadtgeschichte wie die anderer Bevölkerungsminderheiten, aber unvergleichbar ist die jahrhundertealte Sonderstellung der jüdischen Minderheiten am Rande der Gesellschaft. Besondere Gesetze gewährten — gelegentlich — Förderung und Schutz, bedeuteten zumeist Einschränkung, Schutzlosigkeit, Verfolgung. Von 1588 bis 1842 war Juden die Niederlassung in der Altstadt verboten, so daß eine jüdische Gemeinde sich nur in der von den Landesherren verwalteten Neustadt entwickeln konnte: Dort wurde 1703 die erste hannoversche Synagoge errichtet.

Nach der späten Gleichstellung der hannoverschen Juden 1842 (freie Wahl des Berufs und des Wohnorts, Erwerb der Bürgerrechte) zogen viele jüdischen Familien aus dem Umland zu, und die große Synagogengemeinde entstand (1798: 42 Familien, 1862: 668, 1871: 1.936, 1910: 5.155, 1933: 4.839). Moderne Einrichtungen wie das jüdische Lehrerseminar, das Krankenhaus an der Ellernstraße, Altersheime, Waisenhäuser und die Gartenbauschule in Ahlem wurden geschaffen. Nach 1918 mußte die Synagogengemeinde in ihren Gebäuden an der Lützowstraße und der Ohestraße vor allem ihre Armenfürsorge und die Jugendarbeit ausbauen.

Die hannoverschen Juden bemühten sich im Vertrauen auf die Rechtsgarantien der Reichsverfassung um soziale Integration und gesellschaftliche Anerkennung, und einigen von ihnen gelang der Aufstieg in die lokale Honaratiorenschicht, darunter den Fabrikanten *Adolph Meyer, Jacob und Joseph Berliner,* den Industriellen *Hermann Gumpel* und *Siegmund Seligmann,* den Bankiers *Moritz Simon* und *Karl Herzfeld*, den Kaufleuten *Michael Behrens* und *Daniel Heinemann*, den Juristen Senator *Siegmund Meyer* und *Philip Benfey*. Aber bereits vor der Jahrhundertwende griffen die hannoverschen Antisemiten die »Judenfrage« mit dem Ziel erneuter Ausgrenzung wieder auf.

Der demonstrative Kriegseinsatz hannoverscher Juden nach 1914 blieb ohne Wirkung: Die antisemitische Agitation der zwanziger Jahre trat noch brutaler auf als zuvor. Der radikale Nazi-Antisemitismus wurde 1933 zum Regierungsprogramm; die Juden waren plötzlich auf sich gestellt und mußten sich zur Selbsthilfe (Stellennachweis, Umschulungskurse, Kulturarbeit, Auswanderungsberatung, Einrichtung der jüdischen Volksschule) zusammenfinden. Am 9. November 1938 wurden in Hannover durch SS-Trupps nicht nur die Synagoge sowie mehr als 100 Wohnungen und Geschäfte zerstört; 334 Juden wurden verhaftet und in das KZ Buchenwald verschleppt. Die Ghettoisierung in 14 »Judenhäusern« Anfang September 1941 bereitete die Deportierung und Ermordung der Juden vor, der schließlich weit mehr als 2.000 jüdische Hannoveraner zum Opfer fielen.

Die heutige Jüdische Gemeinde — mit Synagoge und Kulturzentrum in der Haeckelstraße 10 — entstand in den fünfziger Jahren aus dem Zusammenschluß der wenigen überlebenden hannoverschen Juden mit den vom »Jewish Committee« betreuten heimatlos gewordenen früheren Zwangsarbeitern und KZ-Häftlingen. Am 8. September 1945, dem jüdischen Neujahrstag, hatte der erste Gottesdienst noch in provisorischen Räumen (in Kleefeld) stattgefunden. Später war die kleine Gemeinde in der Rumannstraße, danach in der Ellernstraße untergebracht. Zu ihren Aufgaben gehörten neben der Wahrung der religiösen und kulturellen Überlieferungen des Judentums vor allem die Fürsorge für die zumeist älteren Mitglieder, die Deutschland nicht verlassen wollten oder sich — nach den Jahren der Verfolgung — den Belastungen einer Auswanderung nicht mehr gewachsen fühlten.

Seit 1957 wurde in Hannover wieder Religionsunterricht für Kinder und Jugendliche erteilt, es bildete sich — vielleicht unerwartet — eine neue Tradition jüdischen Gemeindelebens heraus. 1960 wurde auf dem Friedhof in Bothfeld eine neue Trauerhalle errichtet, und am 10. November 1963 konnte die Gemeinde ihre neuerbaute Synagoge einweihen — 25 Jahre nach dem Nazi-Pogrom von 1938. Nach Voranmeldung in der Gemeindeverwaltung (Tel. 81 27 62) kann die Synagoge besichtigt werden, und auch die Teilnahme am wöchenlichen Gottesdienst ist möglich. 1988 besteht die Jüdische Gemeinde aus 370 Mitgliedern. Jüdisches Leben in Hannover ist auch nach dem Ende des Nazi-Regimes durch antisemitische Einstellungen in der Bevölkerung und durch neonazistische Übergriffe und Anschläge bedroht. Mehrfach gab es Friedhofsschändungen: zuletzt 1977 und 1987.

Letzte Zeugen der jüdischen Geschichte im Stadtbild Hannovers sind die drei Friedhöfe an der Oberstraße (16. Jh.—1864), der Strangriede (1864—1924) und an der Burgwedeler Straße in Bothfeld (seit 1924).

Peter Schulze

Der Bau der freistehenden Neuen Synagoge 1870 symbolisiert den Beginn einer kurzen Phase von 6 Jahrzehnten, in der auch die Juden über (fast) alle Bürgerrechte verfügten.

Vorbei an der Villa Rosa, die *Georg Friedrich Ludwig Laves* etwa 1835 entwarf, gelangen wir zur Humboldstraße. Falls es gerade Donnerstag und zwischen 14 und 16.30 Uhr ist, wäre ein Abstecher ins Elektrotechnische Museum der Hastra möglich. Dort gibt es »elektrische Veteranen« wie den Gleichrichter von 1929 oder das Dienstfahrrad eines Elektromonteurs zu »begucken«.

Glockseestraße 1

Humboldtstraße 33

Die pferdebespannte Handdruckspritze und den (funktionsfähigen!) Feuermelder zeigt das Feuerwehrmuseum, am zweiten Sonntag im Monat von 9.30 bis 12 Uhr.

Feuerwehrstraße 1

Während die Altstadt seit der Reformation streng lutherisch war, gab es in der Calenberger Neustadt religiöse Vielfalt. Hier steht neben der lutherischen Hof- und Stadtkirche Sankt Johannis die katholische Propsteikirche Sankt Clemens (eine architektonische Schwester der venezianischen Santa Maria della Salute); gab es eine französisch-reformierte und vom Spätmittelalter bis 1938 eine jüdische Gemeinde.

Das ehemals vornehme Quartier der königlichen Staatsbeamten und Hofhandwerker, von der Altstadt unabhängig und direkt dem Landesherren unterstellt, gehört erst seit 1824 zu Hannover. In den zwanziger Jahren war es zum »ärmsten Kaschemmen- und Verbrecherviertel« (Theodor Lessing) verkommen. Von einem Leine-Seitenarm durchflossen, hieß es auch »Klein-Venedig«.

Vor den Toren der ansässigen Betriebe fingen freitagabends scharenweise Frauen ihre Männer ab, damit diese nicht den soeben erhaltenen Wochenlohn versoffen. In der Inflationszeit blühte der Stehler- und Hehlermarkt, und das Neustädter Gesellschaftshaus gab in den zwanziger Jahren Tanzabende, bei denen »Jünglinge in weiblicher Ballkleidung den Damenflor vertraten«, berichtet Lessing.

Das klassizistische Dachenhauspalais ist nach seinem früheren Bewohner, dem Spitzenbeamten *Friedrich Wilhelm von Dachenhausen*, benannt. Hier ungefähr stand der schon 1441 erwähnte Rote Turm, eine vorgeschobene Warte der Stadtbefestigung mit einer Zugbrücke über einen alten Leinelauf.

Calenberger Straße 34

⑭

Kommandanturstr. 7

Die Geschichte der Werkstatt Galerie Calenberg begann, als *Wolfgang Werner* auf einen zugemauerten Laden stieß. Der Ex-Manager der chemisch-pharmazeutischen Industrie eröffnete 1983 das Zentrum für Kleinkunst und Kunstkurse, schob das erste »Malhauer-Symposion« und die »Calenberger Kabarettwochen« an.

Ringsherum ist eine kreative Insel entstanden. Im Werkhof Calenberger Neustadt sind billig eine Dunkelkammer und das Fotostudio anzumieten, Seminare und Workshops zu besuchen. Die Bildergalerie (Untertitel: Photogallery International Hannover) zeigt internationale Fotografie, meist von Theater- und Ballettbildern.

Nebenan, im Tanz/Theater im Hof, können bis zu 60 Besucher an peruanischen Tänzen, Aufführungen wie dem TheaDaDa-Stück »Mixed Pickles« oder »Ringelnatz mit Anfassen« teilhaben — oder selber tanzen lernen.

Kommandanturstr. 6a

Die Rote Reihe war einst eine »Gruppe müder, morscher Häu-

Auf dem ältesten Flohmarkt Deutschlands, 1989

⓯
Rote Reihe 4

ser« (Theodor Lessing). Im Haus Nummer 4 mietete *Fritz Haarmann* am 9. Juni 1923 eine enge Kammer an. Fortwährend kamen junge Burschen, die Haarmann meist im Bahnhof auflas, oft auch mehrere zugleich, und sie tranken und sangen, schmausten und schliefen miteinander.

In der Erregung überkam es den Mann, der sich in die Alpträume einer ganzen Generation schlich: Dann durchbiß er den Jünglingen die Kehle, zerhackte ihre Leichen, verkaufte ihre Kleider und vielleicht sogar ihr Fleisch. »Ach, glauben Sie, ich bin gesund«, beteuerte Haarmann vor Gericht. »ich habe nur zuweilen meine Tour. Es ist kein Vergnügen, einen Menschen zu töten«.

Haarmann galt schon früh als geistesgestört. Doch wendig und bauernschlau konnte sich der Gewohnheitsdieb Verdächtigungen immer wieder entziehen, was auch an seinem eigenartigen Doppelleben liegen mag. Denn er war ein »Achtgroschenjunge«, ein Spitzel der hannoverschen Polizei, der nach Zeugenaussagen sogar einen offiziellen Polizeiausweis mit sich führte und gemeinhin als »der Kriminal« galt.

*Das Gericht dagegen war bemüht, die Verstrickung der Behörden zu vertuschen und begriff seinen Auftrag darin, den Fall — so wörtlich — »unter Vermeidung der Bloßstellung von Ämtern und Behörden rasch zu erledigen«. Der hannoversche Professor Theodor Lessing, der das Verfahren brilliant kommentierte und Haarmann als Opfer der Verhältnisse sah, wurde als Prozeßbeobachter ausgeschlossen. Fritz Haarmann wurde wegen 29fachen Mordes verurteilt und geköpft (**siehe S. 157**).*

Rote Reihe 8

Den Bau der Sankt-Johannis-Kirche, in der Leibniz begraben liegt, richtete der Großunternehmer *Johann Duve* aus. An einer Sandsteinplatte der Ostwand ist eine Taubenfamilie zu erkennen — sie hat Duve vermutlich für die Kirche gestiftet, als dezente Eigenwerbung: Sein Name ist das niederdeutsche Wort für Taube.

Der Sohn eines Seidenhändlers machte im 17. Jahrhundert Karriere, ließ zahlreiche Arme für sich weben, kaufte alle Nicht-Edelmetalle aus den Harzbergwerken für hunderttausend Taler im Jahr und ließ allein in der Calenberger Neustadt 40 Wohnhäuser errichten.

⑯ Waterlooplatz

Georg Friedrich Ludwig Laves, ab 1814 Hofbauverwalter, gestaltete die »Esplanade« westlich des Leineschlosses zum Waterlooplatz um, mit der Säule, die an die hannoverschen Teilnehmer der Schlacht gegen Napoleons Soldaten erinnert.

»Mit der Großmutter habe ich am 15. Juni 1865, dem 50. Jahrestag von Waterloo, den Festzug dicht vorbeiziehen lassen, voran mit etwas wackeligem Schritt die ›fetten Hahnen‹, wie das Volk die Veteranen nannte«, blickte Carl Schuchhardt, *der spätere Direktor des Kestnermuseums, zurück.*

Leibnizufer

Wo jetzt der Stahlkonzern Preussag residiert, ließen im Jahre 1215 die *Grafen von Roden* die Burg Lauenrode als »Zwingburg« der Landesherren bauen. Sie wurde im vierzehnten Jahrhundert von den Hannoveranern zerstört — ein Beleg, wie mächtig die Stadt damals war.

⑰ Die Nanas

An den grellfarbigen Nanas am Hohen Ufer stoßen sich viele Leinebürger noch immer. Die Plastiken der Französin *Niki de Saint Phalle*, 1974 im Rahmen der Straßenkunst-Kampagne aufgestellt, lösten die heftigste Leserbriefflut der hannoverschen Zeitungsgeschichte aus.

Wütende Rentner rechneten vor, wie viele Notarztwagen man stattdessen hätte kaufen können; andere beschmierten und bespuckten die Figuren. Mike Gehrke, *einer der Kunst-Initiatoren, stand einige Tage lang unter Polizeischutz.*

Es herrschte eine Stimmung, wie sie vor zweihundert Jahren der Geheime Canzley-Secretair Ernst Brandes *beschrieben hatte: »Alles Neue, alle Veränderungen liebt der Niedersachse aus anklebendem Phlegma nicht.«*

Und doch ... haben die Menschen an der Leine viel mehr Witz und Eigensinn entwickelt, als das Märchen von der »fahlsten aller Städte« je vermuten ließe. Man muß nur genauer hinsehen.

Die umstrittenen »Nanas«, 1989

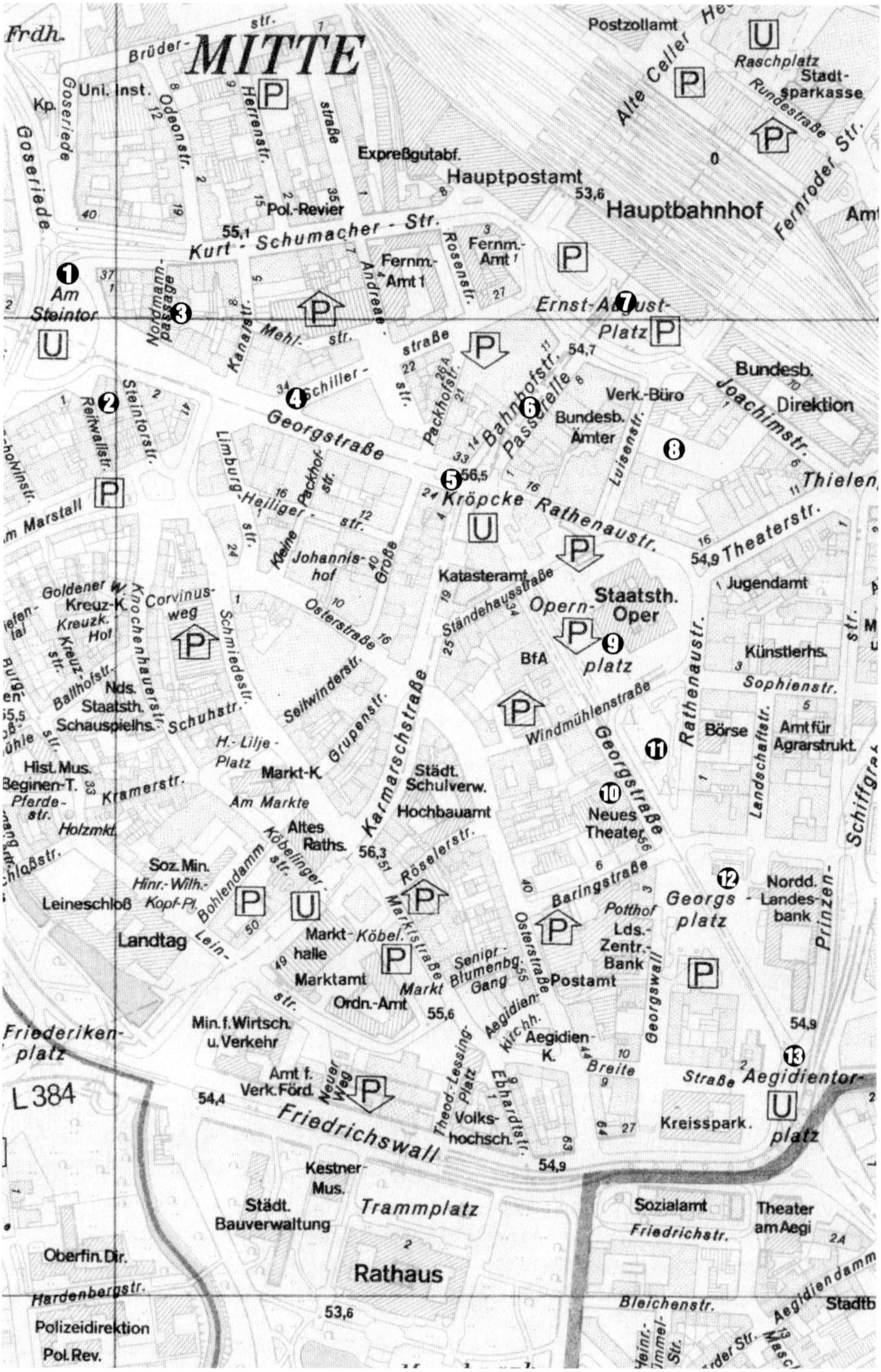
MITTE
Frdh.
Brüder-str.
Uni. Inst.
Kp.
Goseriede
Odeonstr.
Herrenstr.
straße
Expreßgutabf.
Hauptpostamt
Pol.-Revier
Postzollamt
Alte Celler Heer
Raschplatz
Stadt-sparkasse
Rundestraße
Fernroder Str.
Hauptbahnhof
Kurt-Schumacher-Str.
Fernm.-Amt 1
Rosenstr.
Andreaestr.
Am Steintor
Nordmann-passage
Kanalstr.
Mehlstr.
Ernst-August-Platz
Schillerstraße
Packhofstr.
Bahnhofstr.
Passerelle
Verk.-Büro
Bundesb. Ämter
Luisenstr.
Bundesb. Direktion
Joachimstr.
Reitwallstr.
Steintorstr.
Georgstraße
Limburgstr.
Heiliger-str.
Kröpcke
Rathenaustr.
Thielen
Theaterstr.
Am Marstall
Kleine Packhofstr.
Große Packhofstr.
Johannishof
Katasteramt
Ständehausstraße
Opernplatz
Staatsth. Oper
Jugendamt
Goldener W. Kreuz-K.
Kreuzk. Hof
Kreuzstr.
Corvinusweg
Knochenhauerstr.
Schmiedestr.
Osterstraße
BfA
Künstlerhs.
Sophienstr.
Ballhofstr.
Nds. Staatsth. Schauspielhs.
Schuhstr.
Seilwinderstr.
Grupenstr.
Karmarschstraße
Windmühlenstraße
Georgstraße
Rathenaustr.
Börse
Landschaftstr.
Amt für Agrarstrukt.
H.-Lilje-Platz
Markt-K.
Städt. Schulverw.
Hist. Mus.
Beginen-T.
Pferdestr.
Kramerstr.
Am Markte
Hochbauamt
Neues Theater
Holzmkt.
Altes Raths.
Köbelinger str.
Röselerstr.
Schiffgraben
Schloßstr.
Soz. Min.
Hinr.-Wilh.-Kopf-Pl.
Bohlendamm
Marktstraße
Baringstraße
Potthof
Georgsplatz
Nordd. Landesbank
Prinzenstr.
Leineschloß
Landtag
Leinstr.
Markthalle
Köbel.
Senior-Blumenbg.-Gang
Osterstraße
Lds.-Zentr.-Bank
Georgswall
Marktamt
Ordn.-Amt
Markt
Postamt
Aegidienkirchh.
Aegidien-K.
Friederikenplatz
Min. f. Wirtsch. u. Verkehr
Breite Straße
Aegidientorplatz
L 384
Amt f. Verk. Förd.
Neuer Weg
Theod.-Lessing-Platz
Ebhardtstr.
Volkshochsch.
Kreisspark.
Friedrichswall
Kestner-Mus.
Trammplatz
Städt. Bauverwaltung
Sozialamt
Friedrichstr.
Theater am Aegi
Oberfin. Dir.
Rathaus
Aegidiendamm
Hardenbergstr.
Bleichenstr.
Stadtb
Polizeidirektion
Pol. Rev.
Heinr.-Wimmel-Str.

Georgstraße »verkehrt« herum

Innenstadt

von Sabine Guckel

Ausgangspunkt: *Steintor*
Endpunkt: *Aegidientorplatz*
Dauer: *ca. 1 1/2 Stunden*

Stadtwappen

Die Georgstraße — am Anfang ist sie fast noch Rotlichtbezirk, dann wird sie zur Geschäftsstraße, zum »Einkaufszentrum«. Auf ihrer Mitte, dort wo sie dem Verlauf der alten hannoverschen Stadtmauern folgt, ist sie Verabredungsort seit beinah ewigen Zeiten und pseudokulinarischer Treffpunkt mit Selbstbedienungsappeal.

Zwischen Steintor und Aegidientorplatz kann man Warenhäuser besichtigen und Reklametafeln bestaunen, — Bilderkrieg —, sich vom »Kröpcke-Center« abblocken lassen, um schließlich doch noch den »einzigen Boulevard Hannovers zu entdecken, wie Theodor Lessing ihn spöttelnd nannte, den einstigen Ort des Flanierens, der Kaiserparaden, der Schützenaufmärsche und dann und wann auch der Demonstrationen. An seinem Ende kann man die Schönheit der Nachkriegsarchitektur bewundern.

❶ Steintor

Im Zeitalter der Aufklärung fiel der östliche Stadtwall von Hannover, auf dem 1787 die Georgstraße angelegt wurde, »zur Verschönerung der Stadt« und zu Ehren König Georgs des Dritten von Großbritannien.

»Ein Ort zum Bummeln, Sitzen und Versammeln« soll das Steintor heute sein. Wenigstens der Deutsche Gewerkschaftsbund nutzt ihn für seine Kundgebungen. Im Hintergrund sieht man eine Ikone der hannoverschen Moderne, das Anzeiger-Hochhaus, in den 20er Jahren von dem Architekten des Hamburger Chile-Hauses Fritz Höger gebaut.

»Diese Woche« Vorläufer des Nachrichtenmagazins »DER SPIEGEL«

Das Hannoversche Tageblatt schlug damals dort seine Zelte auf, und das Nachrichtenmagazin »Der Spiegel« brachte hier seine Anfangsjahre zu. Harry Bohrers Kindergarten, so wurde die vorwiegend »blutjunge« Redaktion von älteren Journalisten genannt, residierte im 6. Stock. Bohrer, neben John S. Chaloner und Henry Ormond einer der drei britischen »Soldaten«, die das Nachrichtenmagazin aus der Taufe hoben, stand dem Team, zu dem u.a. Rudolf Augstein, Leo Brawand, Hans Detlev Becker gehörten, in allen »Lebenslagen« mit Rat und Tat zur Seite. Heute befindet sich die Geschäftsstelle der Hannoverschen Allgemeinen Zeitung darin.

Das Anzeigerhochhaus 1952

Unter der grünen Kuppel ermöglichte in den 20er Jahren eines der ersten Planetarien auf dem Kontinent durch projizierte Sternenkarten den Hannoveranern Einblicke in die Himmelswelt. Die Hochhaus-Lichtspiele bieten heute Sonntags-Matinéen.

Daneben im Goseriede-Bad, eine Schwimmhalle aus der Zeit der Jahrhundertwende haben Generationen von hannoverschen Schülern das Schwimmen erlernt und anschließend gegenüber in der »Rauhen Mütze« Würstchen verspeist. Demnächst ziehen in das denkmalgeschützte Haus, um dessen Nutzung es jahrelang Querelen gab, private Mediengesellschaften ein. Die alte Schwimmhalle soll dann als Ausstellungsraum renommieren.

❷
Steintorstr./ Reitwallstr.

Wo die Goethestraße am Steintor endet, herrscht Bazar-Atmosphäre. Türkische Familien kaufen hier ihre Lebensmittel und anderen täglichen Bedarf ein. In den kleinen Durchgangsstraßen zwischen Goethestraße, Steintor und Marstall erstreckt sich das Territorium des *»Steintor-Milieus«*. Mittendrin stehen das »Eich-

Pressestadt Hannover

Die »Halbmillionenmetropole« Hannover schickt sich an, ein Medienzentrum zu werden. Unbedeutend als Pressestadt ist sie auch bislang nicht — häufig werden NP (Hannoversche Neue Presse) und HAZ (Hann. Allgemeine Zeitung) in überregionalen Pressespiegeln zitiert. Mit der Nennung dieser beiden Blätter erschöpft sich aber auch schon die gegenwärtige regionale Tageszeitungs-Vielfalt.

Vor der Machtübernahme durch die Nationalsozialisten konnten die HannoveranerInnen immerhin zwischen neun Tageszeitungen wählen. Es gab sowohl eine sozialdemokratische wie eine kommunistische Zeitung, Kirchenblätter beider Konfessionen, eine nationalliberale Zeitung, ein nationales Kampfblatt, zwei ›gutbürgerliche‹ Gazetten und ein Organ der NSDAP. Selbst ein Vorläufer von ›Radio Niedersachsen‹, die NORAG-Nebenstelle, funkte seit 1926 aus der Hanomag. Alle diese Zeitungen wurden von den Nazis entweder eingestellt oder mit bestehenden Parteizeitungen fusioniert, zuletzt 1943 der ›Hannoversche Anzeiger‹ aus dem Hause Madsack (gegr. 1893), Vorläufer der HAZ.

Nach 1945 wurden unter der Aegide der britischen Militärregierung zahlreiche Lizenzzeitungen gegründet, zuallererst die ›Hannoversche(n) Neueste(n) Nachrichten‹, deren erste Nummer am 3.7.1946 erschien. Sechzehn Tage später erschien die sozialdemokratisch ausgerichtete »Hannoversche Presse«, und im August 1949 erhielt der Verleger Dr. Erich Madsack die Lizenz zur Herausgabe der HAZ. Dieses Verlagshaus ist nach 1945 bestimmend für die hannoversche Presselandschaft, und als die SPD 1972 die ›Hannoversche Presse‹ nicht mehr halten wollte, wurde diese von Madsack sukzessive übernommen, und seit 1975 mit eigener Redaktion als ›Hannoversche Neue Presse‹ verlegt — nachdem vorher die Bevölkerung auf die Straße gegangen war mit der Forderung: Hannover braucht zwei Zeitungen!

Da das Anzeigerhochhaus den Zweiten Weltkrieg relativ unbeschadet überstanden hatte, wiesen die Engländer den Verlag 1946 an, im Lohndruck die Herstellung von Lizenzzeitungen zu übernehmen, deren Redaktionen auch Räume im Hochhaus übernahmen. So kommt es, daß der ›Spiegel‹ (wie NWDR und ›Welt‹ ursprünglich als Kind der britischen Militärregierung) von 1947—1952 in Hannover geschrieben und gedruckt wurde. Rudolf Augstein und seine Redaktion deckten hier den ersten Parteispendenskandal — es ging um die Wahl der Bundeshauptstadt Bonn — auf. Auch der ›Stern‹ ist, zumindest als Idee, an der Leine entstanden, denn sein Herausgeber Henri Nannen arbeitete als Lizenzträger und Redakteur der ›Abendpost‹ im Anzeigerhochhaus.

Später erwies sich Hannover nicht mehr als so günstiges Pflaster für Zeitschriftengründungen. Versuche der links-alternativen Szene, mit ›Stadtpost‹ (Stadtmagazin) und ›NANA‹ (Wochenzeitung) politisch-kulturelle Akzente gegen eingefahrene Gleise zu setzen, scheiterten an finanziellen Hürden bzw. mangelnder Kauflust der breiteren Öffentlichkeit. Der ›Schädelspalter‹, ein wirtschaftlich florierendes Stadtmagazin, erscheint allerdings bereits im 14. Jahr. Mit der ›Flex‹ gibt es seit '85 wieder ein ›alternatives‹ Stadtmagazin, das die Presselandschaft zwar kritisch bereichert, aber nur vom Idealismus seiner Macher leben kann.

Als Landeshauptstadt verfügt Hannover über ein Landesstudio des NDR, mit mittlerweile 4 Programmen. Nachdem die CDU in Niedersachsen an die Regierung kam, hat sie es erfolgreich verstanden, den NDR an die Kandare zu nehmen. NDR 1 (Radio Niedersachsen) heißt im Volksmund »Albrechtfunk«, und insgesamt bietet der NDR Hannover mittlerweile ein abschreckendes Beispiel für sog. Parteibuchjournalismus. So ergibt sich, daß gerade KritikerInnen des Privatfunks feststellen müssen, daß Radio ffn, der erste niedersächsische Privatsender, unangepaßter und aufmüpfiger daherkommt als der öffentlich-rechtliche NDR.

Weitere Lizenzvergaben sind geplant. Und da auch die Verlagsgesellschaft Madsack unterdessen in das elektronische Mediengeschäft im großen Stil einsteigt, und um das Anzeigerhochhaus herum Erweiterungsbauten plant, in die — neben zahlreichen anderen privaten Medienproduzenten — dann RTL plus und SAT 1 einziehen werden (wir wollen auch die vom Pornostar aufgestiegene Teresa Orlowski nicht unterschlagen, die im vorigen Jahr in Hannover eines der größten und modernsten Audio- und Video-Studios Europas eröffnet hat) — ist das Wort vom »Medienzentrum Hannover« vielleicht doch gar nicht so weit hergeholt.

Barbara Wurzel

horn-Haus«, in dem früher Kaffee geröstet wurde, und das »Haus Zieseniss«, ein kleinerer Block alter Bausubstanz, der nur mit Mühe in den 1980er Jahren einigen Brandanschlägen entging, die »Profit« versprachen.

Gleich hinter dem »Steintor«, bis zum Ende des 18. Jahrhunderts nordöstlichstes Tor in der Stadtmauer, hielten die Bauern des hannoverschen Umlandes früher wöchentlich ihren Markt ab; ein paar Mal im Jahr fand hier auch Jahrmarkt statt.

Eine Artilleriekaserne stand dort im frühen 19. Jahrhundert, nach den Befreiungskriegen 1813/14 sollte aus der »Kings German Legion« die Hannoversche Armee gebildet werden.

In der »Anatomie« wurden vor allem Wundärzte ausgebildet, solche Mediziner also, die ohne weitergehendes Studium Wunden versorgen und kleinere chirurgische Eingriffe vornehmen durften.

Ferdinand Wallbrecht strukturierte einen Teil des Steintors um. 1876 durchbrach er die trutzige Gebäudeanlage der Artilleriekaserne und bildete die Nordmann-Passage, deren Name sich zwar bis heute noch erhalten hat, nach den Zerstörungen im Zweiten Weltkrieg wieder in den ehemaligen Raumblock der Militäranlage aufging.«

❸ Steintor/Nordmannpassage

Hans Nitzschke, ebenso Mitglied der »abstrakten hannover« wie *Kurt Schwitters, Carl Buchheister, Fridrich Vordemberge-Gildewart* und *César Domela,* entwarf 1930/31 die Steintorhalle, ein Stück avantgardistischer Architektur in der Fasson der Neuen Sachlichkeit.

Auf ihre Weise nutzten die »Swing-Heinis« (NS-Jargon) am Ende der 30er Jahre das Steintor als Ort zum Bummeln, Sitzen und Versammeln. Besonders das »Café am Steintor« hatte es der hannoverschen Swing-Jugend angetan. Dort trafen sich die »Schniegels«, eine aus proletarisch bis kleinbürgerlichen Verhältnissen stammende »Bande«, die ihre Haare überlang bis auf den Rollkragen und Schnurrbärte á la Clark Gable trugen. Die »Schniegels« bewegten sich wie die Orgelpfeifen nach Größe geordnet hintereinander, humpelnd, mit einem Fuß auf dem Trottoir und einem in der

Gosse, durch die Innenstadt. Hin und wieder vorkommende Schlägereien zwischen Swing-Heinis und Hitler-Jugend am Steintor, gingen in Anbetracht des totalitären Einheitsstaates der Nazis bis ungefähr 1941 bemerkenswert glimpflich aus.

❹ Georgstr./ Schillerstr.

Nur wenige Schritte von der Stelle entfernt, an der MacDonalds heute seine Geschmackszeichen auslegt, lockte in den 20er Jahren das »Spezialhaus für Elegante Herren & Knaben-Bekleidung Ernst Zeyn« mit seiner fragilen gläsernen Kaufhausfassade. Die Warenburg C & A läßt heute kaum erahnen, daß an ihrem Platz im 19. Jahrhundert eines der ersten Häuser auf der Georgstraße gestanden hat, in dem der Medizinalrat *Dr. Cohen* samt Familie großbürgerlich wohnte und auch praktizierte.

Gegenüber errichtete 1906 *Rudolf Karstadt* sein neues Warenhaus auf dem Gelände der Hannoverschen Bank. Was die Fassade anging, so wechselte Karstadt dreimal seitdem sein Aussehen. Karstadt ging mit der Mode: vom gläsernen Jugendstil über das vom amerikanischen Streamline beeinflußte Gepräge der 30er Jahre bis zur »Raster«-Architektur der 50er und 60er Jahre.

Georgstr. 8-10

Eine »architektonische Sensation« sorgte 1901 in Hannover für Furore. Ein opulentes Geschäftshaus mit allerlei Fassadenzierat, großen Stufengiebeln, Wintergarten-Verglasungen auf dem Dach, mit Türmchen und einem exponierten, schon von weitem wie ein Wahrzeichen zu sehenden Turm. »Unter blinkender Glaskuppel mit hochmoderner Reklamemalerei« war eine wirkliche Attraktion zu entdecken, ein automatisches Restaurant. *Hansjürgen Weidlich* erinnerte sich noch 1969:

Die Georgstaße in Richtung Steintor

»Gegenüber dem Kaufhaus Karstadt in der Georgstraße war der Eingang der Georgspassage und in deren Mitte das ›Automatische Restaurant‹. Hinter den Automaten, aus denen es für 10 Pfennig ein belegtes Brötchen oder ein Glas Bier gab, befand sich ein großer Raum, der einer Rummelplatzbude glich: mit Schießstand, einem in farbenprächtiger Landschaft mit Musikbegleitung niederstürzenden Wasserfall... und Guckapparaten, in denen man kurbelnd einen ›Film‹ aus rasch aufeinanderfolgenden Photographien in Postkartengröße ablaufen sehen konnte. Auch diese Vergnügen kosteten jeweils nur einen Groschen.«

Das Eckhaus von damals ist zum Teil heute noch als Fassade zu besichtigen. Der Georgsfries eröffnet einen zugigen Durchgang zwischen zwei großen Geschäften.

Georgstr. 14

Gleich nebenan sorgten die »Weltspiele« dafür, daß die Kinofans von Hannover auch in den »Goldenen Zwanzigern auf ihre Rechnung kamen. Heute ist dieses ehemalige Großraumkino unterteilt in »Schuhkartons«, »Filmstudios« genannt, während damals die großen Kinopaläste den Kampf um die Gunst der vielen Kinobegeisterten gewannen und gerade die kleinen Kinos auf der Strecke blieben.

Von der NS-Propagandaleitung. Im November verbreiteter Aufkleber mit dem Boykottaufruf: »Wer beim Juden kauft, ist ein Volksverräter«.

Die Eröffnung des Kaufhauses Woolworth der gleichnamigen jüdisch-amerikanischen Familie sorgte im August 1932, im Vorfeld der Machtübernahme durch die Nationalsozialisten, für »provokative Ausschreitungen der SA in der Innenstadt Hannovers, die nur durch massive Polizeieinsätze unterbunden werden konnten«.

In der Vorweihnachtszeit 1934 brachten Tränengasanschläge in den Warenhäusern Karstadt, Salberg und Woolworth mehr als ein Dutzend Verkäuferinnen mit Vergiftungserscheinungen ins Krankenhaus. Solche Anschläge der SA sollten die Arisierung jüdischer Unternehmen »beschleunigen«. Der damalige Oberbürgermeister Menge, der einzige im Deutschen Reich, der nach 1933 nicht ausgewechselt worden war, schrieb in seinem Lagebericht:

»Die Kunde von diesen Ereignissen breitet sich wie ein Lauffeuer in der Stadt aus; in den Wirtschaften und Theatern wurden sie lebhaft besprochen... In großen Teilen der Bevölkerung, auch in Kreisen, die sich innerlich dem Nationalsozialismus verbunden fühlen, herrscht hierüber einige Verwunderung. Man versteht im Publikum nicht, daß derart wichtige, die Sicherheit der Bevölkerung stark beeinflussende Ereignisse von der Presse völlig ignoriert werden...«

Georgstr. 22

Süße Träume dagegen bot die traditionsreiche Schokoladenfabrik Sprengel, gleich Bahlsen in aller Munde, in ihren Repräsentationsräumen im Sprengel-Haus an. Das Sprengel-Haus war ein für die Geschäftshäuser um die Jahrhundertwende typisches Gebäude. Im Erdgeschoß befanden sich mehrere Geschäfte, im ersten Stock Büros, etwa von Immobilienmaklern, wie Graeve & Eckenberg, dann folgten großzügige Wohnungen. In einer hellen Atelier-Wohnung unter dem Dach mit riesigem Wintergarten ließ man im Photographischen Atelier von *A. Hesse* sein Konterfei aufs Papier bannen. Der »Daguerreotypomaie« waren die feinen hannoverschen

Europa Hochhaus am Kröpcke 1951

Bürger in den Ateliers der damals schon über die Stadtgrenzen hinaus bekannten Photographen verfallen.

Sprengels Auslieferungswagen waren übrigens die ersten, die mit einer elektrischen Beleuchtung ausgestattet wurden, »auch die mit Pferden trugen in ihrem Federbusch elektrische Glühbirnen«.

Als hätte es einmal einen internen Wettbewerb darum gegeben, welche der Süßwarenfabriken von Hannover die hannoverschste sei, steht dem Sprengel-Haus das Bahlsen-Haus gegenüber. Auf dem Dach des Gebäudes, dessen Fassaden Halbreliefs des Bildhauers *Kurt Lehmann* zeigen, thront noch immer das Bahlsen-Firmensignet »TET«. »TET« erinnert an die einstigen Pläne des Keks-Fabrikanten Hermann Bahlsen (siehe S. 206).

Weniger prätentiös, aber unvermindert schön ist das Reklamezeichen einer Firma, die es nicht mehr gibt. Etwas zurückgesetzt stand das Tapetenhaus *Henri Uihlein,* dort wo die Georgstraße die

Ausschnitt: Bahlsen-Weihnachtskarte

Andreastraße kreuzt, der Neon-Uhu zeigt in einer genauen Senkrechten über dem Eingang eines weiteren Fast Food-Lokals die frühere Existenz von Uihlein an.

An der Stelle des Bahlsen-Hauses stand das Geburtshaus *Theodor Lessings.* Der Privatdozent an der Technischen Universität Hannover war ein brillianter Feuilletonist, ein scharfer politischer Beobachter, der sehr genau die Zeichen seiner Zeit zu deuten wußte. Über seine Kindheit an der Georgstaße erinnerte er:

»Ich bin auf dem Boulevard Hannovers, der Georgstraße geboren, mitten aus dem Hirn hannoverscher Kultur, so wie Pallas Athene aus dem Haupte des Zeus entsprang. In dem gotischen Backsteinhaus bin ich geboren, dem roten Hause, an der Ecke Andreaestraße, hinter dem hohen Eckfenster im zweiten Stock, von wo man grade aufs Hoftheater, auf den hübschen Kristall- und Eisenbau des Café Kröpcke (damals Café Robby) und über den grünen Georgswall sehen kann... Der Straßenübergang vor unserem Haus zu dem gegenüberliegenden Café Robby galt als gefährlich für einen kleinen Knaben, denn an dieser Ecke kreuzten viele Pferdebahnen.« (siehe S. 157).

Georgstr. 31

Das Kaufhaus Magis, seit langen Jahren in Familienbesitz, veräußerte sein Unternehmen an einen Kleidungskonzern. Erst kürzlich wechselten die Besitzer des denkmalgeschützten Hauses aus den 50er Jahren.

Hannover ohne Kröpcke sei wie Hannover ohne Leibniz-Keks, schrieb die »Hannoversche Presse« nach dem 2. Weltkrieg. Seitdem die Georgstraße auf ihrer Mitte diese »verwegene Mischung aus

Hannover: Am Kröpcke 1910

Jugendstil, Pariser Weltausstellung von 1867 und maurischem Tempelbau« besaß, ist sie seit jeher von magischer Anziehungskraft, und wer nichts von Hannover weiß, kennt doch den Namen »Kröpcke«. Hier kreuzten sich, bis zur Fertigstellung der U-Bahn, die Straßenbahnlinien fast der ganzen Stadt, hier ist *der* Verabredungsort schlechthin, die Kröpcke-Uhr, die einst Wetterstation war. Im Café Kröpcke gab es »plattfüßige Kellner«, die die Ereignisse um sich herum trocken kommentierten, so verbürgt in *Karl Jakob Hirschs* viel zitiertem Roman »Kaiserwetter«, der in Hannover spielt; hier traf sich die handvoll hannoverscher Bohemiens. Kurt Schwitters kehrte hier ein, wenn er es nicht vorzog, lieber ins Café Kreipe schräg gegenüber zu gehen, um ausgerechnet Bismarck-Torte zu verspeisen. *Gottfried Benn* sinnierte hier 1935 (»im Café Kröpcke trank der Oberstabsarzt hannoversches Bier«) darüber nach, warum die hannoverschen Mädchen immer als erstes ihre Verlobungsgeschichten erzählten.

5 Kröpcke

Wie ein Tortenstück baute sich das Hotel Continental auf der gegenüberliegenden Seite des Café Kröpcke auf; 1834 als Polytechnische Hochschule errichtet, um »Technik, Handel und Gewerbe in der Stadt zu fördern«. Wilhelm Busch, der »Renommier-Hannoveraner«, dem man am Georgsplatz Mitte der 1930er Jahre das erste Wilhelm Busch—Museum einrichtete, war als Student hier eingeschrieben.

Kröpcke-Center

»In Putz und florentinischer Palast-Renaissance, unter Aufset-

Hannover: Am Kröpcke in den 50er Jahren

zung zweier Stockwerke« mit »schönem glasbedeckten Vestibül, guter Ausstattung im Speisesaal und in den Zimmern« möbelte man 1881 — so lobte das Adreßbuch desselben Jahres — den »Conti-Block« auf, wie er fortan hieß, als die Hochschule wegen ansteigender Studentenzahlen ins Uni-Gebäude am Welfengarten umzog. Im »Café Continental« spielte man seitdem zum gepflegten Tanztee auf, als »Konzert- und Tanzcafé« machte es sich einen Namen.

Der »Conti-Block« nennt sich heute »Kröpcke-Center« und ist gleich der Passerelle, die die Stadtplaner den Hannoveranern bei der Fertigstellung der U-Bahn noch oben draufgaben, von Monumentalismus ohne Charme. Der Stolz der Stadtbaubüros, daß es »wenigstens gelungen ist, den in der Georgstraße wirksamen Bausockel mit seinen 20m unter der Höhe des früheren Continental-Blocks mit seinen ca. 30 m zu halten«, spricht eigentlich eher für Verlegenheit.

❻ Passerelle

Im »Windkanal« (Passerelle) zwischen Kröpcke und Raschplatz friert es einen an allen Ecken. Auf den wenigen warmen Plätzen, meist über den U-Bahnschächten oder unter dem Bahnhof, hausen die Parias der Passerelle, mit denen die Passagen-Polizei so dann und wann ihre Schwierigkeiten hat, weil Obdachlose nicht so gut ins Stadtbild passen.

Wiederaufbau in der Bahnhofstraße ca. 1950

Kunst soll auch hier wieder an vielen Stellen augenscheinliche Nachteile mildern. Skulpturen, Brunnen und Wandgestaltungen, denen die Vorlieben der 70er Jahre für Pop Art-Optik und bunte Öffentlichkeitsdidaktik abzulesen sind, schlagen Schneisen in den unterirdischen Fußgängerstrom. Aber zwischen »Nessi«, einer Bronze-Skulptur, die gleich dem Ungeheuer von Loch-Ness in den Steinboden ein- und auftaucht, betten sich die Stadtstreicher zur Nacht.

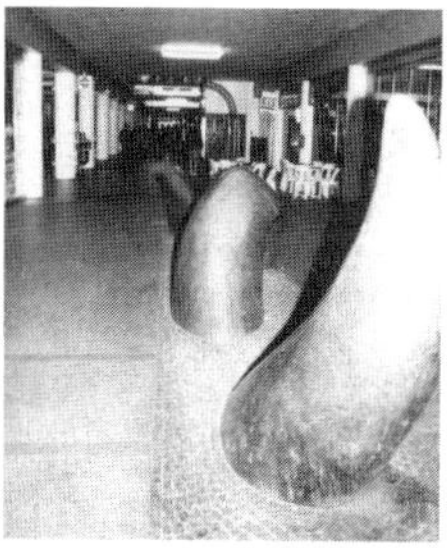

Nessi in der Passerelle

Eine Entfernungswindrose soll die Verbundenheit der Messestadt Hannover mit der Welt signalisieren. Im Passerellenabschnitt Kröpcke kann man angesichts dieses Objektes darüber nachsinnen, wie weit es noch bis Rio de Janeiro, Peking oder sonst wohin ist.

❼

Ernst-August-Platz

Hannovers Tor zur Welt war lange genug der Bahnhof, 1847 eingeweiht als erster Durchgangsbahnhof des Kontinents. Hier treffen sich die deutschen Eisenbahnlinien von Norden nach Süden und Westen nach Osten. Zwischen Köln und Berlin, Hamburg, Frankfurt und München: die Drehscheibe Hannover. Solch günstige Lage wußten die Schieber und Schwarzhändler sowohl nach dem Ersten Weltkrieg 1918 als auch nach dem Zweiten Weltkrieg 1945 für ihre Zwecke zu nutzen. Ein schwunghafter Schwarzhandel residierte »unterm Schwanz«, rund um das Reiterstandbild Ernst Augusts, und in der Bahnhofsvorhalle. Nicht nur Kriminelle kungelten »im Schatten des Landesvaters« ums Geschäft. Auch die sogenannten anständigen Bürger beteiligten sich am florierenden Schleichhandel.

»Unterm Schwanz« Reiterdenkmal Ernst-August

Großen Bahnhof am Bahnhof erlebte 1919 ein im damaligen Deutschen Reich überaus bekannter Mann, Generalfeldmarschall Paul von Hindenburg, der »Sieger von Tannenberg«. Hannover stand Kopf an jenem ersten Julisonntag, um in dem glorreichen Kriegsheimkehrer auch eine Symbolfigur des Wilhelminischen Kaiserreiches zu feiern. Hindenburg, der später Hitler in den Sattel half, repräsentierte inmitten der ersten Revolutionswirren der Weimarer Republik als deutscher Militär die alte Ordnung und die Reaktion.

Inmitten unzähliger Gastronomien entfaltete das erste richtiggehende Kinotheater Hannovers seinen besonderen Reiz am Ernst August-Platz. Es nannte sich »Stehbierhalle« und »Kinomatographenrestaurant«, an den Wänden hing militärischer Tand und der Wirt des Unternehmens achtete weniger auf die Qualität der Filme als auf den Bierumsatz. Noch 1934 stand an diesem kinohistorischen Ort (damals Ernst-August-Platz 5) das Central-Theater.

❽

Louisen-Passage

Aus den alten Markthallen entwickelten sich im 19. Jahrhundert die Passagen, wiewohl mit veränderten Vorzeichen. Waren die Markthallen Orte des direkten sinnlichen Genusses, voll mit Gerüchen, Krach und zum Kauf angebotenen Lebensmitteln, so kultivierten die Passagen als eine zutiefst bürgerliche Errungenschaft den Konsum des Überflusses. Ihre heutigen Nachfolger bieten die Räumlichkeiten für das Schöne Leben. Hannovers Anschluß an den Flair der postmodernen Großstadt garantiert die Louisen-Passage.

Ein tatsächlich mediterran anmutender Innenraum mit mildem Licht läßt sich schräg gegenüber entdecken. Im Halbrund der »Rotunde«, die neuerdings die Louisenstraße mit dem Kröpcke verbindet, lädt ein italienisches Restaurant auch an Stehtischen zum Pausieren ein. Immerhin: Hier läßt sich eine Ahnung von dem, was eine Passage sein kann, fassen.

Die »Rote Punkt-Demo« war 1969 ein allgemeiner Boykott der Straßenbahnen gegen die Fahrpreiserhöhungen. Steintor, Kröpcke und Aegi waren und sind wichtige Knotenpunkte der Straßenbahnlinien und dementsprechend von Demonstranten und Polizei umkämpft.

Protestbewegungen, APO und der Rote Punkt

Der Steintorkreisel wurde in den Jahren 1968 und 1969 wiederholt zum Schauplatz eines denkwürdigen Wandels der politischen Kultur Hannovers. Auf das Steintor mündeten das Presseviertel, die Einkaufsmeile und das Vergnügungsviertel Hannovers. Hier kreuzten sich wichtige Verkehrslinien. So war es kein Zufall, daß es in den Jahren der ›außerparlamentarischen Opposition‹ — der APO — gerade hier zu den wichtigsten Konfrontationen zwischen Protestierenden, der Polizei und einer großen Menge interessierter Zuschauer kam. Ostern 1968, nach dem Attentat auf den Studentenführer Rudi Dutschke in Berlin, sollte auch in Hannover eine Sitzblockade die Auslieferung der BILD-Zeitung verhindern. In den Ausgängen des Pressehauses saßen die Blockierer, völlig gewaltfrei, sie stammten meist aus der seit 1967 auch in Hannover entstandenen Schüler-, Lehrlings- und Studentenbewegung. Von der Goseriede her drohten die Wasserwerfer und ein riesiges Polizeiaufgebot. Die Blockierer konnten erst spätnachts »abgeräumt« werden, da bis lange in den Abend hinein Goseriede und das Steintor voll von sympathisierenden Bürgern waren, diskutierend und beobachtend. Aus dieser wachsamen Öffentlichkeit rekrutierte sich damals auch der APO-Diskussionskreis »Club Voltaire«, der in der Nähe des Steintors sein täglich offenes Vereinslokal hatte.

Das Jahr 1969 brachte weitere politische und soziale Konfrontationen. In Bonn regierte seit der Wirtschaftskrise von 1966 eine große Koalition aus CDU und SPD. Es gab praktisch keine innerparlamentarische Opposition, Reformen blieben blockiert. Unter dem Druck der Protestbewegungen und der Industriearbeiter (Septemberstreiks) kam es 1969 nach den Wahlen am Jahresende zur Reformregierung Brandt-Scheel. Auch die Tage der großen Koalition in Niedersachsen waren gezählt. — Doch im Sommer 1969 war von diesem Umbruch in Hannover noch nichts zu merken. Anläßlich einer Demonstration zur Hannover-Messe, die auf die Diskrepanz zwischen Industriepotential und Bildungsnotstand hinweisen wollte, hatten die hannoverschen Tageszeitungen laut ›SPIEGEL‹ (vom 26. Mai) vereinbart, keine APO-Veranstaltungen anzukündigen, keine Fotos davon zu bringen und die Berichterstattung auf den »reinen Nachrichtenwert« zu beschränken.

Als am 1. Juni 1969 der private Verkehrsbetrieb ÜSTRA seine Tarife kräftig erhöhte, weigerte sich die Stadt, Räume für eine öffentliche Veranstaltung hierzu zur Verfügung zu stellen. Am 7. Juni, einem verkaufsoffenen Samstag, besetzten etwa dreihundert Schüler und Lehrlinge die Straßenbahnschienen am Steintor und anderen Knotenpunkten und legten damit für Stunden den Straßenbahnverkehr (nicht aber den Autoverkehr!)

lahm. Auch an den nachfolgenden Tagen setzten sie jeweils spätnachmittags die Blockaden fort und weiteten sie aus. Politik und Verwaltung versuchten, des »Ausbruchs von Chaos und Anarchie« Herr zu werden. Sie veranlaßten einen massiven Einsatz von Tränengas, Knüppeln und Wasserwerfern und am Dienstag, 10. Juni, 104 vorübergehende Festnahmen. Ein Polizeiwagen fuhr in die Menge, ein Informationsstand von Ingenieurstudenten wurde von Polizisten zertrümmert.

Diese »harte Linie« scheiterte vollständig. Die über zweitausend Hannoveranerinnen und Hannoveraner, die dieses Vorgehen gegen gewaltlosen Boykott am Steintor miterlebten, lasen bereitwillig die Flugblätter, die die Überführung der ÜSTRA in Stadteigentum und den Nulltarif forderten. Die Polizei hatte die Situation falsch eingeschätzt: »Wir standen vor der außergewöhnlichen Situation, daß ein nicht unbeträchtlicher Teil der Demonstranten nicht aggressiv war.« (›Hannoversche Allgemeine Zeitung‹ vom 11.6.1969). So blieb vom Mittwoch an die Polizei in ihren Kasernen. Auch der Versuch, ab Donnerstag durch verordnete Einstellung des ÜSTRA-Verkehrs den Demonstranten den schwarzen Peter zuzuschieben, scheiterte. Der vom Sozialistischen Hochschulbund geleitete Studentenausschuß der Technischen Universität hatte in hoher Auflage einen »roten Punkt« drucken lassen, mit dem Autofahrer signalisieren konnten, daß sie andere Leute mitnehmen wollten. Am frühen Donnerstag morgen standen die Demonstranten im Berufsverkehr und wiesen Fahrer und Passanten in das neue ›Anhaltesystem‹ ein. Es war so erfolgreich, daß nicht mehr Menschen unpünktlich zur Arbeit gelangten als sonst auch. Das erwartete Verkehrschaos blieb aus. Viele BürgerInnen waren erstaunt, wie die eben noch als »langhaarige Chaoten« verschrienen jungen Leute den Nahverkehr organisierten. Bald lief alles von alleine; die gesamte Bevölkerung machte mit, Autofahrer wie Passanten. Das schöne Sommerwetter und der herzliche Kontakt zwischen einander

1969: Blockade der Straßenbahnen im Rahmen der »Rote Punkt«-Bewegung

sonst wildfremden Menschen ließen eine weitere Woche lang eine regelrechte Festatmosphäre entstehen. Schließlich übernahmen auch Stadt und Lokalpresse den Druck der ›roten Punkte‹.

Was für die einen ein erster Ausdruck von ›kulturrevolutionärer‹ Selbstorganisation war, stellte sich für andere als eine Art ›Aktion Gemeinsinn‹ dar. Auch Gewerkschaften, Vertreter verschiedener Betriebsbelegschaften, plädierten für ein Einlenken im Sinne der Proteste. Ab Freitag, 13. Juni, lenkte die Stadt ein. Sie schlug einen Seniorentarif, einen 50-Pfennig-Einheitstarif und weitere Verhandlungen, die ÜSTRA in Kommunaleigentum zu überführen, vor. Diese Vorschläge fanden breite Zustimmung und wurden auch nach Ende des Boykotts verwirklicht. Die Propaganda gegen die ›Chaoten‹ aber wurde fortgesetzt; als ab Freitag, 20. Juni 1969, der ÜSTRA-Fahrbetrieb wieder aufgenommen wurde, kam es jedoch zu keinerlei Behinderungen.

Manche, wie der SPD-Fraktionsvorsitzende *Kreibohm,* sprachen später von einem Lehrstück der Demokratie, das die Demonstranten vorgeführt hätten. Andere, so der Oberstadtdirektor *Neuffer,* hielten an dem ›Chaoten‹-Feindbild fest und profilierten sich als Problemlöser und Modernisierer des ›Images‹ von Hannover. In der Tat wurde in den 1970er Jahren das Image Hannovers ordentlich aufgemöbelt: mit ›Kunstavantgardismus‹ (wie den Nanas), Spielwiesen (wie dem Flohmarkt) und anderen Maßnahmen, die eine Öffnung der provinziellen Enge und Selbstgefälligkeit symbolisieren sollten. Gleichwohl wurden die Gruppen der neuen Jugend-, Studenten- und Alternativkultur, denen Hannover diese Anstöße zur Modernisierung verdankte, noch durch die 1970er Jahre hindurch verpönt und aus der etablierten Öffentlichkeit ausgegrenzt.

Heiko Geiling/Michael Vester

❾ Opernplatz

Georg Laves

Banken, Konsum und Kultur — auf diesen Nenner könnte man den vielgepriesenen einzigen Boulevard Hannovers bringen, den Flanier-Abschnitt, die Promenade. Schlag zwölf am Sonntagmittag fanden sich in früheren Zeiten alle Hannoveraner, die auf sich hielten, auf dieser Strecke ein, um den sonntäglichen Parcour, den »Schorsenbummel« anzugehen. Immer wieder rauf und runter.

Mittelpunkt: natürlich das Opernhaus, der Stolz der Musikfreunde in der Stadt. 1989 feiert es sein 300jähriges Bestehen mit Riesentorte, großem Programm und einer allseits hochgelobten Inszenierung jener Oper, mit der in Hannover alles begann: »Enrico Leone« von *Agostino Steffani. Georg Friedrich Laves* bescherte den Prachtbau 1852 — auch als Dokument eines neuen Selbstbewußtseins: denn 1837 wurde Hannover von England getrennt und besaß fortan einen eigenen König, Ernst August, den Auftraggeber des Musentempels.

Die Vorliebe der Wilhelminischen Kaiserzeit für feiertäglichen Pomp drückte sich einmal mehr auch am 11. Juni 1877 aus, als vor dem Opernhaus das Denkmal *Heinrich Marschners,* des Hofkapellmeisters der Laves-Zeit, eingeweiht wurde. Ganz Hannover war im Sonntagsstaat angetreten, um dem Fest beizuwohnen. Wenn der Kaiser die Stadt besuchte, so schmückte sich die Georgstraße gerade in diesem Abschnitt besonders opulent. »Hunderte von Fahnenmasten und Gaslampen, geschmückt mit Kranzgewinden, flankierten die Georgstaße, deren Hausbesitzer dem offiziellen Schmuck in nichts nachstehen wollten, — wie das Haus Bühring, später Opernkonditorei, vor dem Opernhaus standen zwei Obelisken, von seinem Giebel hing ein riesiger Banner herab, alles zur Versinnbildlichung der Kunst.«

Die hannoverschen Unternehmer der Gründerzeit errichteten in der zweiten Hälfte des 19. Jahrhunderts der Georgstraße die großen prächtigen Häuser selbstverständlich in Familienbesitz. Diese Tatsache läßt sich an der auch heute noch gebräuchlichen Benennung einiger Häuser ablesen, etwa »Haus Weitz« und »Haus Beckmann« und »Haus Basse«.

Georgstr. 38

Die Familie Bühring stieg zu lokaler Größe mit dem Seidenwarenhandel en gros auf. Sie stellte Verbandsfunktionäre des »Vereins der Großhändler und Fabrikanten« — Franz Bühring ernannte man noch 1927 auf Vorschlag des »Industrie- und Handelskammer-Verbandes Niedersachsen-Cassel« zum »türkischen Konsul«. Im »Haus Bühring« fand man 1920 u.a. unter einem Dach jene Bühringsche Seidenwaren-Großhandlung, das jüdische Bekleidungsgeschäft Alex Herzfeld, das Ende der 30er Jahre arisiert wurde, sowie Albert Meyers »Werkstätten für Bildniskunst«. Die Opernkonditorei (heute Maredo) befand sich ebenso dort — in den 70er Jahren aus triftigen Gründen im Volksmund »Mäuseburg« genannt.

Gegen die deutsche »Dreiklassenschmach« erhob im Kontext der Wahlrechtskämpfe nach 1905 eine sozialdemokratische »nicht geplante, aus Protestversammlungen hervorgegangene Straßendemonstration mit mehr als tausend Beteiligten Einspruch, wobei die führenden Genossen an der Spitze des Zuges marschierten... Die Polizei war vollständig überrascht und erschien erst, nachdem die Demonstration ihren Höhepunkt überschritten hatte.« Wohl einmalig in der Geschichte des Schorsenbummels ist dabei, daß an jenem Sonntag des 12. Januar 1908 sogar die Militärkapelle ihr Konzert abbrach.

⑩
Georgstr. 36

Das ausgehfreudige stadt- und landhannoversche Publikum betitelte die einstmals hochrenommierte Vergnügungslokalität in dem 1913 fertiggestellten Stadt- und Geschäftshaus in der Georgstraße 36 kurz und mit sächlichem Geschlecht als: Das »GOP«! Über mehr als drei Generationen warben diese drei verheißungsvollen Großbuchstaben (sprich: »ge-oh-peh«) als Wertmarke für erstklassige Unterhaltungskunst — musikalische und artistische. In den ach so wilden Zwanziger Jahren ein kreuzbraver, geräumig-gepflegter Restaurationsbetrieb, eröffnete es Mitte der dreißiger Jahre mit exclusivem Aufwand — im Zuge der Rüstungskonjunktur — als eines der in Norddeutschland bald führenden Tanz- und Konzertcafés.

Von Mitte der zwanziger bis Mitte der dreißiger Jahre hatte zunächst das »Café Continental« auf dem keilförmigen Grundstück zwischen Georgstraße/Kröpcke und Karmarschstraße/Ständehausstraße, die Spitze der hiesigen Auftrittsorte berühmter Tanzorchester gebildet. Mit ihm verbinden sich die alten, großen Namen der deutschen Dancebands der Weimarer Zeit. So vor allem jene der aus rassischen Gründen nach Machtantritt der Nazis emigrierten Kapellmeister: Das waren Marek Weber, Dajos Béla *und* Efim

Bernhard Ette mit seinem Schauorchester, aufgenommen Berlin, 1940. Das Photo zeigt die Originalbesetzung, wie sie zwischen 1939 und 1941 auch regelmäßig im GOP zu hören war.

Schachmeister *sowie der später, 1938 aus Deutschland vertriebene* Ilja Livschakoff. *Ihre Schallplattenaufnahmen waren damals Legion. Nachdem die reichsdeutsche Tanz- und Unterhaltungsmusik mit dem Olympia-Jahr 1936 — von staatlichen Kontrollen des als Niggermusik verpönten Jazz vorübergehend befreit — gründlich in die Rezeption der neuen Swingmusic eingestiegen war, da annoncierte der Georgspalast in Zeitungen und Litfaßsäulen seine große »Wiedereröffnung am 31. Juli 1937«. Das bisher als Café-Restaurant geführte Haus organisierte sich fortan in Konkurrenz zum alten Café Conti«.*

Im Monat Februar 1938 swingte beispielsweise im GOP Arne Hüphers, *der spätere Mann von* Zarah Leander, *mit seinem hot-versierten schwedischen Tannzorchester und seiner Croonette* Greta Wassberg. *Gleich im nächsten Monat des Jahres trat* Bernhard Etté *mit seinem großen Schauorchester auf. Bis weit in die vierziger Jahre hinein war er ein gefragter Gast in den »ersten Häuern« des Deutschen Reiches.*

Manche derer, die hier zu Tanz und Unterhaltung vor einem überwiegend jugendlichen Publikum aufspielten, beunruhigten — nach einem Bericht »Meldungen aus dem Reich«, vom 6.3.1941 — tatsächlich den staatlichen Sicherheitsdienst: »Auch bei der Kapelle Bernhard Etté werden in letzter Zeit Tendenzen zur Verjazzung festgestellt. Etté führt den ›Tiger Rag‹ im Programm, der in mehreren Berichten als krasse und perverse Hotmusik bezeichnet wird. Selbst nationale Lieder werden verjazzt geboten.«

Nach Wiedereinrichtung nebst gänzlicher Umgestaltung 1947 neueröffnet, inszenierte die neue Direktion unter Maria *und* Wilhelm Pegel *ein Sensations-Varieté, in dem berühmte Stars das übrige Schauprogramm dominierten: Zarah Leander und Josephine Baker traten auf; die heute ironisch verpönte Schlagerwelle der 50er Jahre wurde durch Vico Torriani vertreten und berühmte Zauberkünste durch den namhaften Kalanag. Wie so viele gleichartige Unternehmen, mußte das Varieté mangels Gewinn im Jahre 1962 schließen. Heute, 1989, befindet sich in den umgebauten Räumlichkeiten ein kommerziell erfolreicher Tanztreffpunkt der Jugend, wenngleich in der tösenden Klangkulisse einer Großdiskothek, dem »Check Inn«.*

(Marko Paysan)

Georgstr. 52

»Die Aufgabe historisierender Stile und den Durchbruch zur Moderne« demonstrieren nicht nur das Anzeiger-Hochhaus am Steintor oder die Stadtbibliothek an der Hildesheimer Straße, die von hier aus schon zu sehen ist, sondern auch das Haus Nr. 54, das, 1918 von den Brüdern Siebrecht gebaut, in den 20er Jahren die Redaktionsräume des »Hannoverschen Kuriers« beherbergte. Das »Gloria-Center« gehört dem Filmtheater Robert Billerbeck, einer hannoverschen Familie mit langer Kinoerfahrung.

Georgstr. 54

Für den »Hannoverschen Kurier« berichtete in den 20er Jahren über das moderne Kulturleben dieser Stadt *Käte Steinitz,* die mit ihrem Mann, dem Mediziner *Dr. Ernst Steinitz* und Töchtern im zweiten Stockwerk des »Haus Basse« eine Belle Etage gleich nebenan bewohnte.

Aus dem Gästebuch der Käte Steinitz

Hannover war weniger provinziell als *Käte Steinitz* noch 1917 befürchtete, als sie von Berlin hierher zog. So entwickelte sich sehr schnell die Wohnung der Steinitz' zum Treffpunkt vieler wichtiger moderner Künstler. Das Gästebuch der Käte Steinitz bezeugt den Besuch von *El Lissitzky* und *Raoul Hausmann,* von *Carl Buchheister, Theo van Doesburg, Moholy-Nagy, Lucy Otto-Hillebrand* und vielen anderen. Käte Steinitz erdachte zusammen mit *Kurt Schwitters* ein typographisches Märchen, »Die Scheuche«, veranstaltete mit ihm und anderen große Künstlerfeste, wie 1928 das »Zinnoberfest«, besuchte die Merz-Abende des »Dada« Kurt Schwitters in der Waldhausenstraße oder im Tivoli-Varieté, wie jene am 30. Dezember 1923, an der sogar der kommunistische Landtagsabgeordnete *Iwan Katz* teilnahm. Mit Kurt Schwitters dichtete Käte Steinitz Liedertexte der jeweiligen Feste, etwa den »Zinnoberschlager« oder das »Lied vom kleinen Hanomag«.

Gegen Ende dieses Jahrzehnts nahm Bankierssprößling *Wilfried Basse* seine dokumentarfilmerische Arbeit auf, der *Siegfried Kracauer* zwar saubere und unprätentiöse Bildreportage, aber vor allem Basses bekanntestem Film »Deutschland zwischen gestern und heute« (1934) politische Gleichgültigkeit bestätigte.

Georgstr. 56

In den Kunst- und Auktionssälen von *Hans Katzer* in der Georgsstraße, Ecke Baringstraße fand zwischen dem 16. Februar und dem 18. März 1928 eine Ausstellung der »abstrakten hannover« statt. *Carl Buchheister, Rudolf Jahns, Hans Nitzschke, Kurt Schwitters* und *Friedrich Vordemberg-Gildewart* zeigten, was sie sich unter modernen Entwürfen, vom Konstruktivismus herkommend, in bezug auf Typographie, Werbegestaltung, Inneneinrichtung und Architektur, vorstellten, sprich: sich von angewandter Gestaltung versprachen.

Schräg gegenüber auf dem Theaterplatz, während der Nazi-Zeit

»Mongolentempel«: Ein Blumenpavillon auf dem Theaterplatz; 1928 abgerissen

⓫ Theaterplatz

»Adolf-Hitler-Platz« geheißen, stand der »Mongolentempel«, ein Blumenpavillon, der, eine Art Gegenstück zum alten Café Robby/ Kröpcke, von der gleichen exotisch-volkstümlichen Architektur war. Als er 1928 durch einen neuen, nicht minder interessanten Pavillon ersetzt wurde — er war mit einem sehr spitzen Kupferturm ausgestattet — stiegen die Hannoveraner auf die Barrikaden und polemisierten in Anbetracht der damals herrschenden Wohnungsnot gegen seine hohen Kosten.

⓬ Georgsplatz

Banken dominieren heute das Gelände hinter dem Opern-, Theater- und Georgsplatz. Hier finden sich die Zentralen der niedersächsischen Bankwirtschaft, auch die Hannoversche Börse. Direkt am Georgsplatz steht das Gebäude der Hannoverschen Bank, 1903 von *Karl Börgemann* entworfen.

Georgsplatz 1

Den bronzenen Schiller *Wilhelm Engelhards* vor Augen, paukten die Ratsgymnasiasten am Georgsplatz im ehedem »ersten modernen Schulhaus für Hannover«, sich ihrer langen bis ins Mittelalter zurückreichenden Tradition der »Schola senatoria Hannoverana« bewußt. Selbst die Architektur des Schulgebäudes symbolisierte jenen Stolz. Der Neogotische Baustil mit »respektvollem Bogengang« besaß viel von der Schwere und Bedeutung der mittelalterlichen Schulausbildung.

Für die Erkenntnis jener hannoverschen Stadtplaner des ausgehenden 19. Jahrhunderts, daß Grünflächen inmitten der Stadt von großer Wichtigkeit seien, war man nach dem 2. Weltkrieg nicht

Aegidientorplatz 1962

empfänglich. Der Georgsplatz (in der Nazi-Zeit bis 1945 »Rustplatz«) fand sich von seinen früheren Grünanlagen befreit und zum »Architekturplatz« gewandelt.

Anstatt Rabatten und Bäume sind jetzt Kunstwerke anzuschauen. Die Ehe von Kunst und Bank treibt hier Blüten, auch wenn Hannover nicht Frankfurt ist.

⑬ Aegidientorplatz

Den »Aegi« heute vor Augen — mit brausendem Autoverkehr und Hochstraße (von der aus ein Autofahrer schöne Aussichten hat), »Tabu für Fußgänger«, — stelle man sich mit Palmen und Bananenstauden vor! Palmen und Bananenstauden standen zu Anfang dieses Jahrhunderts tatsächlich hier, inmitten einer Insel, die einzig die Funktion hatte, den Spaziergänger zwischen Stadt und Südstadt auf einer Parkbank ausruhen und dem »Verkehr zuschauen« zu lassen. Ursprünglich als Marktplatz für die seit 1750 angelegte Stadterweiterung »Aegidienneustadt« gedacht, taufte man den Aegi bald in »Hundemarkt« um, weil er nicht in Betrieb genommen worden war. Dennoch drückte sich die Grundidee dieser Stadterweiterung, nämlich ein »Viertel für Gewerbetreibende« zu sein, noch Anfang dieses Jahrhunderts in der stattlichen Anzahl von kleinen Läden, Gastwirtschaften und Hotels aus.

Was liegt zwischen Mond und Nordsee? »An der Ecke Braunschweiger Straße, wo nach der Anlage der Aegidienneustadt das Tor gestanden hatte, war im Sommer zwischen den Efeuwänden, die das Restaurant Hubertus vor sich aufstellte, gut sitzen. Nebenan war die Buchhandlung von Wolff und

Aegidien-Kirche

Hohorst, und dann kam jenseits der Breiten Straße nach der Apotheke der ›Mond‹ der Familie Fischer, die kleine Bierstube, die mit Spiegelchen an Pfeilern und Wänden an ein Spiegelkabinett hätte erinnern können, wenn sie nicht so gemütlich gewesen wäre. Schräg gegenüber war in der Hildesheimer Straße eine Filiale der ›Nordsee‹, so konnte die nur von Kennern zu lösende Scherzfrage umgehen«, in der Erzählung H.J. Tolls *zeigt sich zwar Nostalgie, aber sie demonstriert auch das gutbürgerliche Milieu der Händler und Gastwirte um 1900 am Aegi.*

Am 30. Januar 1933 zogen euphorisierte Anhänger Adolf Hitlers in einem »Fackelzug des Sieges« durch die Innenstadt und streiften dabei auch über den Aegi. Die NSDAP hatte die Reichstagswahl gewonnen. Das Schicksal der Weimarer Republik war damit endgültig besiegelt. Für die Georgstraße begann damit ein anderes Kapitel, sie wurde fortan Paradestraße der SA-Standarten und 1938 Schauplatz der sogenannten Reichskristallnacht, in der die wenigen noch vorhandenen jüdischen Geschäfte an dieser Straße zerschlagen wurden.

Die höhere Töchterschule »am Aegidienthore« war als städtisches Eigentum 1802 eingerichtet worden. Das hannoversche Adressbuch von 1820 formulierte die Intention der Schule so:

»... den Töchtern des wohlhabenden Bürgerstandes angemessenen Unterricht in allen dem gebildeten Frauenzimmer nöthigen und nützlichen Kenntnissen und Fertigkeiten zu ertheilen; der Unterrichtsplan umfaßt, außer deutsche Literaturgeschichte und englische Sprache, dieselben Gegenstände wie die der höheren Töchterschule«.

Der UFA-Palast am Aegi bot den Hannoveranern den ersten Farbfilm, einen Wissenschaftsfilm »Gelehriges Plankton« 1928, über dessen Wirkung die Zuschauer nachher per Fragebogen Auskunft geben mußten, und den ersten Tonfilm »Der Postmeister« mit *Heinrich George* in der Hauptrolle.

Aegidientorplatz 2

In den 50er Jahren repräsentierte das Theater am Aegi ebenso wie in den 20er Jahren ein Stück wichtiger Kino-Kultur. Seine Architektur konnte es mit den großen Kinopalästen der 50er Jahre in Mailand und Rom aufnehmen. Heute dient das Theater am Aegi als Gastspielbühne für Boulevard-Stücke und Ballett.

Himbeerrote Wagen der Straßenbahnlinie 11 fuhren über den Aegi von Hannover nach Hildesheim.

Kurt Schwitters, als Reklamekünstler durchaus didaktisch veranlagt, erdichtete die in Hannover berühmten volkstümlichen Straßenbahnverse, die in den 20er Jahren den Umgang der Hannoveraner mit der Straßenbahn disziplinieren sollten und die in den 60er Jahren noch immer in den Fahrgastkabinen zu lesen waren.

»Rechte Hand am rechten Griff,
So steig ein beim Abfahrtspfiff
Steigst Du aus, merk dir den Kniff
Linke Hand am linken Griff.
Spring nicht ab und spring nicht auf,
Wenn der Wagen noch im Lauf

Reiseziel und Strecke melde
Zahle stets mit kleinem Gelde.«

In einem Straßenbahn-Text von 1927/28 philosophiert Schwitters über Straßenbahnfahren und das Schwarzfahren in dieser Stadt. Er imitiert dabei die Schaffner lautmalend: »A-eegidderiggentoor-Platz« und stellt fest, daß in Revonnah/Hannover »die Straßenbahn verkehrt fährt«.

Die schönen Spaziergänge durch die Geschichte und Anekdotenwelt der Georgstraße beginnen meist auf dem Aegi und führen von hier aus als erstes die Schokoladenseite der Straße vor. Dieser Rundgang begann in dieser Hinsicht die »Georgstraße verkehrt herum«.

Aegidientorplatz um die Jahrhundertwende

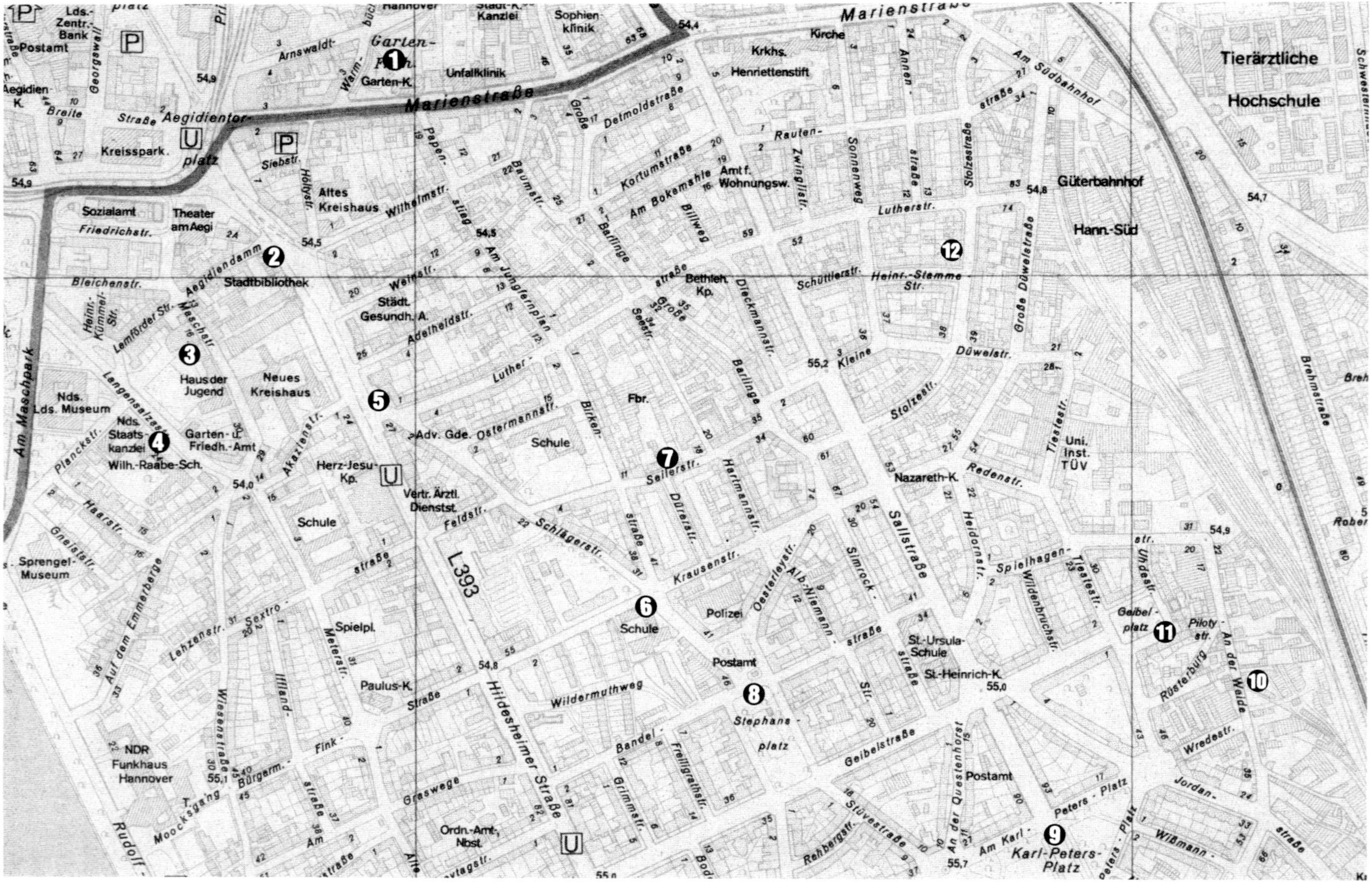

Tierärztliche Hochschule
Güterbahnhof
Hann.-Süd
Brehmstraße
Am Südbahnhof
Marienstraße
Große Düwelstraße
Stolzestraße
Annenstraße
Sonnenweg
Lutherstr.
Heinr.-Stemme-Str.
Düwelstr.
Kirche
Krkhs.
Henriettenstift
Rauten-
Zwinglistr.
Schüttlerstr.
Kleine
Dieckmannstr.
Uni. Inst. TÜV
Tiestestr.
Redenstr.
Heidornstr.
Nazareth-K.
Sallstraße
Uhdestr.
Geibelplatz
Piloty-str.
An der Weide
Rüsterburg
Wredestr.
Jordan-straße
Wißmann-
Spielhagen-
Wildenbruchstr.
St.-Ursula-Schule
St.-Heinrich-K.
Simrock-straße
Alb.-Niemann-Str.
Geibelstraße
Postamt
Karl-Peters-Platz
Am Karl-Peters-Platz
An der Questenhorst
Stüvestraße
Rehbergstr.
Sophienklinik
Unfallklinik
Große Barlinge
Detmoldstraße
Kortumstraße
Am Bokemahle
Amt f. Wohnungsw.
Billweg
Bethleh. Kp.
Große Seestr.
Barlinge
Hartmannstr.
Oesterleystr.
Polizei
Stephansplatz
Seilerstr.
Dürerstr.
Krausenstr.
Fbr.
Schule
Freiligrathstr.
Bandel-
Grimmstr.
Wildermuthweg
Birken-straße
Baumstr.
Papenstieg
Am Jungfernplan
Luther-
Ostermannstr.
Adv. Gde.
Schlägerstr.
Hildesheimer Straße
L393
Feldstr.
Vertr. Ärztl. Dienstst.
Adelheidstr.
Städt. Gesundh.-A.
Weinstr.
Wilhelmstr.
Altes Kreishaus
Garten-K.
Arnswaldtstr.
Höltystr.
Siebstr.
Stadtbibliothek
Aegidiendamm
Neues Kreishaus
Herz-Jesu-Kp.
Akazienstr.
Schule
Spielpl.
Meterstr.
Paulus-K.
Fink-
Iffland-
Ordn.-Amt, Nbst.
Graswege
Aegidientorplatz
Theater am Aegi
Haus der Jugend
Maschstr.
Garten- u. Friedh.-Amt
Wiesenstraße
Bürgerm.
Sextro
Lehzenstr.
Lemförder Str.
Kreisspark.
Sozialamt
Friedrichstr.
Bleichenstr.
Heinr.-Kümmel-Str.
Langensalzastr.
Nds. Staatskanzlei
Wilh.-Raabe-Sch.
Nds. Lds. Museum
Planckst.
Haarstr.
Gneiststr.
Sprengel-Museum
Auf dem Emmerberge
NDR Funkhaus Hannover
Moocksgang
Rudolf-
Georgswall
Lds.-Zentr.-Bank
Breite
Postamt
Aegidien-K.
Am Maschpark

Kosaken, Klubb und acht Kometen

Südstadt

von Klaus Fesche

Ausgangspunkt: *Aegidientorplatz, Stadtbahn 1, 2, 4, 5, 8, 14; Buslinie 21, 22, 39*
Endpunkt: *Haltestelle Marienstraße, Stadtbahnlinie 4, 5, 14; Buslinie 21, 39*
Dauer: *3 Stunden*

Konservativ, langweilig und bieder? Südstadtbewohner wissen diesem Vorurteil über ihren Stadtteil zwischen Aegi und Pädagogischer Hochschule einiges entgegenzusetzen: die gute Wohnlage mit der Nähe zum Zentrum und zum Erholungsgebiet Maschsee, Museen und Theater um die Ecke, dieses und jenes hübsche Fleckchen oder Straßenstück. Auch das konservative politische Image bedarf der Korrektur: Immerhin haben die Grünen bei der letzten Bundestagswahl mit 13% einen überdurchschnittlich hohen Stimmanteil erreicht.

Von der ehemaligen Gartenvorstadt ist nicht mehr viel übriggeblieben. Heute prägen vor allem drei Epochen das städtebauliche Gesicht der Südstadt: Im Südosten des Stadtteils dominieren die Klinker-Wohnblocks des »Neuen Bauens« der zwanziger und dreißiger Jahre. Um den Stephansplatz herum erheben sich um die Jahrhundertwende entstandene gutbürgerliche Häuser; dazwischen dokumentieren die zahlreichen Nachkriegsbauten, wie groß die Zerstörung im Zweiten Weltkrieg gewesen ist: Über 85% der Südstadt wurden bei den Luftangriffen der Jahre 1943 und 1944 in Schutt und Asche gelegt.

Alles in allem bietet die Südstadt, ohne Industrie und ohne Hektik, das geruhsame Bild einer reinen Wohngegend, wozu vielleicht auch paßt, daß man hier in zahlreichen Antiquariaten stöbern kann.

Der Gartenfriedhof

An der Marienstraße, nicht weit vom Aegi, liegt die Gartenkirche. 1891 fertiggestellt, wurde sie anstelle einer älteren Kirche der Angehörigen der Aegidien-Gartengemeinde errichtet.

❶ Gartenfriedhof

Neben der Kirche befindet sich der von 1741 bis 1864 benutzte Gartenfriedhof, einer der schönsten und historisch bedeutsamsten Hannovers. Die von Robinien, Linden, Kastanien und anderen Bäumen überschatteten prächtigen Grabstätten beherbergen die Gräber mehrerer bekannter Persönlichkeiten: Goethe-Fans pilgern andächtig zum Grab von *Charlotte Kestner,* geborene Buff, dem Vorbild für die Lotte in Goethes »Werther«.

Ebenfalls hier begraben liegt die Astronomin *Caroline Herschel,* eine der ersten wissenschaftlich tätigen Frauen. Sie arbeitete mit ihrem Bruder *Friedrich Wilhelm* zusammen, dem Entdecker des Planeten Uranus und englischen Hofastronomen. Sie selbst entdeckte acht Kometen.

Auch die Grabstätte von *Georg Friedrich Grotefend,* dem es 1802 als erstem gelang, einen Text in altpersischer Keilschrift zu entziffern, ist hier zu finden, ebenso wie die des hannoverschen Hofmalers *Johann Heinrich Ramberg.* Außer vielen schönen Grabmälern kann man auch ein Naturphänomen bestaunen: Am Grab des Kaufmanns und Senators Röhrs scheint das Zaungitter durch den Ahornstamm gewachsen zu sein!

Auf der Marienstraße, eine der Hauptverkehrs- und Geschäftsstraßen der Südstadt — bis 1845 hieß sie »Am Wolfsgraben« — wird alljährlich das Marienstraßenfest gefeiert.

Höltystraße 20

In der Höltystraße, früher ein Teil der Hildesheimer Straße, steht noch eines der wenigen Südstadt-Häuser aus dem 19. Jahrhundert; der vom Renaissance-Stil geprägte Bau stammt aus dem Jahre 1883. Das alte Kreishaus dagegen, ein Repräsentativgebäude aus dem Jahre 1907, präsentiert sich in barockisierendem Stil.

❷ Höltystraße 17

Die Stadtbibliothek und das dahinterliegende Theatermagazin stehen auf dem Grundstück zweier im 17. Jahrhundert angelegter Friedhöfe. Beide, der katholische Friedhof und der benachbarte Invalidenfriedhof (auch Soldatenfriedhof genannt) wurden wie der Gartenfriedhof im Jahre 1864 geschlossen. Lediglich ein Grabstein an einer Gebäudeecke nahe der Maschstraße ist von diesen letzten Ruhestätten noch übriggeblieben.

Aus Platzmangel schuf der Architekt *Karl Elkart,* damals auch Stadtbaurat, den ersten Bibliotheksturm Deutschlands. Die verschiedenen Funktionen der Bibliothek, Leseräume, Verwaltung und das fünfgeschossige Magazin wurden übereinandergelegt.

Im Jahre 1929, einem Jahr, in dem die Bauwirtschaft in der Südstadt Hochkonjunktur hatte, wurde der Leseturm errichtet. Das im gleichen Stil ausgeführte Theatermagazin, 1931 fertiggestellt, stammt ebenfalls vom Reißbrett Elkarts.

Das Gebäude war nicht immer ein Ort friedlicher Buchkultur: Die Gestapo nutzte die Räume der »Stabi« als Ausweichquartier für das im Oktober 1943 zerstörte Dienstgebäude an der Schlägerstraße/Ecke Ostermannstraße. Von der hier eingerichteten Leitstelle aus wurden noch im Februar 1945 220 Juden aus den Regierungsbezirken Hannover und Hildesheim in das Konzentrationslager Theresienstadt verschleppt.

❸ Maschstraße 16

An der Maschstraße steht das (abgesehen vom Henriettenstift) älteste noch erhaltene Gebäude der Südstadt. Die Turnhalle des am 10. Januar 1858 gegründeten »Turnklubb« (richtig, mit Doppel-b!) wurde 1865 eingeweiht. »Geturnt wird Montag, Mittwoch und Freitag abends von 8 bis 10 1/2 Uhr in der Turnhalle des Klubs, Maschstraße 3«, heißt es lapidar im zeitgenössischen Adreßbuch.

Das Marienstraßenfest: Ein Fest der Geschäftsleute

Außer für Vereinsmitglieder (zu dieser Zeit schon 700!) stand die Halle auch fürs Schulturnen offen, dienstags und freitags »für Knaben«, an den anderen Wochentagen »für Mädchen«.

Der Verein ist heute einer der renommiertesten Hannovers und unterhält verschiedene Bundesliga-Mannschaften (z.B. Kunstturnen oder Faustball). In der schönen, von Arkaden gesäumten Halle und in anderen Räumen des TKH werden die verschiedensten Sportarten ausgeübt, so z.B. Fechten, Judo, Volleyball, Jazz-Dance, Tischtennis u.v.m.

Dem Sport wird auch nebenan gehuldigt: dort befindet sich das in zwei Gebäuden untergebrachte »Haus des Sports«, das den Landessportbund Niedersachsen und den Niedersächsischen Fußballverband beherbergt. Noch ein paar Schritte weiter ist das »Haus der Jugend«. Naturfreundejugend, Stadtjugendring, Friedensbüro und weitere Jugendverbände und -organisationen bieten hier den hannoverschen Kindern und Jugendlichen Freizeitgestaltung und Kommunikationsmöglichkeiten.

Schräg gegenüber, auf dem heute leeren Platz, hatte mit dem im revolutionären März 1848 gegründeten »Männerturnverein« ein Konkurrenzklub seine Halle. Dieser Turn- und Fechtklub unterhielt eine »Turner-Rettungsschaar zur Hülfeleistung bei Feuersgefahr«. Die 30 Mitglieder umfassende Hilfstruppe war »als städtisches Institut anerkannt«. Turnlehrer des Männerturnvereins war der urige Wilhelm Metz, *ein stadtbekanntes Original, der als alter 48er der Polizei lange verdächtig blieb. Metz betrieb auf dem Emmerberge auch eine »turn- und heilgymnastische Anstalt.«*

Maschstraße 25

Eine architektonische Sehenswürdigkeit ist der für die »Alters- und Invaliditäts-Versicherungsanstalt« in den Jahren 1892–1894, nach einem Entwurf des Architekten H. Siepmann, errichtete Bau. Auffälligstes Merkmal des Neorenaissance-Gebäudes mit dem schönen, balkongekrönten Portal ist das spitze Türmchen an der rechten Seite. Inzwischen ist die Landkreisverwaltung eingezogen und das Haus Teil des »Neuen Kreishauses«.

❹ Langensalzastraße 34

Ein Jugendstilbau in der Straße, die nach dem Ort der von den Hannoveranern verlorenen Schlacht gegen die Preußen im Jahre 1866 benannt ist, beherbergt die seit 1936 so geheißene »Wilhelm-Raabe-Schule«. Sie ist aus der Ende des 18. Jahrhunderts gegründeten »Königlichen Hof-Töchterschule«, die 1853 als »Städtische Höhere-Töchterschule« in kommunale Verwaltung überging, hervorgegangen. 1908, im gleichen Jahre, als die Mädchenschulreform die Gleichstellung der Höheren Mädchenschulen mit den Höheren Knabenschulen einführte, zog man aus der Innenstadt in das Schulgebäude unweit des Provinzial- (heute Landes-) Museums um. Fortan hieß die Lehrstätte »Höhere Töchterschule I — Lehrerinnenbildungsanstalt — Elisabethschule«. Ihren Status als reines Mädchengymnasium, dessen strenges Regiment so leicht keine seiner ehemaligen Schülerinnen vergißt, behielt die Schule bis vor wenigen Jahren. Selbst die reformfreudigen siebziger Jahre sind an den Mauern dieses Hortes von Zucht und Ordnung gescheitert: als das Gespenst der Koedukation hier umging, gelang es den vereinten Kräften von Eltern und konservativer Lehrerschaft, dasselbe zu verscheuchen. Ein Haupteinwand der besorgten Eltern gegen den gemeinsamen Unterricht von Jungen und Mädchen war: die Schülerinnen würden womöglich geschwängert nach Hause kommen! Die vom Giebelfeld des Mittelrisalits prangende agrarpädagogische Weisheit »Wie die Zucht, so die Frucht« erscheint unter diesen Umständen in einem völlig neuen Licht...

Relief an der Wilhelm-Raabe-Schule

Auf dem Weg durch die Akazienstraße zurück zur Hildesheimer Straße passiert man die Einmündung der Straße »Auf dem Emmerberge«. Der Straßenname verweist auf die Siedlung Emmerberg (noch älter: Embere). Diese bildete zusammen mit den Ortschaften Heidorn und Tiefenriede (z.T. auch Kirchwende) den Teil der 1859 von Hannover eingemeindeten Gartenvorstadt, aus dem die heutige Südstadt hervorging. Auch die Namen der anderen Ortschaften haben sich noch als Straßennamen erhalten.

❺ Hildesheimer Straße

Anfang dieses Jahrhunderts gab es in Hannover einen regelrechten Theaterboom. Dies reizte *Franz Rolan,* den Leiter des Berliner Schillertheaters, den bereits bestehenden Theatern ein weiteres, privates an der Hildesheimer Straße zwischen Adelheid- und Schlägerstraße hinzuzufügen. Die über 1.000 Plätze verfügende »Schauburg« wurde als moderne Spielstätte mit amphitheatralischer Platzanordnung und neuartiger Bühnentechnik gelobt. Mit einer Festvorstellung vom »Faust, 1. Teil« wurde das Haus am 15. Mai 1911 eröffnet. Das ursprüngliche Konzept einer breiten Palette unterschiedlicher Spielformen, vom klassischen Drama bis zum Lustspiel, bewährte sich jedoch nicht. Schon nach einem Jahr ging die Eigentümergesellschaft in Konkurs, und die Schauburg diente einige Zeit als Operetten- und Varietétheater, in dem z.B. orientalische Tanzpantomimen »eigenartige Bilder von fremdartigem Reiz« boten. Auch die Tanzkunst der *Mary Wigman,* die eigentlich *Marie Wiegmann* hieß und aus Hannover stammte, konnte hier bewundert werden. 1923 übernahm dann die Stadt das Haus als »Städtisches Schauspielhaus« und zweite kommunale Bühne neben dem Opernhaus. Durch die Übernahme und weitere technische Neuerungen, z.B. eine elektrisch betriebene Drehscheibe und eine verbesserte Beleuchtung, konnte die Zahl der Vorstellungen mehr als verdoppelt werden. Einen Zuschauerrekord brachte die Saison 1925/26: 311.531 zahlende Besucher zählte das Haus. Die Bomben des Jahres 1943 setzten auch der Schauburg ein Ende; heute erhebt sich dort ein dem Kommerz dienender Zweckbau.

Hildesheimer Straße 24 u. 26

Die Hildesheimer Straße, bereits Mitte des 18. Jahrhundert als Landstraße nach Hildesheim schnurgerade angelegt, ist neben der Marien- und der Sallstraße eine der Hauptstraßen der Südstadt. Die Gebäude Hildesheimer Straße 24 und 26, die in den 1860er Jahren errichtet wurden, zählen zu den ältesten, noch erhaltenen Wohnhäusern des Stadtteils. Ein Nobelhotel, ein paar Schritte weiter, verleiht der Straße Großstadtflair. Interessanter aber war das Gebäude, das bis 1980 an dieser Stelle stand: Der Gloria-Palast war das schönste hannoversche Kino. Ein halbes Tausend Zuschauer konnten hier bequem auf rotem Samt sitzend die Erstaufführungen auf der breiten Leinwand verfolgen.

Im Oktober 1945 zog das bereits in den 30er Jahren existierende Kino in das vormalige Ärztehaus, das die Reichsärztekammer und den Nationalsozialistischen Deutschen Ärztebund beheimatet hatte. Unter dem Dach des Ärztehauses hatten sich in der Stummfilmära bereits die »Luna-Imperator-Lichtspiele« befunden. Das alte Domizil des Gloria, der frühere Rollschuh-Palast, etwas südli-

Die Fassade des »Gloria« nach den Bombenangriffen

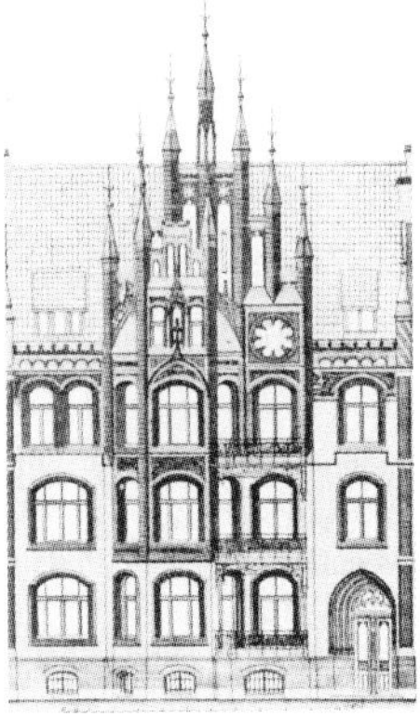

Fassade vom »Grönen Hus«

cher ebenfalls an der »Hildesheimer« gelegen, war von Bomben zerstört worden, nur noch ein Teil des Fassade war stehengeblieben.

Gleich um die nächste Ecke steht eines »der schönsten historistischen Backsteingebäude Hannovers«, so die Denkmaltopographie. Die Inschrift unterhalb des neugotischen Fialengiebels erwähnt neben dem Architekten *Karl Börgemann* und dem Baujahr 1899 den Namen des Hauses: »Dat gröne Hus«, worin sich ein Wortspiel verbirgt — neben rotglasierten Ziegeln wurden auch grünglasierte verwendet, und Bauherr war der Kaufmann *Simon Gröne.*

Bürgermeister-Fink-Str./Meterstr.

An Nachkriegsbauten vorbei gelangt man zur Pauluskirche, die, wie die erneuerte Turmspitze zeigt, im zweiten Weltkrieg schwer getroffen wurde. Ebenfalls zerstört wurde ein Haus auf der anderen Seite der Bürgermeister-Fink-Straße/Ecke Meterstraße. Es beherbergte bis zu seiner Zerstörung 1943 einen »Roten Laden« im hinteren Gebäudeteil. In ihm trafen sich heimlich Kommunisten, aber auch ein liberaler Druckereibesitzer und andere Nazi-Gegner.

Bis auf vier Häuser, deren Fassaden noch einen Eindruck von der früheren Bebauung vermitteln, wird die Strecke bis zur Krausenstraße nur noch von Nachkriegsbauten gesäumt; nach dem schweren Bombenangriff in der Nacht vom 8. auf den 9. Oktober, der die Südstadt weitgehend zerstört hatte, waren die Krausen-, die Sextro-, die Iffland- und die Seilerstraße wegen Einsturzgefahr sogar gesperrt und zugemauert worden!

6
Krausenstr. 10

Zentrale Bedeutung für die Südstadt hat nicht nur wegen ihrer Lage mitten im Stadtteil die Südstadtbücherei. Sie ist eine der wenigen hiesigen Kulturstätten und ersetzt zumindest teilweise das fehlende Freizeitheim: Stadtteilinitiativen, wie z.B. einige amnesty-international-Gruppen oder der Arbeitskreis »Südstadt 2000« informieren über ihre Arbeit, Ausstellungen und Lesungen finden statt, und die einzige Hörbücherei Niedersachsens ist hier untergebracht. Mit 225.609 Büchern im Jahre 1988 verzeichnete man die höchste Ausleihzahl aller hannoverschen Stadtteilbibliotheken. Trotz der solcherart dokumentierbaren Wichtigkeit ist das Haus von der Schließung bedroht: ein neues, von Sparzwängen diktiertes Strukturprogramm sieht die Verlegung des Bestandes in die Zen-

Hannoversche Eishaus- und Waren-Einkaufs-Gesellschaft

trale an der Hildesheimer Straße vor! Dieser Kahlschlag würde eine weitere kulturelle Verarmung der Südstadt bedeuten: stadtteilbezogener Arbeit würde der Boden entzogen und vor allem weniger mobilen Südstädtern die regelmäßige Bücherausleihe erschwert.

7
Seilerstr. 15-17

Im Vorbeifahren oder -gehen kaum zu bemerken: die Eisfabrik, eine völlig andere Kulturstätte. Diese Fabrik ist aus der hier im Jahre 1898 von hannoverschen Wirten und Bierhändlern gegründeten »Germania-Brauerei« hervorgegangen. Die Braustätte mit dem für die wilhelminische Zeit so typischen Namen erreichte in ihren Blütejahren einen Ausstoß von 90.000 Hektolitern, mußte jedoch im ersten Weltkrieg, durch Kriegsumstände bedingt, ihren Betrieb einstellen. Noch im Jahre 1917 gründeten der Direktor und viele der früheren Gesellschafter der Brauerei die Firma »HEUWEG« (Abkürzung für »Hannoversche Eishaus- und Waren-Einkaufs-Gesellschaft).

Bald war die neue Firma in den alten Brauereigebäuden mit einer Tageskapazität von 2.400 Zentnern Klareis in der Lage, den gesamten Bedarf der Stadt Hannover zu decken. Mitte der zwanziger Jahre zählte das Unternehmen fast 200 Arbeiter und Angestellte.

Die schweren Bombenangriffe 1943/44 zerstörten die Eisfabrik zu 90%. Nach der Währungsreform wurde sie wieder aufgebaut und 1954 war die Vorkriegskapazität wieder erlangt. Die Produktion lief noch bis zum Anfang der 70er Jahre; danach wurden die Gebäude einige Jahre kleingewerblich genutzt.

Li Portenlänger: Performance zur Rauminstallation der Gruppe E + R, in der Eisfabrik

Anfang der achtziger Jahre begannen Künstler, die Industrieruine für sich zu erobern. Mittlerweile ist die »Eisfabrik« — zu einem gutorganisierten Kulturzentrum geworden. In ihren Veranstaltungsräumen — besonders eindrucksvoll ist die düstere Atmosphäre des »Schwarzen Saales« — wird ein Programm präsentiert, das in Hannover seinesgleichen sucht: Es reicht von der Tanzperformance bis zum Experimentalfilm, von der Autorenlesung bis zur Ausstellung moderner bildender Kunst. Das Besondere an den künstlerischen Darbietungen ist ihr multimedialer Charakter: verschiedene Kunstformen werden miteinander kombiniert, z.B. Tanz mit Mal- und Farbhappening oder Malerei mit Zeichnung und Plastik, oder Objektkünstler, die mit Metall, Plastik und Beton arbeiten, präsentieren sich mit einem Performance-Künstler, wie z.B. eine aus Bristol (Hannovers Partnerstadt) stammende Gruppe.

Die Gebäude in der Eisfabrik werden außerdem von 100 Musikern und 25 Künstlern als Übungsräume und Ateliers genutzt.

8
Stephansplatz

Über den Oesterley-Platz gelangt man zum Stephansplatz. Der weiträumige, von viergeschossigen wilhelminischen Bauten gesäumte Platz ist einer der schönsten der Südstadt. Die vielfältige und -farbige Fassadengestaltung der kurz nach der Jahrhundertwende gebauten Häuser mit Erkern, Balkonen und verschiedenartigen Giebeln weist unterschiedliche Architekturstile auf: Historismus, Neorenaissance, Neoklassizismus und Jugendstil. Die Nordseite des Platzes nehmen rote Klinkerbauten im Stil der zwanziger und dreißiger Jahre ein; in der Mitte dieses Ensembles erhebt sich ein achtgeschossiges Hochhaus aus dem Jahre 1929. Der Architekt dieses Baus, dessen hervorstechendes Merkmal die Spitzbogenarkaden des Eingangsbereichs sind, war der in der Literatur gern »Backsteinideologe« oder »Klinkerfürst« genannte *Fritz Höger.*

Schlägerstraße 26

Im Dritten Reich trafen am Stephansplatz Nazis und Widerstand dicht aufeinander: Im Haus Nr. 8 hatte die NSDAP-Ortsgruppe Stephansplatz ihr Quartier; schräg gegenüber, heute steht dort ein Nachkriegshaus, wohnte der spätere IG-Metall-Vorsitzende *Otto Brenner.* Er baute eine Widerstandsgruppe der Sozialistischen Arbeiterpartei auf, aber bereits am 28.8.1933 wurde er verhaftet.

Jeden Freitag herrscht ein buntes und geschäftiges Treiben auf dem Stephansplatz: der Wochenmarkt wird abgehalten. Wer es einrichten kann, sollte den Rundgang deshalb an einem Freitag unternehmen.

Bandelstr. 41

An der Ecke zur Sallstraße wohnte in seiner Jugend der Lyriker *Karl Krolow.* Den zum Teil heute noch vorhandenen Gartencharakter seiner Umgebung schildert er folgendermaßen:

Die Bandelstraße (nach dem Erfinder einer kolossalen Geschmacklosigkeit im angesehenen Teutoburger Wald, dem Hermannsdenkmal benannt) lag um 1925 in einer beinahe amönen Gegend (amön, lat. anmutig, lieblich, K.F.), wenn man nichts dagegen hat, daß mir grindig gewordene Feldstücke mit magerem Getreide, Schrebergärten, Sandgruben, Heckenbraunellen und schwarzen Bauzäunen, hinter denen Bierflaschen klirrten, heute als ein niedersächsisches Stadtrand-Amöneburg erscheinen (Amöneburg, hess. Stadt auf einem Basaltberg im Amöneburger Becken, das landwirtschaftlich intensiv genutzt wird, K.F.). Ein ideales Spielgelände, soweit das die unfrohen Züchter von Braunkohl und Pappelrosen zuließen. Sie waren gut organisiert gegen kindliche Übergriffe auf Sauerkirschen und Stachelbeeren. Aber auch hier mischte sich die Nässe des Klimas ein. Sie war mit uns im Bunde, wenn sie die Selbstschüsse unbrauchbar machte und die Fußangeln rosten ließ, so daß alle gärtnerische Notwehr und Heimtücke zuschanden wurde.

Sallstr./Geibelstr.

Der kubistische Turmblock der katholischen St.-Heinrich-Kirche, ein Klinkerbau, fügt sich in die links und rechts anliegenden Wohnhäuser harmonisch ein. Die Kirche mit ihren charakteristischen drei steilen Arkaden und dem Zick-Zack-Ornament an der Spitze wurde im gleichen Jahr wie die Stadtbibliothek und das Högersche Hochhaus gebaut.

Die Südstadt wird zu einem beträchtlichen Teil durch die in den 20er und 30er Jahren aus dem Boden gestampften Wohnblocks in Klinkerbauweise geprägt. Nachdem während des 1. Weltkrieges der Wohnungsbau stagnierte, die Bevölkerungsdichte aber trotz der Kriegstoten zunahm, drückte in den 20er Jahren schmerzlich fühlbar die Wohnungsnot. Öffentliche Gebäude dienten als Notunterkünfte: in der Schule in der Meterstraße drängten sich in einem Klassenraum sechs bis zehn Familien. Steuerlich durch den Staat gefördert versuchten nun vor allem Genossenschaften und andere gemeinnützige Wohnungsbaugesellschaften, der Obdachlosigkeit und der Wohnraum-Überfüllung abzuhelfen. Südlich der Geibel-

Der Wochenmarkt am Stephansplatz

und östlich der Sallstaße entstand unter der Regie des damaligen Stadtbaurats *Karl Elkart* das größte geschlossene Wohngebiet dieser Art in Hannover.

Zwischen zwei aus dem Jahr 1914 stammenden Eckbauten, die quasi den Eingang in dieses Wohngebiet bilden, hindurch gelangt man auf den dreieckig als Grünfläche angelegten Karl-Peters-Platz, an dessen Südspitze zwei siebengeschossige Hochhäuser als Tor zur Stresemannallee gestaltet sind. Mitten unter den Wohnblocks befindet sich noch ein kleines Ziegelhäuschen aus der Gartenvergangenheit der Südstadt.

9
Am Karl-Peters-Platz 1D

Der Name Karl-Peters-Platz bietet seit Jahren Diskussionsstoff: *Carl Peters,* niedersächsischer Pastorensohn, gründete 1884 die »Gesellschaft für deutsche Kolonisation«, unternahm mit drei weiteren Abenteurern eine Eroberungssafari und schwatzte mit Hilfe von Alkohol und Betrugsmanövern ostafrikanischen Stammesfürsten Land und Rechte ab. Nach heftigen innenpolitischen Auseinandersetzungen bekamen die eroberten Gebiete kaiserlichen Schutz und wurden zum Brückenkopf für die spätere Kolonie Deutsch-Ostafrika.

Peters, zum Reichskommissar ernannt, führte ein willkürliches Kolonialherren-Dasein: als eine seiner Konkubinen ihn mit einem seiner »Boys« betrog, ließ er beide aufhängen und das Dorf, in das sich die Frau zunächst geflüchtet hatte, niederbrennen. In Deutschland bekam er daraufhin den Namen »Hänge-Peters«; auf Betreiben von Sozialdemokraten, Zentrum und Deutschliberalen wurde er aus dem Staatsdienst entlassen.

Denkmal am Karl-Peters-Platz

Am Karl-Peters-Platz wird die Kontituität deutschen Kolonialdenkens besonders deutlich. Nachdem Peters im Jahre 1905 von Kaiser Wilhelm II. rehabilitiert worden war, wurde 1916 — als Deutschland im 1. Weltkrieg den »Griff nach der Weltmacht« probte — der neuangelegte Platz nach dem niedersächsischen Kolonisator benannt. Damit nicht genug: In der Weimarer Republik — als mit Robert Leinert *ein Sozialdemokrat Bürgermeister war! — wurde die den Platz umlaufende Haspelstraße umbenannt in »Am Karl-Peters-Platz«. Die »Krönung« des Ganzen erfolgte 1935, als die Nationalsozialisten anläßlich der in Hannover stattfindenden »Reichskolonialkundgebung« das heute noch stehende Denkmal einweihten und dazu einen Fakkelzug veranstalteten.*

Dieses Denkmal wurde in den 80er Jahren zum Stein des Anstoßes. 1984 scheiterte eine Initiative des Friedensforums Südstadt, den Platz nach der Pazifistin und Friedensnobelpreisträgerin Bertha von Suttner umzubenennen. Daraufhin entfachte sich der Streit am und um den Gedenkstein. Eine Beseitigung wurde von der CDU-Mehrheit im Bezirksamt abgelehnt, aber schließlich erreichten SPD und GAL die Anbringung einer Mahntafel. Anfang 1989 hat sich der Streit um die Platzbenennung erneut entzündet. Möglicherweise gehört die über sieben Jahrzehnte andauernde Würdigung eines Rassisten bald der Vergangenheit an.

⑩
An der Weide 13

»Kertess ist bundesweit ein Synonym für alles Schlechte«, stellte Dr. Heinrich Schulz vom Ordnungsamt im Frühjahr 1988 fest. Gemeint ist der Chemie-Betrieb im Osten des Stadtteils. Es begann 1920. Damals gründete *Theodor Kertess* in der Hainhölzer Straße eine kleine Chemikalienhandlung. Der Laden florierte, wurde in die Südstadt auf ein von der Bahn gepachtetes Gelände verlegt und von den Söhnen Ulrich und Herbert ausgebaut. Schon 1943 kam es zur ersten Verseuchung südstädtischen Bodens: Infolge eines Luftangriffs liefen 40.000 kg Tetrachlorkohlenstoff aus.

Ab Mitte der 70er Jahre häuften sich dann die Hiobsbotschaften: Nach und nach stellte sich heraus, daß von der Firma Kertess ausgehend schon seit vielen Jahren der Untergrund fahrlässig verschmutzt worden war. Schadstoffe waren in den Boden und ins Grundwasser gelangt, vor allem Chlorierte Kohlenwasserstoffe (CWK), die im Verdacht stehen, krebserzeugend zu sein. Ob übelriechende Dämpfe die Anwohner belästigten, ob viele Trinkwasser-Notbrunnen der Südstadt durch Vergiftung unbrauchbar geworden waren, ob einem Kertess-Arbeiter bei einem Unfall die Beine verätzt wurden oder ob spielende Kinder oder U-Bahn-Bauarbeiter an Hautausschlag erkrankten — die Firma Kertess verschlug der südstädtischen Öffentlichkeit jahrelang den Atem. Der Hauptschuldige, Ulrich Kertess, setzte sich 1982 ins Ausland ab. Ende 1984 meldete die Firma, den vielen Problemen und Kosten in Millionenhöhe nicht mehr gewachsen, Konkurs an. Damit waren gleichzeitig die Lasten der Schadstoffbeseitigung und Grundwasserreinigung auf die Deutsche Bundesbahn als Eigentümerin des Geländes abgewälzt.

Zur Industriegeschichte Hannovers

Kein Zweifel: Auch wenn die alte Residenzstadt Hannover im 19. Jahrhundert bereits zahlreiche, aus kleinen Werkstätten hervorgegangene Fabriken bzw. Manufakturen vorweisen konnte, die Wiege der hannoverschen Industriegeschichte steht in Linden. Diese bis 1920 selbständige Stadt beherbergte die beiden führenden Industriezweige, Textilindustrie und Maschinenbau, mit denen die hannoversche Nachbargemeinde z.T. Weltgeltung erlangte. Die »Mechanische Weberei« (gegr. 1837) wurde mit der Produktion des Lindener Samtes bereits in den 1860er Jahren berühmt, mußte nach dem II. Weltkrieg aber aufgegeben werden, die »Hanomag« (gegr. 1835), die Hannoversche Maschinenbau AG, genießt noch heute Weltruhm.

Bereits 1869 bemerkte *Adolph Mensching* über die von Hannover aus auch überseeisch exportierten Produkte: »Das Beispiel des Herrn Eberhardt, welcher einen Verbrauchsartikel neu hergestellt hat, der in alle Welttheile seinen Weg findet, gibt uns die Lehre, daß der thätig schaffende Geist im Stande ist, der Production nicht gekannten Stoff zuzuführen. Diese Lehre bezeichnet zugleich eine Aufgabe der Industriellen Hannovers. Wir nennen ferner das Ultramarin, welches namentlich in England bedeutenden Absatz findet, ferner den auf der mechanischen Weberei fabrizierten Velvet (Baumwoll-Sammet), welcher das englische Fabrikat an Güte übertreffen soll und nach Nordamerika und Mexiko exportiert wird; ferner die Fabrikate der Gummikammfabrik, endlich die Drukkerschwärze aus der Fabrik von Jänecke und Schneemann...«.

Diese Aufgabe der Industriellen hatte u.a. auch Carl Hornemann (und später Günther Wagner) erkannt und gründete bereits 1938 die »Pelikan«, die seither Schüler und Beamte mit Füllern, Tinte und anderem Schreibwerk versorgt; sowie der Konkurrent »Geha« (gegr. 1918), ein paar hundert Meter weiter östlich auf der selben Straße.

Zu den altbekannten Firmen gehört sicherlich auch »Bahlsen« (gegr. 1889).

Trotz einiger weiterer großer Namen wie »Conti« (gegr. 1871 und aus der von Mensching erwähnten Gummikammfabrik hervorgegangen) und »Varta« (1888 in Hagen gegründet und 1938 mit einem Zweigwerk zur Herstellung von Antriebsbatterien für U-Boote nach Hannover gekommen) kann man von Hannover eigentlich nicht behaupten, sie sei eine nennenswerte Industriestadt. Dafür ist sie immer eher Residenz- und Verwaltungsstadt gewesen, ihr fehlen so wichtige Branchen wie Chemie, Stahl oder High Tech. Ein Grund dafür mag darin liegen, daß sich die industrielle Revolution mit erheblicher Verzögerung durchsetzen konnte, da der alteingesessene Adel sie längere Zeit verhinderte. Das konservative und fortschrittsfeindliche Königshaus hat in bezug auf die Industrialisierung Hannovers sicher zum provinziellen Charakter dieser Stadt beigetragen, ihn weitergeführt, ja sogar begründet, andererseits ist vielleicht die Verzögerung des industriellen Fotschritts nicht ganz unschuldig daran, daß Hannover heute im Vergleich zu großen Industriestädten eine erträgliche Stadt geblieben ist.

Wie auch immer, in Hannover ist man heute tapfer bemüht, sich als Industriestandort zu präsentieren und wenigstens das zu halten, was sie hat.

Thomas Backhauß

Gegen die viel zu späte Sanierungsverfügung der Stadtverwaltung klagt die Bahn — sie fühlt sich nicht zuständig. Kein Wunder: Im Untergrund werden noch nicht lokalisierte Schadstoffnester vermutet, und bei den Abbauprozessen entstehen neue Substanzen, die man wiederum speziell behandeln müßte — aber wie? Heinrich Schulz prophezeit: »Der Fall Kertess wird uns noch um die Jahrtausendwende beschäftigen!«

Wo heute ein Supermarkt gebaut wird, hätte man sich vor wenigen Jahren noch ein Bild von der Frühgeschichte der Südstadt machen können. An der »Rüsterburg«, die bereits um 1750 als Gartenweg existierte, standen bis zum 6. Februar 1987 zwei der letzten kleinen Ziegelhäuschen, die einstmals den »Kotsassen« (von »Kotten« — kleine Hütten), im Volksmund »Kosaken« genannt, ein Dach boten. Die Gartenleute, die vor allem vom 17. bis zum 19. Jahrhundert das Gebiet der späteren Südstadt besiedelten, ernährten sich recht und schlecht von ihrem Stückchen Land und bauten für Hannovers Stadtbewohner Gemüse an. Der großstädtischen Bebauung und den Bomben des letzten Krieges fielen die meisten dieser »Gartenkosakenhäuser« zum Opfer. Vergeblich setzten sich Hannovers Stadthistoriker, der Arbeitskreis Südstadt, Bezirksrat und Presse für den Erhalt der letzten Gartenhäuser ein.

⑪ Geibelplatz 5

Bergmannsskulptur mit Grubenlampe am Geibelplatz

Der Geibelplatz wird von einem neungeschossigen Hochhaus beherrscht. Diesen, vom Architekten *Wilhelm Ziegler* 1930 geschaffenen Bau mit stockwerkübergreifenden Dreieckserkern und vorgelagerten Arkaden, ziert über dem Eingang eine Bergmannsskulptur mit Grubenlampe. Der Bauherr, ein Kohlenhändler, drückte auf diese Weise zusammen mit dem Symbol der gekreuzten Hämmer neben der Haustür seine Verbundenheit mit dem Bergbau aus.

Das Hochhaus betont die Symmetrie des Platzes mit seiner doppelten Platanenreihe und bildet gleichzeitig den optischen Endpunkt der boulevardartigen Geibelstraße, die mit ihren Baumreihen zu beiden Seiten und den noch erhaltenen Häusern eine der schönsten der Südstadt ist. Den bürgerlichen Charakter weist auch die Mieterschaft auf: In den 30er Jahren bewohnten vornehmlich Architekten, Ingenieure, Beamte, Kaufleute und Geheime Räte das Hochhaus und die Nachbargebäude. »Hier allein schien man etwas werden zu können. Andere, die Erwachsenen, waren jedenfalls etwas geworden«, gibt Karl Krolow seine Jugend-Eindrücke wieder. Allerdings gab es auch Gegenden mit anderer Sozialstruktur. An der Questenhorst z.B. wohnten in den 20er Jahren vorwiegend Arbeiter und kleine Handwerker, viele waren Kommunisten. Ähnliches hört man vom südlichen Maschviertel. Es waren die Randgebiete der Südstadt, von der planmässig vorangetriebenen bürgerlich-großstädtischen Bebauung noch nicht erfaßt.

Sallstraße

Die neuromanische, 1905–1907 erbaute Nazarethkirche befindet sich in der Sallstraße. Zeitweise hatte in dieser Straße die rechtsradikale FAP (»Freiheiliche Deutsche Arbeiterpartei«) ihr Hauptquartier, was der Südstadt einen üblen Ruf eintrug. Die von einem ehemaligen HJ-Führer gegründete Partei erlangte erst größere Bedeutung, nachdem sie die 1983 verbotene »Aktionsfront Nationaler Sozialisten/Nationale Aktivisten« (ANS/NA) absorbiert hatte. Ab April 1986 flatterte aus der Wohnung die alte Reichskriegsflagge. Dabei blieb es nicht: Propagandaaktionen und zwei Brandstiftungen wurden von hier gestartet, Nazigegner und Ausländer zusammengeschlagen. Schließlich wird die FAP auch noch mit zwei Morden an angeblichen Verrätern aus der rechtsextremistischen Szene in Verbindung gebracht. Nachdem die FAP ihr Hauptquartier zeitweise in die Stüvestraße verlegt hatte, ist es inzwischen, nach Verhaftung ihrer Hauptaktivisten, ruhiger um sie geworden.

Die nach Kriegsende erstellten Schadenspläne weisen in der Stolzestraße nur 10 total zerstörte Häuser aus. So sind eine ganze Reihe schöner Häuser aus der Zeit kurz nach der Jahrhundertwende gut erhalten. Das schönste Haus ist sicherlich das Eckhaus mit dem hohen Turm. In dieser Straße wohnte in den Jahren vor dem I. Weltkrieg der 1933 von den Nazis ermordete jüdische Philosoph *Theodor Lessing.* Der streitbare Gelehrte richtete im Dezember 1908 in seiner Wohnung das Büro des neugegründeten »Anti-Lärm-Vereins« ein. Diese Organisation entstand im Zuge der Reformbewegung um die Jahrhundertwende, eine frühe Reaktion auf die Folgen der Industrialisierung.

⓬ Stolzestraße 40

Theodor Lessing

Die auch in anderen Städten entstandenen Anti-Lärm-Vereine legten z.B. Pflasterlisten der übelsten Straßenzüge an, unterbreiteten Vorschläge zur Einrichtung von Ruhezonen um Schulen, Krankenhäuser und Wohngebiete und fochten juristisch gegen die gesundheitsschädlichen Geräusche der modernen Zivilisation. Lessing war Herausgeber und alleiniger Redakteur der Vereinszeitschrift »Der Anti-Rüpel. Recht auf Stille. Monatsblätter zum Kampf gegen Lärm, Roheit und Unkultur im deutschen Wirtschafts-, Handels- und Verkehrsleben«. Wie in anderen Bereichen erwies er sich auch hier als sensibler Beobachter der Gegenwart, der seinen Zeitgenossen zuweilen um einiges voraus war. Schon morgen würden Millionen »unter den Verkehrsformen leiden, die heute nur die Qual einiger Hundert sind«, heißt es 1908 im »Anti-Rüpel«. Insbesondere die Automobilklubs verhöhnten Lessing als »Lärmprofessor«. Als er Mitte 1911 seine Arbeit an der Zeitschrift einstellte, schrieb er: »Unsere Sache kam noch zu früh, wird sich aber immer wieder melden und wird siegen«.

Wählt man den Rückweg zur Sallstraße durch Luther-, Annen- und Rautenstraße, kommt man noch an dem kleinen hannoverschen Post Scriptum-Verlag vorbei, der ein schmales, dafür aber interessantes Programm anbietet. In graphisch reizvoll gestalteten Bändchen, die man dort in zwei Schaufenstern betrachten kann, präsentiert der Verlag »Randfiguren der Moderne« (*Oskar Ansull, John Höxter*), aber auch hannoversche Autorinnen und Autoren wie *Erna Donat, Angela Hoffmann, Klaus Stadtmüller* und *Chris Bezzel* und, last not least, den »Kurt-Schwitters-Almanach«. Aber das ist in der Südstadt nur Randkultur.

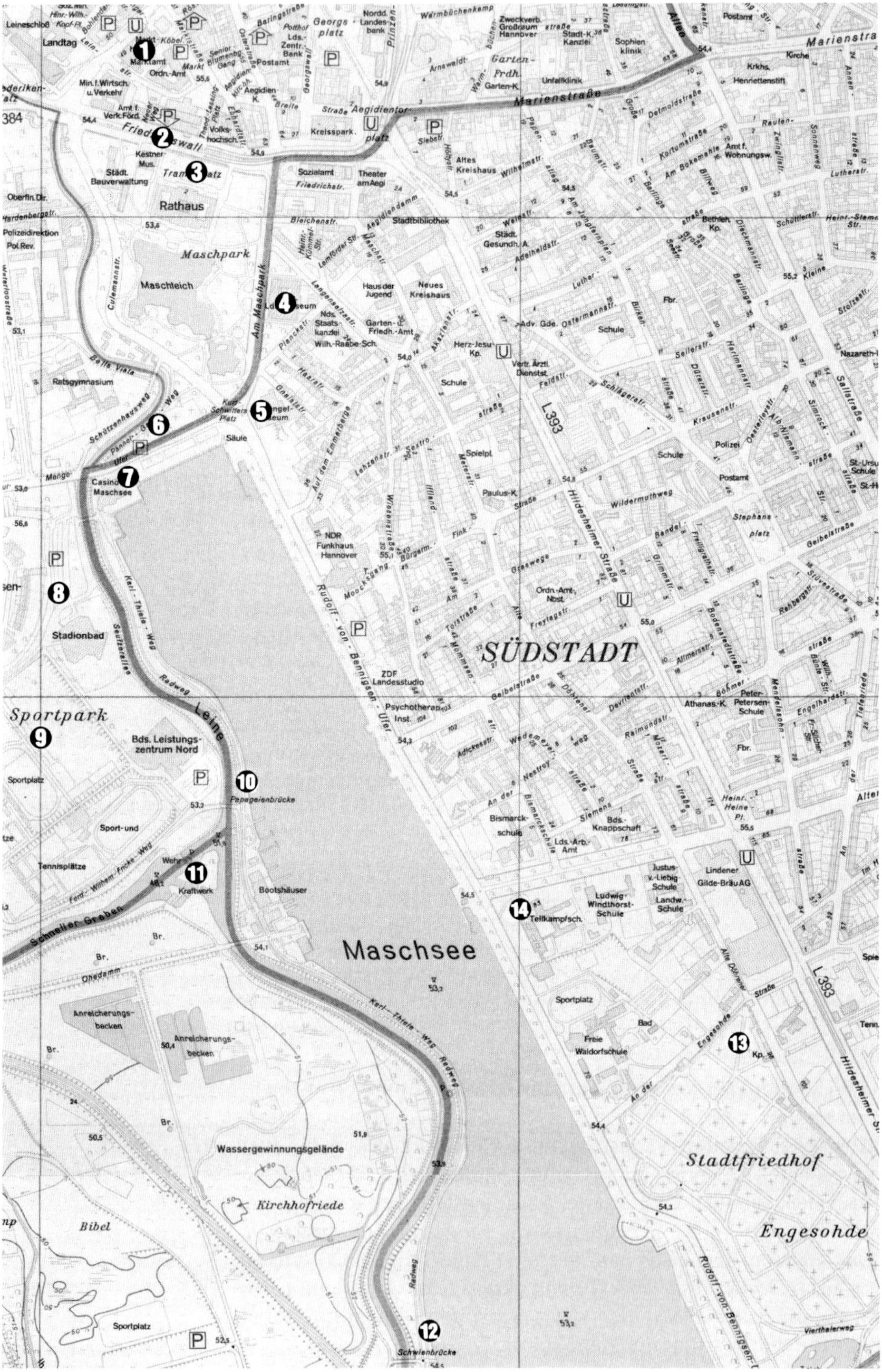

Landtag
Marktamt
Ordn.-Amt
Min.f.Wirtsch. u.Verkehr
Georgs platz
Postamt
Aegidien-K.
Kreisspark.
Aegidientor-platz
Marienstraße
Friedrichswall
Kestner-Mus.
Volkshochsch.
Städt. Bauverwaltung
Trammplatz
Rathaus
Sozialamt
Theater am Aegi
Altes Kreishaus
Stadtbibliothek
Städt. Gesundh.-A.
Oberfin.Dir.
Polizeidirektion
Maschpark
Maschteich
Am Maschpark
Haus der Jugend
Neues Kreishaus
Nds. Staatskanzlei
Wilh.-Raabe-Sch.
Garten- u. Friedh.-Amt
Herz-Jesu-Kp.
Ratsgymnasium
Kurt-Schwitters-Platz
Säule
Casino Maschsee
Schule
Polizei
Postamt
Stephansplatz
Paulus-K.
Hildesheimer Straße
NDR Funkhaus Hannover
Stadionbad
SÜDSTADT
ZDF Landesstudio
Psychotherap. Inst.
Rudolf-von-Bennigsen-Ufer
Sportpark
Bds. Leistungszentrum Nord
Papageienbrücke
Sportplatz
Sport- und Tennisplätze
Kraftwerk
Bootshäuser
Leine
Karl-Thiele-Weg
Schneller Graben
Bismarckschule
Bds.-Knappschaft
Lds.-Arb.-Amt
Tellkampfsch.
Ludwig-Windthorst-Schule
Justus-v.-Liebig-Schule
Landw.-Schule
Lindener Gilde-Bräu AG
Maschsee
Anreicherungsbecken
Sportplatz
Freie Waldorfschule
Wassergewinnungsgelände
Kirchhofriede
Stadtfriedhof
Engesohde
Bibel
Schwanenbrücke

Sport, Spiel, Spannung

Rund um den Maschsee

von Rudolf Schulz und Michael Meilwes

Ausgangspunkt: *U-Bahnhof Markthalle (Stadtbahn 19, 7, 3)*
Endpunkt: *Kurt-Schwitters-Platz (Haltestelle Maschsee/Sprengelmuseum, Buslinie 24)*
Dauer: *gut 3 Stunden*

Titelseite der Festschrift zur Einweihung des Sees

Laut Umfrage sind der Maschsee und seine Umgebung für Hannovers Bürger und auswärtige Besucher das beliebteste citynahe Erholungsgebiet. Vielfältige Freizeitmöglichkeiten, Festivitäten oder Veranstaltungen locken bei schönem Wetter Tausende von Menschen an. Nicht nur spektakuläre Großveranstaltungen wie die Deutschen Ruder- bzw. Kanumeisterschaften 1939 und 1950, Motorbootrennen, Regatten oder Michael Jackson im Niedersachsenstadion ließen den Maschsee ans Herz junger und alter Hannoveraner wachsen. Das Erfolgsgeheimnis des Sees liegt vor allem darin, daß die Hannoveraner hier die Befriedigung ihrer alltäglichen Bedürfnisse finden. Zu Hunderten lustwandeln hier Bürger und Bürgerinnen an lauen Vollmondabenden. Wem mehr nach Nervenkitzel ist, dem stehen die Türen des Casinos und der Spielhalle offen. Auf den Gaststättenterrassen rund um den See sonnen sich Hannovers Bürger bei Eiskaffee und Kuchenbergen. Sportlich bietet der Maschsee für jeden etwas: Zu jeder Jahres- und Tageszeit umrunden Bürger den See entweder radfahrend, joggend oder zu Fuß. Im 780.000 qm großen See kann man unzähligen Wassersportarten ausgiebig nachgehen: Schwimmen, Rudern, Paddeln, Segeln, Surfen oder Tretbootfahren. Im Sommer empfiehlt es sich, auf einem der beiden Üstra-Schiffe den Rundgang bei Kaffee und Kuchen an Bord abzukürzen. Bei winterlichem Frost verwandelt sich die Seefläche in eine riesige Schlittschuhlaufbahn.

Im Sommer '87 war die Freude am Maschsee getrübt. Armleuchter, Tausendblatt und Algen brachten den Wassersport zum Erliegen. Städtische Mähboote rückten dem Unterwasserurwald zu Leibe. Schuld am Algenwildwuchs war der Kot der vielen allseits beliebten und immer ausgiebig gefütterten Wasservögel, der zu einer Überdüngung des Sees führte.

❶ Leinstr.

So schlicht, wie die 1955 gebaute Markthalle, im Gegensatz zu früher, von außen aussieht, so exaltiert geht es gegenwärtig in ihrem Inneren zu. Der Markt ist wieder das Zentrum der Stadt, zumindest

Maschwiesen vor dem »Seebau«

am Samstagvormittag von 7.00 bis 13.00 Uhr. Die Halle ist jedoch nicht mehr nur Handelsplatz, sondern in ihr tut sich weitaus mehr. Um die 274 Stände griechischer, türkischer, asiatischer, italienischer und auch deutscher Händler tummeln sich die Ärmeren und die normal Betuchten. Die alternative Szene trifft sich hier ebenso wie die Schickeria Hannovers, die ihr Image mit Lachs, Sekt, Austern und Champagner pflegt. Zu Beginn des Spaziergangs empfehlen wir einen Cappuccino bei einem der vielen italienischen Stände.

❷ Karmarschstr./ Friedrichswall

An der heutigen Kreuzung befand sich die neue Flußwasserkunst. 1896-1898 nach den Plänen *Hubert Stiers* gebaut, diente sie als Wasserwerk, um das Leinewasser »... für eine umfassende Straßenbesprengung, für die Bewässerung der öffentlichen Gartenanlagen und freien Plätze...« zu nutzen. Der im Krieg kaum zerstörte Bau mußte 1963 stadtplanerischen Konzepten, die vorrangig verkehrspolitischen Überlegungen folgten, weichen. Der Brunnen der Flußwasserkunst, gestaltet von dem hannoverschen Bildhauer *Karl Gundelach* (1856-1920), wurde im Krieg zerstört.

Friedrichswall Nr. 5

Die frühere Friedrichstraße war bis zu den Zerstörungen des II. Weltkrieges eine der vornehmsten Adressen Hannovers. Von den Prachthäusern der *Grafen Hardenberg*, der *Grafen Bremer*, der *Stolberg-Stolberg*, der *von Wangenheim*, des *Oberhofbaurat Laves* stehen nur noch das Wangenheimsche Palais und das zweite Wohnhaus von *Georg Ludwig Friedrich Laves* (1788-1864).

Laves prägte als Architekt Hannover wie kein anderer. Er produzierte nicht nur die Pläne für öffentliche Bauten wie das Hoftheater, das heutige Operettenhaus, oder das Leineschloß, sondern konzipierte auch Arbeiterhäuser, gestaltete Innenräume und Ausstattungen. Unter anderem plante Laves das Wohnpalais seines Chefs, des damaligen Leiters der damaligen Bauverwaltung, Ober-Hof-Marschall Ludwig August von Wangenheim. *Der Blick des Herrn von Wangenheim aus seinem 1833 fertiggestellten Haus war eine Zeitlang nicht ungetrübt, befand sich doch auf der anderen Straßenseite bis 1842 ein riesiges städtisches Kornmagazin.*

Wappen am Wangenheimschen Palais

Friedrichswall Nr. 8

Mehr Geschmack als das Hotel Intercontinental, das wir hinter uns lassen, zeigt die erhaltene Fassade des ehemaligen Firmensitzes der Fa. Wunder. *Karl Friedrich Wunder* (1815-1893) war Hannovers erster Photograph. Die Deutsche Photographen Zeitung verehrte ihn 1984 sogar als Nestor der deutschen Photographie. Sogar *Karl Marx,* möglicherweise durch die Vermittlung *Kugelmanns,* spazierte 1866 in Wunders Atelier.

Ganz ungetrübt war der Ruf des Photographen jedoch nicht. 1872 brüstete sich Wunder als Erfinder farbiger Photographien. Wiener und Dresdner Photozeitungen kommentierten die »Erfindung«. Es stellte sich jedoch schnell heraus, daß es sich nicht um ein neues farbiges Aufnahmeverfahren handelte, sondern nur um eine Kolorierungsanweisung für bestimmte Kopierpapiere.

❸ Trammplatz Nr. 3

Seit dem November 1889 befindet sich am späteren Trammplatz Nr. 3 das städtische Kestner-Museum, ein Museum der Kleinkunst und des Kunsthandwerkes verschiedener Kulturepochen aus sechs Jahrtausenden. Die reichhaltigen und bedeutenden Sammlungen bilden vier Museumsabteilungen: Die Abteilung für Ägyptische Kunst, für Antike Kunst, für Kunsthandwerk vom Mittelalter bis zur Gegenwart und die Münzen- und Medaillensammlung.

Außergewöhnlich ist das breite Spektrum der Sammlungsgebiete und die Tatsache, daß hier nicht wie sonst üblich eine adlige, sondern eine bürgerliche Privatsammlung die Grundlage des Museums bildet. Den Grundstock dieses weit über Hannovers Grenzen hinaus bekannten Hauses bilden Sammelobjekte Gustav Kestners *(1777-1853), einem Hannoveraner und Hannoverschen Diplomat in Rom während der ersten Hälfte des letzten Jahrhunderts. Seiner Mutter Charlotte geb. Buff, galt des jungen Goethes Liebe, der sie als Lotte in »Die Leiden des jungen Werthers« verewigte.*

Hermann Kestner *stiftete der Stadt 1884 die eigene, seines Vaters und Onkel Gustavs Kunstsammlungen nebst 100.000 RM für einen Museumsbau. Bedeutende Erweiterung erfuhren diese Bestände durch den Kauf der Sammlung des Buchdruckereibesitzers und Senators* Friedrich Georg Hermann Culemann *(1811-1886) im Jahre 1887. Die darin enthaltene Goethesche Handschriftensammlung geht vermutlich auf die Bekanntschaft Culemanns mit dem Sohn des Sekretärs und Freundes Goethes,* Johann Peter Eckermann *(1792-1854) zurück.*

Ende der 50er Jahre wurde dem alten Gebäude ein Erweiterungsbau übergestülpt. Zuvor befanden sich im alten Gebäude Stadtbibliothek und Stadtarchiv.

Trammplatz Nr. 2

Gegenüber befindet sich das 1913 eingeweihte Neue Rathaus. »Schloß Heinrich« nannte es — zumindest früher — der Volksmund nach dem damaligen Stadtdirektor *Heinrich Tramm,* unter dessen Ägide das Rathaus gebaut wurde.

»Die Stadt — das war Herr Tramm. Herr Tramm war die Stadt...«, so der Verleger Christoph Spengemann *in der hannoverschen Zeitschrift »Zweemann«. Für Spengemann verkörperten Tramm und das Neue Rathaus Prunksucht, den Ausdruck des Scheinenwollens, das hohle Pathos der Selbstüberhebung in der Wilhelminischen Ära. Tramm konnte zur Einweihung des Rathauses am 20.6.1913 auch seinen Kaiser, Wilhelm II., begrüßen. Der Stadtdirektor soll dem Monarchen, auf dessen Frage, was denn das alles gekostet habe, geantwortet haben: »Zehn Millionen und alles bar bezahlt, Majestät«.*

Schwierig wie die Zeit und der Baugrund, auf dem das Rathaus errichtet wurde — der Nothelfergraben, ein Teil der Stadtbefestigung vor dem Friedrichswall — war auch die Finanzierung des Baus. Bezahlt haben ihn besonders die Arbeiter durch Lohndrükkerei. Zimmermanngesellen erhielten 48 Pfennig, Kalk- und Steinträger gar nur bis zu 32 Pfennig Stundenlohn. Hermann Löns dichtete genußvoll:

»Sie wollten allzu hoch hinaus
schon bei den Außenmauern.
Viel weiter hat es nicht gelangt,
nun stehn wir da und trauern.
Der Bauherr ward am Säckel krank,
sein Geld tat ihm zerrinnen.
Von außen sieht es protzig aus,
doch klaterig von innen.
Von außen ist es wundervoll,
von außen ist's beglissen,
von innen aber weniger,
da ist es stark belämmert.«

Belämmert wie die Behandlung der Kunstangelegenheiten beim Rathausbau, der Reliefs an den Außenseiten, der Innenausstattung. »Das Gesamtresultat wird auf Jahrhunderte hinaus ein dunkler Punkt in der Kunstgeschichte Hannovers bleiben. Nur eine wirkliche Freude konnten wir erleben: das großen Hodlerbild« (Spengemann). Er mag uns verzeihen. Aber auch das Bild ist etwas zu mächtig geraten.

Kunst im Park

Stadtgartendirektor *Julius Trip* gestaltete um die Jahrhundertwende diesen Landschaftspark im englischen Stile. Der sich vom Rathaus in südöstlicher Richtung erstreckende Spazierpark bildete damals den Übergang zu den Maschwiesen, heute zum Maschsee. Den von Hannoveranern während der Kriegsjahre als Gemüsegarten genutzten Park erklärte der Stadtrat 1985 zum »Park der Partnerstädte«.

Im Laufe der Zeit entwickelte sich das Gartendenkmal zum »Kunstpark«. Seit 1969 »schwimmt« im Maschteich am rechten Fuße der Rathaustreppe die Bronzeplastik des Bildhauers *Toni Stadler* »Ägäis 1964«. Am Südufer des Teiches steht seit 1960 das »Schottische Kreuz« (Glenkil Cross) von *Henry Moore.* Das 3

Hodlersaal im Neuen Rathaus

Meter hohe, auf der Documenta 1959 ausgestellte Bronzekreuz stiftete Kunstfreund und Mäzen *Dr. B. Sprengel* der Stadt. Die Wahl des Standortes geht auf den Künstler zurück. Dem Gartendirektor Trip gilt der 1910 von privater Seite gestiftete Gedenkstein an der Culemannstraße, gegenüber »Lorettas Biergarten«.

Dem Oberpräsidenten der Provinz Hannover und Ehrenbürger der Stadt, dem Gründer des Deutschen Nationalvereins und ersten Vorsitzenden der Nationalliberalen Partei, dem Befürworter der Sozialistengesetze und Förderer des Provinzialmuseums, *Rudolf von Bennigsen* (1824–1902), errichteten Hannoversche Prominenz und Parteifreunde 1907, fünf Jahre nach seinem Tode, ein Denkmal — genau gegenüber dem Portal des Provinzialmuseums am Rande des Maschparks. Die Stadt unter dem nationalliberalen Stadtdirektor Tramm beteiligte sich mit einem stattlichen Betrag, trotz Widerständen aus welfischen und sozialdemokratischen Kreisen. Die bronzene Sitzfigur in doppelter Lebensgröße wurde im Zweiten Weltkrieg zu Kriegsmaterial umgeschmolzen. Das durch Bomben beschädigte Restdenkmal verarbeitete man in der Nachkriegszeit direkt vor Ort zu Straßenkantsteinen.

An Stelle des Denkmals steht seit 1969 die Stahlplastik des italienischen Bildhauers *Berto Lardera* »Ile de France«. Zuvor befand sich die Plastik vor dem französischen Pavillon auf der Weltausstellung in Montreal.

In nördlicher Richtung, am Fußweg, der die Straßen »Am

Maschpark« und »Culemannstraße« verbindet, liegt seit 1971 das »Außenobjekt Hannover« von *Hans Breder,* eine aus drei Einzelobjekten bestehende Plastikgruppe aus Corten-Stahl.

❹ Am Maschpark Nr. 5

Szenisches Relief

Das ehemalige Provinzialmuseum entstand mit der Gründung bürgerlicher Vereine im Königreich Hannover. Der erste öffentliche Museumsbau in Hannover, das spätere »Künstlerhaus«, entstand 1956 auf Betreiben des Historischen, Naturhistorischen, Kunst-, Künstler- und Kunstsammlungsvereins. Das zunächst als Aktiengesellschaft, nach der Annektion Hannovers durch Preußen 1866 auch mit Unterstützung der Provinz finanzierte Museum für Kunst und Wissenschaft erhielt 1870 den Namen Provinzialmuseum und ging 1886 ganz in die Trägerschaft der Provinz über. Die leihweise **Übernahme der »Fideicommiß-Galerie des Gesamthauses Braunschweig-Lüneburg«**, die Übernahme des von Georg V. 1852 gegründeten »Familienmuseums« und des »Welfenmuseums« machten den Bau des heute existierenden Landesmuseums nötig, der 1902 der Öffentlichkeit übergeben wurde.

Das Haus wurde im Stil der italienischen Hochrenaissance gehalten, ein damals üblicher Stil für Regierungs- und Kulturbauten. Die Gestaltung der szenischen Reliefs an der Hauptfassade teilten sich drei Bildhauer: *Georg Herting, Georg Küsthardt* und *Karl Gundelach.*

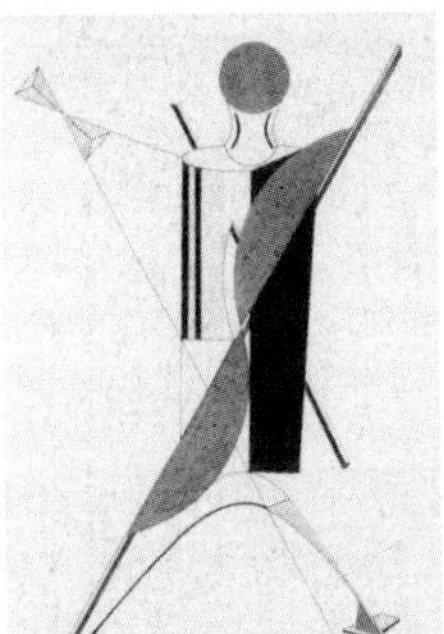

Skizze von El Lissitzki

1922 übernahm Alexander Dorner *die Leitung der Kunstsammlung des Provinzialmuseums. Mit ihm zogen fortschrittliche Gedanken in die verstaubten Räume. Ungewöhnliche Gedanken für einen berufenen Hüter eines öffentlichen Museums. Dorner gelang es mit Mut und Voraussicht, Arbeiten bis dahin unbekannter Künstler, die heute internationalen Ruf genießen, auszustellen. »Er vermittelte damit einer verblüfften Öffentlichkeit die Gegenüberstellung und Bekanntschaft mit einer neuen Welt der Form und des Ausdrucks« (Walter Gropius). Alexander Dorner hatte sich vorgenommen, den Dialog zwischen Künstlern und Museumsbesuchern über die Kunstwerke zu vermitteln, u.a. durch Beschriftung der Werke und Räume und erklärende Texte in Broschüren. Das erste »Kabinett der Abstrakten«, 1927 gestaltet von* El Lissitzky *(1890-1941), erreichte rasch Weltruhm. Mit diesem Kabinett konzipierte der Künstler eine neue Form der Ausstellung, die die ausgestellten, abstrakten Kunstwerke miteinander in Beziehung setzte. Die politischen Bedingungen machten weitere Pläne Dorners zunichte. Im Auftrag des »Ministers für Volksaufklärung und Propaganda« wurden 240 Kunstwerke beschlagnahmt, das Kabinett der Abstrakten zerstört.*

Gegenwärtig ist das Museum eines von drei Museen im deutschsprachigen Raum, das die Völkerkunde-, die Urgeschichtliche-, die Naturkunde- und die Kunstabteilung in einem Haus gemeinsam unterbringt.

❺ Kurt-Schwitters-Platz Nr. 1

»Mir ist das besondere Glück zuteil geworden, mich in meinem nun schon langen Leben neben erfolgreicher beruflicher Tätigkeit ganz intensiv mit Musik und mit bildender Kunst beschäftigen zu können«, so der Schokoladenfabrikant *Bernhard Sprengel,* als er 1969 die Schenkung seiner Sammlung an die Stadt Hannover bekanntgab. Er hatte weiter »Glück«. Steht doch sein Name nunmehr für das vielleicht interessanteste Museum der Stadt.

Ein Schwerpunkt des Sprengelmuseums ist die klassische Moderne. Werke von *Picasso, Fernand Leger,* dem französischen Bildhauer *Henri Laurens, Klee, Beckmann, Nolde* sind zu bewundern.

Die Schwitters-Sammlung mit dem zentralen Ausstellungsstück, der Nachbildung des ver-rückten Merzbaus ist unbedingt sehenswert. Der Merzbau ist das Lebenswerk von *Kurt Schwitters.* In ihm realisierte er seine Idee vom Gesamtkunstwerk — einem Gesamtkunstwerk, das in sich alle verschiedenen Kunstarten vereinen soll.

Ursprünglich stand der Merzbau in Schwitters Atelier. Es waren dadaistische Plastiken, die dann die Gestalt einer Säule annahmen, die er »Kathedrale des erotischen Elends« nannte. Die Plastiken blieben jedoch nicht auf einen Raum beschränkt. Sie griffen auf andere Räume des Wohnhauses über und wuchsen so zu einer skurrilen Architektur zusammen.

Was man ebenfalls nicht versäumen sollte, ist das rekonstruierte »Abstrakte Kabinett« von *El Lissitzky.* Ganz ist die Rekonstruktion jedoch nicht gelungen. Das Kabinett ist heute, lt. Aussage des Oberkustos *Gmelin* vom Landesmuseum, 5 cm kleiner als das Original.

Im Sprengelmuseum wird versucht, die Forderung Alexander Dorners nach einem »lebendigen Museum« zu realisieren. Die Besucher sollen das Museum benutzen und sich die ausgestellte Kunst aktiv aneignen. Für sie wurden in Hannover erstmals didaktische Räume geschaffen, die den verschiedenen Sammlungen oder thematisch begrenzten Einzelrundgängen zugeordnet sind. Schrift- und Bildtafeln liefern in diesen Räumen zusätzliche Informationen über Künstler und Kunstwerke.

Bei jedem Einzelrundgang ist immer die »Museumspassage« betretbar, die als Straße angelegte Mittelachse des Museums. Sie zeigt am deutlichsten das architektonische Prinzip des Museums, das Prinzip von Öffnung und Schließung. Hier kann in Muße über das Gesehene nachgedacht werden, hier läßt es sich verschnaufen. Empfehlenswert ist auch ein Gang in die Bibliothek im zweiten Stock. Leider ist der Bestand nicht auszuleihen, sondern nur einzusehen.

Vor dem Sprengel-Museum

❻ Arthur-Menge-Ufer

Die Gedenkstätte am Nordufer des Maschsees, gegenüber dem Sprengelmuseum, erinnert an die Ermordung von 154 sowjetischen Zwangsarbeitern noch am 6.4.1945 auf dem Seelhorster Friedhof.

Nur ein Mann, der sowjetische Hauptmann *Peter Palnikow,* konnte während der Exekution flüchten. Er benachrichtigte auch das amerikanischen Truppenkommando, das das Massengrab auf dem Seelhorster Friedhof exhumieren ließ. Tausende von Hannoveranern wurden von den Militärbehörden gezwungen, der Überführung der Leichen zu ihrer letzten Ruhestätte am Nordufer beizuwohnen.

Durch die Verortung des Denkmals im Herzen der Stadt Hannover soll die Erinnerung an die Greueltaten ihres Regimes auch in den Herzen der Hannoveraner verankert werden. Aber Ruhe haben die Ermordeten noch immer nicht gefunden. Immer wieder ist die Gedenkstätte Ziel von Anschlägen neofaschistischer Kreise.

Maschpark und Maschsee liegen im früheren Überflutungsbereich der Leine. Winterliche Überschwemmungen der Aegidienmaschwiesen bescherten den Hannoveranern nicht nur einen See auf Zeit, sondern verwandelten die Wasserfläche bei Frost in eine kilometerlange Eisbahn. Um das Schlittschuhlaufen auch in wasserarmen Wintern zu ermöglichen, ließ der Magistrat seit den 60er Jahren des vorherigen Jahrhunderts die Masch im Winter künstlich fluten. Die Stadt hatte durch Herstellung und Unterhaltung von Eisbahnen ungeahnte Probleme zu lösen: beispielsweise die polizeiliche Regelung des Verkehrs auf den Eisbahnen.

Das Eislaufparadies beglückte die Hannoveraner. Der in Linden aufgewachsene Schriftsteller *Moritz Jahn* berichtet vom Eislaufen in den 1890er Jahren:

»Der Eintritt kostete für Kinder 2 Pfennige, dafür konnten wir auf unseren ›Holländern‹ oder auch den moderneren Patent-Schlittschuhen, Marke Halifax, nach Herzenslust bis unter den Döhrener Brücken hindurch laufen; die meisten zogen es allerdings vor, im vorderen Teil der Masch zu verweilen. Da gab es die ›türkischen‹ Händler mit dem roten Fez auf dem Kopf, die für diese Tage deutsch nur radebrechten und ihren klebrigen ›türkischen Honig‹

Der Maschsee wird ausgehoben, 1933

von großen Blöcken abschabten: ›Von die Rosa schmeckt es famosa!‹ Nicht weit von ihnen stand ein großes Zelt ›Bummelmeyers Butze‹, wo es warme winterliche Getränke ernsthafter Art zu kaufen gab.«

Wilhelm Buschs »Eispeter«

Wie alt letztendlich die Tradition des Eislaufens der Hannoveraner ist, beweisen Knochenschlittschuhe aus der Zeit der Völkerwanderung, auf die man beim Bau des Sendesaals des Funkhauses stieß.

Erste private Vorschläge zu einem Seeprojekt reichen über einhundert Jahre zurück. Stärkste Befürworter des Maschseeprojekts waren seit der Jahrhundertwende neben verschiedenen Bürger- und Rudervereinen der 1904 gegründete Maschseeverein sowie *Carl Thiele*. Obwohl die Maschseeidee auf starke Zustimmung der Bevölkerung stieß, lehnte die Stadtverwaltung das Projekt wiederholt aus finanziellen und bau- bzw. wassertechnischen Problemen ab. Seit Mitte der 20er Jahre wurde die Maschseeidee mit arbeitsmarktpolitischen Argumenten verknüpft. Angesichts knapp 60.000 arbeitsloser Hannoveraner während der Wirtschaftskrise bot das Seeprojekt die Möglichkeit, eine größere Anzahl von vor allem ungelernten Arbeitern zu beschäftigen, wofür Oberbürgermeister Menge sich einsetzte.

Verbunden mit einem Propagandaspektakel fürs NS-Regime erfolgte schließlich bei noch ungesicherter Projektfinanzierung am 21. März 1934, dem »Großkampftag der zweiten Arbeitsschlacht«, der erste Spatenstich. Den Bauarbeiten lag ein Plan von Stadtbaurat Professor Karl Elkart *(1880-1959) zu Grunde, der den Maschseebau mit der Leine- und Ihmeregulierung verband.*

Für verheiratete Arbeitslose mit mehreren Kindern lohnte die Arbeit nicht; erhielten sie doch weniger, als die Wohlfahrtsunterstützung betrug. Darum vermittelte das Arbeitsamt keine verheirateten Arbeitslosen mehr. Aber auch für unverheiratete sprang finanziell wenig heraus, mußten sie doch für Arbeitskleidung und -gerät selbst aufkommen.

Nach zweijähriger Bauzeit wurde der Maschsee am Himmelfahrtstag, dem 21. Mai 1936, eingeweiht.

❼ Arthur-Menge-Ufer

»Der Hellebardenträger« (Le Halebardier) ist eine monströse, organgerot gestrichene und sieben Tonnen schwere Stahlplastik vom 1976 verstorbenen Amerikaner *Alexander Calder*. Von 1972 bis 1978 stand sie vor dem Opernhaus. Jetzt weist sie auf das gegenüberliegende Sprengelmuseum hin und lädt zum Rätseln ein.

Der Hellebardenträger

Die Säule mit dem Fackelträger geht auf den Inhaber der Pelikanwerke, Kommerzienrat und Senator a.D. *Dr. Fritz Beindorff*, zurück, der der Stadt 50.000 RM zur künstlerischen Ausschmükkung des Nordufers stiftete. Ein Entwurf des in Hannover lehrenden Bildhauers Professor *Hermann Scheuernstuhl* zur Bekrönung der Säule, erhielt in einem vom Oberbürgermeister ausgeschriebenen Wettbewerb den ersten Preis. 1 1/2 Jahre nach der Preisgerichtsentscheidung, im Juni 1937, wurde die 20 Zentner schwere und 3 1/2 Meter große vergoldete Bronzefigur auf der 18 1/2 Meter hohen, aus Sandsteinquadern gemauerten Säule verankert.

Doch nicht alle Hannoveraner sahen, wie es einige Hannoversche Tageszeitungen taten, in dem im Olympiajahr gestalteten Fackelträger ein »Symbol des sieghaften Künders einer neuen Zeit«. Bereits im Vorfeld und auch nach der immer wieder verschleppten Aufstellung des Fackelträgers verbreiteten sich in der Stadt Gerüchte, demzufolge der Fackelträger und die ihn tragende Säule freimaurerische Symbole seien. Wohl angesichts dieser kursierenden Gerüchte sah sich Oberbürgermeister Menge aus Anlaß der Maschseegaststätteneinweihung genötigt, auf die Deutung des fackeltragenden Läufers einzugehen. Mit Nachdruck wies er in seiner Rede darauf hin, daß die Figur unter dem Eindruck der Olympischen Spiele entworfen und ***geschaffen wurde »als ein Zeichen des Starken und des Gesunden einer*** *neuen Zeit.«*

Das nationalsozialistische Hoheitszeichen auf der Säule ist vermutlich nach dem Kriege abgeschlagen worden. Zu lesen ist aber immer noch die arbeitsverherrlichende Inschrift: »Wille zum Aufbau gab werkfrohen Händen den Segen der Arbeit. Freude, Gesundheit und Kraft spende fortan euch der See!«

Obwohl Säule und Fackelträger unter den Nazis nicht gerade wohlgelitten waren, blieb letztere von der kriegsüblichen Einschmelzung bronzener Kunstwerke verschont, wie übrigens alle anderen Kunstwerke der »Neuen Zeit« rund um den Maschsee. Der die Hand hebende Läufer zeigte für manchen Hannoveraner während des Faschismus an, wie hoch der Dreck liege.

Alles andere als südliche Atmosphäre versprühte das Nordufer nach Kriegsende. Die englische Kommandantur zog in die Maschseegaststätte und errichtete auf der breiten Promenade mehrere Nissenhütten.

Die Seufzerallee im März 1989

Anfang der 70er Jahre wurde die Maschseegaststätte abgerissen. 1979 errichtete an gleicher Stelle u.a. die Spielbank Hannover/Pyrmont einen Glückstempel, das »Casino am Maschsee«, mit einer der Öffentlichkeit zugänglichen Gaststätte. In die Schlagzeilen der Presse geriet die Spielbank, als sie zum Karnevalsbeginn am 11.11.1987 wegen Geldmangels schließen mußte, um wenige Tage später unter staatlicher Regie ihre Tore wieder zu öffnen. Verursacht hatte die »spektakulärste Pleite eines europäischen Roulette-Tempels« (Neue Presse) u.a. Aufsichtsratschef *Marian Felsenstein,* der laut Anklageschrift über mehrere Millionen Mark aus Spielbankmitteln treuewidrig verfügt haben soll.

Der Wegweiser zum Casino, 1988

8
Seufzerallee

Sie bildete die älteste Verbindung zwischen der Stadt und dem Wehr am Schnellen Graben und war die erste vor den Stadttoren angelegte Promenade. Warum der Volksmund die Allee Seufzerallee taufte, ist unklar. Vielleicht tat er es wegen der hier lustwandelnden Liebenden oder wegen der Seufzer der Verzweifelten, die im Strudel des Wehrwassers den Tod fanden.

Dieser mit kleinen knorrigen Kopfweiden bestandene Pfad am westlichen Leineufer ist nicht nur eindrucksvollstes Juwel unter den Maschseegrünanlagen, sondern hat auch immer wieder Literaten angeregt. Der Schriftsteller *Albrecht Schaeffer* beschreibt in seinem Roman »Helianth« die Weiden der Seufzerallee während eines nächtlichen Spazierganges durch die Masch:

»Schweigende Krüppelweiden, fabelhafte schwarze und verkrümmte Stammkörper mit einem mächtig gesträubten Haarwuchs dünner Ruten, durch die der trübrote Nachthimmel über der Fabrikstadt glühte.«

In Kurt Schwitters Mythologem vom umgelenkten Schnellen Graben, einem aus dem Nachlaß publizierten Text von 1946, schreiten die vielen Selbstmörder, die sich in den Fluten des Schnellen Grabens meist aus unglücklicher Liebe ertränkten, vorher durch die Seufzerallee:

Sie kamen allein oder zu Zweien vom Schützenhause in der Seufzer Allee, ***einer Kopfweidenallee am Ufer der Leine, und*** Hupp ***sprangen in die aufge****wühlten, gelben Fluten des Schnellen Grabens. Es war ein schneller Tod, und die Leichen wurden nach Linden gespült.«*

Arthur-Menge-Ufer Nr. 5

In der südlichen Leinemasch neben dem Maschsee zwischen Leine und Ihme erstreckt sich ein Volkssportpark mit dem Niedersachsenstadion als Mittelpunkt. Bis zum II. Weltkrieg stand dort, wo sich der Haupteingang des Stadions befindet, ein von *Laves* gebautes Schützenhaus. 1954 wurde das Stadion, mitten im Kalten Krieg, mit dem Fußballspiel BRD-UDSSR 1:2 eröffnet. Heutzutage kickt Hannover 96 auf dem Rasen, wenn die Bude voll ist, vor 60.000 Zuschauern.

Der sportliche Ruhm von 96 reicht weit zurück. 1938 wurden die Roten zum ersten Mal Deutscher Meister und das sogar gegen die Szepanelf von Schalke 04, die damals als unschlagbar galt. 1954 waren die 96er nochmals Spitze. Damals gewannen sie 5:1 gegen den 1. FC Kaiserslautern. Eine Rie-

Ab und an mal Spitze — Hannover 96

sensensation, denn Kaiserslautern war damals fast identisch mit der Nationalmannschaft, die kurze Zeit später Weltmeister wurde. Fußballgötter wie die Gebrüder Walter *oder* Eckel *spielten gegen die 96er, die von* »Fiffy« Kronsbein *trainiert wurden. Kronsbein wurde von nun ab immer geholt, wenn es brenzlig um 96 stand. Mit ihm gelang der Mannschaft 1965 der Aufstieg in die erste Liga. In den 70er Jahren führte Kronsbein die Roten nach einem Abstieg nochmals in die Eliteliga. Er brachte auch die einzigen Nationalspieler aus Hannover,* Siemensmeyer *und* Rodekamp, *in die Nationalelf, in der sie einige Male mit* Beckenbauer *spielen durften. Die einzige ernsthafte Konkurrenz der Roten, die Blauen von Arminia Hannover, spielt derweil in der III. Liga. Was ihren Expräsidenten* Freise *nicht ruhen ließ, bis er dem Vorstandsmitglied der Roten,* Werner Bock, *gezeigt hatte, wer die stärkste Kraft im hannoverschen Fußball ist. Der Automatenkönig Freise verpaßte Bock während eines Balles in der Stadthalle ein blaues Auge und seinem Verein mal wieder ein paar Schlagzeilen in der Tagespresse.*

⑨ Sportpark

Ende 1937 waren monumentale Bauten im Stile neoklassizistischer Architektur auf dem Gelände des heutigen Sportparks geplant. Ein zweiter Entwurf im Frühjahr 1940 fand Hitlers Zustimmung. Von dieser, den politischen Machtwillen der Nazis ausdrückenden Anlage wurden noch während des Krieges Teile des Fundamentes für die Zuschauertribüne an der Westseite des geplanten Aufmarschgeländes gegossen.

⑩ Karl-Thiele-Weg

Auf den Maschwiesen, in Verlängerung Geibelstraße, nahe des Schnellen Grabens, stand die pyramidenförmige Bismarcksäule mit Feuerbecken, Medaillonporträt und Reichsadler. Sie mußte im Sommer 1935 dem Maschsee weichen. Die Initiative für das Denkmal ging auf Studenten der Technischen Hochschule zurück, die mit dem Denkmal den am 30.7.1898 verstorbenen Altreichskanzler *Otto von Bismarck* ehren wollten.

Mit viel lokaler Prominenz erfolgte die Grundsteinlegung am 18.10.1903, dem 90. Jahrestag der Völkerschlacht bei Leipzig. Aus Anlaß der Einweihung im Oktober 1904 wurde neben der bislang nur welfischen Kritik auch sozialdemokratische laut. Der »Volkswille« kommentierte:

»Mitten in der Masch, im Hintergrunde umrahmt von rauchenden Schloten des industriellen Kapitals, hat die bismarckschwärmerische Studentenschaft Hannovers einen Altar errichtet für den Halbgott aller Reaktionäre. Heute, am 18. Oktober, ist diese Feuersäule eingeweiht. Von ferne gleicht sie dem Reste einer verfallenen Raubritterburg, während sie, in der Nähe besehen, den Eindruck eines kleinstädtischen Wasserturmes erweckt.«

Die Stadt finanzierte die »Flammkosten« und erteilte den Studenten der Hochschule widerruflich »für alle Zeiten das Recht..., am Tage der Sonnenwende und an Tagen großer nationaler Bedeutung sowie an den Gedächtnistagen des Altreichskanzlers ... studentische Feiern am Fuße der Bismarcksäule zu veranstalten und das Feuer auf der Säule abzubrennen.«

»Randalierende völkische Studenten« (Vorwärts v. 18.8.26) drängten den an der Technischen Hochschule lehrenden Philosophen *Theodor Lessing* 1926 aus seinem Lehramt. Derselbe Geist konnte sich in den Abendstunden des 10.5.1933 an der Bismarcksäule feiern. Hier endete ein von der Technischen Hochschule kommender Fackelzug studentischer Korporationen, z.T. in vollem Wichs oder SA-Uniform. Vor einer sich bereits eingefundenen »unübersehbaren Menschenmenge« schritt die akademische Jugend Deutschlands zur Tat. Wie der Hannoversche Anzeiger zu berichten weiß, wurde »fast ein ganzer Lastwagen voll undeutscher Bücher dem Feuer überantwortet.« Mitglieder des »Kampfausschusses der Deutschen Studentenschaft Hannovers zur Bekämpfung von Schund und Schmutz«, unter ihnen auch Dozenten der Hannoverschen Hochschulen beschworen in den sich daran anschließenden Reden »deutschen Geist und deutsches Wesen« und betonten, dieser Abend solle u.a. das wiedergutmachen, »was jüdische Literaten der deutschen Volksseele in den vergangenen Jahren mit ihrem Ungeist zugefügt hätten.«, so der Hannoversche Kurier. Nur vier Monate später stellten sich auf den Maschwiesen 25.000 Stahlhelm- und Wehrstahlhelmführer sowie 5.000 Fahnenträger zur gemeinsamen »Treuekundgebung« auf.

⓫
Schneller Graben

Weit ins Mittelalter reicht die Geschichte des Schnellen Grabens zurück. Um den lebenswichtigen städtischen Mühlen einen gleichmäßigen Wasserstand zu sichern und um die Stadt vor dem Leinehochwasser zu schützen, verband man die Leine mit der mehrere Meter tiefer fließenden Ihme durch einen Kanal. Das heutige wasserstandsregulierende Wehr wurde im wesentlichen in der ersten Hälfte des 18. Jahrhunderts erbaut und ist damit das älteste erhaltene Wasserbauwerk der Stadt. In unmittelbarer Nähe befindet sich das Anfang der 20er Jahre erbaute Wasserkraftwerk.

Ohedamm

Die Stahlbrücke

Der lindenbestandene Ohedamm verbindet heute den Maschsee mit Ricklingen. Die zwei Stahlbrücken über Leine und Ihme sowie der alleeartige Fußweg erinnern an die 1872 angelegte Eisenbahnverbindung Hannover-Altenbeken. Über diesen Damm fuhren bis zur Eröffnung der Güterumgehungsbahn im Jahre 1909, die südlich des später angelegten Maschsees verläuft, die Eisenbahnzüge. Sie kamen vom heutigen Altenbekener Damm über die Maschwiesen und fuhren Richtung Altenbeken.

⓬
Karl-Thiele-Weg

Die Karl-Schwienbrücke ist nach *Karl Schwien* (1894-1961) benannt, dem Leiter der Bauarbeiten am Maschsee sowie an Leine- und Ihmeregulierung. Die Brücke führt zu den Ricklinger Kiesteichen, die als Badeplätze genutzt werden (siehe S. 126).

Die sogenannte »Quelle des Maschsees« bestand aus einem Pumpen- und Filterhaus. Beide versorgten den See mit gefiltertem Leinewasser. Heute speist sich der See aus dem Grundwasser der Ricklinger Masch. Bis 1950 zierte eine Reihergruppe von *Ruth Meißner* die »Quelle«, sie wurde gestohlen.

Rudolf-v.-Bennigsen-Ufer Nr. 81

Wer die Badehose eingepackt hat, kann sich während des Spazierganges im 1936 gebauten Strandbad erholen. Der Blick von der Liegewiese in Richtung Neues Rathaus ist sehr zu empfehlen. Er ist zudem kostenlos, seitdem das Bad von der DLRG verwaltet wird.

Das Maschsee-Bad 1977

Ihrem Ausdruck nach zu urteilen, scheinen die zwei Löwen den Aufgang zur großen, halbkreisförmig angelegten Bastion zu bewachen. Die vom Bildhauer *Arno Breker* geschaffenen bronzenen Löwen wurden im Sommer 1938 aufgestellt. Breker war ein von Hitler und Nazigrößen sehr geschätzter Künstler (Hitlers Michelangelo).

⑬
An der Engesohde/ Alte Döhrener Str. 96

Am Ostrand der Aegidienmasch, auf dem »Engesohder Berg«, legte Stadtbaumeister *Ludwig Droste* nach eigenen Plänen 1860-1864 den ersten Stadtfriedhof an, damals noch weit vor den Toren der Stadt. Die Eingangshalle mit Arkaden für Erdbegräbnisse wurde ebenfalls nach seinen Plänen erbaut. Ständiger Erweiterungen ließen den Friedhof mit einer Fläche von 23,5 ha zu Hannovers viertgrößter Totenstätte wachsen.

Die bereits schon mehrmals innerhalb Hannovers umgesetzte »Alte Mühle« mußte der neuen Friedhofsanlage weichen. Mühlenbaumeister *Hans Behrendts* errichtete die Bockwindmühle ursprünglich 1701 auf dem Bärenrondell am Aegidientor. Nach ihrem Rückkauf aus dem Celler Raum wurde sie 1938 im Hermann-Löns-Park in Kleefeld aufgestellt.

Der Engesohder Stadtfriedhof gilt als Hannovers Prominentenfriedhof. Um diesen Ruf zu wahren, werden von den auf Hannovers Friedhöfen verkauften fünf möglichen Grabarten nur die obersten zwei angeboten: Gräber in »besonderer Lage« und Gräber in »bevorzugter Lage«. Geradezu verschwenderisch mutet das 4 qm große »Engesohder Grabraster« an. Ein gesonderter Gebührentarif versteht sich von selbst. Neben vielen künstlerisch bedeutenden Grabmälern lassen sich auch die Gräber von Personen, die in der Geschichte nicht nur Hannovers eine Rolle gespielt haben, aufsuchen. Hier liegen u.a. begraben: General *Otto von Emmich,* der »Bluthund« und spätere Oberpräsident der Provinz Hannover, *Gustav Noske,* der Imperialisten *Karl Peters,* Stadtbaumeister *Ludwig Droste,* Pastor *Hermann Wilhelm Bödeker,* Museumsstifter *Hermann Kestner,* Hofbaurat *Laves,* Ballettänzerin *Yvonne Georgi, Adolf Grimme* und natürlich *Kurt Schwitters,* dessen Grabstein die Zeile ziert: »Man kann nie wissen«.

Schwitters' Grabstein

Rudolf-v.-Bennigsen-Ufer Nr. 70

1935 wurde hier eine Jugendherberge mit ca. 400 Übernachtungsmöglichkeiten durch den Reichsjugendführer *Baldur von Schirach* eingeweiht. Das durch Bomben schwer beschädigte Gebäude übernahm nach dem Kriege die Freie Waldorfschule.

⓮ Rudolf-v.-Bennigsen-Ufer/Altenbekener Damm 83

Auf Teilen des Geländes der Tellkampfschule befand sich die 1638 errichtete Stadtziegelei. 1905 wurde sie abgerissen und das Gelände gärtnerisch genutzt.

Namensgeber der Tellkampfschule, früher Realgymnasium I, ist ihr erster Direktor, Professor *Adolf Tellkampf.* Berühmte Schüler des Realgymnasiums I: *Kurt Schwitters,* Merz-Künstler; *Hans Lothar,* Schauspieler; *Ernst Wolfhagen,* Maler; *Karl Otto Pöhl,* Bundesbankpräsident. Bomben zerstörten 1943 das alte Schulgebäude am Georgsplatz. Nach anderweitigen Unterbringungen konnte hier 1956 der Neubau bezogen werden. Den häßlichen Stahlbetonbau mit gelber Klinkerverblendung entwarf *Rudolf Christfreund,* Architekt des Hochbauamtes und dessen späterer Leiter. Stilprägend soll angeblich der Funktionalismus des Bauhauses gewesen sein.

Vielfältige Verbindungen zur Uni-Szene politisierten die Schule während der APO-Zeit. So fand in der Aula im Frühjahr 1968 ein Teach-In zu den Notstandsgesetzen statt. Aber auch danach wirkten politische Themen der außerparlamentarischen Bewegungen in die Schule hinein. Beispielsweise untersagte die Stadtverwaltung 1979 der Schülerschaft, mehrere hundert Teilnehmer des »Gorleben-Trecks« in der Mensa unterzubringen. Im Zuge der Raketenstationierung 1983 erklärte sich die Schule zur »Atomwaffenfreien Zone«.

Das Menschenpaar

Rudolf-v.-Bennigsen-Ufer/Geibelstraßenbastion

Der Bildhauer *Georg Kolbe* (1877–1947) schuf das auf der Geibelstraßenbastion stehende bronzene »Menschenpaar«. Im Rahmen eines KDF-Programms, das die Distanz des »Volkes zur Kunst« abbauen sollte, war Kolbes Berliner Atelier beliebtes Ziel von Führungen. Nach Meinung des Künstlers blickt das nackte Paar in die Ferne, in Erwartung eines gemeinsamen Lebens. Diese »Menschen hoher Art«, so Kolbe, habe er als ein Vorbild menschlicher Würde gestaltet. Das gemeine hannoversche Volk glaubt hingegen, in den Nackten zwei vom Finanzamt Heimkehrende zu erkennen.

Rudolf-v.-Bennigsen-Ufer 22

Der 15.5.1984 »... ist ein wichtiger Tag für die Entwicklung des Rundfunkwesens nicht nur in Niedersachsen, sondern in der Bundesrepublik«, so *Ernst Albrecht* bei Verabschiedung des neuen Landesrundfunkgesetzes, das die Einführung des Privatrundfunks zur Konsequenz hatte. In der Tat. Das Funkhaus in Hannover stieg zum Landesfunkhaus Niedersachsen auf.

In Hannover nahm der Rundfunk, nach einigen vergeblichen Anläufen, mit dem Nebensender Hannover der Nordischen Rundfunk Aktiengesellschaft (NORAG) in Hamburg den Sendebetrieb auf. Gesendet wurde im Dachgeschoß des Verwaltungsgebäudes der HANOMAG an der Bornumer Straße. Der senile Reichspräsidentkandidat von Hindenburg in einer Wahlrede: »Was muß ich'n jetzt noch machen«. Mit der Gleichschaltung zum Reichssender zog der Sender in den Warmbüchenkamp 3 um. Nach dem II. Weltkrieg ging es mit einem Rundfunkbüro im Anzeigerhochhaus und mit einem weiteren Notquartier in der Pädagogischen Hochschule weiter. Die erste UKW-Sendung im Bereich des NWDR wurde ausgestrahlt. 1950 zog man in das heutige Funkhaus am Maschsee ein. In diesem Haus erhielt Hannover seinen ersten regelmäßigen UKW-Tag. Damals noch eine Besonderheit, gab es doch kaum UKW-Sender, es herrschte schlichter Wellenmangel. 1956 wurde der NWDR geteilt in NDR und WDR, und 1957 erhielt das Funkhaus eine Fernsehredaktion.

Maschsee im April 1989

Die zockende Unschuld

Am Nordufer des Maschsees hat ein Staatsunternehmen seinen Sitz, das einst als private Gesellschaft eine Regierungskrise in Niedersachsen auslöste. Gemeint ist die Spielbank Hannover-Pyrmont. *Marian Felsenstein* hieß einer der Spielbank-Gesellschafter. Und er war die schillernde Figur in dieser staatlich lizensierten Affäre, die mit der Pleite der Spielbank-Gesellschaft im November 1987 ausgelöst wurde. Der hannoversche Textilkaufmann Felsenstein war der unumschränkt herrschende Aufsichtsratsvorsitzende der Spielbank Hannover Bad Pyrmont GmbH und Co. KG, der Mann, dem nachgesagt wird, durch seine Machenschaften sei die Bank gesprengt worden — unter dem wohlwollenden Blick der staatlichen Spielbankaufsicht im Innenministerium. Der Unternehmer, selbst ein Zocker, hatte ein Kunststück fertiggebracht, was schier unmöglich erschien — im Besitz einer Spielbanklizenz, gewissermaßen einer Erlaubnis zum Gelddrucken in den Händen, in die Pleite zu steuern. Es war die erste Pleite einer bundesdeutschen Spielbank.

Aus dieser Provinzposse wurde ein schlagzeilenträchtiger Skandal, als Journalisten eine neue Fährte entdeckten. ffn, Niedersachsens erster Privatsender und »Der Spiegel« hatten die Spielbankaffäre zum »routieren« gebracht. In alten Akten und bei einem Zeugen in den USA, dem früheren Werbeberater der niedersächsischen CDU, Laszlo Maria von Rath, stießen Journalisten auf die Behauptung, die CDU habe Anfang der 70er Jahre versucht, stille Teilhaberin einer Spielbank-Konzession zu werden. An Indizien fehlte es nicht, aber der schlüssige Beweis blieb aus.

Angefangen von der Konzessionsvergabe bis hin zur Rolle der ministeriellen Spielbankaufsicht — ein Untersuchungsausschuß des niedersächsischen Landtages mußte sich durch zwei Jahrzehnte niedersächsischer Spielbankgeschichte arbeiten.

Die CDU/FDP-Landesregierung hatte alle Hände voll zu tun, den Schaden zu begrenzen. Dabei war es nicht allein die Spielbankaffäre, die vor allem der CDU Kopfschmerzen bereitete. Im Jahr nach der Spielbank-Pleite wollten die Enthüllungen kaum abreißen: Der Verfassungsschutz mußte eingestehen, Journalisten angeworben zu haben. Kripo-Fahnder hatten unter der Regie des ominösen Versicherungsagenten *Werner Maus* Objekte für Brandstiftungen mit ausgesucht. Bei Waffen- und Drogengeschäften sollen auch hohe Polizeibeamte mitgemischt haben. Und der CDU-Landtagsabgeordnete *Kurt Vajen* wurde als Wahlfälscher von einem Landgericht zu einer Geldstrafe verurteilt — bei einer Kommunalwahl hatte der Abgeordnete etwas nachgeholfen.

Als die Spielbankaffäre den Christdemokraten die Schlagzeilen selbst in den regierungsnahen Medien zu versalzen drohte, fiel das Wort von der »linken Kampfpresse«. Ein Kesseltreiben witterte auch der für die Spielbankaufsicht zuständige Innenminister *Wilfried Hasselmann* hinter jeder neuen Veröffentlichung zur Spielbankaffäre. Selbst als »Der Spiegel« im Oktober 1988 dem Minister und CDU-Landesvorsitzenden nachwies, daß er gegenüber dem Untersuchungsausschuß des Landtages die Unwahrheit gesagt und die Entgegenahme zweier Spielbank-Spenden über jeweils 20.000 Mark für die CDU verschwiegen hatte, mochte Hasselmann immer noch nicht an politische Konsequenzen denken — schon gar nicht an einen Rücktritt. Doch gut 24 Stunden später war das Spiel gelaufen. Innenminister Hasselmann trat zurück.

Michael Fender

Ev. Freikirche
Timotheus-K.
Kärntner Platz
Innsbrucker Str.
Ottostraße
Redweg
Landwehrgraben
Meraner Str.
Bozener Str.
Salzburger Straße
Waldhausenstraße
Wiener Straße
Klagenfurter Str.
Güterumgehungsbahn
Am Schafbrinke
Döhrener T.
Postamt
Grazer Str.
WALDHAUSEN
Linzer Straße
Brandestr.
L393
Südschnellweg
Zeißstraße
Bregenzer Straße
Lagerplatz
Gärtnerei
Hans-Eyl-Str.
Am Landwehrgraben
Riepestraße
Zeißstraße
Ausgleichsamt
Abbestr.
Wagenfeldstr.
Dietr.-Bonhoeffer-Schule
Helmstedter Str.
Klinkerfuesstr.
Kardinal-Bertram-Schule
Reinboldweg
St.-Joseph-Waisenhaus
St.-Bernward-K.
Spielpl.
Wichmannstr.
Cäcilienstr.
Fiedelerstr.
Helmstedter Str.
Im Bruche
Olbersstr.
Schröterstr.
Schule
Hermann-Guthe-Str.
Enckestr.
Besselstraße
Wolfenbütteler Str.
Hildesheimer Straße
Auferstehungs-K.
Ordn.-Amt.
Nbst.
Stadtbüch.
Peiner Straße
Jugendzentrum
Bernward-
Quer-
Landwehrstraße
Helenen-
Borgentrickstr.
Kaminweg
Wolfweg
Weiße Hube
Friedhofsallee
Spielpark
Abelmannstraße
K20
Postamt
Illerweg
Isarstr.
Lechstr.
Innstraße
Schule
Stadtbahn-Betriebshof Döhren
Hohnsenstraße
Haintzestraße
Hoher Weg
Reichhelmstr.
Am Lindenhofe
Thurnithistraße
Wollebahn
Donaustraße
Freizeitheim
An der
Brückstraße
Schule
St.-Petri-K.
Fröbelstr.
Rheinstr.
Allerstr.
Emsstr.
Werrastr.
Pol.Rev.
TÜV
Fernmeldezeugamt
L389
Garkenburgstraße
Döhrener Mühle
Am Lindenhofe
Wiehbergstraße
Oderstr.
Neckarstraße
Kastanienallee
Frankenfeldstr.
Am TÜV
Fbr.
Leineinsel
A. Uhrturm
Am Uhrturm
Wolfsturmweg
Almrohstr.
Stiftung Volkswagenwerk
Bothmerstraße
L393
Neuapostol. K.
Vörgerstr.
Chr.-Andersen-Schule
Erythropelstr.
Am Leinewehr
Wehr
Döhrener Mühle
Wiehegrund
Fontainestraße
Marthastr.
Wernerstr.
Im Wölfelde
Loccumer Straße
Amelungshof
Lagerplatz
Tenn.Pl.
Tennishalle
Wiehegraben
Wiehbergstraße
Matthäi-K.
Umspannwerk
Brotfabr.
Matthäikirch-
Schulen
Claudiusstr.
Twefeler Marsch
St.-Michael-K.
Späte Holzwiesen
Gärtnerei
Am Mittelfelde
Große
Wülfeler Holzbrücke
Postamt
Späte Holzwiesen
G.L.B.
Masch
Hildesheimer-Straße
Am Eisenwerk
Fbr.
WÜLFEL
Pfarrstraße
Stiegelmeyerstr.
Fbr.
Behnstraße
Schwarzer Weg
Schulverkehrsgarten
Radrennbahn
Fabriken
Brauerei Wülfel AG
Neue Holzwiesen

Klingelbier und Spargel

Döhren

von Wolfgang Kaese

Ausgangspunkt: *Döhrener Turm, Stadtbahn 1, 2, 8*
Endpunkt: *Seelhorst, Stadtbahnlinie 8*
Dauer: *ca. 2 Stunden*

Döhren, ein Stadtteil Hannovers...? Selbstverständlich. Aber es ist noch gar nicht so lange her, da war das anders: Zwar nah der Residenzstadt gelegen, bestand Döhren als eigenständiges, beschauliches norddeutsches Bauerndorf. Nicht ohne Stolz, schließlich war das schon 983 erwähnte Döhren älter als die Stadt! Um 1850 war Schluß mit der friedlichen »Koexistenz«: Die ökonomischen und sozialen Umwälzungen der Industrialisierung erfaßten auch das Königreich Hannover. Im Sog der expandierenden Großstadt wandelte sich Döhren in den nächsten Jahrzehnten vom Bauerndorf zum Industrievorort und wurde 1907 schließlich in die Stadt eingemeindet.

Neben dem Verschwinden der bäuerlichen Gehöfte, der Anlage von Industriebetrieben, Arbeitersiedlungen und Unternehmervillen wandelte sich die Bevölkerungsstruktur, entstanden neue kulturelle Formen. Nach Döhren kamen vor allem Arbeiter und Arbeiterinnen aus dem katholischen Eichsfeld.

Von den Einheimischen zunächst beargwöhnt, prägten sie das »neue« Döhren: »Sie blieben zusammen, wohnten dicht und geschlossen in der Nähe ihres Arbeitsplatzes: fromme Eichsfelder, sparsam, fleißig, wirtschaftsunternehmungslustig, verwandelten das Dorf Döhren in jene Kleinstadt, die es im Kern immer noch ist.«

Es entstand ein ausgedehntes Arbeitervereinswesen und 1888 die katholische St. Bernwardsgemeinde; politisch fühlten sie sich dem Zentrum und der SPD verbunden.

❶ Döhrener Turm

Heute bezeichnet »Döhrener Turm« sowohl die Stadtbahnhaltestelle am Kreuzungspunkt der vielbefahrenen Hildesheimer Straße und dem populären Fußgänger- und Radfahrweg zwischen Eilenriede und Maschsee als auch den mittelalterlichen Turm. Dieses Gebäude errichteten die Hannoveraner 1388 als Wehr- und Beobachtungsturm an der südlichen Grenze des städtischen Territoriums. Mehrmals wurde er vom verfeindeten Braunschweiger Her-

Am Döhrener Turm 1960

zog niedergebrannt. Seit neuerer Zeit geht es am immer wieder aufgebauten Turm friedlich zu: Als 1872 mit der »Continental-Pferdeeisenbahn-Aktiengesellschaft« die erste Pferdebahn in Hannover ihren Betrieb aufnahm, fuhr die Linie 1 vom Steintor über die damalige Hildesheimer Chaussee zur Endstation »Döhrener Turm«.

❷
Hildesheimer Str. 187 und 191

Am Turm schräg gegenüber hatte man einen Betriebshof mit Wagenhalle und Stallungen errichtet. Unmittelbar dahinter befand sich für die Arbeiter der Pferdebahn eine kleine, der winzigen Wohnungen wegen »Spatzenburg« genannte Werkssiedlung: Es hieß damals makaber, wenn jemand im ersten Stock gestorben sei, müsse der Sarg mit dem Leichnam aus dem Fenster abgeseilt werden! Von der gesamten Anlage sind heute nur noch zwei wenig repräsentative Gebäude erhalten.

Peiner Straße/Hildesheimer Straße

Im Jahre 1927 zog das Straßenbahndepot auf das Gelände des Straßenbahngüterbahnhofs und der Gleisschmiede, im Volksmund

»Sibirien« genannt, an der Peiner Straße um: Die Bedeutung des vor dem I. Weltkrieg in Hannover weitverbreiteten Transports von Stückgut per Straßenbahn ging zurück, während die Personenbeförderung auf dem immer weiter nach Süden ausgreifenden — durch Döhren und Wülfel mit *Speisewagen bis Hildesheim* — inzwischen elektrifizierten Streckennetz der »Überlandwerke und Straßenbahn (Üstra) AG« das Depot am Döhrener Turm aus allen Nähten platzen ließ. Der heutige »Betriebshof Peiner Straße« wurde im Zusammenhang mit dem U-Bahn-Bau der 70er/80er Jahre errichtet.

❸ Am Landwehrgraben 4-8

Im letzten Drittel des 19. Jahrhunderts entstand südlich der Eilenriede, der damaligen Stadtgrenze Hannovers, auf Döhrener Gebiet das Villenviertel Waldhausen. Einer der ersten Bauherren war der Industrielle *Friedrich Willmer.* Er ließ sich in den Jahren 1884 bis 1886 nach Plänen des Architekten *Karl Börgemann* (1851—1938) im neugotischen Stile der Hannoverschen Architektenschule Conrad Wilhelm Hases unmittelbar an der Hildesheimer Straße eine prachtvolle Villa mit 75 Zimmern errichten. Das »Schloß Willmer« war das Herrenhaus des von Willmer seit den 70er Jahren neugeschaffenen Rittergutes Waldhausen, das dem Stadtteil auch den Namen gab. Die eigenwilligen Formen dieses Gebäudes regten die Phantasie der Döhrener an: Für sie war das Haus die »Tränenburg«! Das Schloß hatte den Zweiten Weltkrieg relativ unbeschadet überstanden, fiel aber 1971, gegen Protest aus der Bevölkerung, dem Abriß zum Opfer, und es wurde eine moderne Wohnanlage errichtet.

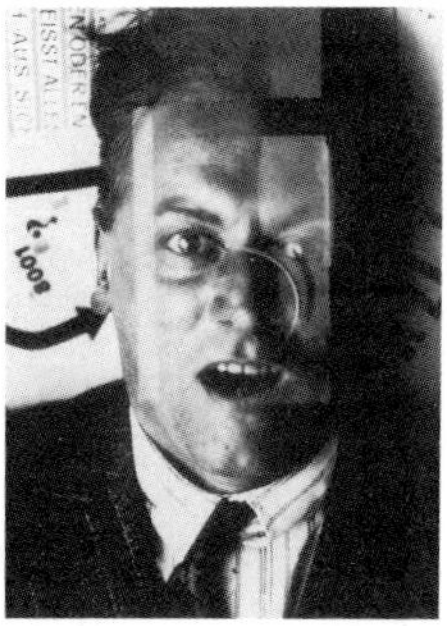

Kurt Schwitters

❹ Waldhausenstraße 5

Das berühmteste Bauwerk in Waldhausen befand sich in der Waldhausenstraße. Um die Jahrhundertwende hatte der Kaufmann *Eduard Schwitters* am Rande der Eilenriede ein Grundstück erworben und sich eine Villa bauen lassen. Von 1923 an gestaltete sein Sohn *Kurt Schwitters* (1887—1948) Teile dieses Gebäudes zum ersten »MERZbau« um. Das Gebäude existiert heute nicht mehr; es fiel den alliierten Luftangriffen im Oktober 1943 zum Opfer. Allerdings kann eine Rekonstruktion des MERZbaus im Sprengelmuseum (Am Kurt-Schwitters-Platz!) besichtigt werden.

❺ Grazer Str.

Der soziale Mittelpunkt der Villensiedlung war das 1877 errichtete »Kurhaus Eilenriede«. Der zwischen der heutigen Waldhausen- und Grazer Straße gelegene Hotel- und Restaurantbetrieb mit Kaffeegarten war ein beliebter Ausflugs- und Erholungsort der Hannoveraner Bürgerfamilien. Hier konnte man Bäder- und Trinkkuren nehmen, in der Eilenriede, die über eine Fußgängerbrücke über den damals noch offenen Landwehrgraben zu erreichen war, spazierengehen und sich sodann mit Kaffee und Kuchen verköstigen. Das Gebäude wurde 1937 abgerissen.

❻ Willmer Str.

Die zur Jahrhundertwende fertiggestellte »Umgehungsbahn« für den Hauptbahnhof Hannover über Wunstorf, Lehrte, Linden begrenzte das vornehme Viertel im Süden. Auf der anderen Seite, wo heute verschiedene Autogewerbe und das Drive-In einer

Schwitters = MERZ

Ohne Zweifel der berühmteste Bewohner Waldhausens war der Künstler Kurt Schwitters, der Erfinder von MERZ, heute als Klassiker der modernen Kunst hochgeschätzt und teuer bezahlt. Seinen hannöverschen Zeitgenossen galt der MERZkünstler vor allem als Bürgerschreck und Provokateur — und das nicht ohne Grund!

Schwitters, am 20. Juni 1887 in Hannover geboren, erhielt seine künstlerische Ausbildung in Hannover (1908/9) und Dresden (1909—14). Unter dem Eindruck der Folgen des Krieges 1914—18, den er als dienstverpflichteteter technischer Zeichner und Schreibstubensoldat unbeschadet überstand, beeinflußt von Dada, Konstruktivismus und Futurismus, vollzog Schwitters 1919 den Übergang von der gegenständlichen Malerei und Zeichnung zu den für seine Kunst charakteristisch gewordenen Techniken der Collage und Assemblage: »Kaputt war sowieso alles, und es galt, aus den Scherben Neues zu bauen. Das aber ist MERZ.« Der assoziationsreiche Begriff »MERZ« steht für Schwitters' ambitioniertes künstlerisches Programm. »MERZ bedeutet«, sagte Schwitters 1924, »Beziehungen schaffen, am liebsten zwischen allen Dingen der Welt.« Rastlos suchte Schwitters, auf allen Gebieten des Gestaltens, der Kreativität und des Lebens diesem Anspruch nachzukommen; als Maler, Bildhauer, Graphiker und Collagist, als Dichter, Literat und Pamphletist, als Rezitator und Aktionist. In letzter Konsequenz zielt MERZkunst auf die Aufhebung der Gegensätze, sowohl im Kunstwerk als auch der Welt. Ob in seinen Texten, wie der dadaistischen Liebesode »An Anna Blume«, in der »Sonate in Urlauten«, dem Prototyp phonetischer Poesie, oder in seinen Collagen aus alten Fahrscheinen, verbrauchten Papierfetzen, Drähten, rostenden Nägeln und Konservenbüchsen, wie ein roter Faden zieht sich der Versuch, scheinbar Widersprüchliches zu verbinden und in der Kunst aufzulösen durch Schwitters' Werke. Von solcher Kunst, in der sich die Welt wiederspiegelt, nicht wie sie war, sondern sein sollte, erhoffte Schwitters konkrete Veränderung. »Die Kunst, wie wir sie wollen, die Kunst ist weder proletarisch noch bürgerlich, denn sie entwickelt Kräfte, die stark genug sind, die ganze Kultur zu beeinflussen, statt durch soziale Verhältnisse sich beeinflussen zu lassen.« — »Revolutionärer, aufregender, wirklichkeits- und weltumfassender«, so kommentiert Joachim Büchner im Katalog der hannoverschen Schwittersausstellung von 1986, konnte der künstlerische Ansatz damals — und heute — nicht sein!

Wie kein anderes Kunstwerk war der MERZbau die Verwirklichung von Kurt Schwitters' Kunstkonzept. Er schuf, wie John Elderfield in seinem autoritativen Schwittersbuch sagt, eine »ungewöhnliche Wunderkammer«; Kunstwerk, Atelier und Wohnung unter einem Dach: Eine bizarr erscheinende Assemblage, ebenso plastisch geformter Raum wie begehbare Plastik, eingefügt darin Objekte, Photos, Gemälde, Skulpturen und Spiegel, durch natürlichen Lichteinfall und künstliche Beleuchtung sich verändernd.

Während der Naziherrschaft mußte der »entartete Künstler« Deutschland verlassen. Schwitters starb am 8. Januar 1948 im englischen Exil, seine Grabstätte befindet sich auf dem Engesohder Friedhof. Eine umfangreiche Sammlung von Werken Schwitters' gibt es im Sprengelmuseum; das Schwittersarchiv in der Stadtbilbiothek sammelt Materialien zu Leben und Werk des Künstlers.

Wolfgang Kaese/Michael Meilwes

bekannten Hamburger Firma ihren Standort haben, befanden sich seit der Mitte des letzten Jahrhunderts die Ziegeleibetriebe Friedrich Willmers: Es wurden »Facadenziegel, Formsteine und farbig

Im Sortiersaal der Wollwäscherei Döhren

glasierte Steine« hergestellt; 1886 erreichte die Jahresproduktion 8 Millionen Ziegel, 1892 waren 126 Arbeiter beschäftigt. Die Gebäude der 1901 zur »Döhrener Dampfziegelei« zusammengefaßten Betriebe wurden im 2. Weltkrieg zerstört.

❼ **Fiedeler Platz**

❽ **Ziegelstr.**

Zwischen Landwehrstraße und Hildesheimer Straße entstand gegen Ende des letzten Jahrhunderts das sogenannte »Neue Viertel« rund um den Fiedeler Platz. Trotz Zerstörungen im 2. Weltkrieg und späterer Neubauten bestimmen noch heute Jugendstil und Neurenaissancefassaden die Ansichten dieser Straßen. Ursprünglich gehörte das gesamte Areal der inzwischen zu Gutsherrn aufgestiegenen Familie Fiedler, die 1845 mit dem Abbau und Brennen von Ton in Döhren begonnen hatte. Im Jahre 1895 verkauften sie das gesamte Gelände. Der neue Besitzer ließ es nach den Plänen des hannoverschen Architekten *Joh. Holekamp* erschließen und verkaufte die Parzellen einzeln.

Das älteste Kirschensiegel Döhrens

Mit Hilfe von Bankkrediten bauten die Parzellenbesitzer, nicht selten Maurermeister o.ä., Häuser zum Weiterverkauf an finanzkräftige Interessenten. Im Herbst 1899 wurden die ersten Gebäude fertiggestellt. Unter den Mietern, waren neben vielen kleinen Kaufleuten und Straßenbahnern auch sozial aufgestiegene Arbeiter der »Döhrener Wolle« — hier in den großen hellen Wohnungen suchten sie, wie *Syd Auffahrth* (Architekturhistoriker) schreibt, »das Elend ihrer proletarischen Vergangenheit zu vergessen«.

❾ **Landwehrstr./ Wiebergstr.**

Rund um die schon 1320 erwähnte, seit der Reformation protestantische Pfarrkirche St. Petrus lag das alte Bauerndorf Döhren: Es

Das Wappen der Freien

⑩ Landwehrstraße/ Abelmannstraße

war ein typisches Haufendorf; die Gehöfte lagen ungeordnet entlang dem mittelalterlichen Landweg nach Hildesheim, der etwa dem heutigen Verlauf der Landwehr- und Wiehbergstraße entsprach. Von den 44 im Verkopplungsrezeß der hannoverschen Agrarreform 1837 erwähnten bäuerlichen Anwesen ist buchstäblich nichts übrig geblieben. Mit den Höfen Abelmann und Peters, beide »Am Lindenhofe« gelegen, wurden 1965 und 1972 die beiden letzten traditionellen niedersächsischen Bauernhäuser in Döhren abgerissen. Die alte Kate der Hufschmiede »Köppe« auf dem Dorfbrink, war schon 1957 verschwunden. Für einen Dorfschmied gab es nichts mehr zu tun. Um Hufeisen und Türangeln, Stemmeisen, Radachsen und Wagenfedern zu fertigen oder auszubessern, waren um 1900 noch 10 Gesellen beschäftigt worden. Die ca. 200 Jahre alte Schmiede kann heute im Historischen Museum am Hohen Ufer besichtigt werden.

⑪ Fröbestraße

Ein althergebrachtes Privileg der Dörfer südlich Hannovers war es, selbständig Bier brauen zu dürfen. Zwar wurde aus der Residenzstadt dagegen häufig protestiert und der Verkauf in Hannover auch untersagt, aber Einheimische und städtische Ausflügler ließen's sich trotzdem schmecken. Zu Beginn des letzten Jahrhunderts gab es in Döhren neben dem Gemeindebrauhaus (an der Brückstraße, zwischen der heutigen Frobösestraße und Döhrener Mühle) einige an der Leine gelegene Krugwirtschaften mit eigenem Brauereibetrieb. Ihrer Schulden wegen wird die 1825 eingerichtete »Ale- und Porterbrauerei« der Engländer *Sorsbie Lübbren* und *Joseph Ward* häufig erwähnt; den größten Bierumsatz hatte — durch seine Lage am Umschlagplatz der Leineflößer unmittelbar am Leinewehr begünstigt — der »Mühlenhof«.

Querstr. 8

Noch zu Beginn dieses Jahrhunderts betrieben *George Schneider* und seine *Frau Adele* in der Querstraße eine Kleinbrauerei im Hinterhof. Mit Pferd und Wagen wurden die Bierfässer durch Döhren transportiert und mit lauter Stimme das »Klingelbier« ausgerufen. Die Hausfrauen ließen sich das Malz-, Braun- oder normale Bier in die mitgebrachten Eimer und Kannen zapfen. Schließlich wurde die Konkurrenz der Industrieproduktion aber doch zu groß und Schneider verkaufte seine Braurechte an die 1906 entstandene und damit älteste deutsche Genossenschaftsbrauerei in Wülfel, aus der die heutige »Brauerei Wülfel AG« hervorging.

⑫ Döhrener Mühle

Der 1909 gebaute Uhr- und Eingangsturm der Wollwäscherei und Kämmerei AG

Zum alten Ortskern gehörte auch die am Leineufer gelegene Dorfmühle. Sie fand schon 1402 urkundliche Erwähnung; 1667 wurde erstmals für die Wassermühle ein Flußwehr zur Steigerung der Wasserkraft eingerichtet, mehrfach umgebaut, war sie als Mahlmühle, Ölmühle und Sägemühle in Betrieb. Im Jahre 1867 verkaufte der damalige Besitzer, der Ziegeleiunternehmer *Carl Georg Fiedler*, zur Mühle gehörenden Grund, auf dem eine Wollwäscherei eingerichtet wurde. Die sich hieraus entwickelnde Fabrik, die »Wollwäscherei und Kämmerei AG (WWK)«, im Volksmund »die Wolle« genannt, war der Motor der ökonomischen und gesellschaftlichen Veränderungen, die das Dorf innerhalb einer Generation völlig umkrempelten. Mit dem Aufstieg der »Wolle« war das Ende der Mühle besiegelt. 1872 erwarb die WWK das Mühlenhaus, 1911 mußte es Erweiterungsbauten der Fabrik weichen: Nur das alte Wehr ist erhalten geblieben.

⓭ Am Uhrturm

Die »historische Zeile« mit dem 1909 gebauten Uhr- und Eingangsturm ist das einzige an die »Wolle« erinnernde architektonische Zeugnis. In den besten Zeiten, den 20er Jahren, erstreckten sich ihre Gebäude vom rechten Leineufer über das »Mühlenknap« bis hinein in die Leinemasch. Schon vor dem I. Weltkrieg wurden 2000 Arbeiter beschäftigt, davon 40% Frauen.

Die Rohwolle, die hier in Auftragsarbeit zur Verarbeitung in den Spinnereien vorbereitet wurde, kam aus Australien, Südamerika und Südafrika. Außer gekämmter und gewaschener Rohwolle produzierte das Unternehmen Wollfett (Lanolin) und kohlesaures Kali, die aus den Reinigungsabwässern gefiltert wurden. Sogar der am Ende übrigbleibende Wollschlamm fand als Düngemittel Absatz. In den 50er Jahren, nach raschem »Wiederaufbau« seit 1945, geriet das Unternehmen aufgrund des sich verändernden Textilweltmarktes und der zunehmenden Verbreitung von Kunstfasern erstmals in wirtschaftliche Turbulenzen. Trotz Strukturanpassung und Rationalisierung in den 60er Jahren wurde der Betrieb 1972 von einem neuen Mehrheitseigner aufgrund langfristig zu geringer Wirtschaftlichkeit geschlossen. Das Ende der Werksgebäude, die am 28. Oktober 1969 den größten Brand der Nachkriegszeit in Hannover noch glimpflich überstanden hatten, kam 1973 nach dem Verkauf des gesamten Geländes an die »Neue Heimat«. Während am Leineufer auf dem Platz der niedergerissenen Fabrik inzwischen neue Wohnungen entstanden sind, liegt ein großer Teil der »Insel« auch heute noch unbebaut.

Die Rückseite der Arbeitersiedlung in der Werrastraße; 1976

⑭
Am Lindenhofe

Eine der positiven Errungenschaften der modernen Zeit lernten die Döhrener früh kennen: Schon zur Jahrhundertwende wurde von *Georg Brandes* in der Schankwirtschaft »Zum Schwarzen Walfisch« das erste Kino betrieben. Besonders am Wochenende war Hochbetrieb: Aus der schalen Kleinstadtatmosphäre ging es dann für 20 Pf., Kinder die Hälfte, hinaus in eine flimmernde Traumwelt.

⑮
Am Lindenhofe 14

Nach Linden und Kleefeld hat das hannoversche Alternativschulprojekt »Glockseeschule« jetzt eine Heimat in Döhren gefunden. Besonders in den ersten Jahren war das Interesse an der 1972 gegründeten Schule groß, spielten doch damals pädagogische Konzepte in den gesellschaftlichen Alternativvorstellungen eine wichtige Rolle.

Bekannt wurde die staatlich anerkannte Alternativschule (bis zum 10. Schuljahr) im Zusammenhang mit dem Selbstregulierungskonzept für pädagogisches Handeln des hannoverschen Soziologen Oskar Negt, *der sich Ende der 70er Jahre aber aus der wissenschaftlichen Begleitung der Schule zurückgezogen hat. Bedingt durch die veränderten gesellschaftlichen Rahmenbedingungen der 80er Jahre ist es unter der neuen wissenschaftlichen Begleitung des Pädagogen* Albert Ilien *zu einer kontroversen Diskussion des Konzeptes der Gründerjahre und zur Bestimmung neuer, aus der Schulpraxis abgeleiteter pädagogischer Prinzipien gekommen.*

⑯
Werrastraße

Die Reihenhäuser der ältesten erhaltenen Arbeiterkolonie in Hannover entstanden ab 1872. Die prosperierende »Wolle« brauchte Arbeitskräfte, diese wiederum ein Dach über dem Kopf. Die qualvoll engen Wohnverhältnisse in der Werkssiedlung der WWK galten damals sogar als vergleichsweise gut. Trotzdem erhielt die Siedlung später im Volksmund den Namen »Döhrener Jammer«. Ihre jetzige ansprechende Form bekam die Werrastraße erst in den 80er Jahren, nachdem zuvor ein drohender Totalabriß verhindert und gegen bürokratische Widerstände ein tragfähiges Sanierungskonzept entwickelt werden konnte.

⑰
Wiehbergpark 8-12

Wo sich der »Wiehbergpark« und die gleichnamige Wohnanlage befinden, hatten bis 1961 Herrenhaus und Park des »Rittergutes Döhren« ihren Platz. Der Gutsherr war seit 1863 der schon erwähnte Ziegelei- und Mühlenbesitzer *Carl Georg Fiedler.* In den 90er Jahren ließ er sein Anwesen ausbauen: Das neue Herrenhaus lag eingebettet in einen prächtigen Park, eine extra geschaffene Kastanienallee bildete die standesgemäße Anfahrtsstraße. Bereits 1915 wurde der Besitz aufgelöst; Schloß, Hof und Park erwarb der Direktor *Heintze* von der WWK. 1961 wurde das im 2. Weltkrieg stark beschädigte Herrenhaus abgerissen, nach moderner Bebauung des Grundstücks wurde der verbleibende Park als »Wiehbergpark« der Öffentlichkeit 1980 zugänglich gemacht. Das auffallende klassizistische Gebäude nebenan ist die ehemalige Direktorenvilla der WWK.

⑱
Wiehbergstr. 22

Um die durch den Flüchtlingsstrom gewachsene Bevölkerung mit Wohnraum versorgen zu können, entstanden seit 1948 auf dem Döhrener »Bruch« die Stadtteile Mittelfeld und Seelhorst. Zuvor diente das Gebiet den Döhrener Bauern zum Anbau von Gemüse und dem allseits hochgeschätzten Spargel: »Durch die günstige Wahl des Bodens ist das Produkt ein ganz vorzügliches, und ist der Döhrener Spargel weit über die Grenzen des Vaterlandes hinaus bekannt geworden«, hieß es schon 1886.

⑲ Stadtfriedhof Seelhorst

Der »Stadtfriedhof Seelhorst«, damals noch außerhalb der Stadt, war schon 1919 angelegt worden. 1945 wurde der Friedhof zum Schauplatz der letzten nationalsozialistischen Bluttat in Hannover: Nach ihrem Einmarsch entdeckten amerikanische Soldaten in Massengräbern die Leichen von 526 Menschen, meist Zwangsarbeiter und KZ-Insassen, darunter 154 Sowjetbürger, die noch am 6. April von der Gestapo ermordet worden waren. Die meister dieser Toten wurden später auf den Ehrenfriedhof am Arthur-Menge-Ufer am Maschsee umgebettet.

Der erste, traurige Höhepunkt der APO-Proteste rückte den stillen Ort für einen Tag ins Scheinwerferlicht der Medien: Als am Abend des 2. Juni 1967 in der Berliner Innenstadt vor allem Studenten gegen den Staatsbesuch des Schahs von Persien und seine Gewaltherrschaft im Iran demonstrierten, kam es nach brutalem Polizeieinsatz zu schweren Auseinandersetzungen zwischen Sicherheitskräften und Demonstranten. Dabei wurde der 26jährige Student *Benno Ohnesorg* durch einen Schuß des Polizeiobermeisters *Karl-Heinz Kurras* getötet. Am 9. Juni 1967 wurde Ohnesorg auf dem Seelhorster Friedhof beigesetzt.

Die Werrastraße 1989

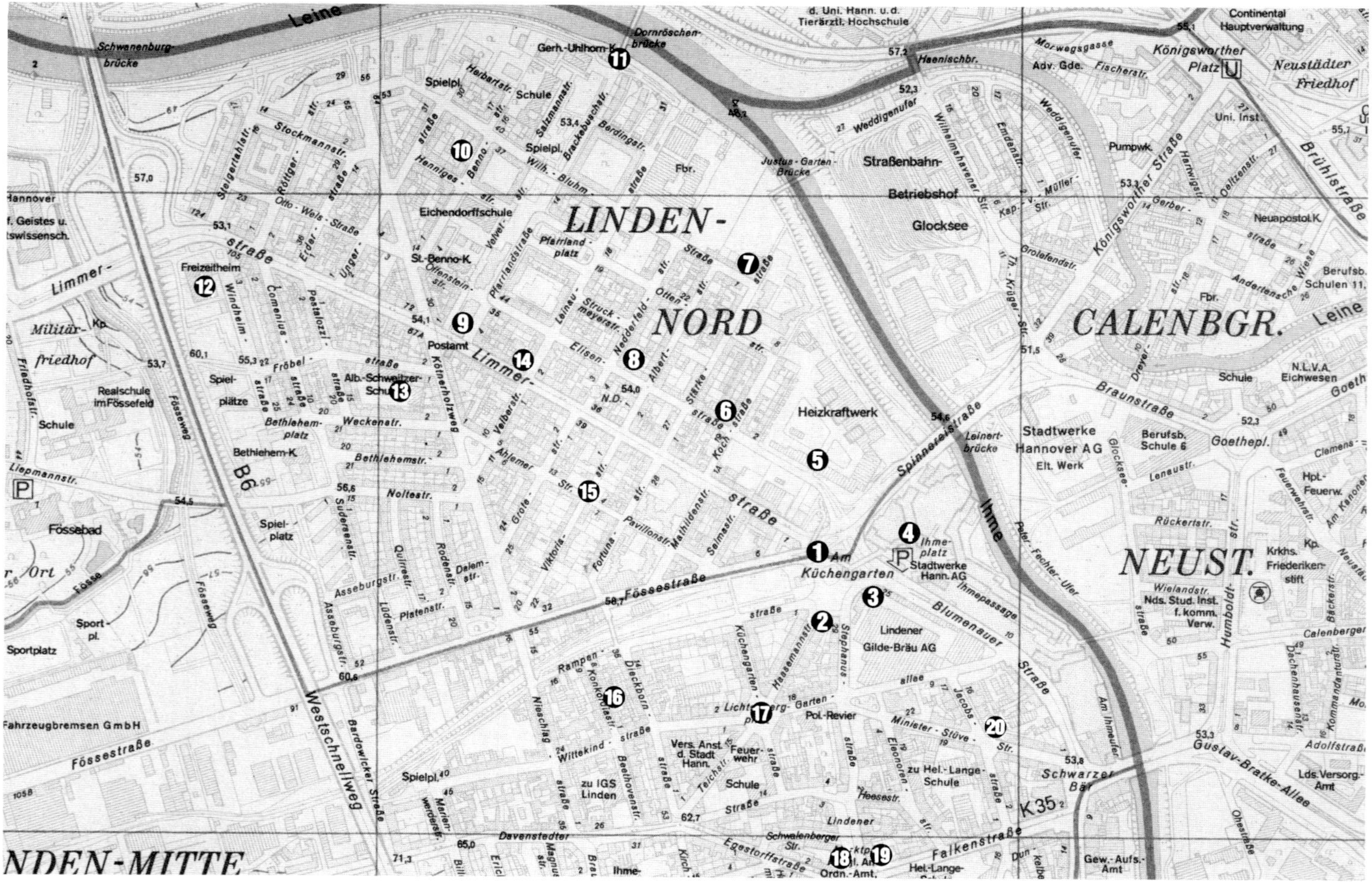

LINDEN-NORD
CALENBGR.
NEUST.
NDEN-MITTE
Leine
Ihme
Limmerstraße
Fössestraße
Westschnellweg
Spinnereistraße
Braunstraße
Blumenauer Straße
Königsworther Straße
Brühlstraße
Falkenstraße
Gustav-Bratke-Allee
Am Küchengarten
Ihmeplatz
Stadtwerke Hann. AG
Stadtwerke Hannover AG
Heizkraftwerk
Lindener Gilde-Bräu AG
Straßenbahn-Betriebshof
Glocksee
Eichendorffschule
Postamt
Continental Hauptverwaltung
Königsworther Platz
Neustädter Friedhof
Schwanenburgbrücke
Dornröschenbrücke
Justus-Garten-Brücke
Leinertbrücke
Fössebad
Realschule im Fössefeld
Militär-friedhof
Fahrzeugbremsen GmbH
Schwarzer Bär
K35
B6

Philosophie, große Politik und ein Puschenkino »umme« Ecke

Linden-Nord

Von Axel Harneit Sievers/Thomas Neumann

Ausgangspunkt: *Küchengarten/Ihme-Zentrum, Stadtbahn 5, 14*
Endpunkt: *Schwarzer Bär, Stadtbahn 3, 7, 19*
Dauer: *ca. 2 Stunden*

Das Lindener Stadtwappen

»Ich will keine Eisenbahn im Land. Ich will nicht, daß jeder Schuster und Schneider so schnell reisen kann wie ich.« Aber auch *Ernst-August*, letzter König von Hannover, dem nachgesagt wurde, sich aller Sünden vergangen zu haben, nur einer nicht, dem Selbstmord, konnte selbst als absolutistischer Herrscher nicht verhindern, daß die industrielle Revolution das Königreich im 19. Jahrhundert veränderte und vor allem Linden prägte. Und nachdem die Preußen 1866 einmarschierten, wurde Linden in den Folgejahren zu »Preußens größtem Industriedorf«. Textil- und Maschinenbauindustrie siedelten sich an, arbeitsuchende Bevölkerung folgte ihr, und um die Jahrhundertwende wohnten bereits 60.000 Menschen in Linden.

Noch 1833 war Linden ein Dorf mit etwa 2.000 Einwohnern und ein beliebter Villenvorort der Hannoveraner. 1885 bekam Linden endlich die Stadtrechte, obwohl die Lindener lieber nach Hannover eingemeindet worden wären, denn die Steuereinnahmen aus den Fabriken flossen vorrangig nach Hannover, dem Wohnort der Lindener Fabrikbesitzer. Erst 1920, als mit der Novemberrevolution ein Sozialdemokrat hannoverscher Bürgermeister wurde, verwandelte Linden sich in einen Stadtteil Hannovers. Diese lange Eigenständigkeit prägt das Bewußtsein vieler alter Lindener noch heute, die noch immer zum Einkauf »nach Hannover« fahren. Lange Zeit galt Linden als das »rote Linden«.

❶ Küchengarten

Der Beginn unseres Spaziergangs führt uns in die vorindustrielle Epoche des Dorfes Linden, in der der Küchengarten seinen Ursprung hat. Er wurde 1646 von dem damaligen Landesherrn Herzog *Georg von Braunschweig und Lüneburg* als königlicher Küchengarten angelegt und diente zur Versorgung des herzöglichen Hofes, der damals im Leineschloß, später in Herrenhausen lebte. Das im 30jährigen Krieg erheblich zerstörte Dorf lebte durch den Hof langsam wieder auf.

Als die »Altenbekener Bahn« in Richtung Hameln errichtet

Die Lindener Aktienbrauerei in der Blumenauerstr.; ein Schaubild von 1910

wurde, kam 1872 einer der beiden Bahnhöfe nach Linden, als Abstecher zum Küchengarten, und um die Industrieanlagen am Ihme-Ufer an das Eisenbahnnetz anzubinden. Heute wird von den Gleisanlagen, die durch den nördlichen Teil des königlichen Küchengartens führen, nur noch ein Gleis zur Versorgung des Heizkraftwerkes mit Kohle benutzt.

❷
Am Küchengarten 3

Als das Theater an der Bult, lange Zeit als TAB bekannt, von der Bult nach Linden umzog, wurde es zum »Theater am Küchengarten«, kurz TAK genannt. Besitzer und wichtigster Bühnenstar ist der Kabarettist *Dietrich Kittner.*

Seine bekannte politische Bühnenshow »Dem Volk aufs Maul« war für den NDR offensichtlich brisant. Obwohl ein Sendetermin mit Ausschnitten aus dem Programm bereits mit Kittner vereinbart war, wurde die Sendung später aus »technischen Gründen« abgesagt. Objekt kabarettistischen Scharfsinns war des öfteren schon Niedersachsens Ministerpräsident Ernst Albrecht. *»Für das Zitieren des bekannten Folter-Satzes aus Albrechts Buch »Der Staat — Idee und Wirklichkeit« (›... kann es sittlich geboten sein, eine Information durch Folter zu erzwingen ...‹) überwies Kittner wiederum Zitierungshonorar... Albrecht war geizig genug — und stand weiter zu seinen Foltersprüchen —, den Scheck damals einzulösen.« (Stadtpost)*

Kittner hat im alten Lindener Badehaus einen ansprechenden Ort für sein Theater gefunden. Das Lindener Badehaus wurde 1927 von der Stadt Hannover erbaut, in einer Zeit, in der sich der Wasseranschluß in vielen Arbeiterhaushalten noch im Treppenhaus befand. In dem roten Backstein-Bau warteten viele Lindener Arbeiterfamilien auf ein Bad, an den Wochenenden konnten die

Wartezeiten für ein Bad oft mehrere Stunden dauern. Der Badespaß kostete pro Person für ein Brausebad 25 Pfennig, für ein Wannenbad das doppelte.

❸ **Stephanusstr./ Blumenauerstr.**

Die Lindener Gilde Bräu gilt als älteste Lindener Brauerei — sie entstand 1852 aus der Brauerei Brande & Meyer, und wurde 1872 zur Lindener Aktien Brauerei, die dann 1969 mit der Gilde-Brauerei fusionierte. Sie braut das »Lindener Spezial« und ist somit Produzent einer entscheidenden Säule der hannoverschen Kiosk-Kultur. In Linden ist ein Kuriosum zu beobachten, das sich sonst nur noch im Ruhrgebiet durchgesetzt hat. Überall gibt es kleine Kioske, die das Nötigste zu fast jeder Tages- und Nachtzeit anbieten: Getränke, Zeitungen, Zigaretten, zuweilen auch Lebensmittel. Hier wird ein kleines, an manchen Buden auch ein stundenlanges Schwätzchen mit so manchem Stammgast gehalten. Ob Stammgast oder nicht, hier kann man sich beinahe rund um die Uhr versorgen.

Das zwischen 1971 und 1976 auf dem Gelände von alten Fabriksiedlungen wie der »Mechanischen Weberei« am Ihme-Ufer erbaute Ihme-Zentrum beherbergt u.a. die Verwaltung der Stadtwerke Hannover. 1922 wurde mit der Gründung der »Städtischen Betriebswerke Hannover« die kommunale Wasser-, Strom- und Gasversorgung zusammengefaßt.

❹ **Ihmeplatz 2**

Hannovers Gasversorgung gilt als die älteste Deutschlands, und heute hat Gas als umweltfreundlicher Energieträger in Hannover den größten Teil an der Wärmeversorgung in der Bundesrepublik.

Eine öffentliche Gasversorgung gibt es in Hannover seit 1826. Am 12. August 1826 brannte zum Geburtstag von König Georg IV. *die erste Straßenlaterne mit Gaslicht. König Georg wollte nicht nur in London Gaslicht auf seinen Straßen brennen sehen, sondern auch in der Residenzstadt Hannover. So brannten nach der Generalprobe an des Königs Geburtstag bereits am 2. September desselben Jahres ständig Gaslaternen.*

❺ **Elisenstraße/ Spinnereistr.**

Das Heizkraftwerk Linden wurde 1963 fertiggestellt. Die Stromversorgung hatte es in Hannover gegenüber der Übermacht der Gasversorgung nicht leicht. Und das, obwohl Werner v. Siemens, der Erfinder der Dynamomaschine und somit Begründer der Starkstromtechnik, 1816 im ehemaligen Landkreis Linden im Dorf Lenthe geboren worden ist. So mußte die Stadt in den ersten Jahren nach der Inbetriebnahme des ersten stadteigenen Elektrizitätswerkes 1891 zu ungewöhnlichen Werbemaßnahmen greifen. In den ersten zwei Jahren bekamen neue Stromkunden ihren Strom vier Wochen umsonst, und bis zum ersten Weltkrieg wurden die ausgebrannten Glühbirnen gegen neue ausgewechselt. Die Erstanschaffung einer Glühbirne kostete damals 50 Pfennig.

❻ **Kochstr.**

»Die Gegend um die Fanny-, Mathilden- und Kochstraße galt, insbesondere für viele Hannoveraner, als ›verrufene Gegend‹. Sie rümpften die Nase und sprachen vom ›Nachtjackenviertel‹. Vielleicht kam es daher, weil die Kochstraße als Straße der Sozialdemokratie bei den damaligen Bürgern und Spießern von Linden und Hannover gehaßt und gefürchtet war und daher von diesen in Mißkredit gebracht wurde«, schildert eine Anwohnerin.

Reihenhaus in der Arbeiterkolonie Fannystraße um 1900

Die Kochstraße ist ein typisches Beispiel für den Lindener Mietskasernenbau, der große Teile von Linden-Nord prägt und als Spekulationsobjekt um die Jahrhundertwende entstand. Das Bild bestimmen vierstöckige Häuser mit ursprünglich dichter Hinterhofbebauung, Toilette auf halber Treppe, 60 Quadratmeter Wohnfläche mit Wohnküche, Schlafzimmer, Wohnstube und evtl. vermietbarer Kammer. Eine solche Wohnung mußte für eine Familie mit durchschnittlich zwei bis drei Kindern reichen.

In der Straße waren kleine Läden wie Schlachter, Kolonialwarenladen, Frisör und Bäcker neben Wirtschaften und Werkstätten angesiedelt. Bis nach dem 2. Weltkrieg bestand eine Lebensgemeinschaft, die die Soziologen als »Lagermentalität« und »sozialdemokratischen Charakter« bezeichnen. So war vor allem die SPD mit ihren Vorfeldorganisationen, bestehend aus den diversen Arbeitervereinen, politisch verankert. Lange Zeit galt Linden als das »rote Linden«. Seit 1884 hielt Linden durch *Wilhelm Meister* ein sozialdemokratisches Reichstagsmandat, und in der Weimarer Republik hatten SPD, USPD und KPD zusammen über 70% der Stimmenanteile. Nationalsozialistische Einbrüche in die Arbeiterschaft gab es hier kaum.

Auf der anderen Seite der Kochstraße lag bis zu ihrem Abriß 1968 eine von mehreren mittlerweile verschwundenen Arbeiterkolonien in Linden (siehe S. 116): Die Fannystraße, bereits 1854 unter Regie des Bankiers und Textilindustriellen A. Meyer *errichtet. Die Fannystraße hieß bei ihren Bewohnern der »Lindener Schiffgraben«, in Anlehnung an Hannovers ehemalige Prachtstraße. Sie verschwand schlicht vom Stadtplan, als die oftmals älteren, ehemaligen Bewohner der Siedlung in Trabantenstädte umgesiedelt wurden. Es waren gerade diese Erfahrungen mit der »Kahlschlagsanierung« in der Fannystraße, die Bürger des Stadtteils veranlaßten, Mietergruppen und Initiativen zu bilden, um ihre eigenen Interessen im Sanierungsprozeß zu verteidigen. Nach dem Vorbild von Linden-Süd (s. S.* 118*) arbeitet seit 1977/78 das »Stadtteilforum Linden-Nord«, in dem die im Sanierungsprozeß enga-*

gierten Initiativgruppen vertreten sind und die Bürgerbeteiligung gegenüber der Stadtverwaltung — mit vielen Konflikten — sicherstellen.

Hinterhof in Linden-Nord

Der Bau der Trabantenstädte, die Häuschen im Grünen am Stadtrand sowie der industrielle Strukturwandel seit Mitte der siebziger Jahre haben zur Abwanderung eines nicht unerheblichen Teils der Lindener Arbeiterbevölkerung geführt. Die Zahl der Facharbeiter beträgt nur noch ca. 1/4 der Bevölkerung, während fast die Hälfte der hier lebenden Menschen im Rentenalter sind. Viele ausländische Mitbürger sind in den frei gewordenen und zumeist relativ preiswerten Wohnraum nachgezogen. So wohnen in Linden-Nord ca. 24% AusländerInnen.

7 Stärkestr. 15

Linden wird heute nicht mehr durch die Arbeiterkultur, sondern auch durch die in den 70er und 80er Jahren entstandenen Gruppen der »neuen sozialen Bewegungen« geprägt. Im Zuge einer Hausbesetzung entstand das Stadtteilzentrum »Nachbarschaftszentrum Stärkestraße« mit Stadtteilcafé, Kinderladen, Gruppenräumen und Wohngemeinschaften als Ort der Politik und Kultur für die »Lindener Bewegung«.

8 Elisenstr.

Auch in der Elisenstraße sind neue, in Stadtteilen wie Linden mittlerweile charakteristische Arbeits- und Lebensformen entstanden. Eine große Zahl von Dauerarbeitslosen, oft Akademiker, haben, unterstützt durch die Arbeitsbeschaffungsmaßnahmen des Arbeitsamtes, kleine Vereine gebildet, die als gemeinnützige Einrichtungen wertvolle Arbeit, außerhalb der Zwänge der freien Marktwirtschaft und öffentlicher Institutionen, im sozialen und ökologischen Bereich leisten, wie die verschiedenen Gruppen im Haus Nedderfeldstraße 8. In diesem Haus arbeitet z.B. die »Gesellschaft zur Förderung von Bildung, Arbeit und Kultur« (BAKu). Sie arbeitet die Geschichte von Linden-Nord auf und nimmt Stellung zu aktuellen Ereignissen. Sanierungskonflikte oder auch die Geschichte der »Mechanischen Weberei« sind Bereiche, in denen die Leute von der BAKu arbeiten.

Nedderfeldstr./ Elisenstr.

9 Pfarrlandstr. 1

Als die Kahlschlagsanierungswelle über Linden hinwegrollte, fiel dem 1972/73 entstandenen Werner-Blumberg-Haus auch die alte zwischen 1872 und 1875 erbaute Arbeitersiedlung der »Mechanischen Weberei« zum Opfer. Das Werner-Blumberg-Haus beherbergt u.a. 92 Altenwohnungen und verschiedene andere soziale Einrichtungen. Es erinnert mit seinem Namen an einen der bekanntesten Widerstandskämpfer gegen den deutschen Faschismus. *Werner Blumberg* war Leiter der Widerstandsgruppe »Sozialistische Front« (siehe S. 229).

Blumberg war Redakteur des sozialdemokratischen »Volkswillen«. Bereits im Sommer 1932 fanden im Gebäude der Zeitung die ersten organisatorischen Treffen statt. Bekanntestes Mitglied dieser ersten Widerstandsgruppe war sicherlich *Egon Franke*. Der spätere Bundesminister für innerdeutsche Beziehungen und leitende Kopf der »Kanalarbeiter« der SPD in Bonn wurde 1934 als Mitglied der Sozialistischen Front zu zweieinhalb Jahren Zuchthaus verurteilt.

Volkswille von 1933 »Trotzdem«

Die Gruppe konnte erst 1936 von den Nazis zerschlagen werden. Blumberg selbst gelang es, in letzter Minute nach Amsterdam zu fliehen. Insgesamt wurden ca. 250 Personen wegen Mitgliedschaft in der Sozialistischen Front verurteilt.

⑩ Velvetstr./Wilhelm-Blum-Str./Benno str./Hennigesstr.

Der von diesen Straßen umschlossene Gebäudekomplex ist aus einer anderen Tradition heraus entstanden als der spekulative Wohnungsbau der Kochstraße. Die zwischen 1898 und 1907 erbauten Häuser wurden vom Hannoverschen Spar- und Bauverein erstellt. Der Spar- und Bauverein, heute größte hannoversche Baugenossenschaft, wurde 1885 als Teil der Genossenschaftsbewegung gegründet, die sich durch Selbsthilfe von der immer wieder herrschenden Wohnungsnot befreien wollte.

»Mitglied der Genossenschaft kann jeder werden, der großjährig ist, 1 Mark Eintrittsgeld und wöchentlich mindestens 30 Pfg. einzahlt.« (Hannoversches Tageblatt am 14.5.1885). Die 30 Pfennig Beitragszahlung waren Teilzahlungsbeträge, da jedes Mitglied mindestens 300 Mark Geschäftsanteile erwerben mußte, um eine Wohnung beziehen zu können. Die Spareinlagen sollten die Kapitaldecke zum Häuserbauen der Genossenschaft erhöhen.

Der Hannoversche Spar- und Bauverein, der erste seiner Art in Deutschland, erstellte aus Eigenmitteln der Mitglieder, größtenteils Arbeiter und kleine Handwerker, preisgünstige Mietwohnungen. Das Organisationsprinzip war demokratisch. Das Gewicht der Stimmen bestimmte sich nicht, wie in der gerade modern werdenden Aktiengesellschaft, nach der Höhe der Anteile, sondern jedes Mitglied hatte in der Mitgliederversammlung eine Stimme, unabhängig davon, wieviel Genossenschaftsanteile gezeichnet waren. Dieses Genossenschaftsprinzip wurde zum Vorbild in anderen Städten, wie etwa in Altona oder Göttingen.

Bis 1981 stand noch im Innenhof des Gebäudekomplexes ein Häuserblock. Als der Spar- und Bauverein den Abriß dieses Hinterhauses plante, wurde das Hinterhaus mit 32 Wohnungen unter großer Anteilnahme der Öffentlichkeit einen Monat lang besetzt, bis eine Hundertschaft der Polizei dem ein Ende machte.

⑪ Dornröschenbrücke

Steht man auf der Dornröschenbrücke und schaut die Leine flußaufwärts, so ist es kaum noch vorstellbar, daß dieses heute so beschauliche Bild des Flusses durch den regen Schiffsverkehr auf der Leine und Ihme geprägt war. Vor den Zeiten des Eisenbahnabschlusses von Linden waren die Leine und die etwas oberhalb einmündende Ihme die Haupttransportwege für die an den Flüssen angesiedelte Industrie.

Adolph Meyer (1807–1866) Mitbegründer der Mechanischen Weberei

Hier befanden sich die Betriebe von *Adolf Meyer* (1807–1866), neben Egestorff wichtigster Lindener Werksgründer des letzten Jahrhunderts. Er war als hannoverscher Bankier an der Gründung der »Mechanischen Weberei« (1837) und der »Hannoverschen Baumwollspinnerei und Weberei« (1853) beteiligt. Teilweise waren über 1.000 Menschen in den beiden Betrieben des vorindustriellen Lindener Traditionsgewerbes beschäftigt. Zwischen diesen beiden Betrieben hindurch verband ab 1890 eine zweite Brücke über die Ihme Linden mit Hannover.

Stadtentwicklung: Vorbild für die Welt?

Hannover ist nicht die einzige Stadt, die fast gänzlich im letzten Weltkrieg zerstört worden ist, aber ihre Stadtplaner sind durch den Wiederaufbau ihrer Stadt weltweit bekannt geworden. So konnte Stadtbaurat *Hillebrecht* — ehemaliger Student von *Walter Gropius* — zusammen mit der »Aufbaugemeinschaft Hannover«, bestehend aus Repräsentanten der Parteien, Verbände, Kirchen und großen Unternehmen, die Zukunft der Stadt zeitgemäß planen und bauen. In den 50er Jahren bedeutete dies, daß die Innenstadt verkehrsgerecht für den Individualverkehr ausgebaut werden mußte. Das »Revolutionäre« der hannoverschen Stadtplanung war die optimale Erschließung der Innenstadt. Das daraus folgende Konzept der »kreuzungsfreien Schnellstraßen«, »riesigen Verkehrskreisel«,, von »aufgeständerten Hochstraßen und »Unterpflasterbahnen«, diese »Vision einer Stadt mit einem grandiosen Netz von Schnellstraßen« brachte Hannovers Bürgern einen Ring von Schnellstraßen durch die Grüngürtel der Stadt und das heimliche Wahrzeichen des Nachkriegs-Hannovers ein: die Verkehrskreisel. Der »Kreisel-Professor« wurde für das »Wunder an der Leine« seinerzeit berühmt. Anerkennend schrieb bspw. die »Nürnberger Zeitung« vom »Hannover-Vorbild für Städtebauer«, »Die Welt« vom »modernsten Aufbau aller Deutschen Städte«, das »Giornale di Sicilia« von »Hannover — Stadt des Wunders« und »Momento Sera« von »Hannover — Stadt des Jahres 2000«.

Die Ideale der 50er Jahre fingen bereits im folgenden Jahrzehnt an zu bröckeln, und die zukunftsweisende Stadt drohte »in einer Flutwelle aus Blech und Gummi zu versinken«. 1965 meldete »Der Spiegel« den drohenden »Kreisel-Kollaps«, dem nur noch »spezialgeschulte Polizeiteams per Handzeichen und Trillerpfeife« entgegentreten konnten. Damit war das Ende der Kreiselidee und mit ihr die Idee der autogerechten Stadt eingeläutet. Nicht wenige Kreisel sind später zu Kreuzungen zurückgebaut worden und da, wo sich dies noch nicht realisieren ließ, mahnen Schilder zur Vorsicht.

Der Planungseifer der hannoverschen Stadtplaner ließ in den 60er und Anfang der 70er Jahre nicht nach. 1970 stellte das Stadtplanungsamt unter dem Hillebrecht-Nachfolger *Adrian* ein neues Stadtentwicklungskonzept vor, das Hannover in der Folge zur höchstverschuldeten Stadt der Bundesrepublik gemacht hat und zumindest von daher zukunftsweisend war. Die stadtplanerische Idee wurde in die Worte gefaßt: »Die Stadt wird als ein Gesamtkunstwerk weiterentwickelt, dessen Gestalt durch einen politischen Willen geprägt wird.«

Großkompexe wie das »Hochhaus Lister Tor«, der Raschplatz (Oststadt), das Kröpcke-Zenter und die Passerelle (Innenstadt) sowie das Ihme-Zentrum in Linden entstanden.

Ziel dieser großen Bauvorhaben: »Die neuen Großkomplexe können Ansätze zu einer neuen, zukünftigen Stadtstruktur werden. Sie werden Gebiete besonders hoher Attraktivität darstellen und die zwischen ihnen liegenden Bereiche beeinflussen. Ihre Planung ist Stadtentwicklung.«

Nicht nur die Stadt Hannover zahlte immense Summen dazu, auch viele in die Projekte involvierte Unternehmen mußten erhebliche finanzielle Einbußen hinnehmen.

Die überregionale Bekanntheit des Ihme-Zentrums mit seinen 100.000 Quadratmetern, über 2000 Parkplätzen in der Tiefgarage, Kaufhäusern, Einzelhandelsgeschäften, Gaststätten, ca. 1000 Wohnungen und einem Studentenwohnheim stellte sich vor allem durch seine gesteigerte Kriminalitätsrate dar. Dem Ihme-Zentrum wurde »kriminalitätsauslösende Attraktivität« bescheinigt. Zivile und uniformierte Sonderkommandos der Polizei wurden aufgestellt. Als Grund für die gesteigerte Kriminalität wurde vor allem die architektonische Planung, die »Anonymität zu Bewohnern und Benutzern« und »zahllose tote Winkel und dunkle Ecken« produziert hatte, genannt. So gilt die »Stadt von morgen im Herzen der Landeshauptstadt ... romantisch am Ufer der Ihme gelegen« heute eher als städtebaulicher Mißgriff moderner Stadterneuerung.

Thomas Neumann

Der Lindener Industriegürtel verschmutzte die Gegend derart, daß bereits 1890 eine vehemente Umweltdiskussion entbrannte. Die »Rauch- und Rußplage« wurde durch eine Kloake als Fluß ergänzt, der zeitweise von treibenden Fischleichen übersät war. 1891 gingen die frisch gepflanzten Bäume in der Georgstraße wieder ein. Auch in den westlichen Winden ausgesetzten Gärten entstanden »unermeßliche Schäden«, wie das »Hannoversche Tageblatt« berichtete. Gegen einige Betriebe, vor allem aus dem Chemiebereich, wurden Auflagen verfügt. Andere wurden durch einen Flächennutzungsplan zum Umsiedeln an andere Standorte bewegt.

Einziges noch heute sichtbare Zeichen dieses Industriegürtels ist die Bettfedernfabrik Werner & Ehlers, die sich dort 1890 ansiedelte. Heute ist aus den ehemaligen Fabrikgeländen zum einen ein Grüngürtel geworden, zum anderen ist weiter oberhalb darauf das Ihme-Zentrum entstanden.

⓬ Limmerstr./ Windheimstr.

Auch nach dem 2. Weltkrieg blieb Linden noch 15 Jahre lang der »Hinterhof« Hannovers. Vor allem die Lindener Jugendlichen der 50er Jahre litten unter der Vernachlässigung des Stadtteils. Raum für eine sinnvolle Freizeitgestaltung bekamen sie erst, als Ende 1961 das Freizeitheim Linden als erstes seiner Art in Hannover eröffnet wurde. Das Freizeitheim hat große Säle, eine Cafeteria und Werkräume. Hier haben vor allem die Lindener Vereine Platz. Schwerpunkt der Arbeit des Freizeitheims ist die Erinnerung und Wahrung des Kulturlebens der Arbeiterbewegung sowie die Aufarbeitung der Stadtteilgeschichte. So wurde das »Butjerfest« reaktiviert, das früher in Abgrenzung zum bürgerlichen Schützenfest gefeiert wurde, als die ehemalige Arbeiterkolonie der Fannystraße noch stand. Heute ist es ein Stadtteilfest.

⓭ Fröbelstr. 5

Die heutige Albert-Schweizer-Schule wurde 1897 errichtet und war zwischen 1922 und 1933 eine »weltliche Schule«. Straße sowie die damalige Schule haben ihren Namen nach dem Pädagogen *Friedrich Wilhelm August Fröbel* (1782–1852) erhalten, der als Pädagoge im Sinne der bürgerlichen Reformidee seines »geistigen Vaters« Pestalozzis wirkte.

Die Einrichtung der freigeistigen Schule war ein Sieg im Kampf gegen die alten Kulturträger: Kirche und Bürgertum. Sie war Ausdruck einer reformerisch-freidenkenden Bewegung, die sich gegen den Muff der alten preußischen Paukschule mit seinen prügelnden Pädagogen wandte. Zwar mußten sich die Lehrinhalte an die vom Staat aufgestellten Richtlinien halten, aber es gab im Unterschied zu den anderen Schulen keinen Religionsunterricht mehr. Zum pädagogischen Inhalt der Schule gehörte auch der Aufenthalt in Schullandheimen und das Ausrichten von Sommerfesten »im Grünen«. Waren die Lehrinhalte formal auch in allen Schulen gleich, orientierten sich die Lehrer doch an den Erfahrungen und Lebensauffassungen der Arbeiterkinder, wie z.B. das »Weihnachtslied der weltlichen Schule« deutlich macht:

»Stille Nacht, heilige Nacht rings umher Lichterpracht, in der Hütte nur Elend und Not, kalt und öde, kein Licht und Brot, schläft die Armut auf Stroh.«

So ist es auch kaum verwunderlich, daß die Nazis die Schule bereits wenige Monate nach der Machtergreifung Ostern 1933 auflösten, um Schüler und Lehrer an andere Schulen zu versetzen, oder auch besonders mißliebige Lehrende im Zuge der »Durchführung des ›Gesetzes zur Wiederherstellung des Berufsbeamtentums‹« zu entlassen. Nach dem Krieg hielt 1945 die KPD ihre erste Kundgebung im Hof der Schule ab.

Das Herz des Lindener Nordens schlägt in der Limmerstraße. Die seit 1862 so benannte Straße ist das Zentrum des Stadtteils und von Geschäften, Kneipen, Cafés und einem Kino geprägt. Darum wurde die Straße in der Weimarer Zeit mit dem Spitznamen »Lindener Broadway« versehen. Noch heute ist die Limmerstraße die schönste Einkaufsstraße in Linden, da sich die kleinen Läden gegenüber der Konkurrenz des Ihme-Zentrums behaupten konnten.

⓮ Limmerstr. 50

Das Apollo gilt als Norddeutschlands ältestes Kino und ist Hannovers einziges Stadtteilkino und Programmkino zugleich. Ursprünglich war hier ein bekannter Tanzsaal für große Tanzvergnügen am Wochenende. 1908 wurde der Tanzsaal von der Mutter der heutigen Besitzerin *Frau ter Horst* unter großer öffentlicher Anteilnahme zum Kino umgebaut. Das Kino hat seither alle Krisen und die gesamte Kinokonkurrenz in Linden überlebt: Kriegsschäden, Publikumsschwund durch das populär gewordene Fernsehen der 60er Jahre und einen Brand im Mai 1981. Das »Puschenkino umme Ecke« ist heute bei den Lindenern überaus beliebt.

Aber nicht nur das Kino zieht die Nachtschwärmer an, sondern auch die in nächster Umgebung der Limmerstraße vorhandene beträchtliche Anzahl Kneipen: in ihnen kann man gemütlich trinken und eine Kleinigkeit essen.

Auf der Limmerstraße fand auch eine der vielen kleinen Aktionen von Lindener Widerstandsgruppen gegen den Nationalsozialismus statt. Eine für ihre Verhältnisse große Gruppe von Mädchen und Jungen bildete den »Kommunistischen Jugendverband Deutschland« (KJVD) der KPD in Linden-Nord. Sie änderten die Straßennamen der Limmerstraße und angrenzender Straßen am Vorabend des 1. Mai 1934. Die Limmerstraße wurde zur Ernst-Thälmann-Straße, die angrenzende, heute leider verschwundene Fannystraße zur Rosa-Luxemburg-Straße und die Stärkestraße zur Karl-Liebknecht-Straße.

⓯ Victoriastr.

Die älteste erhaltene Gruppe von Häusern in Linden-Nord steht

Plakat an zugemauerten Fenstern in der Victoriastraße

in der Victoriastraße. Sie wurde ab 1856 zumeist von Facharbeitern aus der Textilindustrie, die über ein relativ gesichertes Einkommen verfügten, errichtet — und in Teilen sogleich weitervermietet, um den Weiterbau zu finanzieren. Die Bauten waren bald völlig überbelegt.

Die Straße erhielt ihren Namen nach der damaligen britischen Königin, denn einige der Hausbesitzer kamen von der Insel — es gab wenig qualifiziertes Personal in Deutschland, das die Arbeit an den aus England importierten Webstühlen hätte überwachen können.

Noch 1971 wohnten in den inzwischen renovierungsbedürftigen Häusern einige Nachkommen der ursprünglichen Hausbesitzer. Danach wurde die Victoriastraße zu einem Schwerpunkt der Auseinandersetzungen um die Sanierung in Linden-Nord. 1979 wurde — nach massiven Bürgerprotesten — der Abriß von Häusern, der bereits seit 1975 im Gang war, gestoppt. In sieben stadteigenen Gebäuden entstand zwischen 1980 und 1982 ein Sanierungsprojekt mit Modellcharakter: Familien mit geringem Einkommen erhielten langfristige Pachtverträge, nachdem sie viele Modernisierungsmaßnahmen in Selbsthilfe durchgeführt hatten.

⓰ Konkordiastr. 14

Im festlich geschmückten Konkordiasaal fanden am 14. und 16.11.1946 die Verhandlungen der Konferenz der Angestellten und Arbeiter der Kautschuk-Industrie in der britischen Zone statt. Die Konferenz wurde von *Otto Adler* im Namen des Zonenausschusses für Chemie, Papier, Keramik, eröffnet. Am Abend veranstaltete die Jugend von der Conti A.G., Werk Limmer, zu Ehren der Delegierten einen bunten Abend.

⓱ Lichtenbergplatz

Nach der stadtrechtlichen Anerkennung 1884 versuchte der Lindener Magistrat verstärkt, das Bürgertum und den Mittelstand zur Ansiedlung in Linden zu gewinnen. Das Bürgertum konnte sich zwar nicht durchsetzen, aber in der Gegend um den Lichtenbergplatz und den Lindener Markt sind noch heute Häuserzeilen erhalten, die als »Repräsentationsstraßen« in der 2. Hälfte des 19. Jahrhunderts entstanden sind. 1889 wurde das Quartier Lichtenberg auf dem ehemaligen königlichen Küchengarten erschlossen. Die Gartenallee wurde verlängert und neue Straßen wie die Minister-Stüve-Straße, Teichstraße und Küchengartenstraße entstanden. Im Schnittpunkt dieser Straßen wurde der Lichtenbergplatz als Sternplatz angelegt.

⓲ Lindener Marktplatz

Zur gleichen Zeit, 1891, entstand ein neuer Ortskern um den Lindener Marktplatz herum. Noch heute findet hier zweimal in der Woche (dienstags und samstags) ein Wochenmarkt statt, ein beliebter Treffpunkt vieler Lindener. Ende 1898 wurde das vom Architekten *Emil Seydel* ausgeführte neue Rathaus eingeweiht. Es sollte — so Seydel — Ausdruck des »Strebens nach malerischer und monumentaler Architektur« sein, und »deutschen Geist«, »deutsche Treue«, »deutsche Eintracht« und »deutsche Pflichterfüllung« zum Ausdruck bringen.

1896 erhielt der Marktplatz einen Brunnen, gestaltet von dem Bildhauer *Dammann* aus Braunschweig. Die Brunnenfigur, ein Nachtwächter, war ursprünglich für Braunschweig vorgesehen, und viele halten das Motiv für Linden falsch gewählt. Ihnen hätte besser eine Darstellung aus dem industriellen Bereich gefallen.

⑲ Lindener Marktplatz 2

Die bekannte Philosophin *Hannah Arendt* wurde hier 1906 geboren. Als Schülerin von *Husserl* und *Heidegger* promovierte sie 1928 bei *Jaspers* und mußte als jüdische Intellektuelle 1933 aus dem nationalsozialistischen Deutschland in die USA emigrieren. Dort übte sie eine Vielzahl von Berufen aus — als Cheflektorin, freie Schriftstellerin und Professorin. Sie starb 1975 in New York. Die gerade in den letzten Jahren im Rahmen der Auseinandersetzung über den Begriff der »Arbeit« wieder verstärkt rezipierte Philosophin veröffentlichte ihr Hauptwerk 1958 in Chicago. Dieses in der Bundesrepublik unter dem Titel »Vita activa oder Vom tätigen Leben« erschienene Buch beschäftigt sich mit der Frage nach der soziologisch-anthropologischen Kategorie menschlicher Tätigkeit.

Hier befand sich seit September 1945 ein wichtiger Ort für die Parteiengeschichte der Nachkriegszeit: das mittlerweile legendäre »Büro Dr. Schumacher«. Von hier aus wurde wesentlicher Einfluß auf die Nachkriegs-SPD ausgeübt.

⑳ Jacobstr. 10

Kurt Schumacher lebte nach langjähriger KZ-Haft bei Kriegsende in Hannover und wurde unmittelbar danach zum Vorsitzenden des lokalen Kreises, der in der Jakobstraße ein Büro angemietet hatte, gewählt. Ein wichtiger Schritt in seiner Parteikarriere war der Eintritt der Vorsitzenden der »Sozialistischen Arbeiterpartei« und des »Internationalen Sozialistischen Kampfbundes«, *Otto Brenner* und *Willi Eichler*, im August 1945 in die SPD. Damit gelang es Schumacher, die SPD zum Sammelbecken der Linken bei gleichzeitiger Ausgrenzung der KPD zu machen. Am 15. September 1945 stellte er als Vorsitzender der Sozialdemokratischen Partei Hannovers den Antrag auf Wiederzulassung der SPD, der als Geburtsurkunde der deutschen Sozialdemokratie nach dem Kriege angesehen wird.

Seinen überregionalen Führungsanspruch konnte Schumacher, gegenüber den Einheitsbestrebungen *Grotewohls* mit der KPD aus Berlin und dem Vorsitzenden des Londoner Exilparteivorstandes *Ollenhauer*, während der ersten »Reichskonferenz« der SPD in Wennigsen, im Landkreis Hannover, am 5. und 6. Oktober durchsetzen. Er wurde auf der »Wennigser Konferenz« zur Führungsperson der SPD in den drei Westzonen. Der Berliner SPD-Zentralausschuß unter Grotewohls Führung mußte sich auf die sowjetische Besatzungszone beschränken. So kam es, daß der erste Parteitag der SPD in Hannover stattfand. Auf diesem Parteitag, der zwischen dem 9. und 11. Mai 1946 stattgefunden hat, wurde Schumacher SPD-Vorsitzender.

Wir beenden den Spaziergang am Schwarzen Bären, dem Ausgangspunkt für den Spaziergang durch das südliche Linden.

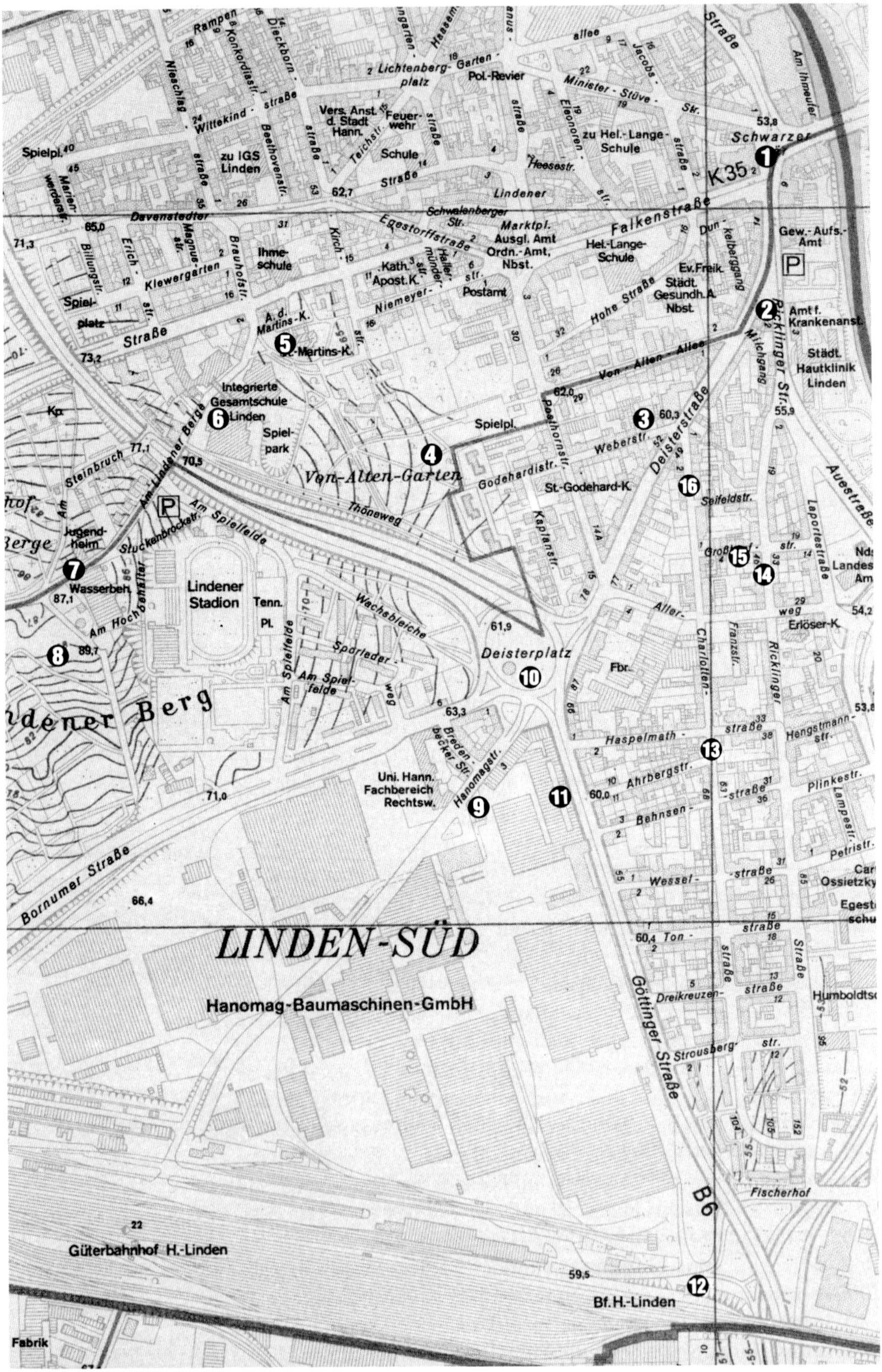
LINDEN-SÜD
Hanomag-Baumaschinen-GmbH
Güterbahnhof H.-Linden
Bf. H.-Linden
Fabrik
Lindener Berg
Lindener Stadion
Tenn. Pl.
Von-Alten-Garten
Deisterplatz
Spielpl.
Spielpark
Integrierte Gesamtschule Linden
zu IGS Linden
Jugendheim
Wasserbeh.
Am Lindener Berge
Steinbruch
Am Spielfelde
Stuckenbrockstr.
Am Hochbehälter
Bornumer Straße
Thöneweg
Wachsbleiche
Sporleder-weg
Uni. Hann. Fachbereich Rechtsw.
Hanomagstr.
Bredenbecker Str.
Göttinger Straße
B6
K35
Fischerhof
Deisterstraße
Charlotten-straße
Franzstr.
Ricklinger Str.
Ricklinger Straße
Haspelmath-straße
Ahrbergstr.
Bahnsen-straße
Wessel-straße
Ton-straße
Dreikreuzen-straße
Strousberg-str.
Hengstmann-str.
Plinkestr.
Lampestr.
Petristr.
Carl-Ossietzky
Humboldtst
Egeststr.
Erlöser-K.
Laportestraße
Auestraße
Großstr.
Seilfeldstr.
Weberstr.
Godehardistr.
St.-Godehard-K.
Kaplanstr.
Posthornstr.
Allerweg
Fbr.
Von-Alten-Allee
Hohe Straße
Falkenstraße
Schwarzer Bär
Am Ihmeufer
Gew.-Aufs.-Amt
Amt f. Krankenanst.
Städt. Hautklinik Linden
Milchgang
Dunkelberggang
Ev.Freik.
Städt. Gesundh.A. Nbst.
Hel.-Lange-Schule
zu Hel.-Lange-Schule
Marktpl.
Ausgl. Amt
Ordn.-Amt, Nbst.
Postamt
Schwalenberger Str.
Egestorffstraße
Hallermünder str.
Niemeyer-str.
Kath. Apost.K.
A.d. Martins-K.
St.-Martins-K.
Ihmeschule
Kirchstr.
Lindener Markt
Heesestr.
Eleonorenstraße
Minister-Stüve-Str.
Jacobsstraße
Pol.-Revier
Lichtenberg-platz
Lichtenberg-Garten
Vers. Anst. d. Stadt Hann.
Feuerwehr
Schule
Teichstr.
Beethovenstr.
Wittekind-straße
Konkordiastr.
Dieckborn-straße
Niedschlag
Rampenstr.
Spielpl.
Marienwerderstr.
Davenstedter Straße
Billungstr.
Erichstr.
Magnusstr.
Klewergarten
Brauhofstr.
Spielplatz
Kp.
Berge
Nds. Landesamt

Ein schillernder König zwischen Bär, Berg und Blech

Linden-Süd

Von Axel Harneit Sievers/Thomas Neumann

Ausgangspunkt: *Schwarzer Bär, Stadtbahn 3, 7, 19*
Endpunkt: *Schwarzer Bär, Stadtbahn 3, 7, 19*
Dauer: *ca. 2 Stunden*

Mit der Üstra vom Waterlooplatz stadtauswärts: Die U-Bahn der Landeshauptstadt wird zur Vorstadt-Straßenbahn und schwenkt aus dem Regierungsviertel über die Ihme nach links ins andere Land. Hier beginnt Linden, bis 1920 selbständige Industriestadt vor den Toren Hannovers, das bis heute einen eigenen Charakter gewahrt hat. Ein gehöriger Schuß Lokalpatriotismus und das Selbstbewußtsein des »Lindener Butjers« — der »kleine Mann« schlechthin, vor allem aber der Arbeiter — besteht noch immer, auch wenn Linden manches von seinem früheren »proletarischen Charakter« verloren hat. Ein großer Teil der Industriebetriebe hat den Stadtteil inzwischen verlassen; viele Facharbeiter zogen an den Stadtrand; Rentner und Ausländer, Studenten und »Scene« prägen das Straßenbild.

Die erste von Strousberg gebaute Lok

❶ Schwarzer Bär

Der eigentliche »Eingang« nach Linden lag schon immer am Schwarzen Bären. Bereits zu Columbus' Zeiten spann sich hier eine Brücke über die Ihme (die heutige wurde 1912 gebaut). Hier teilte sich das Straßennetz von Hannover nach Westen. Seit Mitte des 19. Jahrhunderts siedelten sich am Flußufer (auf dem Gelände des heutigen Ihme-Zentrums) große Industriebetriebe an; der Schwarze Bär selbst wurde ein repräsentativer und auch für bürgerliches Wohnen akzeptabler »Vorplatz« für Linden.

Der »Schwarze Bär« erhielt — wie auch anders an einem solch strategischen Ort — seinen Namen 1954 von der gleichnamigen Kneipe, die es hier schon am Ende des 18. Jahrhunderts gab. Sie war ein Treffpunkt der Arbeiterbewegung bereits zu den Zeiten, als Klassenverhältnisse sich noch auf einfache Formeln bringen ließen — so berichtete die »Zeitung für Norddeutschland« am 30. Juli 1868 anläßlich eines Streiks für Lohnerhöhungen:

Eine Arbeiterversammlung fand gestern Abend im Saale des »Schwarzen Bären« in Linden statt. Die Arbeiter der Mechanischen Weberei hatten dieselbe zusammengerufen, (...) die dichtgedrängte Menge wogte noch vor den

Am Schwarzen Bär; 1989

Türen, zum Theil standen die Leute außerhalb der Fenster, auf Tischen und Stühlen.

(...) Schmalstieg (ergriff) das Wort: Man sollte festhalten an dem Begonnenen; die von ihnen (den Streikenden) geschlossene Kette sollten nicht Bomben, nicht Granaten sprengen (...). Er spreche schlicht und einfach; man sei ja nicht unter Adovocaten und Gelehrten, sondern nur unter Arbeitern. (Eine Stimme: »Nicht Nur *Arbeiter;* Arbeiter *müsse es heißen; diese seien eben das Nämliche wie Studierte.« — Tumult — Ordnungsruf des Präsidenten). Schmalstieg fährt fort. (...) Er spricht dann davon, daß die Arbeiter die »Sclaven des 19. Jahrhunderts«, und härter behandelt seien als die Hörigen des Mittelalters; während sie auf hartem Lager Nachts hungernd lägen, tränken die, für die sie ihr Bestes hingeben, »Cyprier und küßten schöne Mädchen.«*

Der »Schwarze Bär« fiel dem Zweiten Weltkrieg und der »Weltzivilisation«, die ihm folgte, zum Opfer. Nicht ganz unzweideutig vermerkt ein neueres Geschichtsbuch: »Im heutigen Gebäude an dieser traditionsreichen Stätte, das Paul und Rudolf Brandes 1955 errichteten, bemüht sich McDonald's Schnellrestaurant, die gastliche Überlieferung auch im vierten Jahrhundert der Wirtshausgeschichte fortzuführen.«

❷
Deisterstraße 19

Im 1930 errichteten Capitol-Hochhaus gibt es seit kurzem, neben Veranstaltungen mit Live-Musik, auch wieder ein Kino. Das war bereits vor fünfzig Jahren so — es galt seinerzeit als »Puschenkino«, das man umstandslos und salopp gekleidet besuchen konnte, weil es in unmittelbarer Nachbarschaft zum dichtbesiedelten Wohngebiet lag.

In Sichtweite vom Schwarzen Bären steht auch das alte Lindener Rathaus, das 1883/84 erbaut wurde, allerdings kaum 15 Jahre lang diese Funktion erfüllte, bevor es durch den repräsentativen Neubau am Marktplatz ersetzt wurde (heute Apotheke).

»Das erste und schönste Dorf im ganzen Königreiche« — so hieß es noch 1837 in einer Beschreibung Lindens, das damals gerade ein Intermezzo als Villenvorort Hannovers erlebt hatte. Angezogen von den landwirtschaftlichen Reizen der Ihme-Auen und des Lindener Bergs errichteten vor allem wohlhabende Bürger und Adelige der Hauptstadt ihre Landhäuser und Gärten, von denen einzelne Exemplare noch erhalten sind, beispielweise zwei vor oder um 1840 vom Hof-Maurer und Steinhauermeister *Ernst Ludwig Täntzel* errichtete Gebäude. Diese Tradition setzte sich später unter industriellen Vorzeichen fort, als Direktorenvillen in der Nähe der Fabrikanlagen errichtet wurden — eine besonders große etwa (die »Villa Buresch«) für einen Schwiegersohn des Hanomag-Gründers Egestorff um 1860.

Deisterstr. 31

von-Alten-Allee 6

Doch schon geraume Zeit vorher war Linden nicht mehr allein ein Bauerndorf. Bereits um 1700 — Linden war damals das größte Dorf des Fürstentums Calenberg — waren unter Regie des örtlichen Grafen in etwa 31 Häusern Leineweber aus dem Weserbergland angesiedelt worden, konzentriert in der Weberstraße am damaligen Dorfrand. Zwei dieser Fachwerkhäuser sind noch erhalten; sie sind heute die ältesten Wohnhäuser Lindens.

❸ Weberstr. 20-21

Die Webersiedlung war bis ins 19. Jahrhundert hinein als »Neu-Linden« eine selbständige Gemeinde und besaß zwischen 1796 und 1847 sogar eine eigene Schule (Nr. 23, nicht mehr erhalten). Die Erzeugnisse der Leineweberei (Textilien aus Flachs vor dem Aufkommen der Baumwolle) bildeten, gefördert durch eine merkantilistische Wirtschaftspolitik, am Ende des 18. Jahrhunderts den wichtigsten Exportartikel des Königreichs Hannover. In einem Dorf wie Linden konnte das Handwerk sich ohne Einschränkungen durch die Zunftordnung der Stadt entwickeln; die Leineweberei diente auch als Nebenerwerb für viele arme und landlose bäuerliche Haushalte.

Die Weberstraße führt direkt zum von-Alten-Garten — ihrem sozialen Gegenpol im vorindustriellen Linden. Die Familie von Alten hatte seit dem 13. Jahrhundert umfangreichen Landbesitz und die Gerichtshoheit in Linden, wie auch in anderen Teilen des Königreichs.

❹ von-Alten-Garten

Der Eingang zum von Alten Park

1688 ging der Lindener Besitz an den hannoverschen Oberhofmarschall Graf von Platen. ***Als einer der wichtigsten Männer im Königreich ließ er sich*** *in Linden eine Residenz errichten. Die Anlage umfaßte ein Schloß im Zentrum des Parks und eine Gartenanlage im Stil der Herrenhäuser Gärten — sie, wie auch ihr Besitzer, eine Parallele zum König, der sich im 18. Jahrhundert fast nur noch in England aufhielt. Dem ästhetischen und Staatsdenken des Absolutismus entsprechend, spiegelte sich die gesellschaftliche Organisation auch räumlich und baulich wider, was etwa in der Ausrichtung der Straßenführung auf das Schloß hin auch heute noch erkennbar ist. Zugleich umfaßte der Adelssitz auch gewerbliche Betriebe und Brauerei, Ziegelei etc.*

Der Barockgarten wurde 1780 in einen Landschaftsgarten nach englischem Vorbild umgewandelt; 1816 ging der gesamte Besitz nach langwierigen Gerichtsverfahren wieder an die Familie *von Alten* zurück, die damit auch nach der Agrarreform (nach 1830) zum größten Besitzer von Bauland in der Industrialisierungsperiode wurde. Das Schloß wurde 1945 zerstört. Der Garten mit seinem wilhelminischen Eingangsportal (1911), verkleinert im Zuge diverser Stadterweiterungen, ist heute ein beliebter öffentlicher Park, doch leidet er erheblich unter dem Verkehrslärm des Westschnellwegs.

❺ Martinskirche

Der alte Dorfkern Lindens lag am Nordost-Hang des Lindener Bergs bei der Martinskirche, erstmals im 14. Jahrhundert erwähnt. Der Barockturm der im Zweiten Weltkrieg zerstörten Kirche ist von 1727, sein neugotisches Oberteil hat man ihm 1852 aufgesetzt. Um 1600 gab es im Dorf knapp 40 Bauernhöfe unterschiedlicher Größe, doch ist vom alten Dorf kaum noch etwas zu erkennen. Nur ein Hofgebäude, zumindest der Aufschrift nach »vor 1750« errichtet (vermutlich etwas jünger) und später mit Anbauten versehen, ist noch zu besichtigen; rechts von ihm stehen zwei Arbeiterhäuser späteren Datums. Das ganze Ensemble vermittelt einen guten Eindruck davon, wie sich das »spontane« Wachstum des Industriedorfs Linden während des 19. Jahrhunderts vollzog.

Am Lindener Berge 14-16

❻ Am Lindener Berge 11

Gleich daneben die 1971 eröffnete Integrierte Gesamtschule (IGS) Linden — ein Kind des »Bildungsnotstands« der sechziger Jahre. Sie begann als eine der sieben Versuchsschulen in Niedersachsen, die durch Aufhebung des traditionellen dreigliedrigen Schulsystems allen — und gerade den vielen Unterprivilegierten in Stadtteilen wie Linden — gleiche Bildungschancen ermöglichen sollte; die Erprobung neuer Lehr- und Lernformen, eine stärkere Berufsorientierung und kooperative Leitungsstrukturen waren zentrale Elemente in diesem Konzept. Von den meisten Beteiligten als Erfolg gewertet, kamen die schwerwiegendsten Probleme der IGS von außen: Wegen Raumnot und verzögerter Erweiterungsbauten mußte die Schule 1975 bis 1977 ins »Exil« zur IGS Mühlenberg; seit 1976 macht ihr Niedersachsens Ministerpräsident Albrecht — »Wir haben den Marsch in die Integrierte Gesamtschule gestoppt« (1977) — trotz vieler Schüler-, Eltern- und Lehrerproteste, das Leben schwer.

❼ Lindener Berg

Hinter dem Schnellweg: der Aufstieg zum Lindener Berg — es geht auch ohne Sauerstoffmaske, wie das Stadtmagazin »Schädelspalter« in Anspielung auf Reinhold Messners Himalaya-Unternehmungen einmal vermerkte. Der gut 90 Meter hohe Berg hat eine Tradition als Aussichts- und Ausflugspunkt — im Jahre 1802 sah man von hier aus noch »in sechs Herren Länder, darinnen fünf Städte, über 50 Dörfer, die einzelnen Landgüter und Höfe nicht mitgerechnet, und 30 Windmühlen«. Bei klarer Sicht reicht der Blick auch heute noch von Burgdorf bis Hildesheim und vom Deister bis zum Brocken im Harz. Der Berg diente jedoch auch lange schon als Quelle für Bodenschätze. Etwa seit 1300 wurden hier Steine, unter anderem zum Bau der hannoverschen Stadtmauern,

Am Steinbruch

gebrochen, später kamen Kalkbrennereien hinzu. Das durch den Steinabbau zerklüftete Gelände wurde nach dem Ersten Weltkrieg mit Grünanlagen versehen und 1922 als »Lindener Volkspark« mit »Kampfbahn« (heute Lindener Stadion) eröffnet.

Die Friedhofskappelle am Lindener Berg

1914 schenkte ein Industrieller der Stadt ein Haus auf dem Lindener Berg (neben der um 1900 erbauten »Villa Osmers«) für die »nationale« (d.h. die kaisertreue) Jugendbewegung«. Das Jugendheim arbeitet heute noch. In seinem Keller befindet sich der Jazz-Club Hannover, der mit über 1.600 Konzerten seit 1966 — vom Oldtime bis zum Modern Jazz — überregionale Bedeutung erlangt hat. Schon ein Jahr nach seiner Gründung bemerkte *Albert Mangelsdorff*: »Dank des Jazzclubs ist für mich Hannover die heimliche Jazzstadt Deutschlands.« Der Club war so erfolgreich, daß er 1978 zum Ehrenbürger von New Orleans ernannt wurde und es ihm 1971 gelang, an der Hochschule für Musik und Theater ein Jazz-Seminar einzurichten. Einige musikalische Highlights der letzten 20 Jahre waren *Dollar Brand*, *Jan Gabarek*, *Chick Corea*, *Toto Blanke*, *Gary Burton*, *Ralph Towner* und *Pat Metheny*. Auch das »Mittwoch-Theater« tritt in den Räumen des Jazz-Clubs auf.

Am Lindener Berge 38

Der alte Stadtfriedhof am Lindener Berg einige hundert Meter weiter kann zwar kaum mit Gräbern von Prominenten aufwarten, bietet dafür aber den Lebenden alle Vorteile eines kleinen Parks, der sich angenehm von neuerer Friedhofsarchitektur unterscheidet. Der Pavillon auf dem Friedhof (vermutlich 1741 gebaut) stand ursprünglich einmal als »Lusthaus« und »Point de vue« am Nordrand des königlichen Küchengartens (Ecke Pavillon-/Fössestraße). Er wurde 1914 an seine heutige Stelle umgesetzt, als aus dem Garten schon längst Bahnhofsgelände geworden war, und dient heute als Künstlerwerkstatt.

Stadtfriedhof am Lindener Berge

Häuserensemble Am Lindener Berg

Johann Egestorff (1772–1834)

Der Lindener Berg war Ausgangspunkt einer der bemerkenswertesten bürgerlichen Karrieren im Hannover der frühindustriellen Epoche. *Johann Egestorff* (1772–1834), der »Kalkjohann«, Kleinbauernsohn und Böttchergeselle, pachtete ab 1803 hier und in der Umgebung Kalkbrennereien und Steinbrüche sowie ein Steinkohlebergwerk im Deister, begründete einen florierenden Baustoff- und Holzhandel (Verschiffung vom Ihme-Ufer aus, vor allem nach Bremen), ließ zwei Ziegeleien und schließlich eine Zuckerfabrik an der Blumenauer Straße errichten. Rund 400 Menschen waren um 1834 in Egestorffs vermischtem Imperium beschäftigt; 1.000 der 2.500 Lindener Einwohner waren direkt oder indirekt wirtschaftlich abhängig von ihm. Als »Newcomer« und Konkurrenz umliegender adeliger Gewerbeeinrichtungen und der hannoverschen Zünfte und Kaufleute hatte er selbst außerhalb der Stadtgrenzen in Linden bisweilen Probleme, verstand es zugleich aber auch, die Vorteile der »alten Ordnung« für sich zu nutzen, indem er sich königliche Konzessionen und Monopole verschaffte. Sein Sohn gründete die heutige Hanomag.

Auch wenn davon heute nichts mehr zu erkennen ist, führte die gewerbliche Nutzung bereits um 1830 zur ökologischen Krise am Lindener Berg, vor allem am Nordost-Hang. Die Steinbrüche und Tongruben zerstörten die Landschaft und bedrohten die Idylle; der Rauch aus den Kalköfen und Ziegeleien belästigte die Anwohner und führte zum Absterben der Bäume in der unmittelbaren Umgebung.

Lindener Mühle

Trotzdem lohnte der Ausflug zum Berg offenbar auch damals. In einem 1392 gebauten »Wartturm« der hannoverschen Stadtverteidigung war 1651 die Lindener Mühle eingerichtet worden, die in den 1820er Jahren von J. Egestorff gepachtet wurde. Diese Erwerbung ermöglichte ihm einerseits den Einstieg in den Getreidehandel, denn die Bauern Lindens und der umliegenden Dörfer durften ihr Korn zu jener Zeit nur hier mahlen lassen. Andererseits besaß sie aber auch das Schankrecht — Voraussetzung für den Bau eines repräsentativen »Berggasthauses« (1876 wieder abgerissen), das sich an das bürgerliche Publikum richtete, und mit dem Egestorff, nach eigenen Worten, »die Liebe der obrigkeitlichen Behörde sowie die meiner Mitbürger zu erwerben« hoffte. Die Mühle wurde erst 1927 stillgelegt. Heute befindet sich im und am alten Mühlengebäude ein Lokal mit Biergarten.

Am Hochbehälter

Dort, wo einmal das »Berggasthaus« stand, thront heute die rote »Burg« des Wasserhochbehälters Lindener Berg. Das Reservoir wurde (statt eines Wasserturms) 1878/79 als Teil eines modernen Versorgungssystems für Hannover errichtet, angeschlossen an ein Grundwasserpumpwerk in Ricklingen, das nicht mehr existiert. Der Hochbehälter ist nach umfangreichen Sanierungsmaßnahmen heute wieder in Betrieb. Die stilistischen Anleihen des Baus beim Mittelalter (man findet sie auch bei einigen Fabrikgebäuden dieser Jahre) waren technisch funktionslos, entsprangen aber um so mehr

Das Lindener Berggasthaus

der historischen Standortsuche des aufstrebenden Bürgertums, das sich und »seiner« Industriegesellschaft mit dem Wasserspeicher ein weithin sichtbares Denkmal setzte.

Allein Hannovers Amateur-Astronomen blieb es überlassen, dies noch zu überbieten: Sie haben auf dem Wasserspeicher ihre Volkssternwarte errichtet. Für Interessierte gibt es dort donnerstags nach Einbruch der Dunkelheit öffentliche Himmelsbeobachtungen.

8
Schrebergärten »Lindener Alpen«

Eine Burg ganz anderer Art steht in den »Lindener Alpen«, eine der Schrebergarten-Anlagen am Südhang des Bergs. Sie wurde 1913 von einem Modelltischler errichtet und ist heute das Wahrzeichen der Kleingärtner. »Luft und Licht« des dicht bebauten proletarischen Lindens, waren die Gartenkolonien zugleich immer auch Zentrum von Arbeiterkultur und politischer Arbeiterbewegung. Das Clubhaus des Gartenvereins — ebenfalls ein Ausflugsziel — wurde nach *Ernst Winter*, Hanomag-Betriebsratsvorsitzender (bis 1929) und Funktionär des Deutschen Metallarbeiterverbandes (1929—33), benannt, der ab 1945 maßgeblich zum Wiederaufbau demokratischer Betriebsvertretungen und Gewerkschaften in Hannover beitrug.

Vom Lindener Berg gelangt man durch die Kleingärten (und leider ein Stück weit an der Stadtautobahn »Bornumer Straße« entlang) zum Gelände der »Hannoverschen Maschinenbau AG« (Hanomag), dem ältesten und in seiner Branche größten Industriebetrieb Lindens, der im 19. Jahrhundert zeitweise sogar die größte Maschinenfabrik Deutschlands war.

Georg Egestorff (1802–1866)

Die Firma wurde 1835 von *Georg Egestorff* (1802–1868), gestützt auf das von seinem Vater ererbte Firmenkonglomerat, gegründet und markiert den Beginn der eigentlichen Industrialisierungsphase in Hannover und Linden. Schon bald wurden hier (unter anderem durch Facharbeiter aus England) Dampfmaschinen hergestellt, doch kam der eigentliche Durchbruch ab 1846 mit dem Bau von Lokomotiven für die hannoverschen Eisenbahnen (die erste von ihnen trug den Namen »Ernst August«, die 100ste den Namen »Bismarck«). Im Zuge der Revolution 1848 kam es hier — beeinflußt »vom Zeitgeiste und von der Freiheit«, wie es in einem Polizeibericht hieß — sogar zu einem ersten Streik um eine Verkürzung der Arbeitszeit von 13 auf 12 Stunden (einschließlich Pausen). Egestorff dazu, patriarchalisch-pikiert: »Die von den Arbeitern ergriffenen Maßnahmen waren um so ungerechter und kränkender für mich, als ich mir bewußt bin, alle ohne Ausnahme stets mit Gerechtigkeit und gutem Wohlwollen, nie mit Härte behandelt zu haben.« Den Streikforderungen gab er nicht nach. 1856 produzierten 650 Beschäftigte 30 Lokomotiven pro Jahr.

Nach dem Tod des Gründers 1868 wurde der Betrieb von einer schillernden Figur übernommen, dem »Eisenbahnkönig« *Henry Bethel Strousberg* (1823–1884), über den *Friedrich Engels* 1869 schrieb:

»Er kauft jetzt alle möglichen industriellen Etablissements auf und reduziert sofort die Arbeitszeit auf 10 Stunden, ohne den Lohn herabzusetzen. Dabei hat er das klare Bewußtsein, daß er als armer Schlucker endigen wird. Sein Hauptprinzip ist: nur Aktionäre zu prellen, mit Lieferanten und anderen Industriellen aber kulant zu sein. In Köln sah ich sein Portrait ausgehängt, gar nicht übel, jovial. Seine Vergangenheit ist ganz dunkel, nach einigen ist er studierter Jurist, nach anderen hat er in London einen Puff gehalten.«

Henry Bethel Strousberg (1823–1884)

Wenn Engels auch irrte, was Strousbergs Vergangenheit betraf (er war Sohn einer jüdischen Kaufmannsfamilie aus Ostpreußen und Wirtschaftsjournalist in London), so beschrieb er dessen Geschäftsmethoden korrekt: Über Aktien-Spekulationen und die Übernahme von Konzessionen als Generalunternehmer hatten Strousberg und die hinter ihm stehende Finanzgruppe von Berlin aus in wenigen Jahren ein seinerzeit in Deutschland konkurrenzloses, um den Eisenbahnbereich zentriertes Industrie-Imperium aufgekauft, das starke Interessen im Rumänien-Geschäft hatte. 1869/70 stieg die Zahl der Beschäftigten in seiner Lindener Firma (die damit zur größten Lokomotivfabrik Deutschlands wurde) sprunghaft auf 2.000, die Lokomotivproduktion auf 200 pro Jahr. Doch schon 1871 brach Strousbergs Konzern wieder zusammen; ein hämischer Antisemitismus in der Presse begleitete seinen Sturz; und die Hanomag (erst ab jetzt unter diesem Namen) wurde von einem Bankenkonsortium übernommen.

Wenn auch noch mehrfach von Krisen gebeutelt, wuchs die Hanomag, getragen zunächst weiterhin durch den Eisenbahnbau. Der Dampfomnibus kam 1905 hinzu, »Bauart Stolz«. In den Jahren 1906 bis 1912 erzwangen mehrwöchige Streiks der gut organisierten Belegschaft Arbeitszeitverkürzungen und Lohnerhöhungen. In den zwanziger Jahren wurde die Automobilfertigung zum wichtigsten Geschäftsbereich. »Ein Kilo Blech, ein Kilo Lack, fertig ist der Hanomag« — damit war das »Kommißbrot« gemeint, ein auf dem Fließband produziertes und kommerziell sehr erfolgreiches Auto, das kleinste aus der Serie der Hanomag-PKWs.

Seit 1924 arbeitete vom Werksgelände aus der erste hannoversche Rundfunksender, die NORAG. Von 1926 bis 1932 war übrigens der in Hannover geborene Otto Brenner, *wichtigster westdeutscher Gewerkschaftsführer der Nachkriegszeit, bei Hanomag als Betriebselektriker beschäftigt. 1931 mußte die Hanomag infolge der Weltwirtschaftskrise Vergleich anmelden. Doch danach ging es wieder aufwärts: mit der Produktion von Schleppern und Bau- und Landmaschinen, vor allem aber durch die Rüstungsproduktion. Während des Zweiten Weltkriegs arbeiteten bei der Hanomag bis zu 20.000 Personen — 6.000 Zwangsarbeiter und KZ-Häftlinge mit eingeschlossen.*

Der Wiederaufbau nach Kriegsende brauchte LKWs und Baumaschinen — die Hanomag lieferte sie, zumindest bis Ende der sechziger Jahre. Danach geriet der Betrieb in eine Dauerkrise. »Umstrukturierungen« wechselnder Eigentümer führten zum Verlust der LKW-Produktion, die Übernahme durch ein Spekulations- und Subventionskonglomerat Strousbergscher Dimensionen endete Anfang 1984 im Konkurs. Inzwischen wird — mit drastisch verringerter Belegschaft — wieder produziert.

❾ Hanomagstr. 9

Zwischen 1898 und 1918 wurden die Werksanlagen der Hanomag fast vollkommen neu angelegt. In der Hanomagstraße legte die Firma sich ihre repräsentative Seite zu. Das 1904 fertiggestellte kuppelgekrönte Verwaltungsgebäude, vor dem eine alte Lokomotive aus der Produktionspalette der Firma steht, dient heute wieder als Empfangsgebäude der Hanomag, beherbergte allerdings Mitte der achtziger Jahre bezeichnenderweise das Arbeitsamt. Von hier aus sind auch noch einzelne Fabrikhallen aus der Zeit vor dem Ersten Weltkrieg zu sehen.

Kleinwagen von Hanomag: Kommißbrot

Wiederaufbau der Gewerkschaften

Noch am Tage der Befreiung machten sich drei Männer auf den Weg in das Rathaus, um bei dem amerikanischen Stadtkommandanten vorzusprechen. Sie stellten sich als Vertreter der »Untergrundbewegung« vor und boten ihre Mithilfe bei der Wiederherstellung demokratischer und geordneter Verhältnisse in Hannover an. Es handelte sich um *Albin Karl*, von 1928—1933 Vorstandsmitglied des Fabrikarbeiterverbandes, *Erwin Barth*, bis 1933 sozialdemokratischer Polizeipräsident von Hannover, und *Karl Möhle*, ehemals Gewerkschafter bei der Reichsbahn. Albin Karl war der Kopf dieser Gruppe, die sich während des Krieges als informeller Zirkel in verschiedenen Runden zu Gesprächen getroffen und Pläne für die Nachkriegszeit erarbeitet hatte.

Aus diesem Besuch ging der »Ausschuß für Wiederaufbau« hervor, an dessen Spitze Albin Karl als Vorsitzender und Karl Möhle als sein Stellvertreter am 11. April 1945 eingesetzt wurden. Erwin Barth wurde wieder als Polizeipräsident eingesetzt und der schon beim ersten Besuch von den drei Männer vorgeschlagene *Gustav Bratke* wurde zum neuen Oberbürgermeister von Hannover ernannt.

Durch diese Aktion und besonders durch die Person Albin Karls wurde der Wiederaufbau Hannovers in den folgenden zwei Jahren und besonders der Wiederaufbau der Gewerkschaften in Hannover und Niedersachsen entscheidend geprägt. Der Ausschuß für Wiederaufbau bestand vom 11.4.—30.6.1945, für die Stadtteile wurden Unterausschüsse gebildet. Aus dem am 21.4.1945 gebildeten »Unterausschuß Gewerkschaft« ging die »Allgemeine Gewerkschaft« in Hannover und Niedersachsen hervor.

In »Unterausschuß Gewerkschaft« war man sich aufgrund der noch im Kriege geführten Diskussionen sehr schnell über die Form der neuen Gewerkschaft einig. Man wollte, wie übirgens an allen anderen Orten auch, eine politische Einheitsgewerkschaft gründen und damit die vor 1933 bestehende Konkurrenz der Richtungsgewerkschaften aufheben. Ein zweites wichtiges Moment war die Vereinheitlichung der früher bestehenden zersplitterten Organisationsstruktur in klar gegliederte Industriegruppen. Das Prinzip »Ein Betrieb — eine Gewerkschaft« sollte nun endlich verwirklicht werden.

Diese Pläne beruhten hauptsächlich auf den Überlegungen Albin Karls. Weitere Mitglieder des »Unterausschuß Gewerkschaft« waren u.a. *Louis Böcker*, ab Dezember 1945 hauptamtlich in der Allgemeinen Gewerkschaft Hannover und ab 1947 Kreisvorsitzender des DGB Hannover, *Hermann Beermann*, ab 1947 Vorsitzender des DGB-Landesbezirks Niedersachsens und ab 1956 im Bundesvorstand des DGB. *Otto Brenner*, ab Herbst 1945 Vorsitzender der Wirtschaftsgruppe Metall der Allgemeinen Gewerkschaft Hannover und von 1956 bis 1973 Vorsitzender der IG-Metall, sowie *Anton Storch*, von 1946—1948 Leiter der sozialpolitischen Abteilung des DGB (brit. Zone), ab 1949 MdB für die CDU und zeitweilig Arbeitsminister. Eine der wichtigsten Aufgaben dieser Gruppe war die Organisierung und Zusammenfassung der sich neu entwickelnden Betriebsvertretungen und die Unterstützung beim Aufbau der Produktion.

Bis zur Gründung einer regulären Gewerkschaft war es indessen noch ein weiter Weg. Die erste Gewerkschaftsversammlung in Hannover wurde mit Zustimmung und im Beisein der Militär-Regierung am 24. Mai 1945 in den Capitol-Lichtspielen an der Ihmebrückstraße veranstaltet. Vor über 200 Delegierten stellte Albin Karl sein Konzept der »Allgemeinen Gewerkschaft« vor, das einstimmig verabschiedet wurde. Innerhalb der »Allgemeinen Gewerkschaft« sollte es insgesamt 15 Wirtschaftsgruppen geben, für die bereits ein großer Teil der Verantwortlichen bestimmt werden konnte.

Allerdings waren bis zur Genehmigung der Gewerkschaft durch die Militär-Regierung noch viele bürokratische Hemmnisse zu überwinden. In einer großer Versammlungswelle von September bis November 1945 mußte die »Allgemeine Gewerkschaft« zunächst die Zustimmung der hannoverschen Arbeiter finden, bevor sie am 7.11.1945 für den Stadt- und Landkreis Hannover zugelassen wurde. Auch in den anderen niedersächsischen Städten hatte man sich inzwischen unabhängig voneinander auf ähnliche Konzepte für den Wiederaufbau der Gewerkschaften geeinigt. Hannover wurde mit der Normalisierung der Post- und Verkehrsverhältnisse das Zentrum des gewerkschaftlichen Wiederaufbaus in Niedersachsen.

Heute unterhalten der DGB und 13 seiner Einzelgewerkschaften sowie die DAG Verwaltungsstelle, Bezirksverwaltung und Landesbezirksverwaltung in Hannover. Dazu kommt noch der Hauptverband der IG Chemie-Papier-Keramik, dessen Vorgänger, der Fabrikarbeiterverband, ebenfalls von 1890 bis 1933 seinen Sitz in Hannover hatte.

Reinhard Jacobs

In der alten Direktorenvilla links vom Verwaltungsgebäude ist heute neben dem Hanomag-Archiv die Geschichtswerkstatt Hannover untergebracht. Sie ist die Ortsgruppe eines ganzen Netzwerks ähnlicher Initiativen in der Bundesrepublik. Professionelle und Hobby-Historiker betreiben dort »Geschichte von unten« — Forschungen zur hannoverschen Arbeiter- und Industriekultur, über Erfahrungen der »kleinen Leute« in Faschismus und »Wiederaufbau«, um nur einige Beispiele zu nennen.

Hanomagstr. 8

Im Gebäude gegenüber arbeitete einmal die Konstruktions-Abteilung der Hanomag. Heute befindet sich in dem Gebäude die Juristische Fakultät der Universität Hannover. Sie ist bekannt und umstritten zugleich, weil sie Probleme aus dem gesellschaftlichen Umfeld des Rechtswesens einen wichtigen Platz in der Ausbildung einräumt und sozialwissenschaftliche Inhalte in das Studium mit einbezieht. Der hier seit 1974 praktizierte »einphasige« Studiengang, der universitäres Lernen und praktische Arbeitserfahrungen stärker als üblich miteinander verband, ist inzwischen allerdings wieder weitgehend rückgängig gemacht worden. Die Reform des Jura-Studiums hat in Hannover übrigens durchaus Tradition: *Hans-Peter Schneider*, einer der hiesigen Professoren, hat darauf hingewiesen, daß bereits im Jahre 1671 — Hannover hatte zu dieser Zeit noch gar keine Universität — *Gottfried Wilhelm Leibniz* entsprechende Reform-Vorschläge (»Nova Methodus Discendae Docendaeque Jurisprudentia«, verfaßt 1667) an *Herzog Johann Friedrich von Hannover* übersandte.

⑩ Deisterplatz

Viele der älteren Hanomag-Fabrikgebäude stehen heute unter Denkmalschutz, nachdem sie teilweise jahrelang leergestanden hatten, weil sie für heutige Produktionsmethoden nicht mehr geeignet erschienen. Der eigentliche Produktionsbereich der Hanomag wanderte somit immer weiter nach Süden. Die älteren Gebäude werden inzwischen teilweise anderweitig genutzt, entweder durch Behörden oder für kulturelle Zwecke. Zu ihnen gehört auch die »Kanonenwerkstatt« am Deisterplatz, inmitten der Kriegs-Hochkonjunktur 1916/17 errichtet. Hier setzten die Architekten, wie auch bei einigen anderen Fabrikgebäuden derselben Epoche, einem Stahlskelettbau eine Backsteinfassade vor und verzierten letztere schließlich auch noch mit Terrakottaplatten. Heute lagert der Fundus des Niedersächsischen Staatstheaters in der Halle. Die Einrichtung eines »Museums der Arbeit« in diesem Block ist schon seit längerer Zeit in der Diskussion.

Deisterstr. 81-83

Eine ehemalige Direktorenvilla der Hanomag, die um 1870 noch unter Strousberg errichtet wurde, liegt auf der anderen Seite des Deisterplatzes. Sie dient heute als Verwaltungsgebäude der Wurstfabrik Fritz Ahrberg, eine der wenigen alten Firmen (gegründet 1896), die ihre Fabrikgebäude innerhalb der Lindener Wohngegend noch vollständig für die Produktion nutzt.

⓫ Göttinger Str.

Ebenfalls unter Denkmalschutz stehen die großen Fabrikhallen entlang der Göttinger Straße (1939/40), auch wenn ihr Pathos beim Spaziergänger einen eher unangenehmen Eindruck hervorrufen mag — repräsentieren sie doch die Architektur des Nationalsozialismus, für die es allerdings nur mehr wenige andere Beispiele in Hannover gibt. Ob die Arbeiter der Hanomag, die schon ab 1935 wieder die ersten Granaten und Flaks zu produzieren hatten, sich von ihrem mystifizierenden Gegenpart aus Granit am »Tor 1« (errichtet 1941) hinreichend repräsentiert fühlten?

Typisches dreigeschossiges Arbeiterhaus in Linden-Süd

Die »Halle 10« ist seit neuestem das »Kulturzentrum Hanomag«. Hier hat Ende 1988 der »Musikzirkus« im wahrsten Sinne des Wortes seine Zelte für größere Musikveranstaltungen aufgeschlagen, während der Rest des Gebäudes noch immer verschiedensten Firmen als Lager dient. (Zugang über Fischerhof). Die Halle 10 heißt offiziell auch »U-Boot-Halle«, weil die gewaltige Rohkonstruktion aus Stahl und Glas (die gemauerten Seiten mit Lichtschlitzen sind kaum mehr als Verkleidung!) ursprünglich in Wilhelmshaven erbaut und erst 1943 nach Linden umgesetzt wurde, nachdem die U-Boot-Produktion und -Unterbringung im Verlauf des Zweiten Weltkriegs in Bunker verlegt worden war.

Bevor die großen Fabrikhallen entlang der Göttinger Straße entstanden, befand sich hier eine »Arbeitercolonie«, eine Werkssiedlung von etwa 140 Häusern, 1869 unter Strousberg errichtet. Sie war im Volksmund als »Klein-Rumänien« bekannt, in Anspielung auf die Aufträge der Eisenbahngesellschaft aus Rumänien, die in diesen Jahren zu einem unerhörtem Boom bei der Hanomag führten. »Klein-Rumänien« war nicht die älteste »Colonie« in Linden (die erste von ihnen wurde 1854 in der Fannystraße durch den Textilfabrikanten a. Meyer errichtet, siehe S. 96), doch zu ihrer Bauzeit die größte Werkssiedlung in ganz Deutschland, im Umfang erst von den Kruppschen Unternehmungen im Ruhrgebiet in den siebziger Jahren des 19. Jahrhunderts übertroffen.

»Colonien« wie »Klein-Rumänien« waren einerseits Reaktionen auf die enorme Wohnungsknappheit in schnell wachsenden

»Industriedörfern« wie Linden; neu zugezogene Arbeiter mußten sich oft mit Wohnraum in umgebauten vorhandenen Häusern behelfen. Der private Mietwohnungsbau stand erst am Anfang und führte zu hohen Mieten, die wiederum eine Überbelegung der Wohnungen erzwangen, einen staatlichen Wohnungsbau gab es überhaupt nicht.

Der Bau von Werkssiedlungen hatte allerdings weit mehr als philantropische Motive. Bürgerliche Kreise fürchteten den Ausbruch von Seuchen und die sozialen und politischen Folgen der bedrängten Lebensverhältnisse — Entwurzelung, »moralischer Niedergang«, Sozialdemokratie. Wirtschaftliche Faktoren schließlich spielten eine entscheidende Rolle: Fabrikbesitzer wollten qualifizierte Facharbeiter an ihre Betriebe binden und zugleich deren politische Radikalisierung verhindern — bei Streik drohte die Kündigung der Wohnung.

Die Wohnbedingungen in den »Colonien« (anfangs oft nach dem Vorbild des englischen Reihenhauses erbaut) bedeuteten für den Arbeiter eine relative Verbesserung, obwohl es in Krisenzeiten auch hier zur Überbelegung kam. Als die Hanomag nach der Ära Strousberg in die Krise geriet, wurde in »Klein-Rumänien« wie auch in den gegenüberliegenden Wohngebieten von Linden-Süd regelrecht gehungert. Die Siedlungen ermöglichten geordnete Familienzusammenhänge und trugen so, wie geplant, zur sozialen Stabilisierung bei. Dies stand jedoch durchaus nicht im Widerspruch zur Entwicklung der Arbeiterbewegung: Eben weil die »Colonie« stabil war, konnte sich proletarische Kultur besonders ausprägen — und zugleich nach außen abschotten. Die intensive Verbindung von sozialer und politischer Solidarität reichte von der Nachbarschaftshilfe über ein blühendes Vereinswesen bis zur Organisation von Gewerkschaften und Partei.

»Klein-Rumänien« wurde 1937 abgebrochen, als die Hanomag ihre Produktionsgebäude entlang der Göttinger Straße erweiterte; auch die anderen Werkssiedlungen in Linden-Nord stehen heute nicht mehr.

⓬ Fischerhof

Der Bahnhof Linden am Südende des Hanomag-Geländes wurde 1872 als »Bahnhof Fischerhof« (nach einem Gasthaus benannt) eröffnet und trug erheblich zur Entwicklung des Industriegebiets im Lindener Süden bei.

Relativ zentral und dennoch nicht direkt von Wohngebieten umgeben, bot und bietet der Bahnhof schon von seiner Lage her gute Voraussetzungen für Staatsaktionen, die nicht im Rampenlicht der Öffentlichkeit stattfinden sollen. 1941/42 wurden von hier aus die größten Teile der jüdischen Bevölkerung Hannovers und aus dem Umland — weit über 2.000 Menschen — in Konzentrations- und Vernichtungslager in Ost-Europa deportiert. An einem Sonntagmorgen im Juni 1969 explodierte hier ein mit Bundeswehr-Granaten beladener Güterwaggon; acht Feuerwehrleute und vier Eisenbahner kamen dabei ums Leben. Noch immer ist diese Eisenbahnstrecke — worauf eine Protestkampagne 1983 hinwies — eine der Hauptlinien, auf der vor allem die US-Armee ihre Munitionstransporte von den norddeutschen Häfen ins Rhein-Main-Gebiet führt.

Das eigentliche Wohngebiet Linden-Süd (begrenzt durch Göttinger, Deister- und Ritter-Brüning-Straße) liegt in vielerlei Hinsicht »im Schatten der Hanomag«. Dies gilt im Wortsinn für manche Anwohner der Göttinger Straße, die — zusätzlich noch lärmgeplagt

— schon seit Jahren auf die Realisierung der im Sanierungsplan vorgesehenen Tunnelstrecke warten. Es gibt nur wenig ausgesprochene »Sehenswürdigkeiten« im Stadtteil; ein Spaziergang (von der Strousberg- über Ricklinger bzw. Charlotten- und ihre Seitenstraßen zurück zum Schwarzem Bären) lohnt sich vor allem aus »atmosphärischen« Gründen. Trotz vieler Umbauten, Abrisse und Sanierungsmaßnahmen sind im Stadtteil noch viele Beispiele des früheren Arbeiterwohnungsbaus erkennbar. Ein recht einheitlicher Baustil wurde dabei durch die Bauordnung von 1848 gefördert — und durch die Tatsache, daß es zwar viele Baugesellen gab, die Häuser errichteten, aber nur relativ wenige Handwerksmeister, die die Pläne dazu herstellten. Das sogenannte »Mittelflurhaus« (»quer-« oder »längsgelagert«) wurde zum Standardtyp des Wohnungsbaus in der Zeit zwischen 1850 und 1880; die Zahl der Geschosse wuchs mit den Jahren. (Ein Beispiel aus der Zeit um 1850 ist das Haus Charlottenstr. 6, am Ende der Entwicklung standen Bauten wie in der Großkopfstr. 5 und 7.)

Altes Fachwerkhaus in der Charlottenstraße

Schon die Grundrisse dieser Häuser offenbaren maximale Flexibilität und Raumnutzung: Es gab keine wohnungseigenen Flure, gerade in der Anfangszeit galten zwei Räume (Küche und Stube) üblicherweise als »Wohnung« — für eine unbestimmte Anzahl von Personen, oft eine ganze Familie. Sanitäre Anlagen befanden sich zumeist auf dem Hinterhof, wo oft auch Ställe standen, in denen Arbeiter Kleinvieh hielten, um die hohen Kosten für Ernährung (50 bis 70 Prozent des Einkommens) zu verringern. Erst nach 1880 wurden abgeschlossene Wohnungen mit mehr als zwei Räumen zur Regel im Arbeiterwohnungsbau.

⑬ Ahrbergstr./ Haspelmathstr.

Die »bürgerliche Wohnungsreform« erlangte in Linden nie eine wirklich große Bedeutung. Eine Reihe von Doppelhäusern, für die damalige Zeit recht großzügig angelegt, wurden 1876—78 von der »Gemeinnützigen Actien-Baugesellschaft«, deren Mitglieder vor allem Industrielle und Beamte waren, errichtet.

⑭ Ricklinger Straße 46

Im Zweiten Weltkrieg weitgehend unzerstört, begann die Bausubstanz des Stadtteils im »Wiederaufbau« zu verfallen; Linden-Süd geriet, stärker noch als der Rest von Linden, in »schlechten Ruf«. Ein Gutachten von 1958 schlug den Abriß fast des gesamten Stadtteils vor — und seine Neuerrichtung in »aufgelockerter« Bauweise, wie man sie heute etwa in der Strousbergstraße am »Südende« vorfindet. Es lag vor allem an den Kosten, daß dies nicht in die Tat umgesetzt wurde. Noch 1969 war eine drastische Umstrukturierung vorgesehen. Daß es dazu nicht kam, lag am Protest der Bewohner des Stadtteils. Es kam zu einzelnen Hausbesetzungen (etwa im Fachwerkhaus Ricklinger Straße 46, später umgewandelt in Wohneigentum), wie auch zu Konflikten zwischen lokalen SPD-Mitgliedern, die in der Bürgerinitiative mitarbeiteten, und der SPD-Regierung der Stadt Hannover. Langfristig bildete sich eine durchaus konfliktreiche Kooperation zwischen der Stadtverwaltung (als Sanierungsträger) und der »Unabhängigen Bürgerinitiative Linden-Süd« heraus. Ab 1973 wurde die Bürgerbeteiligung

Wohnungsgenossenschaft Selbsthilfe Linden e.G.

institutionalisiert — es gibt eine von Planern und Bürgern gemeinsam gebildete »Sanierungskommission«; die Stadt unterstützt Alternativkonzepte der Bürger durch Finanzierung eines — inhaltlich von ihr unabhängigen — »Anwaltsplaners«; städtische »Gemeinwesenarbeiter« versuchen, soziale Härten des Sanierungsprozesses abzufangen. Das Sanierungsmodell in Linden-Süd hat, was Grad und Methoden der Bürgerbeteiligung betrifft, Vorbildfunktion für andere Städte gehabt.

⑮ Großkopfstr. 6

Im Umfeld der Sanierungspolitik sind eine ganze Reihe professionell arbeitender unabhängiger Initiativen entstanden. Eine von ihnen ist die gemeinnützige »Wohnungsgenossenschaft Selbsthilfe Linden«, die Häuser mit öffentlichen Mitteln saniert und dafür sorgt, daß die Bewohner anstelle des sonst notwendigen (und zumeist nicht vorhandenen) Eigenkapitals ihre eigene Arbeitskraft einsetzen können. Die Bewohner verwalten sich weitgehend selbst und schaffen sich Mietrecht und Mietpreisbindung um vieles langfristiger als im sozialen Wohnungsbau üblich. Sie erwerben jedoch kein Eigentum — Spekulation mit saniertem Wohnraum bleibt ausgeschlossen.

Der Erfolg all dieser Maßnahmen in Linden Süd wird heute, wo das offizielle Sanierungsverfahren vor dem Abschluß steht, unterschiedlich beurteilt. Der Stadtteil ist baulich und kommerziell erheblich umstrukturiert: Es gibt (außer Ahrberg) praktisch keine gewerblichen Betriebe, aber auch wenig Geschäfte mehr im Wohngebiet. Bis 1983 wurden 173 Gebäude (viele davon in Hinterhöfen) abgerissen; die 687 Wohnungen, die dabei verloren gingen, wurden weitgehend durch Neubauten ersetzt. Manchen erscheint das Ergebnis der Sanierung »zu glatt« — eine äußerliche, von allen »Unebenheiten« gereinigte Wohnidylle, die die sozialen Probleme versteckt, denn in Linden-Süd ballen sich weiterhin unterprivilegierte soziale Gruppen. Andererseits wird allgemein anerkannt, daß die Wohnbedingungen deutlich verbessert wurden und durch Verkehrsberuhigung und Platzgestaltung (etwa an der Ecke Franz-/Charlottenstr.) Möglichkeiten für Kinder und öffentliche Freiräume entstanden sind, die tatsächlich auch genutzt werden.

⑯ Charlottenstr. 6

Die »Scene-Kultur« hat in Linden-Süd weniger stark Einzug gehalten als in den anderen Gebieten des Stadtteils — dafür ist schon die geringere Kneipendichte ein Indiz. Daß es sie dennoch gibt, beweist beispielsweise die seit 1978 bestehende »Medienwerkstatt Linden«, untergebracht in einer umgebauten Hinterhof-Elektrowerkstatt. Der gemeinnützige Verein beschäftigt sich mit alternativen Nutzungsmöglichkeiten der Videotechnik. Er produziert eigene und verleiht fremde Filme — zumeist nichtkommerzielle Produktionen — zu einer Vielzahl sozialer und politischer Themen. Die Medienwerkstatt veranstaltet Kurse und Seminare zum Erlernen des Umgangs mit dem Medium; politische und Initiativgruppen können sich an sie wenden, wenn sie praktische Unterstützung für einen Film über »ihr« Thema benötigen. Außerdem veranstaltet die Medienwerkstatt das »Stattfernsehen«, das regelmäßig unabhängige Videoproduktionen aus dem In- und Ausland in etwa 20 einschlägigen Kneipen etc. Hannovers vorführt.

OBERRICKLINGEN
Wallensteinstraße
Martin-Luther-King-Schule
Nenndorfer Platz
Spielpl.
Levester Str.
Am Wachorder
Christian-platz
Bierweg
3

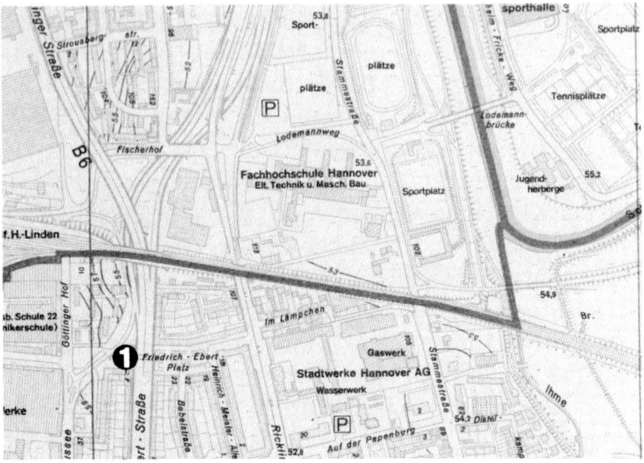
Fachhochschule Hannover
Elt. Technik u. Masch. Bau
Stadtwerke Hannover AG
Gaswerk
Wasserwerk
Sportplatz
Sport-plätze
Tennisplätze
Jugend-herberge
Lodemannweg
Lodemann-brücke
Stammestraße
Friedrich-Ebert-Platz
Göttinger Hof
Fischerhof
Im Lämpchen
Auf der Papenburg
Ihme
sporthalle
Sportplatz
B6
1

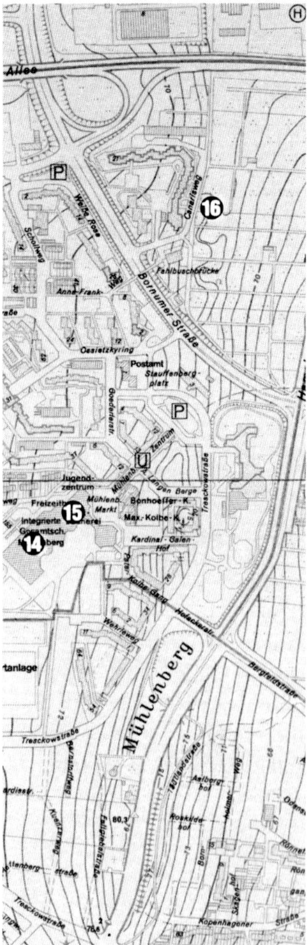
Mühlenberg
Bornumer Straße
Canarisweg
Fahlbuschbrücke
Anne-Frank-Weg
Ossietzkyring
Postamt
Stauffenberg-platz
Jugend-zentrum
Bonhoeffer-K.
Max-Kolbe-K.
Integrierte Gesamtsch.
Treckowstraße
Bergfeldstraße
Weiße Rose
Schollweg
16
15
14

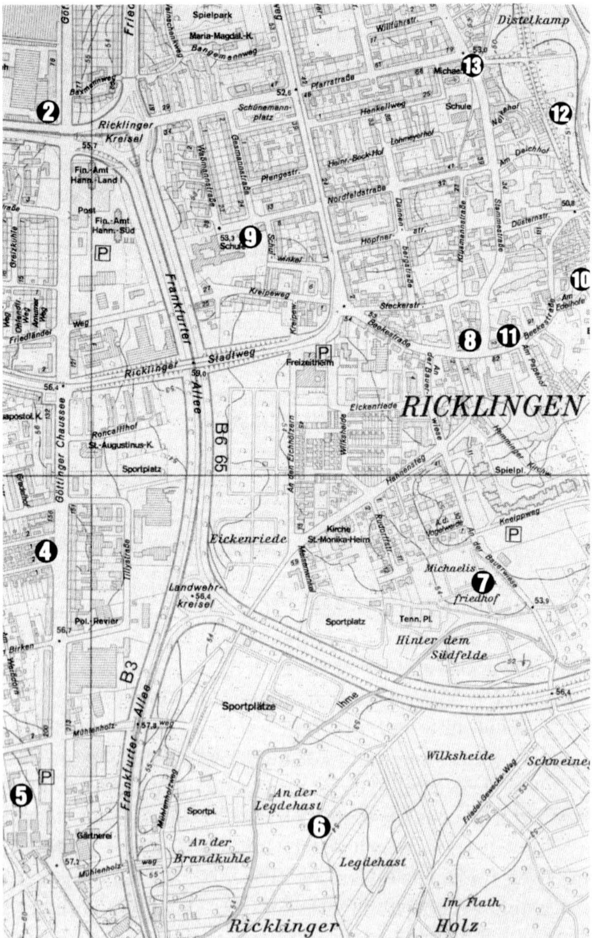
RICKLINGEN
Ricklinger Kreisel
Ricklinger Stadtweg
Frankfurter Allee
Göttinger Chaussee
Pfarrstraße
Spielpark
Maria-Magdal.-K.
Bangemannweg
Schünemann-platz
Henkelweg
Nordfeldstraße
Distelkamp
Fin.-Amt Hann.-Land I
Post
Fin.-Amt Hann.-Süd
Freizeitheim
Roncallihof
St.-Augustinus-K.
Sportplatz
Eickenriede
Kirche St.-Monika-Heim
Michaelis friedhof
Landwehr-kreisel
Pol.-Revier
Hinter dem Südfelde
Sportplätze
Ihme
Wilksheide
An der Legdehast
An der Brandkuhle
Legdehast
Im Flath
Ricklinger Holz
Gärtnerei
Mühlenholzweg
B6 65
B3
Beekestraße
Stammestraße
Kneippweg
Spielpl.
Schule
1
2
4
5
6
7
8
9
10
11
12
13

»Fidelet Dörp« mit Kiesteich Riviera

Ricklingen/Mühlenberg

Von Jutta Schiecke

Ausgangspunkt: *Friedrich-Ebert-Platz, (S-Bahn 3, 7)*
Endpunkt: *Haltestelle Mühlenberg (S-Bahn 3, 7)*
Dauer: *ca. 4 Stunden*

Ricklingen gehört zu jenen Teilen der Stadt, von denen man nicht spricht, weil sie nicht von sich reden machen. Hier wird gearbeitet, hier wohnt man, am Sonntag geht die Familie im Ricklinger Holz oder in den Maschwiesen spazieren. Keine Disco lockt die Jugend, keine Kneipe die »Szene«, keine Boutique und kaum ein Restaurant die Schickeria hinter dem Kamin hervor. Tagsüber, wenn in Oberricklingen die Arbeiter längst hinter den Werkstoren verschwunden sind, gehören die Straßen den ›Alten‹, die in diesem Stadtteil ohnehin die Mehrheit stellen. Die Backsteinbauten der Genossenschaftswohnungen mit ihren winzigen Vorgärten und den großen Hinterhöfen sind sauber und ordentlich. Auf den Veranden und unter der Pergola der teuren Eigenheime am Deich in Alt-Ricklingen herrscht die gepflegte Unordnung derer, die es sich leisten können. Hier wohnt, wer genug Geld hat und nicht aufs Land ziehen will. In den restaurierten Gutshöfen rund um die Beekestraße leben die Betuchten, nicht selten mit einem ›von und zu‹. Mit unverkennbarem Stolz nennen sie ihren Stadtteil manchmal auch ›Klein-Pöseldorf‹. Auch hier herrscht Ordnung und Sauberkeit, aber das ist auch alles, was alle Bewohner Ricklingens verbindet. Ansonsten wird es ein Spaziergang der Gegensätze: Dörfliche Winkel in Alt-Ricklingen mit seinen schönen, alten Fachwerkhäusern und ausgedehnte ›Natur‹ kontrastieren traditionelle Arbeitersiedlungen, Industrie und lärmende, stinkende Hauptverkehrsadern in Oberricklingen.

❶ Friedrich-Ebert-Platz

Der Platz war einst Mittelpunkt eines der größten Bauvorhaben in Ricklingen, von dem 1885 als Selbsthilfeorganisation der Arbeiterbewegung gegründeten Spar- und Bauverein Hannover durchgeführt, um erschwinglichen Wohnraum für Arbeiterfamilien zu schaffen. Die Anlage galt als Musterbeispiel städtebaulicher »Wohnblock-Konzeption«. Mit einer Wahlkundgebung der organisierten Arbeiterschaft erhielt der »Schmuckplatz« im Jahre 1930 eine symbolträchtige »Taufe«. Der sozialdemokratische »Volkswille« berichtete: »Fast alle Fenster... waren mit Lampions geschmückt. Mit den einfachsten Mitteln wurde hier einem Gefühl der Zusammengehörigkeit Ausdruck gegeben...«. Vom Arbeitergesangverein Liedertafel Waldesgrün, 1899 gegründet und schon 1914 vom Polizeipräsidenten Hannovers zur »politischen Formation« erklärt, über die Arbeiterjugend bis hin zum Reichsbanner und stadtbekannten Vertretern der SPD war an diesem Abend alles vertreten, was in der Ricklinger Arbeiterschaft Rang und Namen hatte.

❷
Göttinger Chaussee 76

Die Fußgängerbrücke über die Friedrich-Ebert-Straße führt von hier nach Oberricklingen. 1900 gegründet und 1920 nach Hannover eingemeindet, verdankte Oberricklingen seine Existenz der wachsenden Industrialisierung Mitte des 19. Jh. Arbeitersiedlungen und später Genossenschaftswohnungen sowie der Bau von Fabriken prägten und veränderten die Bevölkerungsstruktur Ricklingens entscheidend. Das einst konservative »Dörp« Ricklingen wählte nun mehrheitlich sozialdemokratisch (bis 1933). Ob Wagenschmiere, Schuhwichse, Bier oder bedrucktes Papier, es gibt nicht viel, was hier nicht irgendwann einmal produziert wurde. Nicht immer diente die Produktion friedlichen Zwecken.

»Die Edelstahl- und Leichtmetallwerke und der Huth Apparatebau gehörten, ebenso wie später auch die Kupfer- und Alu-Schmiede Schmidding sowie die nahegelegene Hanomag, in der viele Ricklinger arbeiteten, zu Hitlers großer Waffenschmiede.« (Schweimler)

Im August 1945 schlug dann die große Stunde für die Firma Telefunken. 1903 in Berlin gegründet, zog sie jetzt in die ehemaligen Produktionsstätten von Huth und Lorenz an der Göttinger Chaussee. Bereits 1946 konnte mit dem »Umbasteln« von Wehrmacht-Rundfunkgeräten begonnen werden, und nach und nach entwikkelte sich Telefunken zu einem der wichtigsten Arbeitgeber in Hannover. Ihren Höhepunkt erlebte die Firma mit dem Siegeszug der Mattscheibe und gelangte 1963 mit dem von ihrem Mitarbeiter *Professor Walter Bruch* entwickelten Farbfernseh-System zu Weltruhm. 1983 wurde das Werk an den französischen Konzern Thomsen-Brand verkauft, und die Zahl der Beschäftigten schrumpfte von 6.000 in Glanzzeiten auf 600 bis zum Jahre 1989.

Gronostraße

Wer wissen will, wie »Hannover ganz unten« aussieht, sollte auf dem Weg zur Großsiedlung Ricklingen durch die Gronostraße gehen: »Nichtseßhaftenheime« und »Schlichtwohnungen« werden die Behausungen offiziell und harmlos klingend genannt.

❸
Pyrmonter-, Leuester- und Springerstr.

Die Bebauung zwischen Pyrmonter-, Levester- und Springer Straße ist ein Beispiel für die während der Nazizeit veränderten stadtplanerischen Richtlinien: Weg von der Blockbebauung hin zu Einzel- und Doppelhaussiedlungen. »Der Garten bot ein wenig Freiheit, die man im politischen Raum nicht mehr hatte — dazu noch Obst und Gemüse — und auch der Stall bekam... seine volkswirtschaftliche Bedeutung.« (Schweimler) Finanziert wurde die

Siedlung über günstige Darlehen der Hanomag und realisiert von den gleichgeschalteten Baugenossenschaften.

❹ Menzelstr./ Schnabelstr.

Zwischen Gredelfeld, Menzel- und Schnabelstraße liegt die 1908 fertiggestellte erste geschlossene Arbeitersiedlung Ricklingens. Die Planungen des 1900 gegründeten »Gemeinnützigen Bauvereins Ricklingen« sahen ein Mischsystem von größeren Miets- und kleinen Siedlungshäusern vor, und sie sind hervorragend gelungen. Die Bewohner konnten später die kleinen Häuser als Eigentum erwerben, und noch immer wohnen hier überwiegend Nachkommen der Erstsiedler. Die Siedlung steht unter Denkmalschutz und hat die Atmosphäre einer Arbeitersiedlung mit viel Lebensqualität weitgehend unverfälscht erhalten.

Häuser der ersten Arbeitersiedlung; 1908 fertiggestellt

❺ Stadtfriedhof Ricklingen

Schöner alter Baumbestand lädt zu einem Rundgang auf dem Ricklinger Stadtfriedhof ein. Viele Opfer der zwei Weltkriege wurden hier beigesetzt. Am Ende der Allee, rechts von der Kapelle, befindet sich das Grab des 1952 verstorbenen ersten Nachkriegsvorsitzenden der SPD, *Kurt Schumacher* (siehe S. 103).

❻ Ricklinger Holz

Auf dem Wege nach Alt-Ricklingen lohnt es sich, gleich gegenüber dem Friedhofseingang unter dem Schnellweg hindurch, durch das Ricklinger Holz zu gehen: Vorbei an den Überresten von Wällen und Gräben einer alten Landwehr und der dazugehörigen alten Landwehrschänke (Waldschlößchen), die gerade wieder als Kaffeegarten restauriert wird. Im Schatten von über 100 Jahre alten Bäumen und einem Teppich von Farnen plätschert und gurgelt im Hintergrund die »Beeke«. Eigentlich heißt sie Ihme; »Beeke« ist die norddeutsche Bezeichnung für einen »Bach«. Doch die Idylle kann nicht darüber hinwegtäuschen, daß der Stadtwald gefährdet ist: Saurer Regen und die Autoabgase des Südschnellwegs, für den mitten durch das Ricklinger Holz eine Schneise geschlagen wurde, tragen ihren Teil dazu bei.

Am Rande des Ricklinger Holzes liegt das städtische Schwimmbad. Mitglieder des Schwimmvereins Aegir (1909), der dem Arbeiter-Turn-und Sportbund angehörte, haben es im Schweiße ihres Angesichts aus Trümmerschutt und Luftschutzblenden nach dem Krieg an dieser Stelle aufgebaut, nachdem ihr ehemaliges Vereinsbad an den Maschwiesen (siehe S. 127) von den Faschisten zerstört worden war. Am 15. Mai 1949 sendete der NWDR sogar eine Live-Reportage aus dem neueröffenten Bad der Aegiraner. 1957 wurde es aus Kostengründen der Stadt Hannover übertragen, die es zu einer modernen Badeanstalt ausbaute und neuerdings ernsthafte Überlegungen anstellt, sie wieder aufzugeben. »Privatisierung« und »Spaßbäder« sind die Zauberworte in der »Bäderdiskussion« im Rat der Stadt. Noch sind die Würfel nicht endgültig gefallen. Die Waldgaststätte des Kneipp-Vereins gleich daneben lädt zu einer wohlverdienten Pause ein.

❼ Michaelisfriedhof

Ein verwitterter Grabstein nahe der kleinen Pforte südlich der Kapelle mit der Aufschrift *W.W. D. Pape* zeugt von der ersten Bestattung auf dem Michaelisfriedhof am 10. Dezember 1856. Viele alte

Grabsteine erinnern an bekannte Ricklinger Familien: Neben derer vom *Papehof,* z.B. die Gebrüder *Stamme,* Ziegeleibesitzer, und der Erbauer der Michaeliskirche, Baumeister *Knust.*

❽ Beekestr. 71

Das heutige Vereinslokal wurde 1755 von dem Krüger *Johann Heinrich Borchers* gegründet. Der Name Borchers bürgt nun schon zwei Jahrhunderte lang für Alt-Ricklinger Tradition. Und wer, wenn nicht ein Borchers, sollte schließlich auch als Dichter der Ricklinger Nationalhymne in die Stadtteilgeschichte eingehen?: »Hoch Ricklingen,fidelet Dörp, da an der Beeke Strand...« (*Harry Borchers* anno 1897).

Stecker-, Klusmann-, Stamme- u. Beekestr.

Viele alte Handwerkshäuser aus dem letzten Jahrhundert erinnern daran, daß Handwerk damals noch goldenen Boden hatte. Vor allem dann, wenn, wie in Krackes Salon an der Stammestraße, derer mehrere in einer Hand lagen:

»Da gab es einen Heinrich Kracke, *der... als Barbier... und Zahnarzt sowie als ›Apotheker‹ und Trichinenbeschauer... im Dorf oft gebraucht wurde. So kam es vor, daß Langhaarige mit dicker Backe zu Kracke kamen und ihre Wünsche wie folgt aufgaben: ›Einmal Haare snieden un Tähne trecken un denne noch son Krut gegen de Smarten.‹« (Schweimler)*

❾ Nordfeldstr.

Unter dem politischen Einfluß der Arbeiterbewegung zeichnete sich in der zweiten Hälfte der zwanziger Jahre in Ricklingen der Bedarf für eine weltliche Schule ab, eine Schule ohne Religionsunterricht. 1926 wurde die erste Klasse hier in den Räumen der Volksschule eingerichtet, und in den folgenden zwei Jahren entwickelte sie sich zu einer weltlichen Schule. Sie wurde von den Nationalsozialisten wieder aufgelöst: Die vorwiegend sozialdemokratischen Lehrer durften ab April 1933 ihre Schulen nicht mehr betreten und

Ländliche Idylle: Der Edelhof

auch alle anderen, die sich nicht gleichschalten ließen, wurden im September aus dem Schuldienst entlassen. Eine von ihnen war *Erna Blenke,* die von Hannover aus den reichsweiten Widerstand des ISK (Internationaler Sozialistischer Kampfbund) organisierte. Sie konnte gerade noch flüchten, als ihre Verfolger bereits eingetroffen waren, um sie zu verhaften.

⑩ Am Edelhofe

Karikatur zur Edelhof-Bebauung

Wer über die Beekestraße zum ehemaligen Gut des *Edelherrn de Riclinge* geht, hat das Gefühl, sich plötzlich nicht mehr in einer Großstadt, sondern so richtig »auf dem Dorfe« zu befinden. Das Gut wurde erstmals urkundlich erwähnt im Jahre 1124. Der Edelherren edle Nachbarn: *von Alten, von Wrampe, von Görtz, von der Osten.* Sie und ihre Nachfahren haben sich reichlich verschwippt und verschwägert, und so blieb alles in der Familie. Nachfahren von Altens und von der Ostens leben noch heute hier.

Hier begann die Entwicklung des Dorfes Ricklingen, das im Jahre 1200 zum ersten Mal in den Chroniken auftaucht. Das typische niedersächsische Bauernhaus hat noch bis nach 1945 das Ortsbild Alt-Ricklingens geprägt. Im 2. Weltkrieg ist dieser Stadtteil vergleichsweise glimpflich davongekommen. Außerhalb des Dorfkerns erhielt Ricklingen in den 50er Jahren sein heutiges Gesicht. Durch die Neubauten Ende der sechziger, Anfang der siebziger Jahre wäre das gewachsene Dorfbild beinahe gänzlich zerstört worden (z.B. die Wohnanlage »Vor dem Edelhof«, An der Bauernwiese). Eine Bürgerinitiative konnte später das Schlimmste verhindern.

Die Kapelle auf dem Edelhof ist das älteste erhalten gebliebene Gebäude Ricklingens (etwa um 1340). Sie diente bis zum 2. Weltkrieg abwechselnd den Protestanten und den Katholiken als Kirche, Gemeindesaal oder Konfirmandenraum. Während des Dritten Reiches hatte zeitweise die NS-Frauenschaft hier ihren Treffpunkt. 1943 brannte das historische Bauwerk halb aus und wurde vom Bauer *Großkopf* (gegenüber) kurzerhand zum Schuppen umfunktioniert. Eine Spendenaktion verhinderte den totalen Verfall; die Kapelle wurde für 35.000 DM wieder aufgebaut. Seit dem 1. Mai 1966 steht sie als beliebte Hochzeits- und Taufkapelle, aber auch für Kirchenmusik- und andere Veranstaltungen zur Verfügung.

Seit dem 1. April 1946 gab es im Herrenhaus auf dem Edelhof eine Schauspielschule, begründet von einem Vetter des Barons, dem Schauspieler Jürgen v. Alten. *Die Proben fanden in zwei Baracken, im Sommer auch oft auf der Veranda des Gutshauses statt. Einige Ricklinger erinnern sich noch an die Märchen, die sonntags nachmittags in einer der mit Holzbänken ausgestatteten Baracken ihre Kinderherzen höher schlagen ließen. 1950 wurde die Schule der in Hannover neu entstandenen städtischen Akademie für Musik und Theater als Fakultät Schauspiel angegliedert, aus der dann 1959 die Niedersächsische Hochschule für Musik und Theater entstand. Einige Schüler aus der »Ricklinger Zeit« sind bekannt geworden, z.B. der Fernsehschauspieler* Helmut Lange *und die erste NDR-Sprecherin* Eva-Maria Bodenstedt.

Gleich rechts im Eingangsbereich befand sich wahrscheinlich die erste Ricklinger Schule. Unter *Kantor Höpfners* Anleitung machte

Wohnanlagen vor dem Edelhof: Umstrittene Betonburg aus dem Bauboom der 60er Jahre

der Ricklinger Nachwuchs seine ersten Erfahrungen mit dem »Ernst des Lebens«. 1813 wurde dort ein neues, größeres Schulgebäude errichtet, das heute der Familie *von der Osten* als Wohnhaus dient.

⓫
Beekestr. 93

Ehemals beherbergten die schönen alten Fachwerkhäuser »Großkops Gastwirtschaft«, die nachfolgende Gaststätte »Zum alten Dorfkrug« dürfte älteren Ricklingern noch heute in guter Erinnerung sein. Im heutigen französischen Speiserestaurant »La Provence« trifft man sich wohl nicht mehr auf einen schlichten Feierabendschoppen, dafür kommen hier die Gourmets voll auf ihre Kosten. Der im Nebenhaus betriebene »Marché« bietet der nachwachsenden Ricklinger Generation ein Feierabendvergnügen, das ganz im Trend liegt: Hier kaufen Yuppies ihren Champagner, Alternative ihren Ökowein. Nebenbei gibt es Cappuccino und allerlei Schnick-Schnack.

Der angrenzende Bauernhof ist der letzte landwirtschaftliche Betrieb Ricklingens. Auf einer Wiese des Bauern Großkopf tummelten sich zeitweise auch Mitglieder des Arbeitersportvereins »Freie Turnerschaft Ricklingen«. Sie trainierten hier eifrig für die Arbeiter-Olympiaden, und die Ricklinger Fußballer gehörten sogar zur norddeutschen Spitze. Die politische Entwicklung machte 1933 dem Vereinsleben ein Ende.

⓬
Ricklinger Masch

Hinter dem Deichtor am Ende der Beekestraße liegt »Ricklingens bestes Stück«, die Ricklinger Masch. Das einstige Wassergewinnungsgelände der Stadt Hannover (seit 1878) war nach 1945 wegen seines Kiesvorkommens für den Wiederaufbau von besonderer Bedeutung. Heute ist das (seit 1953) ausgedehnte Landschaftsschutzgebiet, im Volksmund die »Kiesteich-Riviera« genannt, der heimliche Grund für die Umsatzsorgen der städtischen Freibäder. Zwar ist das Wasser sehr kalt und nicht gerade klinisch rein, und mit einer Riesenrutsche oder ähnlichen Attributen

Schön ist's an der Kiesteich-Riviera

eines modernen Freizeitbades kann hier auch nicht gedient werden,... aber — die Atmosphäre macht's! Hier geht alles nebeneinander: Die »Szene« trifft sich — und dies vorzugsweise hüllenlos — am Dreiecksteich, Seite an Seite mit Anglern, Spaziergängern und Fahrradausflüglern, und der Duft von knusprigen Bratwürstchen stammt nicht nur aus den Schrebergärten. Ganze Menüs werden hier am mitgebrachten Grill zubereitet. Für Groß und Klein, Alt und Jung wird an lauen Sommerabenden bei Gitarrenklang und nächtlichem Bad die norddeutsche Tiefebene für einige Stunden zum vollwertigen Ersatz für die Toskana.

Ungefähr in Höhe des Deichtores befand sich anfangs das Schwimmbad des Arbeiterschwimmvereins Aegir. Er wurde 1909 gegründet und hat zwei Jahre später — trotz der »erheblichen Bedenken, die die Verwalter der städtischen Schwimmbäder dagegen hegten und die erst zerstreut waren, als der Verein... ein einheitliches (keusches) Badetrikot festgelegt hatte« (Schweimler) — eine Damen-Schwimmabteilung gegründet. Weil das Bad im Hochwassergebiet lag, mußte nach der Saison von den Mitgliedern alles ab- und im Frühjahr wieder aufgebaut werden. Die Badestelle wurde von der SA vollständig zerstört. Doch die Aegiraner waren nicht unterzukriegen: Gleich nach dem Krieg bauten sie ihr Bad im Ricklinger Holz wieder auf (siehe S. 123).

⑬ Michaeliskirche Stammestr.

»Bis 1877 gehörten die Ricklinger zur Pfarrei Linden, und dahin war es ein beschwerlicher Weg, an dem — gottlob — auch manches Gasthaus lag«. Eine eigene Pfarrei erhielten die Ricklinger erst zehn Jahre später, so daß in der Zwischenzeit der Herr Pastor jeden Sonntag aus Linden in die Edelhofkapelle kam. Der Grundstein zum neuen Gotteshaus wurde am Michaelistag, dem 23.9.1887, gelegt, und genau ein Jahr später wurde es eingeweiht. Warum der Turm, entgegen der üblichen Kirchenbauweise, an der Ostseite steht, bleibt ein Ricklinger Geheimnis.

Die Chronik berichtet anno 1718 von einem regelrechten »Wasserkrieg«, den Ricklingen gegen Hannover führte: Der Grund war der Bau des Schnellen Grabens, den die Hannoveraner als Verbindung zwischen der Leine und der Ihme in der Masch anlegten, um alle ihre Mühlen gleichmäßig mit Wasser zu versorgen und um *ihre* Stadt — buchstäblich »einseitig« — vor Hochwasser zu schützen. Mehrere Beschwerden der Ricklinger, deren Ufer natürlich von der Stadt Hannover nicht befestigt und dadurch um so überschwemmungsgefährdeter wurden, führten erst zu Wiedergutmachungszahlungen, als diese sich »voller Tatendrang« und »bis an die Zähne bewaffnet mit Forken, Mist- und Eishacken, Axten und Barten« versammelten, um »wildentschlossen« zu zerstören, was die Hannoveraner gerade erst befestigt hatten.

An der Bauernwiese

Hochwasser in Ricklingen: Nicht nur ein Ärgernis

Das Dekret vergilbte in der Ablage und wurde irgendwann ungültig, doch das Hochwasser blieb. Am schlimmsten traf es Ricklingen im ersten Winter nach dem 2. Weltkrieg. Am alten Pfarrhaus in der Pfarrstraße, gleich neben der Eingangstür in Kopfhöhe, sieht man die Markierung für eine der größten Katastrophen in der Geschichte Ricklingens. Im Jahre 1951 wurde endlich damit begonnen, — aus Trümmerschutt — einen Deich zu bauen. Daß auch der beste Deich nur bedingt vor Überschwemmung schützt, wurde 1981 deutlich, als sich das Wasser seinen Weg über das Ricklinger Bad und die Kneippwiese bis hin zu einer Baustelle »An der Bauerwiese« suchte. Der Grund war

die für die Bauarbeiten des heutigen Studentenwohnheimes vom Bauunternehmen bedenkenlos beseitigte »Grenzeinfassung«, die, wie sich herausstellen sollte, in Wirklichkeit eine Flutmauer war. Den Ricklingern ist eine weitere Hochwasserkatastrophe diesmal vor allem durch günstige Witterungsbedingungen erspart geblieben.

Den Stadtteil Mühlenberg erreicht man am besten mit den Stadtbahnlinien 3 oder 7 vom Friedrich-Ebert-Platz aus. Inmitten wogender Getreidefelder entstand 1938 »am langen Berge« eine neue Siedlung Oberricklingens. Die Wettberger Mühle, die dem Stadtteil seinen Namen gab, stand noch bis 1944. Während des zweiten Weltkrieges war hier ein Lager für sogen. Fremdarbeiter — Arbeitssklaven für Hitlers Rüstungsproduktion. In einem Teil des Lagers wurde in den letzten Kriegsmonaten eine Außenstelle des KZ Neuengamme für etwa 500 Häftlinge eingerichtet. Bis zum Kriegsende sind 252 Todesfälle bekannt. Viele »wohnten« nach 1945 mangels Alternative weiterhin dort. Erst 1960 wurden die Baracken abgerissen.

»Vernichtung durch Arbeit« — Das Projekt KZ Mühlenberg

Wachsende Wohnungsnot und die Methode »Planieren statt Sanieren« in den gewachsenen Stadtteilen Hannovers, ließ Stadtplaner und Architekten auf dem Reißbrett einen Stadtteil auf der grünen Wiese konzipieren, der einmal »vorbildlich« sein sollte. Das Lieblingswort der Planer hieß »soziale Durchmischung«. Doch das Konzept blieb vorerst (buchstäblich) graue Theorie: 13stöckige Betonkästen wuchsen ab 1966 wie Pilze aus dem Boden, in deren Schatten einige wenige Reihenhäuschen und noch weniger Eigenheime gebaut wurden. Entstanden ist schließlich ein Stadtteil mit dem höchsten Sozialwohnungsanteil unter den Stadtbezirken. Der Mühlenberg hatte denn auch schnell sein Stigma weg: »Getto«. Eingezwängt in ein System von Schnellstraßen, und trotz (später) guter Anbindung durch die Stadtbahn, war und blieb er räumlich von Hannover »abgehängt«. In den Hochhäusern leben die sozial Schwächsten. Für den Mühlenberg gilt die »Faustregel«: je »niedriger« die Behausung, desto höher der soziale Status. Erst zwölf Jahre nach Baubeginn entstanden die notwendigen sozialen Folgeeinrichtungen und noch einmal zehn Jahre brauchte es, bis Einkaufsmöglichkeiten geschaffen waren. Heute charakterisieren ein Schnellimbiß, ein Restaurant, ein Café und ein Videoverleih das »Flair« des Stadtteils. Auf Beschluß des Ricklinger Bezirksrates sind die Straßen »auf dem« Mühlenberg nach Opfern des Nationalsozialismus benannt.

⓮ Mühlenberger Markt 1

Der Mittelpunkt des Stadtteils ist das Mühlenberger Zentrum, ein architektonisches Monstrum, das mehrere soziale und kulturelle Einrichtungen »beherbergt«. Auch der davorgelegene Marktplatz kann den ersten Schreck kaum mildern. Der hiesige Anna-Blume-Brunnen ist nach einem Gedicht von Schwitters über eine Geliebte benannt. Aber die danach vielzitierten »27 Sinne« kommen bei dem Anblick des Gebäudekomplexes jedenfalls nicht auf ihre Kosten.

Die Idee eines Bürgerzentrums für den Stadtteil nach der Devise des »alles unter einem Dach« wurde ursprünglich in einer Bürgerinitiative geboren und vorangetrieben. Vieles davon mag in die offizielle Planungskonzeption der Stadtverwaltung eingegangen sein. »...geradezu modellhafte Standortbedingungen für ein mehrfach genutztes soziokulturelles Zentrum... Die räumliche Mischung von Freizeit- und Lernaktivitäten mit merkantilen Nutzungen wird dadurch erreicht, daß sie sich um einen gemeinsamen Marktplatz gruppieren«, so steht es im Vorentwurf.

Entstanden ist ein fabrikähnlicher, unübersichtlicher Betonklotz, an dem das darmähnlich verschlungene Rohrsystem von innen nach außen gestülpt wurde. Die Rohre wurden freundlicherweise grellbunt gestrichen — statt Blumen sozusagen. Die Vorteile werden erst auf den zweiten Blick deutlich: Tatsächlich unter einem Dach befinden sich hier eine integrierte Gesamtschule, das Freizeit- und Bildungszentrum »Weiße Rose«, ein Jugendheim der Offenen Tür, eine Stadtteilbibliothek, ein Beratungszentrum mit jugendpsychologischem Dienst, Erziehungsbeiständen, Familienhilfe sowie Mütterberatung. Ein engagiertes Team von Lehrern und Sozialarbeitern hat von Anfang an dafür gesorgt, daß diese Möglichkeiten auch optimal genutzt werden. Ein Höhepunkt ihrer Arbeit war sicherlich die Beteiligung am 20. Deutschen Evangelischen Kirchentag im Juni 1983 in Hannover, für das »auf dem Mühlenberg« ein Friedenszentrum eingerichtet wurde:

⓯
Freizeitheim Ricklingen

Das Knotenkreuz

Für das während des Kirchentags hier geplante große Friedensfest hatte der Hannoversche Objektkünstler Hans-Jürgen Breuste *zusammen mit dem Kulturamt, der* »Weißen Rose« *und Lehrern ein Friedensprojekt entwickelt, bei dem in verschiedenen Phasen Bürger des Stadtteils — Kinder, Schüler und Erwachsene — beteiligt waren. Nach und nach entstand aus einer alten Blitzschlageiche aus der Eilenriede das Projekt: Ein dreidimensionales Eichenkreuz, das, nach dem Muster des Holzsteckspiels »Teufelsknoten«, als Auftakt beim Friedensfest von Katholiken und evangelischen Christen wie ein Puzzle gemeinsam zu einem christlichen* Knotenkreuz *zusammengesetzt wurde. Ein Nichtgelingen war vom Künstler ebenfalls eingeplant: In diesem Fall kippt die Konstruktion zu einer* Panzersperre *und symbolisiert auch so die Einigkeit der beiden großen christlichen Konfessionen beim gemeinsamen Bemühen um den Frieden.*

Eine Gedenktafel links vom Eingang des Kirchenzentrums erinnert an das KZ-Außenlager. »Hier und an anderen Orten, die ähnlich waren wie dieser...« So beginnt das Gedicht »Wir wollen uns erinnern« von Erich Fried, *das er als Ehrengast des Kirchentages am sogenannten »Friedensgedenkstein« (zwischen den Eingängen von IGS und Weiße Rose) vorgetragen hat: Zum Gedenken an die Arbeitssklaven des KZ-Außenlagers auf dem Mühlenberg, von denen viele die Vernichtungsmaschinerie des Naziregimes nicht überlebt haben.*

⓰
Canarisweg

Der Ruf des Stadtteils Mühlenberg, »Elendsquartier«, »Betonwiese« zu sein, wird in der Sackgasse Canarisweg gefestigt. Die Belegungsrechte für die Sozialwohnungen waren jahrelang ausschließlich bei der Stadt, die eine »soziale Durchmischung« besonderer Art produziert hat: Flüchtlinge — Eritreer, Chilenen —, ausländische Arbeitnehmer — vor allem Türken —, mehr als zwei Drittel Spätaussiedler aus Polen und der Sowjetunion, Arbeitslose und Sozialhilfeempfänger, darunter viele alleinerziehende Mütter, stellen heute den überwiegenden Anteil der Bewohner dar. Menschen aus zeitweise mehr als 30, z.T. gegeneinander kriegführenden Nationen leben am Canarisweg auf engstem Raum zusammen. »Die Infrastruktur des Canarisweg besteht aus zwei Kitas, drei Zigaretten- und einem Kaugummiautomaten, einem Briefkasten und einer Telefonzelle«, heißt es in einer Sozialstudie der Stadt aus dem Jahre 1987. Kein Wunder, wenn es da öfter mal knallt.

Vor allem zwischen den türkischen Jugendlichen und den jungen Spätaussiedlern ist seit Jahren »Zoff«. »Die Aussiedler sitzen in einem Boot und rücken den Türken auf die Pelle« (HAZ), vermuten Mitarbeiter des Jugendzentrums. Hier treffen sich vierzehn verschiedene Nationen, davon ein Viertel Türken, ein Viertel Spätaussiedler. Vor allem letztere sind besonders anfällig für rechtsextreme Parolen wie »Türken raus«, beobachteten die Sozialarbeiter. Es werden auch schon mal Fensterkreuze zu Naziemblemen umfunktioniert. Da nützt es gar nichts, wenn die Musikbox im Stehimbiß pausenlos »Don't worry, be happy« dudelt.

Mühlenberger Marktplatz, 1989

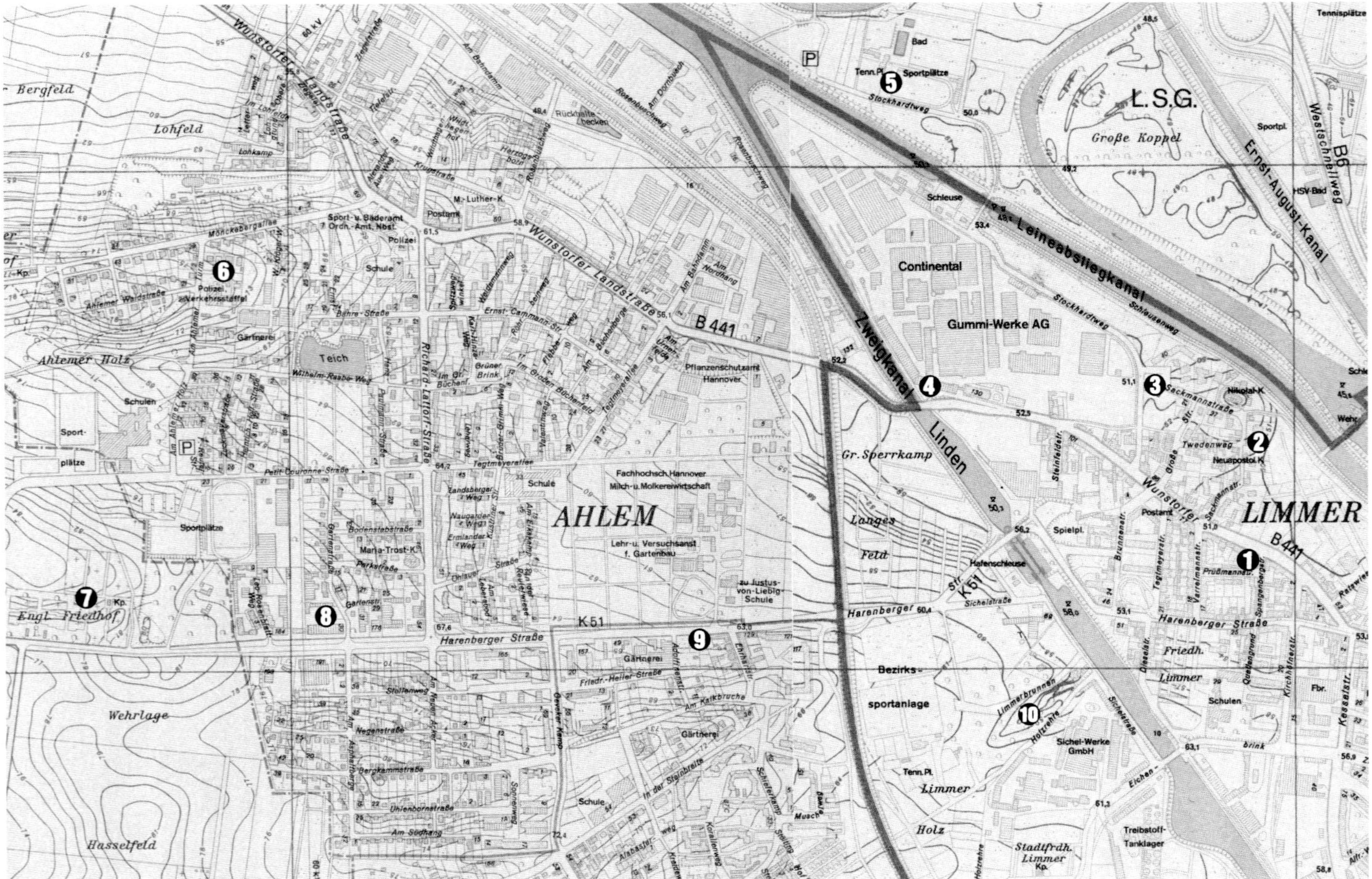

B6
Westschnellweg
Ernst-August-Kanal
Leineabstiegkanal
L.S.G.
Große Koppel
LIMMER
B441
Continental
Gummi-Werke AG
Zweigkanal
Linden
Gr. Sperrkamp
Langes Feld
Harenberger Straße
Bezirks-sportanlage
Limmer Holz
Stadtfrdh. Limmer
Sichel-Werke GmbH
Treibstoff-Tanklager
Stockhardtweg
Sportplätze
Schleuse
Hafenschleuse
Rosenbuschweg
Am Bahndamm
Wunstorfer Landstraße
Pflanzenschutzamt Hannover
Fachhochsch. Hannover Milch- u. Molkereiwirtschaft
Lehr- u. Versuchsanst. f. Gartenbau
AHLEM
zu Justus-von-Liebig-Schule
K51
Richard-Lattorf-Straße
Teich
Gartenstraße
Ahlemer Holz
Lohfeld
Bergfeld
Engl. Friedhof
Wehrlage
Hasselfeld
Kirchfeld
Sonnenweg
Gärtnerei
Adolfinenstr.
Ehrhartstr.
60 kV

Gummi, Schwefel und Asphalt

Limmer/Ahlem

Von Friedrich-Wilhelm Rogge

Ausgangspunkt: *Wunstorfer-/Harenberger Str., Linie 5, 14*
Endpunkt: *Wunstorfer-/Harenberger Str., Linie 5, 14*
Dauer: *ca. 2 Stunden; mit dem Fahrrad 1 Stunde*

»Pastor Sackmann sien Dörp«, der verschnörkelt-altertümelnde Schriftzug etlicher Autoaufkleber verrät es — Limmer gehörte zu dem Kranz von Dörfern, die Hannover bis zu ihrer Eingemeindung umgaben. Die etwas nostalgische Erinnerung an autolose Zeiten wird verständlich, wenn die tägliche »rush hour« einsetzt. Pünktlich zu den üblichen Stoßzeiten rumpelt die Blechkarawane der Pendler aus Hannovers westlichem Großraum im stop-and-go-Tempo über das Kopfsteinpflaster der Wunstorfer Straße. Sie gilt — zusammen mit der weiter stadtauswärts führenden Wunstorfer Landstraße — als wahre »Durststrecke«, allerding nur in verkehrsorganisatorischem, weniger in architekturhistorischem und schon gar nicht im wörtlichen Sinne. Dagegen sprechen die nahezu zwei Dutzend Kioske, Pommes-Buden, Kneipen und Speiselokale (nicht mitgezählt der Getränkemarkt) beiderseits der gut anderthalb Kilometer langen Durchgangsstraße.

Durchblick auf den Leineabstiegkanal

❶ Wunstorfer Straße

Noch heute läßt sich an der Bebauung der einstigen »Chaussee von Hannover nach Wunstorf« der Wandel Limmers vom Dorf zum Vorort für das Industriezentrum Linden erkennen. Die vielen Beschäftigten Lindens konnten in ihrer eigenen Stadt keine Wohnung mehr finden und zogen nach Limmer.

Harenberger Straße

Auch die Harenberger Straße, 1849 noch als »Chaussee nach dem Limmer Brunnen« bezeichnet, zeigt, daß sich seit Ende des 19. Jahrhunderts südlich des alten Haufendorfkerns zwischen die nur noch teilweise erhalten gebliebenen einstöckigen ländlichen Wohnhäuser und ersten Arbeitersiedlungen mehrgeschossige, häufig mit kleinen Ladeneinbauten versehene Mietwohnhäuser geschoben haben. 1909 wurden die Dörfer Badenstedt, Bornum, Davenstedt und Limmer in die Stadt Linden eingemeindet, die ihrerseits 1920 Stadtteil der Provinzhauptstadt Hannover wurde.

❷ Sackmannstr.

In Richtung »Alt-Limmer« treffen wir auf die Wirkungsstätte des streitbar-volkstümlichen Gottesmannes *Jobst Sackmann*, der um das Jahr 1700 an Limmers St. Nicolaikirche der um ihn versammelten Gemeinde auf Plattdütsch deftig-deutlich die Leviten gelesen haben soll. Noch viele Jahre nach seinem Ableben war die Erinnerung an ihn lebendig.

Im Umkreis des Gotteshauses, dessen Schiff aus dem Jahre 1791 stammt, und dessen Glockenturm erst 1898 angefügt wurde, zeugen vor allem im Bereich Sackmannstraße — Twedenweg — Große Straße noch einige, nach dem großen Brand von 1808 neuaufgebaute Häuser von dörflicher Lebensweise aus dem vorigen Jahrhundert.

❸
Sackmannstr./ Stockhardtweg

Sie ist leicht zu übersehen, die an der Ecke liegende, schlichte gußeiserne Gedenkplatte. Ihre Inschrift unternimmt den Versuch, sofern Worte überhaupt das unsagbare Leiden von Menschen auszudrücken vermögen, an das Schicksal der mehr als 1000 ins KZ Continental-Limmer verschleppten ausländischen Frauen zu erinnern:

An dieser Stelle befand sich von Juni 1944 bis April 1945 das KZ Limmer, ein Außenlager des Konzentrationslagers Neuengamme. Viele Hundert Frauen — vor allem französischer, sowjetischer und polnischer Nationalität — wurden hier unter unmenschlichen Verhältnissen in Baracken gefangen gehalten und von den damals Verantwortlichen zur Kriegsproduktion im benachbarten Continental-Gummiwerk und in den Brinker Eisenwerken gezwungen. Hervorzuheben sind die Solidarität der Frauen untereinander, die Anteilnahme der deutschen Arbeiterinnen und der mutige Widerstand gegen unerträgliche Prämien- und Arbeitsbedingungen. Kurz vor Kriegsende wurden die Frauen zusammen mit Häftlingen aus anderen hannoverschen Konzentrationslagern nach Bergen-Belsen getrieben. Das Schicksal der meisten blieb ungeklärt.

❹
Wunstorfer Str. 130

Fassade des Continental-Verwaltungsgebäudes

Auch heute noch gehört sie zu den ersten Adressen der bundesdeutschen Gummi-Industrie: Wunstorfer Straße 130

Mit der Produktionsauslagerung der bereits 1862 gegründeten »Hannoverschen Gummikamm Compagnie AG« (1912 »Excelsior«; 1927/28 von der Continental Gummiwerke AG übernommen) von der Striehlstraße in Limmers nordwestliche Feldmark verdrängte die Industrie um die Jahrhundertwende die Landwirtschaft allmählich. Die 1897/99 entstandenen Fabrikhallen sind inzwischen zerstört. Nur das Verwaltungsgebäude, ein aufwendiger Verblendziegelbau mit reichem gotisierenden Dekor, hat die Zeiten überdauert. Der während des Ersten Weltkrieges fertiggestellte Kanalanschluß begünstigte die Expansion des Werkes. Nach Plänen von *Franz-Otto Lutz* wurde 1920/22 der imposante viergeschossige Trakt am Zweigkanal Linden errichtet, eine der eindrucksvollsten Varianten klassizistisch anmutender Industriebaukunst der frühen 20er Jahre in Hannover.

Wie viele hannoversche Rüstungsbetriebe profitierte die Continental AH während der Spätphase des Zweiten Weltkrieges von der im Zusammenspiel mit der SS organisierten Ausbeutung der KZ-Häftlingsarbeit (Gasmasken-Ausstoß beim Conti-Werk Limmer im November 1944: 1.371.000 Stück). Eine Wiedergutmachung für

Werbeplakat für Continental-Reifen mit dem Slogan: »Bewährt an allen Fronten«; in Görings Zeitschrift »Vierjahresplan« 1941

die wenigen überlebenden ausländischen Zwangsarbeiter und -arbeiterinnen hat es nicht gegeben.

5
Leineaue

Vom *Landschaftsschutzgebiet* jenseits des Leineabstiegkanals aus überblickt man die den gesamten Nordwestteil Limmers beherrschende Rückfront des Conti-Geländes. Das weitläufige Überschwemmungsgebiet der *Leineaue* bietet Sonntagsspaziergängern, Joggern, Radlern, Badelustigen, Wasserball- und Kanusportlern ebenso wie Hobby-Kickern und schlichtweg Faulenzern und Tagedieben reichlichen Aktionsraum.

Nach Überqueren der malerisch wirkenden Zweigkanal-Brücke erreichen wir den westlichen Zipfel des erst 1974 nach Hannover eingemeindeten Stadtteils Ahlem. Kanalbau und Trassenführung der Güterumgehungsbahn verhinderten zu Beginn unseres Jahrhunderts, daß sich das alte Ahlemer Dorf nach Nordwesten ausdehnen konnte und rings um die Krugstraße begrenzt blieb. Das Heimatmuseum hält die Erinnerung an dörfliche Zeiten fest.

Der Ahlemer Turm

Mönckebergallee

❻ Ahlemer Turm

Auf der Mönckebergallee, einem ehemaligen Feldweg durch das Ahlemer Holz mit einem halbwegs erhaltenen Ensemble schmukker Eigenheimbauten der 20er und 30er Jahre, gelangt man zum Ahlemer Turm auf dem Mönckeberg. Um ein Haar wäre das 1897 nach Plänen des Lindener Architekten *Alfred Sasse* erbaute Ausflugslokal der Spitzhacke zum Opfer gefallen. Die Liste der Eigentümer, Betreiber, Bewohner und »Nutzer« dieses »Mehrzweckgebäudes« nimmt sich ebenso bunt aus wie die Geschichte der 1985 unter Denkmalschutz gestellten Anlage:

1929–1939 Restaurant und Kaffeegarten der bekannten Gastwirtsfamilie Carl Ehlers; *Verkauf an die »Nationalsozialistische Volkswohlfahrt« (NSV) im Jahre 1939; während des Zweiten Weltkrieges Umbau des Turmes zur Flakstation, auch zum Schutz des etwas weiter südlich installierten Gau-Befehlsstands des berüchtigten Nazi-Gauleiters* Hartmann Lauterbacher *vor Luftangriffen; nach Kriegsende Ausländerlager für Polen und Bulgaren; 1947–1956 Mädchenwohnheim der Arbeiterwohlfahrt; bis 1961 Arbeitslosen- bzw. Ostrückwanderer-Wohnheim des Evangelischen Hilfswerks der Inneren Mission; daneben 1950–1953 Ahlemer Grundschule unter Leitung des allseits anerkannten Nachkriegspädagogen* Alexander Aue, *nach dem 1983 der alte Durchgang zwischen Krug- und Wunstorfer Landstraße benannt wurde.*

Seit 1963 bzw. Ende der 70er Jahre umkreisen die »Weißen Mäuse« der Autobahnpolizei den Ahlemer Turm, zu gut (Amts-) Deutsch: er wird von den Beamten der Verkehrspolizeistaffel Hannover-Ahlem gemeinsam mit der Verkehrspolizeiinspektion Hannover »genutzt«.

Zwei Hinweisschilder entlang der beiden großen Ausfallstraßen nach Westen lenken die Aufmerksamkeit ein ums andere Mal auf historische Stätten besonderer Art: »Hanover War Cemetery« und »Gedenkstätte Ahlem« in weißer Schrift auf braunem Grund.

Eingang zum Englischen Soldatenfriedhof »Hanover War Cemetery«

❼ Englischer Friedhof

THEIR NAME LIVETH FOR EVERMORE (Ihr Name lebt auf ewig fort) verkündet inmitten des Eingangs zum »Englischen Friedhof« die in die Frontseite des sarkophagähnlichen weißen Marmorblocks gemeißelte Inschrift. Auf dem außerhalb der Stadtgrenze von der Commonwealth Kriegsgräber-Kommission in den frühen 50er Jahren angelegten Friedhof haben insgesamt 2.451 im Zweiten Weltkrieg gefallene britische Soldaten und Angehörige alliierter Streitkräfte die letzte Ruhe gefunden. Sämtliche Namen sind in einem im Außenwand-Schließfach der linken Wandelhalle verwahrten »Cemetery Register« von 1957 zusammengetragen. Zumeist recht persönliche Botschaften enthält das Besucherbuch (»Visitors Book«).

❽ Harenberger Str.

Ende November 1944 schleppten sich 750 Häftlinge des Neuengammer KZ-Außenlagers Continental-Stöcken von der Stelinger Straße in das am westlichen Ortsrand von Ahlem eingerichtete KZ-Außenlager. Sie sollten in den ehemaligen Asphaltstollen, etwa 500 Meter westlich der Einmündung der Richard-Lattorf-Straße beiderseits der Harenberger Straße, unterirdische Produktionsstätten für die Continental Gummiwerke und die Maschinenfabrik Niedersachsen Hannover (MNH) herrichten. Diese qualvolle Arbeit mußte bei bitterer Kälte, hoher Luftfeuchtigkeit und bei völlig unzureichender Ernährung in Schichtbetrieb ausgeführt werden. SS-Bewacher unter dem Kommando des Lagerführers *Otto (»Tull«) Harder,* besser bekannt als HSV-Fußballidol der 30er Jahre, und bestialisch wütende Kapos folterten und schikanierten die ausgemergelten Menschen. Daher war die Sterblichkeit unter den geschundenen Ahlemer KZ-Insassen besonders hoch. Ein Teil der Häftlinge wurde am 6. April 1945 auf den »Evakuierungs« — bzw. Todesmarsch zum KZ Bergen-Belsen geprügelt. Etwa 200 kranke und völlig erschöpfte Gefangene blieben in Ahlem zurück. Sie konnten vier Tage später von US-amerikanischen Truppen befreit werden.

Da außer den historischen Straßennamen »Am Asphaltberge« und »Stollenweg« heute so gut wie nichts mehr auf diesen Abschnitt der Ortsgeschichte hinweist, setzt sich eine Initiative Ahlemer Davenstedter Bürger für die Aufstellung eines aussagekräftigen Mahnmals ein, das unweit des »Englischen Friedhofs« an das Schicksal der nach hier verschleppten KZ-Häftlinge erinnern soll.

Die vom Landkreis Hannover getragene »Gedenkstätte Ahlem«

9
Harenberger Str. 130

dagegen hat bereits eine feste Anschrift. Das Gelände und die z.T. noch erhaltenen Gebäude der ehemaligen, 1893 vom hannoverschen Bankier *Alexander Moritz Simon* (1837–1905) gegründeten Israelitischen Erziehungsanstalt (1919 in »Gartenbauschule« Ahlem umbenannt) sind einzigartige, wenn auch stumme Zeugen für verschiedene Formen des Gestapo- und SS-Terrors während des Krieges. Bis zur zwangsweisen Schließung im Sommer 1942 waren mehr als 2000 Lehrlinge in unterschiedlichsten landwirtschaftlichen und handwerklichen Berufen an der ehemaligen Israelitischen Gartenbauschule ausgebildet worden. Ihr letzter Direktor, *Leo Rosenblatt* (1888–1944), und seine Familie fielen 1943 der Deportation nach Theresienstadt zum Opfer: sein Sohn *Gerhard* soll von dort nach Auschwitz weiterverschleppt worden sein; Leo Rosenblatt begleitete ihn freiwillig in den sicheren Tod.

»Sei stille, sonst kommst Du nach Ahlem!« — Zu dieser hinter vorgehaltener Hand verbreiteten Flüsterparole nur kurz einige Stichworte zum Wandel des einstigen Schulgeländes zu einer KZ-ähnlichen Stätte des Grauens:

seit September 1941 »Judenhaus« (eines von insgesamt 16 in Hannover); 1941–1944/45 Sammelstelle für die über den Lindener Bahnhof Fischerhof vorgenommenen Deportationen von mehr als 3.000 jüdischen Menschen aus Hannover und Umgebung in die Ghettos von Riga, Warschau, Trawniki und Theresienstadt und ins Vernichtungslager Auschwitz;

September 1943 bis 8. April 1945 Gestapo-(Außen-)Stelle und sog. Polizei-Ersatzgefängnis; Januar–März 1945 Ermordung von 72 vor allem sowjetischen und polnischen Häftlingen durch die SS (»Laubhütte«);

Eine Gruppe befreiter Häftlinge am Eingangstor des Konzentrationslagers Ahlem; 11. April 1945

22./23. August 1944 kurzfristige Inhaftierung von über 50 Regimegegnern aus dem Raum Hannover (Aktion »Gewitter«), u.a. von Kurt Schumacher, *(1895–1952; nach 1945 erster SPD-Vorsitzender),* Bernhard Pfad *(1885–1966; nach 1945 Mitbegründer der CDU in Hannover) sowie der späteren hannoverschen Kommunalpolitiker* Wilhelm Weber *(1879–1961; Oberbürgermeister 1946–1956) und* Karl Wiechert *(1899–1971; Oberstadtdirektor 1949–1963).*

Nach dem Krieg dienten die Gebäude als Flüchtlingslager. 1955 erwarb die Landwirtschaftskammer Hannover das Gelände und richtete hier die noch heute bestehende »Lehr- und Versuchsanstalt für Gartenbau« ein. Im Keller des ehemaligen Direktionsgebäudes informieren eine Ausstellung und Dokumentationsmaterial über die Geschichte und das Ende der ehemaligen Israelitischen Gartenbauschule in Ahlem.

Ansicht des Direktionsgebäudes der ehemaligen Israelitischen Gartenbauschule.

Unweit der Schleusenanlage Limmer stoßen wir auf den von einem Waldareal umgebenen »Limmerbrunnen«. Die beiden Villen zeugen noch von einer Zeit, als versucht wurde, rund um die Kuranlagen des hiesigen Schwefel-Solbades ein anspruchsvolles Villenviertel zu gründen. Von dieser Idee war bereits 1858 der »Führer durch die Residenz-Stadt Hannover« angetan:

⑩ Limmerbrunnen

»Limmer Brunnen, 3/4 Stunden weit von Hannover. Hier befindet sich eine im Jahre 1779 vom Botaniker Ehrhardt entdeckte Schwefelquelle, welche zum Gesundbrunnen eingerichtet wurde. Außer dem Badehause sind noch zwei Wirtshäuser an diesem von einem schattigen Gehölze umgebenen Orte, wohin man sowohl von Linden aus die Chaussee entlang, als auch durch die Herrenhäuser Allee, oder durch die Limmer Wiese über das Kunsthaus gelangen kann. Auch ist, wenigstens regelmäßig am Sonntage und Donnerstage, in den Sommermonaten eine Omnibusfahrt von Linden nach Limmer und zurück eingeführt, zum Preise von 2 Ggr. für die Person. Sowohl Sonntags als Donnerstags zur Sommerzeit finden sich daselbst zwei Musikchöre, welche Nachmittags im Freien, Abends im Saale zum Tanze spielen. Ein anderes Spiel fand zur Zeit hier statt, als die Franzosen das Land besetzt hielten, indem auf dem Limmer Gesundbrunnen eine die moralische und geistige Gesundheit vernichtende Spielhölle errichtet war. — « (»Führer durch die Residenz-Stadt Hannover«).

Das Haus des Badelokal-Verpächters *Wedekind* gehört zu den wenigen klassizistischen Bauten in Hannover: das früheste Wohngebäude des Hofbaumeisters *G.F.L. Laves* (1788–1864) stammt aus dem Jahr 1817; es stand ursprünglich als Gartenhaus der Kammerfrau *Beckedorf* an der Jägerstraße in Herrenhausen, von wo es 1883 in die idyllische Umgebung nahe dem Limmerbrunnen umgesetzt wurde. 1897 erhielt es einen Treppenturm und eine freistehende Remise mit Kutscherwohnung.

Von dem matten Glanz vergangener Zeiten, der selbst noch im Nachkriegsjahr 1951 auf die damaligen Betreiber des »Kurhauses Limmerbrunnen« fiel, ist heute nichts mehr übriggeblieben. *»Limmerbrunnen brannte wie Zunder«,* läutete die Hannoversche Allgemeine Zeitung am 24. August 1976 das Ende eines der traditionsreichsten Ausflugsziele und Vereinstreffpunkte ein.

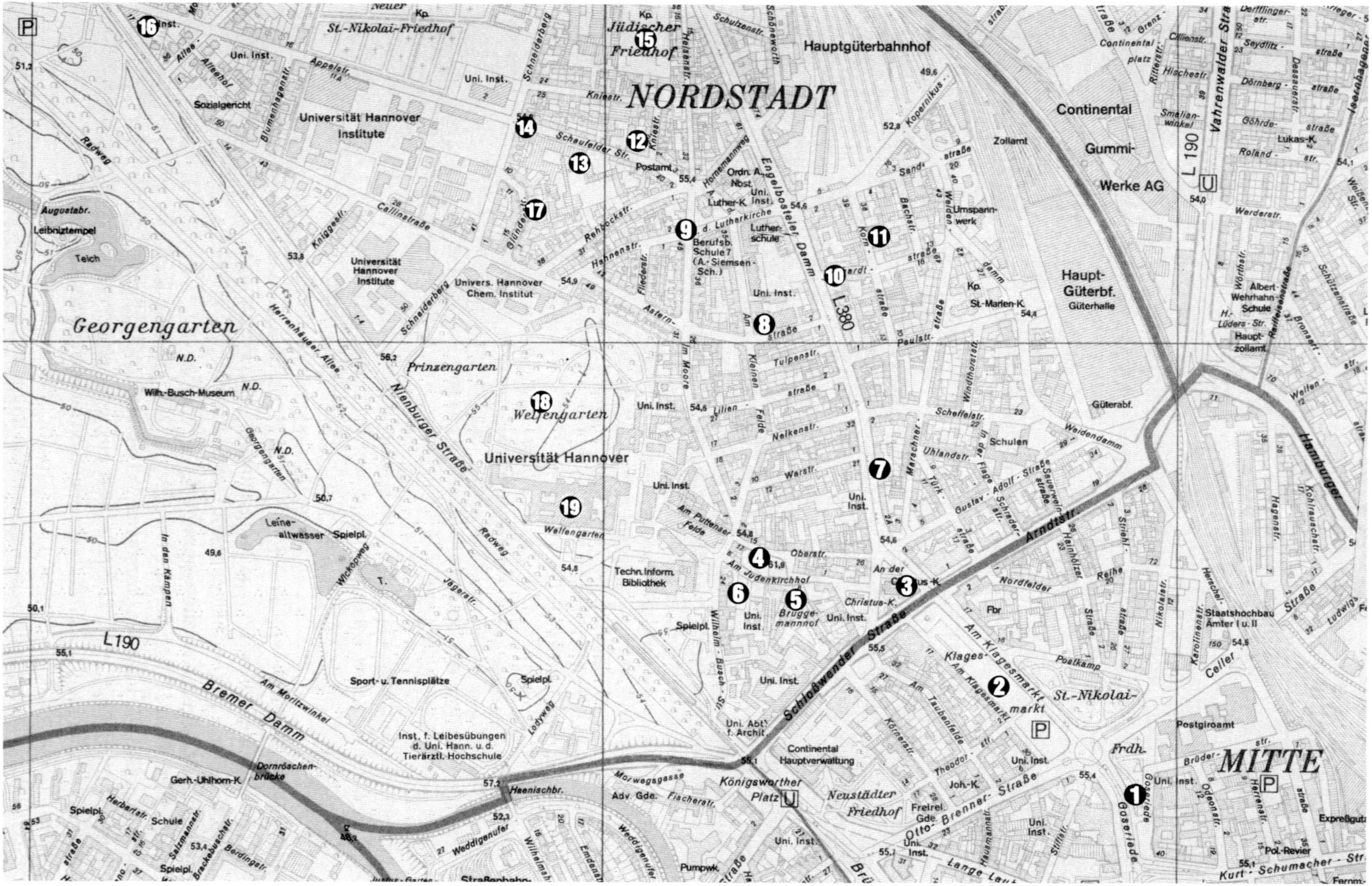
NORDSTADT
MITTE
Hauptgüterbahnhof
Continental Gummi-Werke AG
Haupt-Güterbf.
Güterhalle
Zollamt
Jüdischer Friedhof
St.-Nikolai-Friedhof
Universität Hannover Institute
Universität Hannover
Univers. Hannover Chem. Institut
Georgengarten
Prinzengarten
Welfengarten
Wilh.-Busch-Museum
Leibniztempel
Teich
Engelbosteler Damm
Nienburger Straße
Schloßwender Straße
Bremer Damm
Arndtstr.
Herrenhäuser Allee
Sport- u. Tennisplätze
Inst. f. Leibesübungen d. Uni. Hann. u. d. Tierärztl. Hochschule
Techn. Inform. Bibliothek
Continental Hauptverwaltung
Königsworther Platz
Neustädter Friedhof
Klagesmarkt
Postgiroamt
Staatshochbau Ämter I u. II
Sozialgericht
L190
L380

Zarte Versuchung, Kultur vor der Haustür

Nordstadt

Von Claudia Gröschel/Ingo Bultmann

Ausgangspunkt: Steintor, Stadtbahnlinie 1, 2, 5, 14, 6, 18
Endpunkt: Universität, Stadtbahnlinie 1, 2
Dauer: 3 Stunden

Die Nordstadt ist kein einheitlicher Stadtteil. Der Engelbosteler Damm, die Einkaufsstraße und Hauptverkehrsader, bildet die Grenze zwischen »eigentlicher« Nordstadt und der »Auch-noch«-Nordstadt im Osten.

»Schützenhus« auf dem Klagesmarkt 1665

Der östliche Teil des Viertels, vom Güterbahnhof »am Weidendamm« geprägt und immer schon eine eher bescheidenere Wohngegend, wurde durch die Bombardierung im Zweiten Weltkrieg nahezu vollständig zerstört. Aber auch westlich des »E-Dammes« wohnten in der Mehrzahl »kleine Leute«, die in den Handwerksbetrieben der Hinterhöfe oder in einer der vielen Nordstädter Fabriken ihr Brot verdienten. Vor allem in den nördlicher gelegenen Straßen lebten vorwiegend Arbeiter und Bahnangestellte. Im Süden zog die Nähe von Schloß und Welfengarten Beamte und Offiziere an, die später auch die weiter außerhalb gelegenen Villen Richtung Herrenhausen bewohnten. Arbeiter- und Bürgermilieu waren jedoch nie strikt getrennt. Prägte früher das Traindepot am Schneiderberg und die Schokoladenfabrik Sprengel den Stadtteil, ist es heute die Universität. Studenten-Pinten, eine Vielzahl alternativer Projektgruppen und Wohngemeinschaften in ehemaligen Arbeiter- oder Bürgerhäusern veränderten den Charakter der Nordstadt: Es dominiert die mit den Studenten eingekehrte »Szene«.

❶ Goseriede 4

Wer vom Steintor zum Klagesmarkt geht, kommt am Standort des ehemaligen Gewerkschaftshauses vorbei. 1910 errichteten es die hannoverschen Verbände als Versammlungs- und Verwaltungszentrum. Damit wurde die Nikolaistraße, heute Goseriede, und der angrenzende Klagesmarkt zum Brennpunkt sozialer Auseinandersetzungen. Als am 13.3.1920 in Berlin die Marinebrigade Ehrhard das Berliner Regierungsviertel besetzte und Generallandschaftsdirektor *Kapp* zum neuen Reichskanzler ausrief, reagierte die Gewerkschaftsführung in Hannover: Ein Aktionsausschuß aus Mitgliedern der SPD, USDP und KPD wurde gegründet, der Generalstreik ausgerufen. An verschiedenen Orten der Stadt kam es zu

Übergriff auf das Gewerkschaftshaus: die Hakenkreuzfahne wird aufgezogen

Zusammenstößen zwischen Arbeitern und der Reichswehr sowie bewaffneten Studenten, die mit Kapp sympathisierten.

Als am 15. März Reichswehrgeneral v. Hülshof, *Militärbefehlshaber von Hannover, zur Verstärkung das Sturmbataillon »Hindenburg« aus Buchholz in die Stadt einrücken ließ, kam es am Nikolaifriedhof zwischen den anrückenden Soldaten und den vor dem Gewerkschaftshaus wartenden Arbeitern zu einer blutigen Straßenschlacht. Der Reichswehreinheit gelang es, den Friedhof und den angrenzenden Klagesmarkt zu räumen. 6 Menschen wurden getötet und über 20 verletzt. Als daraufhin Arbeiter in das Gewerkschaftshaus eindrangen und dort gelagerte Waffen an die aufgebrachte Menge verteilten, drohte General v. Hülshof, das Gebäude zu stürmen. Am Dienstagmorgen entschloß sich der Aktionsausschuß die ausgegebenen und noch im Gewerkschaftshaus lagernden Waffen auszuhändigen. Währenddessen dauerte der Generalstreik an. Erst nachdem der Kapp-Putsch am 17. März zusammengebrochen war, entschloß sich die Versammlung der Betriebsvertrauensleute, den Streik in Hannover zu beenden.*

Volkswille 1924
»Egon, ich glaube, hierbei fliegen wir selbst in die Luft«

Mit der reichsweiten Zerschlagung der Gewerkschaften durch die Nationalsozialisten endet auch die Geschichte des Gewerkschaftshauses als »Burg der Arbeiterschaft«. Am 1. April 1933 überfielen und besetzten Sturmgruppen der SA und SS das Gebäude. Gewerkschafter wurden verhaftet, das Eigentum der Organisation beschlagnahmt und später der NSDAP bzw. der DAF

(Deutsche Arbeitsfront) überantwortet. Vor dem ehemaligen Gewerkschaftshaus erinnert heute ein vom DGB-Kreis Hannover gesetzter Gedenkstein an das gewaltsame Ende der Gewerkschaften und an die Verfolgung und Ermordung ihrer Mitglieder durch die Faschisten.

❷ Klagesmarkt

Der Klagesmarkt, im 16. Jahrhundert als Richtstätte entstanden, wurde ein frühes Zentrum des hannoverschen Vieh- und Pferdehandels mit überregionaler Bedeutung. Der Name des Klagesmarkts (wie auch der benachbarten Nikolaikapelle) leitet sich vom Sankt Nikolaus (plattdtsch. Sünte Klaas, später Sünte Klages) dem Schutzpatron der Reisenden ab, die auf den Fernstraßen am Steintor vorbei nach Norden und Osten zogen. Noch heute findet am Klagesmarkt an drei Tagen in der Woche ein Markt statt. Wenn der »Pöttemarkt« auf dem Platz Einzug hält oder — seit den 20er Jahren — im Frühjahr und Herbst der Jahrmarkt abgehalten wird, geht es bunt und lustig zu. Ältere Hannoveraner erinnern sich noch genau an das von einem biertrinkenden Pferd angetriebene Karussell mit dem Namen »Oh wie schön« zu dem der Besitzer *Karl Bode* die Trompete blies. An gewöhnlichen Wochentagen bietet der Platz dagegen das triste Bild parkender Autos.

Am Klagesmarkt 21

Am südlichen Ende erhebt sich das nach dem Krieg gebaute DGB-Hochhaus. Seit den 60er Jahren ist der Platz am ersten Mai Kundgebungsort des DGB. Den Standort des im Bombenkrieg zerstörten KPD-Parteihauses kann man heute nur noch schwer bestimmen. In dem Gebäude war neben der Bezirksleitung der Partei eine Arbeiterbuchhandlung und die Verlagsgenossenschaft untergebracht, die die kommunistische NAZ (Niedersächsische Arbeiter Zeitung) herausbrachte. Bis zu seinem Parteiausschluß wegen Abweichlertums im Januar 1926 war *Iwan Katz*, einer der führenden Köpfe der KPD, Landtagsabgeordneter und deutscher Vertreter bei der Kommunistischen Internationalen in Moskau, hier tätig.

❸ Christuskirche

Die Christuskirche markiert im Norden des Platzes den Eingang zum Stadtteil. In neugotischem Stil wurde sie 1859 im Auftrag König Georg V. auf der Fläche einer versandeten Viehtränke — dem »Ochsenpump« — erbaut und war bis zum Ende des 19. Jahrhunderts die einzige Nordstädter Kirche. Der Architekt war *Conrad W. Hase* (1818–1902); Dozent am »Polytechnikum Hannover« und Begründer der »hannoverschen Architekturschule«.

Christuskirche

Hase war durchdrungen vom Geist des Historismus. Er verlangte, daß »jede Form aus der inneren Aufgabe des Gegenstandes.. und aus der heimischen Überlieferung und Volksanschauung erwachsen müsse.« So verband sich mit einem Stil immer auch eine Idee von Gesellschaft. Bei Neubauten bestimmte das Thema die Wahl des Stils mit seinen jeweils besonderen Raum- und Formvorstellungen. Die Gotik galt den Deutschen Kirchen, der rote Backstein den Kirchen der norddeutschen Region als angemessen.

Hinter der Christuskirche gelangt man nach wenigen Schritten in den ältesten Besiedlungskern der heutigen Nordstadt. Bis zum

Markt auf dem Klagesmarkt um die Jahrhundertwende

Oberstr. 7

Zweiten Weltkrieg präsentierte die »UFA Oberstraße« mit 1400 Sitzplätzen eines der größten Kinos Hannovers, die Glitzerwelt des Films. Jeden Sonntag nachmittag gab es Jugendvorstellungen. 30 Pfennig kostete das Parkett, wer noch mal 45 Pfennig für eine Filmstarpostkarte zulegte, durfte auf den Seitenbalkonen Platz nehmen. Dort war die Sicht zwar schlechter, das Prestige des Platzinhabers jedoch besser. Wer wirklich etwas auf sich hielt, erstand für weitere 30 Pfennig ein Programmheftchen. Das gehörte zwar nicht zum laufenden Film, sondern zur Abendvorstellung der »Erwachsenen«, aber es gab dem Inhaber das Recht, auf dem begehrten Mittelbalkon Platz nehmen zu dürfen.

❹ Judenkirchhof

Im idyllischen Winkel um den alten Judenkirchhof ist von der Großstadt nichts mehr zu spüren. Der Friedhof selbst wurde bereits um 1550, damals noch weit vor den Toren der Stadt, auf einer Sanddüne inmitten von Weideland und Feldern angelegt. Nur durch eine Hecke geschützt kam es wiederholt zu Grabschändungen durch sandabfahrende Fuhrleute. 1671 wurde auf die dringende Bitte der jüdischen Gemeinde ein Schutzbefehl des zuständigen Amtsvogts von Langenhagen auf einer heute noch vorhandenen Steintafel publik gemacht.

Erst 1740 bekam der Friedhof eine schützende Mauer. Der älteste der erhaltenen Grabsteine ist der des *Salman Gans* (gestorben 1654) aus Hameln. Unter den Gräbern finden sich auch die der Vorfahren Heinrich Heines. Der Friedhof ist — von gelegentlichen Sonderführungen abgesehen — nicht zugänglich.

❺ Brüggemannhof

Das Gelände des Brüggemannhof gehörte einst zur berühmten Wachstuchmacherei Benecke. Bereits Anfang des 18. Jahrhunderts nahm dieser erste große Manufakturbetrieb der Nordstadt hier die

Produktion auf. Um 1900 wanderte sie nach Vinnhorst. Als »Schloßwender Garten« zwischen 1912 und 1924 von der Baugenossenschaft Spar- und Bauverein (siehe S. 98) errichtet, wurde die Wohnanlage 1947 nach dem Vorsitzenden des Vereins in *Heinrich Brüggemann* umbenannt. Den Namen »rote Burg« erhielt der Komplex wegen seiner Bewohner, Mitglieder der Genossenschaftsbewegung, zumeist Arbeiter und kleine Handwerker mit ihren Familien. Die Genossenschaftsbewegung, mehrheitlich sozialdemokratisch orientiert, galt als drittes Standbein der Arbeiterbewegung.

❻ Am Judenkirchhof 11c

Manche Bürger errichteten in den im 18. Jahrhundert entstandenen Gemüse- und Ziergärten auf ihren Gartengrundstücken im 19. Jahrhundert Häuser — das älteste noch erhaltene (erbaut ca. 1830) und heute als »das« Gartenhaus ein Begriff, steht gleich gegenüber dem Friedhof in einem verwilderten Garten. Das unter Denkmalschutz stehende Gebäude war um die Jahrhundertwende Gästehaus der Universität, stand später lange Zeit leer und drohte endgültig zu verfallen. 1975 wurde es von Studenten besetzt. Es bildeten sich Nachbarschaftsinitiativen zu seiner Erhaltung. Die Iranische Kulturwerkstatt und Bibliothek sowie ein deutsch-türkischer Kulturverein teilen sich die Räume, Asylantengruppen treffen sich, politische Seminare, Ausstellungen sowie deutsche Sprachkurse finden statt.

Am Puttenser Felde 8

Am Puttenser Felde steht ein weiteres ehemals besetztes Haus. Im Sommer flimmern im Hof Filme über die Leinwand; das »Putti« ist Veranstaltungsort des mobilen Straßenkinos. Die Kinocombo sieht in der »umsonst und draußen Version« keine Konkurrenz zu den etablierten Lichtspielhäusern: sich treffen, um mal zu gucken und miteinander zu reden: ein »Happening« und »Kultur vor der Haustür«.

Nördlich des Judenfriedhofes schließt sich ein Viertel typischer Gründerzeithäuser an, die hier die älteren, freistehenden Gartenhäuser weitgehend verdrängt haben. »Sie weisen die gleichen einfachen klassizistischen Formelemente auf, die Hofbaurat Laves 1853 für Logierhäuser für Lindener Arbeiter vorschlug, um die Illusion bürgerlichen Wohnens zu vermitteln.« Ein typisches Beispiel ist das Haus Warstraße Nr. 9, das zweitälteste Haus der Nordstadt (um 1855): Die ersten Mietshäuser waren oft 1 1/2 geschossige, freistehende Steinhäuser. Der Eingang ein paar Stufen erhöht. Hier wohnten einfache Leute, um 1857 beispielsweise ein Lokomotivführer, ein Weber, ein königlicher Haushofmeister und ein Lohndiener mit ihren Familien.

Warstr. 9

❼ Engelbosteler Damm 10

Der Internationalismus-Buchladen, 1970 mit dem Anspruch, Lektüre zu den aktuellen Themen der Linken bereitzuhalten,' als Ladenkollektiv von Deutschen und Ausländern gegründet, betreibt einen eigenen Verlag (z.B. 1977 Herausgabe des »Meskalero-Nachrufs«), ist Veranstaltungsort und Kommunikationszentrum der Linken.

»Im Moore« galt nach der Bebauung in der Gründerzeit bald als »feinere« Adresse. Vor allem die Häuser an der linken Straßenseite besitzen Vorgärten, großzügigere Wohnungen und besaßen sogar Privatpforten in den Welfengarten, der bis zum Kriege mit einer Mauer umgeben und nur zu den Öffnungszeiten zugänglich war.

Im Moore 13/21
Lilienstr. 2

Einige Häuser und Grundstücke sind heute im Besitz der Universität, das Institut für Russisch z.B. und das Haus Im Moore 21.

Vom NSDAP-Lokal »Lilie« gingen in den 30er Jahren mehrfach Überfälle auf die Arbeiterviertel aus.

Im Moore 24

Von großbürgerlicher Wohnkultur und dem entsprechenden Budget zeugt die 1881 von dem Architekten *Orgelmann* noch auf freiem Gelände errichtete und von ihm selbst bewohnte Backsteinvilla.

❽
Im Kleinen Felde 28

Neben einer der Nordstädter Bürgerschulen (heute Institut für Erdölforschung), befand sich früher, nicht nur an den großen Toren, sondern auch an den Verzierungen unter dem Dach und dem Glokkentürmchen zu erkennen, die Feuerwache. 1902 nach Plänen von *Otto Ruprecht* fertiggestellt, besaß sie bereits einen Automobil-Feuerlöschzug mit einer Höchstgeschwindigkeit von 16 Stundenkilometern. Heute hat hier das »Jugendzentrum Feuerwache«, dessen besondere Attraktion seit März 1988 das »Kinderkino Zampano« ist, Quartier genommen. Im November 1988 versuchte das erste Kinderfilmfestival, »Kinogucken« mit anschließender kreativer Verarbeitung des Erlebten zu verbinden. Durch Malen, Basteln und spielerisches Nachempfinden sollten Kulturkonsum und persönliche, aktive Beteiligung verknüpft werden. An der Ecke zur Asternstraße entstand 1980 aus der existenziellen Frage »Kein

Im Kleinen Felde 21

Bafög — was nun?« eines der inzwischen langlebigsten Kollektivprojekte Hannovers. Im »Was nun?« wirtschaften heute von anfangs zehn ehemaligen Kollegstudenten immerhin noch fünf für einen selbst festgesetzten Stundenlohn von 10 Mark und ohne Angestellte.

❾
Lutherkirche

Sternförmig gehen vom Platz um die Lutherkirche, für viele das Herz der Nordstadt, die wichtigsten inneren Verbindungswege der Nordstadt ab. Zahlreiche Lokale und kleine Lebensmittelgeschäfte haben sich hier angesiedelt: Mit der Kirche in der Mitte hat der Platz fast eine dörfliche Atmosphäre. Am 24. Juli 1898 wurde die Lutherkiche eingeweiht, nachdem die Christuskirche als bis dahin einziges evangelisches Gotteshaus dem Bevölkerungsanstieg der »Gründerzeit« nicht mehr gewachsen war. Die ursprünglich 58 Meter hohen Turmspitzen wurden nach der Bombenzerstörung 1945 nicht wieder aufgebaut, so daß die Kirche heute einen viel gedrungeneren Eindruck macht. An der Lutherkirche steht die letzte kombinierte Pferde- und Hundetränke Hannovers. Aus Granit gehauen war sie eine feste Station für die vom Güterbahnhof kommenden, hier vorbeiziehenden Fuhrleute. Der »Volkswille«, die Zeitung der Sozialdemokraten, berichtet 1932 über weniger beschauliche Szenen:

Die Lutherkirche

Volkswille von 1932
»Kopfüber hinab«

»Am Sonnabendnachmittag wurde eine Trauung in der Lutherkirche ›mit Keilerei und Tanzvergnügen‹ vorgenommen. Der Pfarrer in der Lutherkirche sollte den SA-Mann Fr. mit seiner Hitlerike in Uniform trauen. Er hat das zwar abgelehnt, aber es sich nicht verbeten, daß der ganze Anhang in Nazi-Uniform erscheinen kann. Der Erfolg dieser Toleranz in der Kirche war eine Schlägerei während der Traufeier. Die Nazis aus der Lilienstraße und Scheffelstraße waren in voller Uniform im Gleichschritt und in Marschkolonne (hatte die Polizei liebevoll ein Auge zugedrückt?) zur Kirche anmaschiert, hatten dort die Tür besetzt und kontrollierten sorgfältig, wer die Kirche betrat. Hatten außerdem den Gang, der zum Altar führt, besetzt und ließen ihre Hakenkreuzfahnen links und rechts vom Altar durch SA, mit Sturmriemen unterm Kinn, aufstellen. Als der Pfarrer das Nazi-Pärchen erwartete, wurde plötzlich von einem Kirchenbesucher gerufen: ›Wir von der Nordstadt dulden in der Kirche keine Nazifahnen!‹ Dieser Zuruf war genügend Anlaß für die SA-Leute, sofort die Schulterriemen abzumachen und dann ging es über die Bänke hin zu dem einen Zwischenrufer. Er wurde verprügelt, dann in ein Nebengelaß geschleppt, hier nochmals verprügelt und dann der Polizei übergeben. ... Und das spielte sich alles vor den Augen des Pfarrers und des Küsters ab. Der Pfarrer hatte soviel Lammsgeduld, zu warten, bis die Nazis den Mann, der blutete, abtransportiert hatten, dann nahm er sein Amt auf, als sei überhaupt nichts passiert. (...) In den Straßen der Nordstadt konnte man am Sonnabend nur eine einzige Meinung hören: wir werden der Kirche zeigen, daß wir hiermit nicht einverstanden sind. Diese Nazitrauung wird der evangelischen Kirche sehr, sehr teuer zu stehen kommen. Hunderte Austritte werden die Antwort gegen die Braunhemdenschläger in der Kirche sein.«

An der Lutherkirche 9

Das »Luthereck« gilt seit Anfang 1981 als neuer »Krug der hannoverschen Zunftgesellen«. Gemeint ist damit die älteste Zunft Deutschlands, die »rechtschaffenen fremden Zimmer- und Maurergesellen« mit ihren trompetenförmigen schwarzen Cordhosen und großen Hüten. Nach der Zerstörung des »Potthofes« im Zweiten Weltkrieg, der bis dahin der traditionelle Treffpunkt war, fanden sie im »Luthereck« eine neue Heimat. Als Zunftherberge bietet es jedem »auf Hannover zureisenden« Gesellen einen Begrüßungstrunk und ein Nachtlager gratis, im Winter auch freie Verpflegung für einen Tag. Zwei Zimmer des Gasthauses sind stets für sie reserviert, und im »Handwerkersaal« werden regelmäßig Gesellenabende abgehalten.

An der Lutherkirche 13

»Das Frauenlokal« zwei Häuser weiter bietet ausschließlich für Frauen einen angenehmen Rahmen für Begegnungen, organisiert Autorinnenlesungen, Ausstellungen, (Ulk-)Modenschauen und Livemusik. Jeden zweiten Samstag wird getanzt.

Im Moore 38

Schräg gegenüber beherbergt ein bis zu den Dachrinnen hin streng quadratisch und geradliniger Bau eine Mädchenschule. Nach dem Krieg zu Ehren einer bekannten Hauswirtschaftslehrerin und Erzieherin in »Anna-Siemens-Schule« umbenannt, war in diesem Gebäude bis in die 60er Jahre hinein auch das nordstädter Badehaus mit Wannen- und Duschbädern untergebracht: für die Frauen im Erdgeschoß, die Männer im ersten Stock.

⑩ Engelbosteler Damm 57

Ein Abstecher in den »anderen« Teil führt über den E-Damm. Dort, wo heute die Außenstelle der Stadtbücherei, neben »Woolworth« und dem Drogeriemarkt, ihre Räume hat, stand früher das »Union-Kino«: als Stummfilmkino vor dem I. Weltkrieg eingerichtet. An Wochenenden wurden die Filme von einem Klavierspieler und einem Geiger im Orchesterraum vor der Leinwand begleitet. Die Vorstellungen an Wochentagen mußten mit einer Schallplatte auskommen, und zwar wirklich nur mit einer: die Ouvertüre der »Leichten Kavallerie« von *Franz von Suppé,* egal ob Rudolfo Valentino oder Buster Keaton über die Leinwand flimmerte.

Hier begann am ersten August 1838 *Gustav Hornemann* aus Galläpfeln Tinte zu kochen und setzte damit den Anfang für das später von seinem Schwiegervater *Günther Wagner* an der »Podbi« erbaute Pelikan-Unternehmen (siehe S. 210).

Die Paulstraße führt direkt ins Zentrum des östlichen Teils: zur katholischen Marienkirche. Vor dem Krieg war sie, nach der Marktkirche, die zweithöchste in Hannover. Aber wie das gesamte umliegende Viertel wurde auch sie weitgehend zerstört und nicht in der gleichen Form wieder aufgebaut. Hinter dem »Weidendamm« schließen sich die Güterhallen des Bahnhofs und die qualmende »Skyline« der Continental-Gummiwerke an. Das flache Bürogebäude von *Wilhelm Bötticher* nimmt heute den Platz des bis zum Ersten Weltkrieg existierenden »Kaisersalon«, eines der Tanzlokale der Nordstadt, ein. Gegenüber dem islamischen Zentrum lauschen Boys und Girls mit breiten Hüten und grobkarierten Hemden den Klängen der Bluegrass-Fiddel. Gemeint ist das Nashville, Nachfolger des ersten (1974) Country- und Western-Clubs auf bundesdeutschem Boden, der ehemals in der Vahrenwalder Straße sein Domizil hatte.

Weidendamm 15

Weidendamm 8

Aktion am Muttertag 1987

Frauen — Bewegung — Treffs

Im März 1989 eröffnete das Frauen-Kollektiv des Annabee-Buchladens einen in vielerlei Hinsicht neuen Laden: Die Ladenfläche ist vergrößert, das Sortiment erweitert; auch Männer sind ab sofort als Kunden erwünscht. Der Annabee-Buchladen war das älteste existierende Projekt der hannoverschen autonomen Frauenszene. In den 70er Jahren trafen sich die autonomen Frauen zu Anfang in der ESG (ev. Studentengemeinde), später im Frauenladen in der Kronenstraße. Die Buchladenfrauen gaben 1976 den Anstoß zur Gründung des 1. hannoverschen Frauenzentrums. Buchladen und Zentrum, die sich die Räume in der Wittekindstraße teilten, waren links und feministisch. »Unsere Zielsetzung war die Veränderung der Gesellschaft. Bei einer revolutionären Entwicklung wollten wir, daß Frauen ihr mächtiges Wort mitzureden haben!« (eine Zentrumsfrau in »autoxa«). Im Herbst 1978 zog der Frauenbuchladen in die Hartwigstraße und das Frauenzentrum 1979 in die Nieschlagstraße. Auf dem Plenum des Zentrums wurden alle wichtigen Diskussionen der linken Alternativbewegung diskutiert und Aktionen mitgetragen. Schwerpunkt der Aktivitäten bildeten natürlich Frauenthemen und Aktionen gegen § 218, Gewalt gegen Frauen usw.

Kehrseite der feministisch-linken Radikalität war, daß das Frauenzentrum nie ein Begegnungszentrum für alle *bewegten* Frauen war. So wurde im Frühjahr 1986 ein Flugblatt diskutiert: »Ist das Zentrum eine Leiche?«, und gut ein Jahr später schloß das Zentrum seine Türen. Als nachfolgende Organisationen können das Frauen- und Lesbenzentrum, das sich in der Stärkestr. 15 trifft, und das Lesbenzentrum Bloody Mary am Lichtenbergplatz gelten.

In den 70ern wurden auch in Parteien und Gewerkschaften Frauengruppen aktiv, entstanden vielfältige Zusammenschlüsse von Frauen. Im Herbst 1979 trafen sich zum ersten Mal Frauen aus verschiedenen Frauengruppen im Raschplatzpavillon, um gemeinsam den Internationalen Frauentag am 8. März vorzubereiten. In den beiden Jahren davor hatte die demokratische Fraueninitiative (DFI) mit einer Großveranstaltung auch die Hannoveranerinnen an die beinahe vergessene Tradition des Frauentages am 8. März erinnert. Die Veranstaltungen wurden erfolgreich durchgeführt, doch der Streit zwischen »Radikalfeministinnen« und »Politfrauen« entzündete sich an der Frage: Dürfen Männer an den Veranstaltungen teilnehmen? 1980 unterlag die DFI mit ihrer Forderung nach Männerbeteiligung, und im Frauenbündnis wurde der »Männerstreit« mit »immer neuer Leidenschaft Jahr für Jahr aufs neue« geführt. Die gewerkschaftlich orientierten Frauengruppen wie DFI, ASF u.a. bereiteten gemeinsam den Friedensaktionstag der Frauen im Oktober 1983 vor und schlossen sich daraufhin zum »Weinladenbündnis« zusammen (so genannt, weil sich das Bündnis in »Birgits Weinladen« regelmäßig traf). Zur Vorbereitung des 8. März traf sich aber weiterhin das große Frauenbündnis, in dem das Weinladenbündnis 1985 aufging. Das Frauenbündnis Hannover begreift sich als Zusammenschluß von Frauen aus Initiativen, Parteien, autonomen Gruppen und Institutionen zu gemeinsamer politischer Arbeit. Die autonomen, radikalfeministischen Frauen bleiben dem Bündnis fern, tragen jedoch manchmal eine konkrete Aktion mit.

Hannover kann sicher nicht als Mekka der Frauenbewegung bezeichnet werden, und die lokale Regierung realisiert vergleichsweise schleppend frauenpolitische Forderungen. 1982 wurde die erste kommunale Gleichstellungsstelle in Köln eingerichtet. Aber erst1986 bekam Hannover ein Frauenbüro. Über die Arbeit des Frauenbüros (Roselerstr. 2) kann frau sich z.B. durch die vierteljährlich erscheinende Broschüre Nanana informieren.

In Hannover angesiedelt ist das renommierte Institut »Frau und Gesellschaft«, dessen Vorsitzende Rita Süßmuth bundesweit bekannt geworden ist. Die traditionellen Frauenverbände treffen sich regelmäßig im »Frauenarbeitskreis Hannover«.

An den Instituten für Soziologie, Politikwissenschaft und Psychologie sind jeweils 1–2 Stellen für Frauenforschung ausgewiesen. Ein »Arbeitskreis Wissenschaftlerinnen Hannover« trifft sich einmal im Monat. Im Wintersemester 1984 wurde am Institut für Politische Wissenschaft ein Frauenarchiv eröffnet (Öffnungszeiten: Di 11.00–13.30 Uhr und Fr. 11.00–13.00 Uhr; in den Ferien Di 11.00–13.00Uhr) und seit Anfang 1988 gibt es eine vorläufige Frauenbeauftragte der Universität, die Professorin *Regina Becker,* deren Aufgabe in der Erarbeitung eines Konzeptes zur Frauenförderung an der Universität besteht mit dem Ziel der Einrichtung eines Frauenbüros. Das vorläufige Frauenbüro ist Im Moore 21 ungebracht (Di 11.00–13.00 Uhr Sprechstunde, Tel. 762-4564). Seit ca. 7 Jahren wird vom Frauen- und Lesbenkollektiv des AStA in jedem Semester eine uniweite Ringvorlesung zu Frauenthemen veranstaltet.

Im November 1977 entstand Hannovers autonomes Frauenhaus, das der Verein Frauen helfen Frauen e.V. trägt. Seit 1987 hat der Frauentreffpunkt in der Bessemerstr. 4 seine Räume. Diese Beratungstelle ist aus einem Projekt der evangelischen Fachhochschule für Sozialarbeit hervorgegangen. Es bietet Frauen Beratung und hilft mit dem Notruf für vergewaltigte Frauen und Mädchen.

Das Lesbentelefon ordnet sich dem im Juli 1987 eröffneten »Lesbenzentrum Bloody Mary« zu. Jeden Mittwoch findet dort ein Plenum statt, und Sonntagnachmittag ist das Zentrum zum Kaffeetrinken und Klönen offen.

Im Mai 1976 erschien die erste Nummer der WIR-Frauenzeitung Hannover. Nach 7 Nummern wurde die Zeitung wieder aufgegeben. 10 Jahre später startete ein Kollektiv von 11 Frauen erneut den Versuch, eine stadtbezogene Frauenzeitung herauszugeben.

Eine Zeitung von Frauen für Frauen — autonom und toxisch — sollte sie sein. Nach 5 Nummern gab die Gruppe auf. Autoxa existiert als Frauengruppe weiter.

Bald feiert die Leinemetropole ihren 750. Geburtstag. Damit bei den Feierlichkeiten die weiblichen Bürger nicht ganz übergangen werden, hat sich ein Verein 750 Jahre Frauen und Hannover e.V. unter der Regie des Frauenbüros gegründet. Eines der Projekte sammelt Informationen über bedeutende Frauen Hannovers. Zum Stadtjubiläum soll ein Buch erscheinen, um auch andere Frauen als Kurfürstin Sophie Charlotte, Caroline Herschel und Charlotte Buff, das Lottchen aus Goethes Werther, die in Hannover gewirkt und gewohnt haben, nicht in Vergessenheit geraten.

Freizeit und Kultur

Anfang 1989 eröffnete das Frauen-Lokal An der Lutherkirche 13. Es soll nicht nur Treffpunkt für Frauen sein, sondern auch ein Forum für weibliche Kultur werden: Unbekannten Künstlerinnen soll Gelegenheit zu Ausstellungen, Lesungen und Auftritten gegeben werden. Aber auch Disco-Abende und Feten werden veranstaltet (Di—Sa ab 19.00 Uhr geöffnet, So ab 15.00 Uhr).

Seit kurzem gibt es das Campus in der Königstraße, eine Bar (Nachtclub) für Frauen (Di—Sa ab 20.00 Uhr geöffnet) und im BAD wird jeden letzten Sonntag im Monat eine Frauendisco veranstaltet..

Im Oktober 1987 wurde in der List »Die Villa«, ein kreatives Zentrum für die Frau gegründet. Dieser erste Club für Frauen in Hannover bietet Frauen die Möglichkeit, ihre Freizeit gemeinsam zu verbringen. Besonders Frauen ab 35 Jahren will die Klubgründerin *Jutta Schütze* ansprechen. »Wir sind nicht elitär — nur ein wenig exklusiv« sagen die Frauen über sich selber (Die Villa, Rubensstr. 12, Tel. 69 14 73).

Künstlerinnen gibt es in Hannover selbstredend viele, doch nur wenige, die ausschließlich oder überwiegend Frauenthemen darstellen, bzw. sich als Feministinnen verstehen. Das Lila Luder, ein Frauenkabarett, ist wohl das bekannteste. Das Frauenduo Kaktusblüte und die Gruppe Doppelaxt machen Musik und Theater von und für Frauen. In der Frauenbewegung aktiv und bekannt ist auch die sechzigjährige *Lilo Zack,* Mitglied der Doppelaxt und Frauenlyrikerin. Ihr wurde am 9. Januar 1989 der erste niedersächsische »Frauenpreis 88« der SPD-Parlamentarierinnen aus Land- und Bundestag verliehen.

Gudrun Henke

⑪
Kornstr. 28/30

Die Kornstraße ist bekannt geworden durch das unabhängige Jugendzentrum »Korn«. Mit 16 Jahren ist es mittlerweile das älteste der Republik. 1971 hatte die Polizei in Hannovers Arndtstraße den Versuch beendet, aus einem leerstehenden Haus per Besetzung das bundesweit erste autonome Jugendzentrum zu machen. Daraufhin gründete sich eine Initiativgruppe, die im Juli 1972 das Fabrikgelände in der Kornstraße anmietete. Die »Korn« wurde schnell zum Treffpunkt jugendlicher Subkultur. In den 70ern waren es die »Rocker« und AKW-Gegner, in den frühen achtzigern die Punks. Bundesweit wurde die »Korn« als Zentrum für Hard-Core-Punk und Hannover durch die von hier aus imitierten »Chaostage« bekannt. Mittlerweile ist »sie« wieder etwas ruhiger geworden. Seit

Der Engelbosteler Damm um die Jahrhundertwende

⓬ Schaufelder Str. 11-13

⓭ Sprengel-Schokoladenfabrik

die Stadt 1978 ihre Förderung strich, nahm die Finanzkrise kein Ende. Im Januar 1988 schließlich ersteigerte der Trägerverein der »Korn« die Gebäude.

In der Schaufelder Straße werden um die Nutzung zweier aufgelöster Fabrikgelände vehemente Gefechte geführt.

In der ehemaligen Aufzug-Fabrik »Hävemeier und Sander« haben sich mehrere Projektgruppen und Alternativbetriebe zum »Werkhof e.V.« zusammengeschlossen. Neben der Goldschmiedewerkstatt werden Greenpeace-Aktionen erörtert, Stadtplanungs- und Landespflegebüros versuchen, sich einen Namen zu machen, auch die Redaktion von Hannovers politischem und kulturellem Stadtmagazin »Flex« hat hier ihren Sitz.

Am vehementesten wird um die ehemalige Sprengel-Schokoladenfabrik mit ihren Nebengebäuden gestritten. 1980 schloß das Werk an der Schaufelder Straße; 2.800 ArbeiterInnen waren »abgebaut« worden. 1981 erwarb der Hamburger Spekulant *Jens Jensen* das Gelände. Der SPD-Stadtrat gestattete den Abriß und eine besonders dichte Bebauung mit schicken neuen Wohnungen im Rahmen der Nordstadtsanierung. Fünf Jahre später war Jensens Firma pleite, die Sprengelgebäude heruntergekommen. Als die Stadt im Begriff stand, das Gelände aus der Konkursmasse zu kaufen, und gemäß des SPD-Planungsvorhabens einen Großteil der Gebäude zugunsten von Grünanlagen abzureißen, wurde das Gelände unter dem Motto »Wohnen und arbeiten in einer ehemaligen Fabrik« besetzt. Schnell weitete sich der Konflikt zwischen Stadt und BesetzerInnen aus. Von »krimineller Situation« und »rechtsfreiem Raum, der nicht geduldet werden könne« sprachen die einen, vom »antiimperialistischen Kampf gegen Rechts« die anderen. Seither schwankten Stadtpolitiker und Verwaltung zwischen Räumen und Verhandeln.

Ob die »zarteste Versuchung seit es besetzte Häuser gibt« weiter bestehen kann? Zur Zeit wird über eine Trägergemeinschaft nachgedacht, die das Gelände erwerben soll, um den Erhalt der Gebäude und die Nutzung als alternatives Wohn- und Arbeitsprojekt zu ermöglichen. Inwiefern solche Pläne den BesetzerInnen akzeptabel erscheinen, bleibt jedoch vorerst offen.

Im ehemaligen Sprengel-Verwaltungstrakt war früher eine Kofferfabrik untergebracht. Hier verhaftete im November 1934 die Gestapo Herta Petermann-Durbeck. *Sie gehörte dem Kommunistischen Jugendverband Deutschlands an, und war am Widerstand gegen das NS-Regime aktiv beteiligt. Zusammen mit ihr fielen der Gestapo* Martha Schlieker *aus der Bachstraße,* Heinz Beike *aus der Nelkenstraße,* Heinrich Sebastian *und* Paul Zborala *aus der Kornstraße sowie wenig später* Heinz Bode *in die Hände. Heinz Beike erinnert sich daran, wie schwer es war, ihre Zeitschrift »Die Junge Garde« herzustellen und zu verteilen: »Die Beschaffung einer Schreibmaschine, der Wachsbogen, der riesigen Papiermengen, eines Abziehapparates war für Lehrlinge ein finanzielles Problem. Und als wir alles hatten, begann die Schwierigkeit: wo kann man Schreibmaschine schreiben? Nachbarn durften das Klappern nicht hören. Man mußte beim Transport von Papier und fertigen Zeitungen aufpassen ... oft haben wir auf unser Frühstücksbrot verzichtet, aber alle waren von der Notwendigkeit der Aufgabe so überzeugt, daß sie die Schwierigkeiten meisterten.«*

Schaufelder Str. 30

Zwischen Kofferfabrik und dem alten Sprengel-Fabrikgebäude steht die ehemalige Bürgerschule, heute Sitz des Stadtteilzentrums mit den verschiedensten Einrichtungen der Mieter- und Ausländer-

Sprengel: »Die zarteste Versuchung seit es besetzte Häuser gibt«

Am Schneiderberg

beratung, Bildungsveranstaltungen, Kooperativen und Projekte, Wissenschaftsladen und Fahrradwerkstatt. Und seit neuestem gibt es hier wieder ein Nordstadtkino. Das »Kino im Sprengel«, im Frühjahr 1988 gegründet, konnte im Januar 1989 bereits die zweiten »Nordstadt Film- und Videotage« feiern, eine der seltenen Gelegenheiten, vorwiegend Kurzfilme bislang unbekannter Autoren und Autorinnen dem Publikum zu zeigen.

⑭ Schneiderberg 27

An der Ecke zum Schneiderberg lockt die traditionsreiche Gaststätte »Kaiser«, berühmt für ihre »köstliche Currywurst« und andere hausgemachte Spezereien. Seit 1896 war sie im Familienbesitz der Kaisers, 1970 wurde sie von dem jetzigen Wirt Franke übernommen. Studenten und Arbeiter kehren ein. Professoren treffen sich zum Mittagstisch, und abends bildet der Anflug von Pub-Atmosphäre den Rahmen für politische Versammlungen, Skatrunden oder Zusammenkünfte der alternativen Sportler.

Kniestr. 18

Die Kniestraße, als Arbeiterstraße bekannt, wird im Volksmund die »Königliche Gelenkstraße« genannt. Die 1895 hier angesiedelte erste europäische Telefonfabrik der Brüder Josef und Emil Berliner (siehe S. 210) ist verantwortlich für diesen Namen. In der Kniestraße soll sich die erste Schallplatte in Europa gedreht haben. Die Brüder Berliner waren die »königliche« Prominenz der Nordstadt.

Kniestr. 9/10

In der Kniestraße Nr. 9/10 verwertet das Recycling-Projekt Nordstadt der Werkstattschule verschiedenste »Abfälle«, die dort von den Anwohnern abgegeben werden können. Die Heisenstraße ist eine der ältesten Straßen der Nordstadt, angelegt in den 1850er Jahren von einem Hufschmied namens Heise, der zu diesem Zweck das Land vom Hofapotheker Brandes erwarb. Heise leitete damit

Gefallene Söhne und imposante Erbbegräbnisse

1859 erwarb die Jüdische Gemeinde einige damals weit vor der Stadt liegende Grünflächen für ihre neue Friedhofsanlage, heute: An der Strangriede 55. Nach *Edwin Opplers* Bauentwurf wurde die Straßenfront repräsentativ gestaltet durch eine Predigerhalle mit symmetrisch angelegten Nebengebäuden (Einweihung 1864; das östliche Gebäude wurde 1945 zerstört). Dieser Friedhof ist ein Dokument für die Entwicklung des hannoverschen Judentums in den Jahrzehnten zwischen Emanzipation und Nationalsozialismus.

Der hinter der Predigthalle beginnende Hauptweg fürt zum Mittelrondell mit den Grabstätten der Landrabbiner *Samuel E. Meyer* (1819—1882) und *Samuel Freund* (1868—1939), dahinter zur Ehrenreihe der »für das Vaterland gefallenen Söhne 1914—1918«. Von dieser Stelle aus lassen sich die verschiedenen Gräberfelder gut überblicken und in ihrer Anlage vergleichen: die älteren — bis zur Jahrhundertwende belegt — zur Straße hin, die jüngeren im hinteren Teil des Friedhofs. Hier die schlichten Reihengräber, dort die Einzelgrabstellen und die großen Familiengrabanlagen.

Das Streben der jüdischen Bürger nach gesellschaftlicher Integration und Anerkennung hatte zur Aufhebung traditioneller jüdischer Beisetzungsregeln geführt: Es erschienen Inschriften in deutscher Sprache, Erbbegräbnisse wurden zugelassen, Grabsteine individuell und prachtvoll gestaltet. Zunehmend hatte sich bei den Gemeindemitgliedern die Vorstellung durchgesetzt, daß die im Leben erreichte soziale Stellung der Nachwelt sichtbar gemacht werden sollte. Dies verändertes Selbstverständnis war eine Folge des sozialen Aufstiegs innerhalb der bürgerlichen, zugleich christlich geprägten Gesellschaft.

Das wohl imposanteste Erbbegräbnis liegt an der östlichen Friedhofsmauer: es wurden für die Familie *Joseph Berliners* (1858—1938) errichtet, dessen Name mit der Gründung zweier bedeutender Industrieunternehmen, der »Telefonfabrik« und der »Grammophon« verbunden ist. Nicht weit von dieser Stelle liegen die einfach gestalteten Grabstätten *Louis Kugelmanns* (1828—1902) und der Eltern *Theodor Lessings.* Gegenüber, an der westlichen Mauer, finden sich die Gräber des Synagogenbaumeisters *Edwin Oppler* (1831—1880) und des Kaufmanns *Daniel Heinemann* (1804—1875), der 1867 als Vorsitzender der Jüdischen Gemeinde zum hannoverschen Bürgervorsteher gewählt wurde. Wenige Schritte entfernt wurde die großartige Grabstätte für den Bankier *Moritz Simon* (1837—1905), den Initiator und Stifter der Gartenbauschule in Ahlem, errichtet mit der programmatischen Inschrift:»Nicht durch Almosen, sondern durch Erziehung zur Arbeit kann unseren armen Glaubensgenossen geholfen werden.« In der südwestlichen Ecke des Friedhofs erinnert die Grabanlage der Familie *Elsbach* und *Frank* an das damals bekannte Textilkaufhaus Ecke Osterstraße/Gr. Packhofstraße, das 1936 von den Nazis »arisiert« wurde.

Die zwischen 1982 und 1988 restaurierte Alte Predigthalle ist als erster und — nach den Synagogenzerstörungen am 9.11.1938 — letzter noch stehender Sakralbau *Edwin Opplers* ein Baudenkmal von einzigartiger Bedeutung. Aber die Halle ist zugleich ein historischer Ort als Gedenkstätte der Jüdischen Gemeinde mit den Tafeln für die 124 Gefallenen des Ersten Weltkriegs und als eines der berüchtigten »Judenhäuser« ab September 1941. Gemäß den Befehlen der hannoverschen Gestapo wurde die Halle für mehr als 100 Menschen zum letzten Aufenthaltsort vor deren Deportation in die Nazi-Vernichtungslager.

Seit 1988 ist in der Alten Predigthalle eine Dauerausstellung »Juden in Hannover« aufgebaut; Öffnungszeiten können in der Jüdischen Gemeinde (Tel. 81 27 62) erfragt werden. Der Friedhof Strangriede kann jedoch — abgesehen von den jüdischen Feiertagen und dem wöchentlichen Schabbat — täglich besucht werden; männliche Besucher sollten eine Kopfbedeckung tragen.

Peter Schulze

eine neue Entwicklung ein. Handwerker erwarben Grundstücke und errichteten Häuser, um Wohnungen vornehmlich an Arbeiter weiterzuvermieten. Das Haus Heisenstraße Nr. 31 ist eines der ältesten der Nordstadt, mit Fachwerk und alter Inschrift.

Heisestr. 31

⑮ An der Strangriede 55a

An der Strangriede liegt der zweite, viel größere jüdische Friedhof Hannovers (siehe S. 155). Daneben wieder zwei aufgelöste Fabriken: die Eisengießerei Pruß und die ehemalige Wolle- und Wattefabrik. Jenseits des Schneiderberges führt die Straße zwischen zwei Mauern entlang: Rechts verbirgt sich der Komplex des Nordstadt-Krankenhauses; mit vielen Pavillons, Neben- und Wirtschaftsgebäuden ist es eines der größten Krankenhäuser Hannovers. Als zweite städtische »Hauptkrankenanstalt« wurde es um die Jahrhundertwende gebaut.

Herrenhäuser Kirchweg 20

Wer edel speisen möchte, ist in Stern's Restaurant »Georgenhof« richtig. Es steht in einem großen, altbewachsenen Gartengrundstück. Von Kletterpflanzen umwuchert ist eine romantische Kunstruine — übriggeblieben von dem in den 1880er Jahren von dem Bankier *Moritz Simon* dort angelegten Park — zu bewundern. An der Kreuzung von Herrenhäuser Kirchweg und Nienburgerstraße erhebt sich weiß strahlend das »Parkhaus« vom Architekten *Max Küster* als Konzerthaus und Ausflugsgaststätte 1895 erbaut. Das »Parkhaus« besteht, wenn auch ursprünglich in anderer Bauart, seit 1875 und diente damals den Besuchern Herrenhausens »zur körperlichen Erquickung und gegen die Unbilden der Witterung«, und die Kapelle des »Dritten Garderegiments zu Fuß« sorgte für Unterhaltung. Auch später blieb das Parkhaus »eine der beliebtesten Amüsierstätten am Rande der Stadt«, in die in den 20er Jahren Saxophon und Charleston einzogen. Im Zweiten Weltkrieg zerstört, wurde es bis 1965 wieder aufgebaut, ging aber im Anschluß daran in den Besitz der Uni über. Allerdings wird die Atmosphäre des Instituts für Geobotanik heute statt von schummrigen Kronleuchtern von Neonröhrenlicht bestimmt. Aber nach wie vor hat man von hier aus einen herrlichen Blick über den Georgengarten und die Herrenhäuser Allee.

⑯ Nienburger Str. 17

Die Callinstraße führt an dem alles überragenden Hochhaus der Universität vorbei. Davor ein Kasernenbau aus rotem Backstein, Überreste des alten Traindepots, auf dessen ehemaligen Flächen heute große Teile der Universität stehen.

⑰ Glünderstraße

Musterbeispiel für eine geschlossene bürgerliche Prachtstraße ist die kunstvoll geschwungene Glünderstraße, deren Fassaden eine

Die »Fälle« Lessing und Brückner

»Theodor Lessing und Peter Brückner. Ich habe den späteren Volkszorn um meinen hannoverschen Kollegen Brückner stets zugleich als Reminiszenz des Falls Lessing empfunden.« So urteilte der »Vater« des Hannoverschen Germanistischen Seminars *Hans Mayer* über die Vorgänge an der Universität Hannover, die als »Fälle« in die Universitätsgeschichte eingingen.

1982 startete an der Universität der damalige Allgemeine Studentenausschuß eine Initiative, die zum Gedenken an *Theodor Lessing* forderte, daß die Straße »Welfengarten«, als offizielle Postanschrift der Uni, in »Theodor-Lessing-Platz« umbenannt werden sollte.

Lessing war von 1908 bis 1928 an der TH Hannover Privatdozent der Philosophie. Seine Bekanntheit erlangte er weniger auf diesem Gebiet, als mit seinen Veröffentlichungen, die dem damals allgemein herrschenden Zeitgeist widersprachen. 1925 wurde er zum ersten Mal von Hannovers Öffentlichkeit stark angefeindet, weil er als Beobachter des Haarmann-Prozesses sozialpsychologisch nach den Lebensumständen fragte, die Haarmann erst zum »Werwolf« — so sahen und bezeichneten ihn Hannoveraner — gemacht haben, und zu dem Schluß kam, daß dies kein Fall für das Gericht, sondern für Psychologen sein müßte. Das Todesurteil bezeichnete er als »Justizmord«. Zur Vertreibung als Dozent von der Universität kam es dann endgültig ein Jahr später, aufgrund eines Artikels, den Lessing zur Reichspräsidentenwahl am 25.4.1925 im »Prager Tageblatt« über Hindenburg, dem damaligen Liebling der Hannoveraner, eine Charakteranalyse veröffentlichte, die Hindenburg als »Zero«, als Null bloßstellte, die immer fragen würde, »wo kann ich dienen?«. Die gerade deshalb zur Gefahr werden könne, da die Geschichte zeige, »daß hinter einem Zero immer ein künftiger Nero verborgen steht.« Daraufhin entfachten konservative und reaktionäre Kreise der Universität, denen beste Verbindungen zu *Hugenberg* nachgesagt wurden, eine Pogromstimmung. Vorlesungen wurden gestört, bis sich auch der preußische Kultusminister nicht mehr gegen die Studenten und die mit ihnen offen sympathisierenden großen Teile der hannoverschen Öffentlichkeit durchsetzen konnte. Lessing bekam einen privaten Lehrauftrag, den er bis 1933 in Hannover ausüben konnte. Dann errang der von ihm 1925 vorausgesehene Nero *Hitler* die Macht. Lessing floh nach Marienbad, wo er am 30.8.1933 von NS-Schergen ermordet wurde. Der Jude Lessing hatte offensichtlich so große Symbolkraft, daß er zu einem der ersten Blutopfer der Nationalsozialisten wurde.

Aus dem Antrag zur Umbenennung der Postanschrift der Uni wurde der Beschluß, das Gebäude, in das die Fachbereichsbibliothek der Sozialwissenschaftler damals gerade neu eingezogen war, in »Theodor-Lessing-Haus« umzubenennen. Der Künstler *Detlef Kappeler* bot sich an, ein Bild als Kunstwerk für die Außenfassade kostenlos zu erarbeiten. Dies wurde zwar akzeptiert, aber es geschah etwas, was für die professorale hannoversche Hochschulöffentlichkeit gänzlich untragbar erschien: Auf dem Gemälde war nicht nur Lessing und der Zug nach Auschwitz zu erkennen, sondern auch das Konterfei des 1982 verstorbenen Psychologieprofessors an der Uni Hannover *Peter Brückner*. Das offensichtlich schmerzlich Verdrängte fand so seine öffentliche Wiederkehr.

Brückner wurde zweimal suspendiert: 1972 unter dem Verdacht, *Ulrike Meinhof* bei sich übernachtet lassen zu haben und 1977, nachdem er den Nachruf auf den gerade von der RAF ermordeten Generalbundesanwalt Buback eines Göttinger »Meskaleros« mit 48 anderen Kollegen neu publiziert hatte. In diesem Nachruf empfand der unbekannte Verfasser »klammheimliche Freude« über die Ermordug des Generalbundesanwaltes, um sich aber im weiteren von der Tat zu distanzieren. Der Nachruf wurde in der gesamten westdeutschen Presse sinnentstellt zitiert und gegen politisch Andersdenkende Stimmung gemacht. Brückner distanzierte sich von seinem Veröffentlichungsschritt nicht, sondern versuchte, als Psychologe den Blickwinkel anderer empathisch einzunehmen, um über die tatsächlich gemachten Aussagen des Aufrufs und deren Zusammenhänge aufzuklären. Diese Methode, die die Wahrheit durch Verständnis suchte und den Wert bürgerlicher Aufklärung darin sah, gegen den Versuch gesellschaftlicher Ausgrenzung Stellung zu nehmen, war für die Landesregierung eines deutschen Beamten nicht angemessen. Brückner blieb praktisch bis zu seinem Tode, trotz fehlender Nachweise seiner Schuld, aus der Universität ausgeschlossen.

Das Bild Kapplers, dessen »Verdienst« laut der Studentenzeitung TANZ darin bestand, »die Hinterlist: an Lessing (zu) erinnern, um Brückner zu vergessen, durchschaut zu haben«, hat trotz des Einsatzes von Personen wie *Hans Mayer, Erich Fried* und *Burghart Schmidt* keinen Platz an Hannovers Universität gefunden.

Die Heftigkeit der Auseinandersetzung in den 20er, 70er und 80er Jahren beweist, daß die »Fälle« bis heute ihre ungebrochene Aktualität behalten haben.

Thomas Neumann

Vielfalt herrschaftlicher »Stile«, vom englischen Landhaus mit Fachwerkelementen und Türmchen bis hin zu schwungvollem Jugendstil, aufweisen. Gleich an der Ecke zum Schneiderberg kommt man zur »Notenkiste«: Eigentum der irischen Folkgruppe Oiskin und eines der bekanntesten Livemusiklokale Hannovers.

Schneiderberg 7

Das um 1902 im Stil der Neurenaissance erbaute Chemische Institut ist — nach dem Welfenschloß — das zweitälteste Gebäude der Universität, mit schmiedeeisernem Gitter am Tor, wie sie früher für viele Bürgerhäuser üblich waren. Der Welfengarten war ursprünglich, um 1720, in barockem Stil — ähnlich dem »Großen Garten« in Herrenhausen — angelegt und gehörte zu dem Schlößchen Monbrillant, das an der Stelle des heutigen Welfenschlosses stand. Ab etwa 1780 wurde er zu einem Landschaftsgarten englischen Stils umgestaltet. Der Teich ist im Jahr 1988 von einer Projektgruppe des Instituts für Gartenbau und Landespflege neu angelegt worden.

⑱ Welfengarten

⑲ Am Welfengarten 1

Das »Welfenschloß« und heutige Hauptgebäude der Universität wurde seit 1856 vom Hofbaumeister *Christian Heinrich Tramm* als Sommerresidenz *König Georgs V.* geplant, aber bereits 1875, nach der Auflösung des Königsreichs Hannover 1866 umgebaut. 1879 zogen in die neue technische Hochschule 421 Studenten mit 40 Lehrkräften und neun Assistenten ein (siehe S. 37). Studiert wurden ausnahmslos Ingenieurswissenschaften, zwanghaft blieben die Versuche, auch Geistes- und Staatswissenschaftliche Vorlesungen aufzunehmen, um der »einseitigen Entwicklung der geistigen Fähigkeiten der zukünftigen Ingenieure entgegenzuwirken.« Folge war, daß in den Führungspositionen von Wirtschaft und Verwaltung ausgebildete Juristen den Ingenieuren allemal den Rang abliefen. Weniger aus Begeisterung für das Humboldtsche Bildungsideal als auch Enttäuschung über die miserable gesellschaftliche Stellung der Ingenieure im Reich forderte der »Verband deutscher Architekten und Ingenieur Vereine« 1907 die Aufnahme der Philosophie, Ethik, Ästhetik, der modernen Sozialwissenschaften, der Wirtschaftslehre und der Rechtskunde in das Lehrprogramm.

Über ein bescheidenes »studium generale« im Rahmen der Lehrerausbildung kam man in Hannover jedoch auch ein halbes Jahrhundert später nicht hinaus. Erst als in den sechziger Jahren die Studentenbewegung erstarkte und in der Republik der Bildungsnotstand ausgerufen wurde, öffnete sich die Technische Hochschule neuen Schichten und Inhalten. Unter dem Motto »von mehr Spezialität zu mehr Universalität« wurde die TH mit den übrigen städtischen Hochschulen zur Universität zusammengefaßt und ausgebaut. Markant war die Gründung der Fakultät für Geistes- und Staatswissenschaften 1968, in der bald die kritische Sozialwissenschaft der Frankfurter und Berliner Prägung dominierte. Die neue Fakultät könne »für eine Million Menschen im Großraum Hannover als Zentrum des geistigen Lebens gelten« (HAZ 1971) feierte die Presse. Doch schnell mischten sich auch andere Töne in den Jubel. Das große »Roll Back« setzte schon in der Zeit der sozialliberalen Regierung ein. Ab 1974 mußte ein Teil des Bafögs zurückgezahlt werden, das Hochschulrahmengesetz wurde initiiert, welches studentische Rechte einschränkte und härtere Studienrichtlinien aufstellte. Die Regierung wechselte, und mit der wirtschaftlichen Krise wurde der »Studentenberg« schärfer dramatisiert. Wer sich heute am aufbäumenden Wappentier der Niedersachsen vorbeigewagt und die bronzenen Löwen am Hauptportal glücklich überwunden hat, ist mit Stellenstreichungen beim Lehrpersonal, drohenden Studiengebühren und einer Bafögregelung konfrontiert, die den Absolventen mit 40.000 Mark Schulden in eine unsichere Zukunft entläßt.

Niedersachsenroß vor der Technischen Hochschule

Das chemische Laboratorium

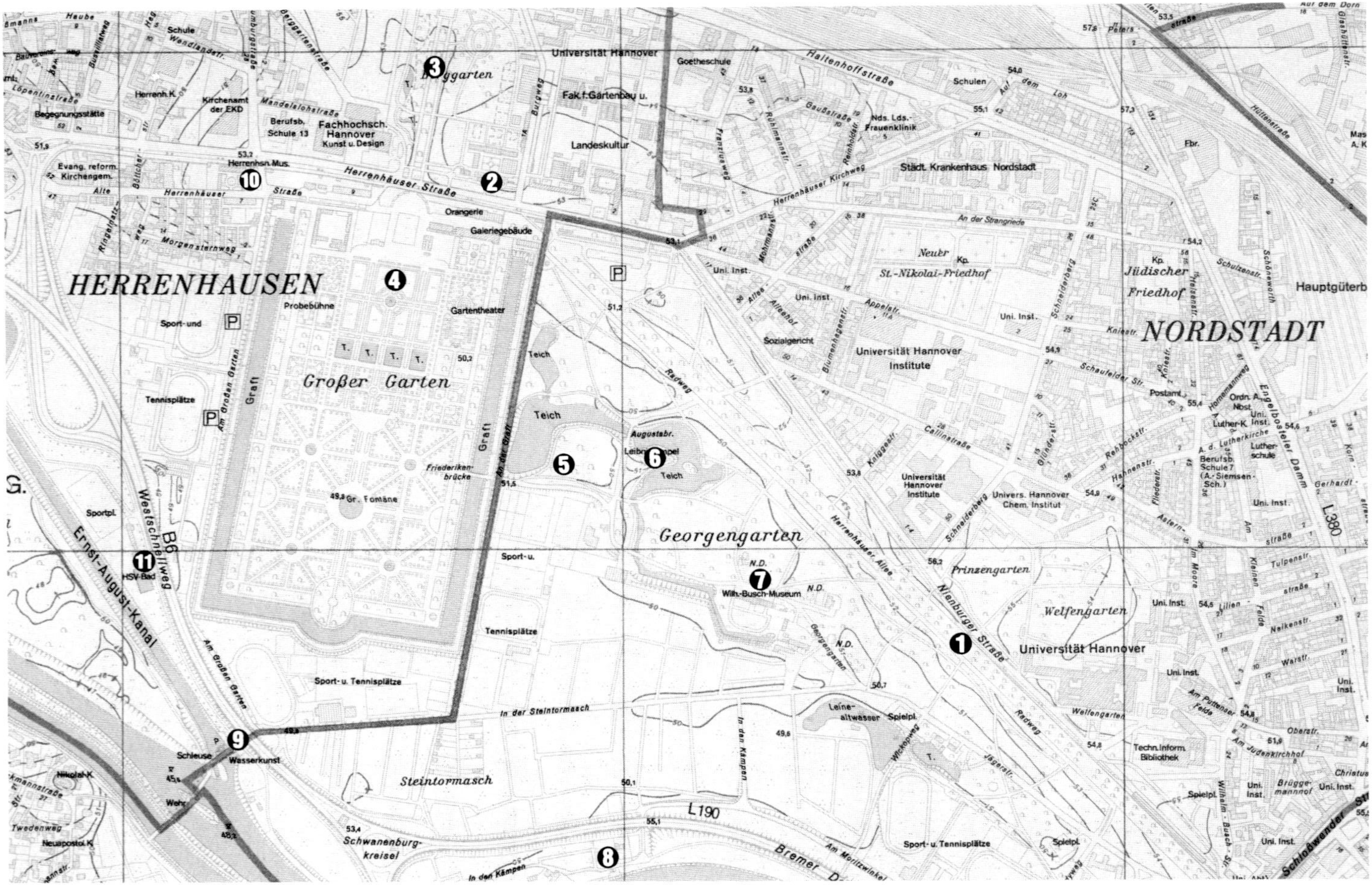
HERRENHAUSEN
NORDSTADT
Großer Garten
Georgengarten
Prinzengarten
Welfengarten
Steintormasch
Universität Hannover
Herrenhäuser Straße
Nienburger Straße
Herrenhäuser Allee
Engelbosteler Damm
Haltenhoffstraße
Westschnellweg
Ernst-August-Kanal
Bremer D
Schwanenburg-kreisel
Fachhochsch. Hannover Kunst u. Design
Fak.f.Gartenbau u.
Landeskultur
Städt. Krankenhaus Nordstadt
Goetheschule
Orangerie
Galeriegebäude
Gartentheater
Probebühne
Gr. Fontäne
Friederiken-brücke
Teich
Wilh.-Busch-Museum
Universität Hannover Institute
Sozialgericht
St.-Nikolai-Friedhof
Jüdischer Friedhof
Techn.Inform. Bibliothek
Herrenhsn.Mus.
HSV-Bad
Schleuse
Wasserkunst
Wehr
Sport-u. Tennisplätze
Tennisplätze
L380
L190
B6

Ein böser Busch im Grünen Museum

Herrenhäuser Gärten

Von Gesine Krüger/Thomas Neumann

Ausgangspunkt: Königsworther Platz, Stadtb. 1 u. 2
Endpunkt: Nienburger Straße
Dauer: ca. 3 Stunden

Hannover wurde schon in den 20er Jahren als »Großstadt im Grünen« bezeichnet und wirbt noch heute mit diesem Slogan. Mit der Eilenriede im Osten der Stadt, dem Gebiet um die Ricklinger Teiche im Südosten, dem Lindener Berg im Südwesten, den Herrenhäuser Gärten und den Leineauen im Nordwesten, zahlreichen Stadtfriedhöfen und kleineren Gehölzen, zieht sich tatsächlich ein grüner Gürtel rund um die Stadt, der teilweise bis tief in die Stadtteile hinein reicht.

Wappen, Herrenhausen

Die Herrenhäuser Gärten verbinden die Stadtteile Linden, Nordstadt, Herrenhausen und die Innenstadt. Während des Semesters sind zu allen Tageszeiten Ströme von Studenten, mit oder ohne Fahrrad, von der Uni nach Linden und umgekehrt unterwegs. Die Touristen bewegen sich in der entgegengesetzten Richtung von der Innenstadt nach Herrenhausen.

Die Herrenhäuser Gärten erlangten überregionale Bedeutung, besonders durch den Großen Garten, der als fast unverändert erhaltener Barockgarten einzigartig in Europa ist. Ebenso bedeutend sind die Gärten aber auch als Dokument europäischer Gartenkunst und Gartengeschichte. Der berechtigte Stolz auf dieses grüne Museum hielt dieStadt aber keineswegs davon ab, einen Schnellweg an der Leine entlang zu bauen, um Hannover unter Stadtbaurat *Hillebrecht* zu einer modellhaften autofreundlichen Stadt der Zukunft werden zu lassen.

Von Garten- und Stadtführern üblicherweise vernachlässigt, findet sich in Herrenhausen, wie in fast allen Stadtteilen Hannovers, noch eine vierte Gartenform: die Schrebergärten.

❶ Herrenhäuser Allee

Der Königsworther Platz wird mit dem Großen Garten zu Herrenhausen durch eine zwei Kilometer lange, 1727 erstmals mit 1300 Linden bepflanzten Allee verbunden.

»Wenn's hernach Frühjahr wurde im Lande Hannover — und wirklich zuweilen ward's Frühjahr... dann liebte ich's sehr, allein oder mit einem zufällig Gefundenen die Herrenhäuser Allee hinauszuwandern. Die war

Das 1945 zerstörte und nicht wieder aufgebaute klassizistische Schloß

nämlich um die solemne Mittagsstunde, besonders an Sonntagen, der Sammelplatz der Hannoverschen Welt.« (Franz von Dingelstadt)

Heute ist die 1974 komplett neue gepflanzte Herrenhäuser Allee Teil einer von Städteplanern angelegten Baumachse, die quer durch die Stadt bis zum Döhrener Turm führt.

Während der Besetzung Hannovers 1803–1814 durch die Franzosen, sollte die Allee abgeholzt und das Holz als Ersatz für nicht gezahlte Kontributionsstrafen der Stadt an den Meistbietenden verkauft werden. Bäckermeister Helmke *aus Hannover kaufte die Allee für 3000 Taler frei. An diese patriotische Tat erinnert noch heute ein Gedenkstein mit einer Plakette, der etwa auf halber Höhe der Allee, rechts zwischen den Bäumen aufgestellt wurde.*

❷
Herrenhäuser Str. 4

Am Ende der Herrenhäuser Allee liegt der 1817–1819 vom königlichen Baumeister Laves erbaute »Bibliothekspavillon«. Er diente als Wohnhaus des Hofgärtners bzw. Gartendirektors und bis 1936 als Aufbewahrungsort der umfangreichen botanischen Bibliothek, die Literatur aus ganz Europa umfaßte.

❸
Berggarten

Ursprünglich 1666 als Küchengarten für das Schloß angelegt, wurde der Berggarten im Laufe des 18. Jahrhunderts zu einem botanischen Garten umgestaltet. Den Namen hat der Berggarten von seiner Lage auf einem 20 Meter hohen Dünenrücken – für Hannover bereits eine beachtliche Erhöhung. Der Berggarten diente dem Studium der Natur, der einzelnen Pflanze, die im Barockgarten nur als »Farbträger« und gestaltendes Element ihren Platz hatte. Darüber hinaus lieferte der Garten exotische Blumen und Früchte für die Feste des Hofes.

Auf Anregung von Leibniz *wurde 1713/14 eine Plantage mit Maulbeerbäumen zur Zucht von Seidenraupen angelegt, deren Kokons in der königlichen Seidenfabrik Hameln bis zu ihrer Schließung durch Napoleon verarbei-*

tet wurden. Die Eier der Falter kamen aus Venedig. Aus Venedig stammte auch der Gärtner Pincelli, *der Reiskulturen im Berggarten anlegen sollte. Diese Versuche schlugen allerdings aufgrund der klimatischen Bedingungen fehl. Ab 1750 wurde der Küchengarten nach Linden verlegt. Im Berggarten wurde eine botanische Sammlung angelegt und daneben exotische Früchte für den Hof produziert. 1757 wurde das erste Ananashaus gebaut. Weitere Gewächshäuser folgten. 1832 wurde die Maulbeerplantage mit dem Berggarten vereinigt und 1842 erreichte der Garten seine heutige Größe. In beiden Weltkriegen wurde ein großer Teil des Gartens und der Gewächshäuser mit ihren wertvollen Pflanzensammlungen zerstört.*

Verzierung an der Friederikenbrücke

Im Berggarten liegt das 1845-1846 von Laves gebaute Mausoleum, in dem *König Ernst August von Hannover* und *Königin Friederike* beigesetzt wurden. Auch der Sarkophag *Georg I.* wurde in den 50er Jahren aus der Schloßkapelle hierher überführt.

❹

Großer Garten

Die höfischen Gärten des Barock waren keine privaten Oasen der Muße und Entspannung, sondern Manifestationen der Macht und der Prunkentfaltung des Absolutismus und dienten als Festsäle unter freiem Himmel. Ohne Beziehung zur umgebenden Landschaft waren sie auf das Schloß und im übertragenen Sinne auf den absolutistischen Fürsten als zentralem Bezugspunkt ausgerichtet.

Das klassizistische Herrenhäuser Schloß wurde im zweiten Weltkrieg zerstört und nicht wieder aufgebaut, aber die Anlage des Großen Gartens kann heute noch einen Eindruck des gesamten Komplexes geben.

Obwohl der Große Garten bereits 1666 vom Gärtner *Michael Grosse* im Auftrag des in Hannover residierenden *Herzog Johann Friedrich* angelegt wurde, gilt er mit Recht als Schöpfung der späteren Kurfürstin *Sophie von Hannover* — die durch zwei Denkmäler im Garten geehrt wird — und ihres Hofgärtners *Martin Charbonnier.*

»In Venedig fand Ernst August die Vorbilder für seine prunkvollen Feste. Gondelfahrten auf der Leine, venezianische Nächte in Herrenhausen, Wolfsjagen zu Lauenstein im Ith, rauschende Karnevalsfeiern in Hannover — alles stand im Nachklang dieser fernen Stadt am Meer, wo sich das feiernde Europa traf.« (Meier, 1966).

Die Nutzung des großen Garten ist heute vielseitig. So dient er als beliebter kultureller Veranstaltungsort. In barocker Tradition werden hier, vor allem zwischen Juni und August jeden Jahres, Feste (»Musik und Theater in Herrenhausen«), Theateraufführungen und Ballett im Gartentheater, Konzerte klassischer und moderner Musik in der Orangerie, sowie Illuminationen mit Feuerwerk und Wasserspielen veranstaltet. In der am Eingang liegenden Orangerie (1723) und Galerie (1694–1700), die von *Brand Westermann* gebaut und von *Tommaso Giusti* mit Fresken versehen wurde, findet jährlich im April eine große »Kunst- und Antiquitätenmesse« statt. Aber auch offizielle Empfänge der Landesregierung, wie beispielsweise zur 150-Jahresfeier der Universität Hannover, werden hier gegeben.

Gartentheater im Großen Garten

Gottfried Wilhelm Leibniz

Georg Friedrich Leibniz war als Freund der Kurfürstin vermutlich ebenfalls wesentlich an der Planung des Gartens beteiligt. Sein Satz: »Geometrie ist die Metaphysik der Natur« findet im Großen Garten ihren besonderen Ausdruck. Der streng geometrisch aufgeteilte Garten wird von der Graft umschlossen, die nur durch die nachträglich gebaute Friderikenbrücke zum Georgengarten unterbrochen wird.

Das Gartentheater wurde 1689–1693 angelegt. Welch eine zentrale Stellung das Theater im Barock einnahm, zeigt sich u.a. darin, daß auch der große Philosoph und Mathematiker *Leibniz* ein Lustspiel für das Heckentheater schrieb und aufführte. Unter den Schauspielern befanden sich der *Kurfürst Georg Ludwig*, die preußische *Königin Sophie Charlotte*, der *Herzog von Braunschweig* und andere gekrönte Häupter. Der Hof spielte: und die Bauern der Umgebung leisteten Hand- und Spanndienste beim Ausgraben und Transport der benötigten Hainbuchen. 1010 Meter Hecken wurden gepflanzt und 5625 Fuder Erde mußten zum Bau des Theaters bewegt werden.

Im gesamten Garten finden sich 21 Kilometer Buchsbaumhekken und 15 Kilometer Hainbuchenhecken, die jedes Jahr beschnitten werden müssen. Dafür sind heute 39 Arbeitskräfte, davon 14 Gärtner, ständig beschäftigt.

Kurfürstin Sophie von Hannover (1630-1714)

Sophie, die sich bis zu ihrem Tod mit der Gestaltung des Gartens beschäftigte, war 1680 mit ihrem Mann Ernst August aus Osnabrück gekommen. Nach dem Tod Ernst Augusts 1698 erhielt sie Herrenhausen als Witwensitz. Aufgrund der in England in der »Bill of Rights« 1689 festgelegten protestantischen Thronfolge, wurde Sophie, die als Großtochter Jacobs I. *Mitglied des Hauses Stuart war, 1701 Erbprinzessin von England. Im Alter von 84 Jahren starb Kurfürstin Sophie während ihres täglichen Rundgangs durch den Garten. Ihr Anspruch auf die Englische Krone ging an ihren Sohn Kurfürst* Georg Ludwig *über, der 1714 als* Georg I. *den Thron bestieg. Infolge dieser Personalunion blieb Herrenhausen ohne ständigen Benutzer. Dies war ein Grund, warum der Garten nie wesentlich umgestaltet wurde. 1720 wurde am Eingang des Gartens ein Schild angebracht: »Jedermann ist es erlaubt, sich im königlichen Garten eine Veränderung zu machen«, damit wurde er zur öffentlichen Benutzung freigegeben.*

Als die Welfen 1837 nach Herrenhausen zurückkehrten, wurde der Garten schon als Zeugnis einer vergangenen Epoche angesehen und konservatorisch gepflegt. 1866 wurde Hannover preußische Provinz und der Große Garten mußte ohne König in einen neuerlichen Schlag fallen. Während des Ersten Weltkrieges und der Inflation ließ das Welfenhaus die Gärten verfallen, bis sich 1935 der Heimatbund Niedersachsen als bürgerlicher Retter adeliger Versäumnisse hervortat. Bereits 1934 wurde die Graft im Rahmen des Arbeitsdienstes entschlammt. 1936 wechselten die Gärten in den Besitz der Stadt Hannover über, wurden restauriert und seitdem für prunkvolle Feste genutzt.

Nach dem 2. Weltkrieg wurden die Rasenflächen des durch Bomben zerstörten Gartens als Felder genutzt. Kohl, Mohrrüben und

Die Welfen

Zweimal nur residierten Welfen in Hannover. 1636 bis 1714 und 1837 bis 1866. Aber sie drückten der Stadt tiefe Spuren auf: Welfengarten, Welfenschloß, Ernst-August-Denkmal, Königinnen-Denkmal, Fürstengruft, Georgengarten, Georgstraße, Friederikenplatz, Welfenplatz, Augustenstraße, Cambridgeweg und anderes mehr.

Das aus Bayern stammende Fürstengeschlecht war unter seinem Mächtigsten, *Heinrich dem Löwen*, Herzog von Bayern und Sachsen, infolge seiner unglücklichen Kriegshändel auf Niedersachsen zurückgedrängt, damals »Herzogtum Braunschweig-Lüneburg« geheißen. Ungeachtet des Protestes der Bürger wurde Hannover 1636 Residenz. Die Hannoveraner hatten richtig vorausgesehen, daß dadurch Selbstverwaltung und Stadtfreiheit erst beschnitten und schließlich beendet würden. Auch verschlang die Hofhaltung durch Tafeleien, bei denen zum Nachtisch das Geschirr zerschlagen wurde, silberne Badewannen, Lustgondeln aus Venedig, Juwelen und unnütze Hofschranzen horrende Summen. Bis 1686 wurde zudem ein zweiter Hof in Venedig unterhalten, in dem die Herzöge sich bis zu fünf Monaten zur Karnevalszeit aufzuhalten pflegten. Ihr dortiger Palastverwalter, *G.N. Alberti*, schrieb darüber 1686: »Wer nicht Zuschauer des Pomp war, mit dem Seine Hoheit die Stadt Venedig staunen machte, der zweifelte, daß er wahr war, und der ihn sah, traute nicht seinen eigenen Augen und fürchtete, getäuscht zu sein.«

Als es den Untertanen endlich offensichtlich unmöglich war, die Kosten dieser unsinnigen Lustfahrten aufzubringen, wurden die Karnevalsfeste nach Hannover verlegt, wo zu diesem Zwecke unverzüglich das erste Opernhaus gebaut und im Karneval 1689 mit Steffanis Oper »Enrico Leone« (Heinrich der Löwe) eröffnet wurde. Herzog Ernst-August ließ aber außerdem zum Beispiel Stiere mit Pulverladungen an den Hörnern gegen Löwen kämpfen, das Gartentheater in Herrenhausen errichten und dessen Bleifiguren vergolden. Kurz, Saus und Braus gingen weiter, wofür unter anderem 6.700 Untertanen als Kanonenfutter auf dem Peloponnes verkauft wurden, von denen nur 1.400 zurückkamen.

1692 bekamen Herzog und Herzogtum die Kurwürde; 1714 erbte *Kurfürst Georg Ludwig* gar die britische Königskrone, weil die an sich vor ihm rangierenden Stuarts wegen ihres Katholizismus vom englischen Parlament durch die »Bill of rights« ausgeschlossen worden waren. Georg Ludwig, nun *Georg I.*, der zuvor seine Frau wegen angeblicher Liebschaft mit dem Grafen Königsmarck lebenslänglich nach Ahlden verbannt hatte, zog mit seinen Mätressen und Hofschranzen nach London. In Hannover war es nun aus mit den Gartenfesten, Schloßmaskeraden, den Amouren und Intrigen des Hofes. Die verlassene Residenz fiel in einen Dornröschenschlaf.

Die Verbindung beider Königsthrone (das Kurfürstentum Braunschweig-Lüneburg war 1814 ebenfalls zum Königreich erhoben worden) endete infolge unterschiedlichen Erbrechts 1837. Nun zog der *Prince of Cumberland* als *König Ernst-August* in unserer Stadt ein, womit die Hofequipagen, bal parés, Hofdomestikenklatsch, großes Soldatenspiel, kurz, neue Residenzherrlichkeit wiederkehrten. Den Haß der Briten hatte der neue Herrscher schon auf sich geladen. Die Mehrzahl ihrer Zeitungen äußerte den Wunsch, ihn »niemals wiederzusehen«, ein Oppositionsblatt bezichtigte ihn gar, »mit der einzigen Ausnahme des Selbstmordes schon jedes erdenkliche Verbrechen begangen zu haben.« Er kam, »um der Demokratie die Flügel zu beschneiden« und begann damit, das »Grundgesetz für das Königreich Hannover« aufzuheben; sieben Göttinger Professoren, die gegen diesen Staatsstreich protestierten, verjagte er aus ihren Ämtern, einige auch aus dem Lande. Freilich wurde er des soweit gelungenen Verfassungsbruchs nicht richtig froh: Elf Jahre später, 1848, erzwang »sein treues Volk« ein neues Verfassungsgesetz. Ferner mußte der alte Reaktionär die Zensur aufheben.

Sein Sohn und Nachfolger *Georg V.*, der diese dem murrenden Alten aufgezwungene Verfassung als Kronprinz auch beschworen hatte, brach, 1851 soeben an die Regierung gekommen, diesen Eid und hob die Verfassung wieder auf. »Entsprechend ging es fast überall: Hier mit mehr, dort mit weniger Brutalität, allenthalben mit derselben Gleichgültigkeit gegen beschworenes Recht und gegebenes Wort« (Fr. Chr. Schlosser). Georg führte ein berüchtigtes Polizei- und Spitzelsystem ein und hielt das Bürgertum in politischer Unmündigkeit. In der Außenpolitik suchte er die Konfrontation mit Preußen, an der schließlich sein Königsthron und sein Lebenstraum von der Erhaltung des welfischen Zepters »bis zum Ende aller Dinge« zerschellten.

Unter *Georg V.*, dem blinden König, der seine Blindheit freilich nach Kräften verbarg, war seinem Husaren-Vater das Ernst-August-Denkmal gesetzt worden. Der frommen Legende nach hätte das »sein treues Volk« getan. Aber bei ihm traf der Aufruf zu Spenden auf taube Ohren. »Überschwemmungen, Mißwuchs und Teuerung« wurden als Gründe angegeben.

Aber nicht nur in dieser steingewordenen und durch Straßennamen manifestierten Erinnerung überlebte das Herrscherhaus, sondern noch viele Jahrzehnte in manchen Herzen der »besseren Kreise«. Denn bei der Beschaffenheit des menschlichen Gedächtnisses können auch negative Gruppenerlebnisse als gemeinschaftsbildende Symbole überliefert werden. Dieser Thron symbolisierte immerhin Stammesbewußtsein. Er stillte ein allgemeines menschliches Bedürfnis, sowohl Zugehörigkeit zu einer Gruppe als auch Abgrenzung zu anderen zu fixieren und kundzutun. So wurde die Wiederkunft der Welfenkönige, deren Unfähigkeit oder Bösartigkeit man bald verdrängt hatte, ausweislich der für die Welfenpartei abgegebenen Stimmen schon 1920 von über einem Fünftel, 1924 gar von fast einem Drittel der Wahlberechtigten gewünscht. Und als am 23. August 1946 im Neuen Rathaus erstmals der vorläufige Niedersächsische Landtag zusammentrat, hingen an den Wänden nicht nur Fahnen in der weiß-gelben Farbe des Welfenhauses, sondern auch die Flagge mit dem königlichen Hauswappen. Das »Herzogspaar« (wie es immer noch oder wieder genannt wurde) mit dem »Erbprinzen« *Ernst-August* und dem Prinzen *Welf Heinrich* nahm als Ehrengäste an der konstituierenden Sitzung teil. Und sogar *Hinrich Wilhelm Kopf*, der sozialdemokratische erste Ministerpräsident des Landes, hörte sich gern den »roten Welfen« nennen.

Im Lande organiserten sich die verbliebenen »treuen Untertanen« des Fürstengeschlechts, das übrigens als einziges deutsches bis heute seine Ansprüche auf den Thron aufrecht erhält, in Vereinen wie »Treuebund Sachsenroß«, »Orden Heinrich der Löwe« oder »Deutsche Legion«. Sie fanden sich 1952 zum »Welfenbund e.V.« zusammen, eine laut Satzung »Gemeinschaft deutscher Männer, Frauen und Jugendlicher, die von dem lebendigen Bewußtsein ihres Niedersachsentums und dessen tausendjähriger unlösbarer Verbundenheit mit dem Welfenhause durchdrungen sind.«

Ministerpräsident Ernst Albrecht (CDU) bekannte am Himmelfahrtstag 1977, bei der »Königlichen Hoheit immer Unterstützung und Rat gefunden« zu haben. Ja, Ernst Albrecht selbst assoziierte in seiner Person Monarchisches: »Absoluter Herrscher im Leineschloß« (Neue Presse), »Philosoph auf dem Welfenthron« (Hannoversche Allgemeine). Da verwundert es nicht, daß im August 1986 das vom Landesvorsitzenden herausgegebene CDU-Parteiorgan »Niedersachsen-Zeitung« als Aufmacher ein Plädoyer für die Monarchie enthielt: Viele Bürger hätten den »Wunsch nach etwas Beständigem, das ihnen Sicherheit gibt und die Rückbesinnung auf ihre nationale Vergangenheit ermöglicht«, nach Schweden, Spanien, Großbritannien und Japan müsse jetzt Deutschland der Weltöffentlichkeit — und zwar in einem Volksentscheid — beweisen, daß es für die Monarchie reif sei.

Zu spät! 1977 noch konnte zwar der Präsident der Celler Notarkammer wegen kritischer Bemerkungen über vier Welfenkönige des 18. Jahrhunderts abgewählt werden. 1986 hingegen löste sich der Welfenbund mangels Nachwuchses auf.

Nachdem Ernst-August, Prinz von Hannover, am 9. Dezember 1987 starb, muß Ministerpräsident Albrecht mit der Politik sogar ohne fürstlichen Berater fertig werden: Die nachfolgende Welfengeneration interessiert sich nicht mehr dafür.

Werner Holtfort

Mohn wurden angepflanzt. Der »Wiederaufbau« Hannovers wurde durch die 1956 abgeschlossene Restaurierung der Gärten gekrönt. Der Barockgarten des Absolutismus war nun endgültig zum Identifikationsobjekt eines neu erwachten Heimatgefühls geworden.

Kurfürst Ernst August

1987 beschäftigte die Hannoveraner eine Auseinandersetzung um die Linden in den Alleen des Großen Gartens. Die Stadt hatte beschlossen, zwischen 1992 und dem Jahr 2000 den historischenn Baumbestand, 1046 Linden, durch junge Kaiserlinden zu ersetzen, da ca. 15—20% der Bäume krank seien und ein Teil der Bäume nicht mehr dem einheitlichen Bild des Barockgartens entsprächen. Geschätzte Kosten der Aktion: 2,87 Millionen Mark. Die Baumschützer hielten dagegen, daß man sich heute, bei fortschreitendem Baumsterben, die Pflege eines musealen Naturbildes durch das Abholzen auch gesunder Bäume nicht mehr leisten kann. Es wurde vorgeschlagen, die 40 schwer betroffenen und 130 leicht betroffenen kranken Linden baumchirurgisch behandeln zu lassen und die bis zu 300 Jahre alten gesunden Linden nicht zu fällen. Ein von vielen Herrenhausenbesuchern und -besucherinnen unterschriebener Bürgerantrag an den Rat der Stadt gegen das Abholzen der Bäume scheiterte an vorher bereits absehbaren formalen Mängeln.

5
Georgengarten

An der Herrenhäuser Allee entlang zieht sich der Georgengarten, ein künstlich angelegter, der Natur nachempfundener Landschaftsgarten, der heute als öffentlicher Park dient.

Schon um 1700 legten Hofadelige im Überschwemmungsgebiet der Leine Lusthäuser und Gärten an. In der zweiten Häflte des 18. Jahrhunderts fielen verschiedene dieser Grundstücke an den Reichsgrafen *Johann Ludwig von Wallmoden-Gimborn*, unehelicher Sohn *Georg II.* und Schwiegervater des *Freiherrn vom Stein.* Den Grundbesitz faßte er zum »Wallmodengarten«, dem Ursprung des Georgengartens, zusammen. Das 1799 im »englischen Stil« gestaltete Gelände wurde 1818 vom Königshaus aufgekauft, zur Erinnerung an Georg IV. »Georgengarten« genannt, und bis 1859 auf seinen jetzigen Umfang von 70 Hektar vergrößert.

Die im 18. Jahrhundert entstandenen Gärten englischen Stils waren Landschaftsparks, die als Gegenbewegung der abfällig »französisch« genannten, geometrisch angelegten Barockgärten eine verlorengegangene Naturerfahrung nachahmen und wieder zugänglich machen wollten. Ihre Gestalter waren nicht Architekten,

Der Leibniztempel

6
Leibniztempel

sondern Landschaftsmaler. Naturszenen wurden dargestellt und durch Bauten — Höhlen, Ruheplätze, Pavillons und künstliche Ruinen — ergänzt. Wallmoden, als Freund der englischen Landschaftsgärten, schrieb: »Die Natur ist zu imitieren« und, »alle geraden Linien sind zu evitieren.«

Der Leibniztempel repräsentierte die ideale Verbindung zweier Lebensaspekte: Wissenschaft und Muße. In einer malerischen Umgebung, praktisch auf einer Halbinsel in einem Ensemble von Teichen, auf einer Anhöhe gelegen, ist er in wärmeren Jahreszeiten beliebter Treffpunkt junger Leute. Besonders im Herbst wird die Umgebung mit ihren hohen Laubbäumen, die sich in den von Enten bewohnten Teichen spiegeln, zu einem romantischen Ort.

Gleichzeitig ehrt der zwölfsäulige Rundtempel den großen deutschen Denker, der zwischen 1676 und 1716 in hannoverschen Diensten stand: *Georg Wilhelm Leibniz* (1646–1716). Der Rundtempel war ursprünglich 1790 gegenüber dem Archiv am Waterloo-Platz aufgestellt, in dem Leibniz die Welfische Familiengeschichte erforschen mußte.

1935 wurde die Gedenkstätte, die vom Vater des Malers *Johann Heinrich Ramberg* entworfen wurde, in den Georgengarten versetzt.

Der 1646 in Leipzig geborene Leibniz war Philosoph, Physiker, Mathematiker, Historiker und Diplomat. Schon früh zu akademischen Titeln gekommen, lehnte er jedoch eine professorale Karriere an der Universität ab und begab sich in adlige Dienste. So war er z.B. in London und unter *Ludwig XIV.* in Paris. Er war ein Freund der hannoverschen Kurfürstin *Sophie* und ihrer Tochter *Sophie Charlotte*, der Gattin *Friedrich I.* Die Gründung der Sozietät der Wissenschaft 1700 als Vorläuferin der Akademie der Wissenschaft in Berlin ging auf die Freundschaft zwischen Sophie Charlotte und Leibniz zurück.

Aufgrund seiner vielfältigen höfischen Verpflichtungen, einer Fülle von Aufgaben, aber auch seiner Eitelkeit und Unfähigkeit, Aufträge des Adels abzulehnen, war Leibniz' Werk nicht sehr umfangreich und selten durchsystematisiert, wie Bloch schreibt.

Leibniz' Leistungen wurden von Georg I., von dem Leibniz später abhängig war, wenig gewürdigt. Ernst Bloch urteilt dazu bitter: »Dieser Bursche, dieser Kurfürst und spätere König von England, ein armseliger und frecher Tropf, hat ihn wie einen Waschlappen, wie einen Schuljungen behandelt, und Leibniz ließ sich das gefallen.« So wundert es dann wenig, daß der Universalgelehrte Leibniz einsam und verbittert starb.

7
Georgengarten 1

Reichsgraf Wallmoden-Gimbon ließ sich zwischen 1779 und 1782 in seinem Garten ein klassizistisches Palais bauen. In diesem »Wallmodenschlößchen« ist seit 1950 das »Wilhelm-Busch-Museum« und die »Wilhelm-Busch-Gesellschaft« beherbergt.

1930 wurde in Wiedensahl, dem Geburtsort Wilhelm Buschs, die Wilhelm-Busch-Gesellschaft gegründet, die heute 3000 Mitglieder hat. 1937 entstand das erste Busch-Museum am heutigen Georgsplatz. Es wurde, wie fast die gesamte Innenstadt, 1943 durch Luftangriffe zerstört.

Das neue Museum im Wallmodenschlößchen beherbergt nicht nur Zeichnungen, Bildergeschichten, Ölgemälde und Briefe Wilhelm Buschs, sondern auch eine Sammlung des »Milljöhzeichners« *Zille*, sowie eine Sammlung kritischer Grafik. Viel beachtete Sonderausstellungen haben hier stattgefunden, z.B. von *Loriot, Hogarth, Sempe, Fellini, Wächter, Halbritter* und *Ungerer*.

Wilhelm Busch *(1882–1908) ist in erster Linie als Autor und Zeichner lustig-böser Bildergeschichten, wie »Max und Moritz«, »Die fromme Helene«, »Der Affe Fips«, bekannt. Er hat aber auch mindestens 1000 Ölbilder und -skizzen hinterlassen, von denen das Museum über 300 regelmäßig ausstellt. Busch ist bisher trotz, oder gerade wegen seiner ungeheuren Popularität als Zeichner und Karikaturist, in seiner wirklichen Bedeutung kaum angemessen gewürdigt worden. Fragmentiert und als »Hausschatz« verharmlost, fristet der »gemütsfrohe Haushumorist und lächelnde Philosoph von Wiedensahl« sein Dasein vorwiegend in Kinderstuben, dem Ort, an dem vermutlich seine eigenen, in fast allen Bildergeschichten auftauchenden Ängste ihren Ausgangspunkt genommen haben.*

»Der böse Busch, der unnachsichtige Beobachter menschlicher Schwächen (die auch die eigenen waren), der die Aggressionslust und Pedanterie, die Verlogenheit und Moraltrompeterei, die Triebverkümmerungen und sexuellen Perversionen seiner Zeitgenossen und seiner selbst in einprägsame Bilder und Geschichten faßte« (Uerding), ist bis heute nicht Gegenstand kritischer Auseinandersetzungen.

Aus: Wilhelm Buschs Bildergeschichte »Die Folgen der Kraft«

Das malerisch an der Leine gelegene »Dornröschen« hat noch heute einen großen Biergarten mit hohen Bäumen und einen schönen Blick auf die Leine, so daß es sich, zumindest im Sommer, unbedingt empfiehlt, hier eine Pause einzuplanen, um sich bei schönem Wetter in die lange Schlange der Wartenden am Tresen einzureihen.

Das »Dornröschen«, mit seinem bunt gemischten Publikum, ist einer der letzten traditionellen hannoverschen Ausflugslokale, die

8
In den Kämpen 54

Eingang zur Gaststätte Dornröschen, 1989

Karl Jakob Hirsch in seinem Roman »Kaiserwetter« schilderte. Vor allem in den 20er Jahren kamen die Bewohner oft mit der ganzen Familie vom anderen Leine-Ufer aus Linden, mit den damals noch verkehrenden Fähren, zum Feierabend und Tanzvergnügen.

Im »Dornröschen« wurde im Garten abends und an Sonntagen getanzt, der Eintritt war frei. Andere, heute nicht mehr existierende Biergärten waren der »Juliusgarten« an der Ihme, der »Fössegarten« am Fössebad, die »Schwanenburg« und der »Mühlenpark«.

❾
In den Kämpen 70

Die am Ernst-August-Kanal gelegene Wasserkunst zeigt die andere Seite der höfischen Wasserspiele, das Problem, das für den höfischen Kunstgenuß gebrauchte Wasser im dafür nötigen Umfang an seinen Ort, den Großen Garten zu transportieren. Dies wurde zur Aufgabe eines aufkommenden Berufszweiges, der Ingenieure. Als 1676 die »Wasserkunst« angelegt wurde, versuchte man anfänglich das Wasser über Rohrleitungen von höher gelegenen Punkten heranzuführen, der Wassermangel und der zu geringe Wasserdruck konnte damit aber nicht beseitigt werden. Auch Leibniz beschäftigte sich mit diesem Problem und verfaßte 1696 einen Bericht, in dem er den Vorschlag machte, einen Seitenkanal von der Leine nach Herrenhausen zu bauen, um mit einem Schöpfwerk das Wasser in einen Hochbehälter zu leiten. Die Leibnizschen Pläne kamen nicht zur Ausführung, und die große Fontäne sprudelte auch für die nächsten Jahre nur als Idee der Welfen. Daher wurde 1717 vom englischen König und hannoverschen Kurfürsten beschlossen, neue Wege zu beschreiten, und eine Maschine bauen zu lassen, die ihr Vorbild in Shaftsbury in England hatte. Die »Kehrschloß«-Maschine sollte in einem Maschinenhaus über fünf große Wasserräder und sechs Pumpkammern genügend Wasser mit ausreichendem Wasserdruck in den königlichen Garten befördern.

Dazu wurde 1718 zuerst ein Kanal ausgeschachtet, ähnlich dem, den Leibniz schon vorgeschlagen hatte. Die Leine wurde mit einer über 50 m langen Schleuse auf über 3 m aufgestaut, und über dem Kanal wurde ein Maschinenhaus gebaut. Von hier führte in 332 Rohren das Wasser zur großen Fontäne. Um so größer war die Enttäuschung, als im September 1719 der König nach Herrenhausen kam, bei der feierlichen Einweihung. Er erblickte lediglich einen fünf statt 20 m hohen Wasserstrahl, die Berechnungen für die Rohrleitung waren falsch. Dieser Makel konnte ein Jahr später beseitigt werden — allerdings sah man von weiteren feierlichen Eröffnungen ab.

Die Wassermaschine arbeitete 140 Jahre lang, bevor die Firma Egestorff (s.S.) eine Dampfmaschine in das Maschinenhaus einbaute; seit 1956 wird der Wasserbedarf durch eine Umwälzungspumpe mit Grundwasser gedeckt. Die große Fontäne war seit 1720 praktisch dauernd in Betrieb.

Das Ende der Yamato, Gemälde von Petersen

Heute hat der Hannoveraner Schriftsteller und Maler *Asmus Petersen* sein Atelier im ersten Stock der Wasserkunst. Die Ausstellung seiner Seeschlachten-Bilder führte 1988 zu einer heftigen Kontroverse über den angeblich militaristischen Charakter der Bilder. Bildern und Künstler wurde »perfide Perversion« und eine »kriegsverherrlichende Gesinnung« bescheinigt, die sich hinter wohlgefälliger abstrakter Schönheit versteckten. Dagegen steht die

Die Wasserkunst, 1989

Frage, ob »Petersen nicht auch in den Schlachtenbildern eine Fuß- oder Augenangel für den unachtsamen Betrachter ausgelegt hat, wie in seinen literarischen Arbeiten, die zynisch und in böser Absicht die gängigen militärischen Doktrinen entlarven, indem er jenen — scheinbar — Vernünftigkeit attestiert.« Von seinen Bildern befinden sich einige im Besitz des Wilhelm-Busch-Museums und des Sprengel-Museums.

⑩
Alte Herrenhäuser Str. 14

Der Abschluß des Rundganges läßt sich individuell gestalten. Der kürzeste Weg führt unter dem Schnellweg und an der Graft zurück zur Straßenbahnlinie an der Nienburger Straße. Hier besteht Gelegenheit, noch das Herrenhausen Museum zu besuchen. Das Gebäude wurde 1721 von der *Gräfin Delitz,* einer Tochter Georg I. angelegt und ging 1836 in den Besitz der Krone über. Seit 1865 ist es unter dem Namen Fürstenhaus bekannt. 1955 wurde hier das Museum eingerichtet, in dem Bilder, Möbel und Einrichtungsgegenstände aus dem Besitz des ehemaligen Hannoverschen Königshauses gezeigt werden.

⑪
Am Großen Garten 60

Für die »Naturbegeisterten« gibt es als Alternative einen Rundgang am Ernst-August-Kanal durch die Leinemasch. Hier führt der Rückweg über die Wasserkunst am ehemaligen HSV-Bad vorbei, das vor einigen Jahren zum Veranstaltungsort mit Namen BAD geworden ist. Das BAD hat einen Kaffeegarten und eine Disco, die im Sommer in das ehemalige Schwimmbecken verlegt wird, und veranstaltet Live- Musik.

Wer nicht zurück in Richtung Herrenhausen laufen möchte, kann auch den Weg über die Brücke, die über das Wehr der Leine und den Leineabstiegskanal führt, fortsetzen. Auf diesem Rückweg ist der öffentlliche Nahverkehr durch den alten Dorfkern Limmers hindurch zu erreichen.

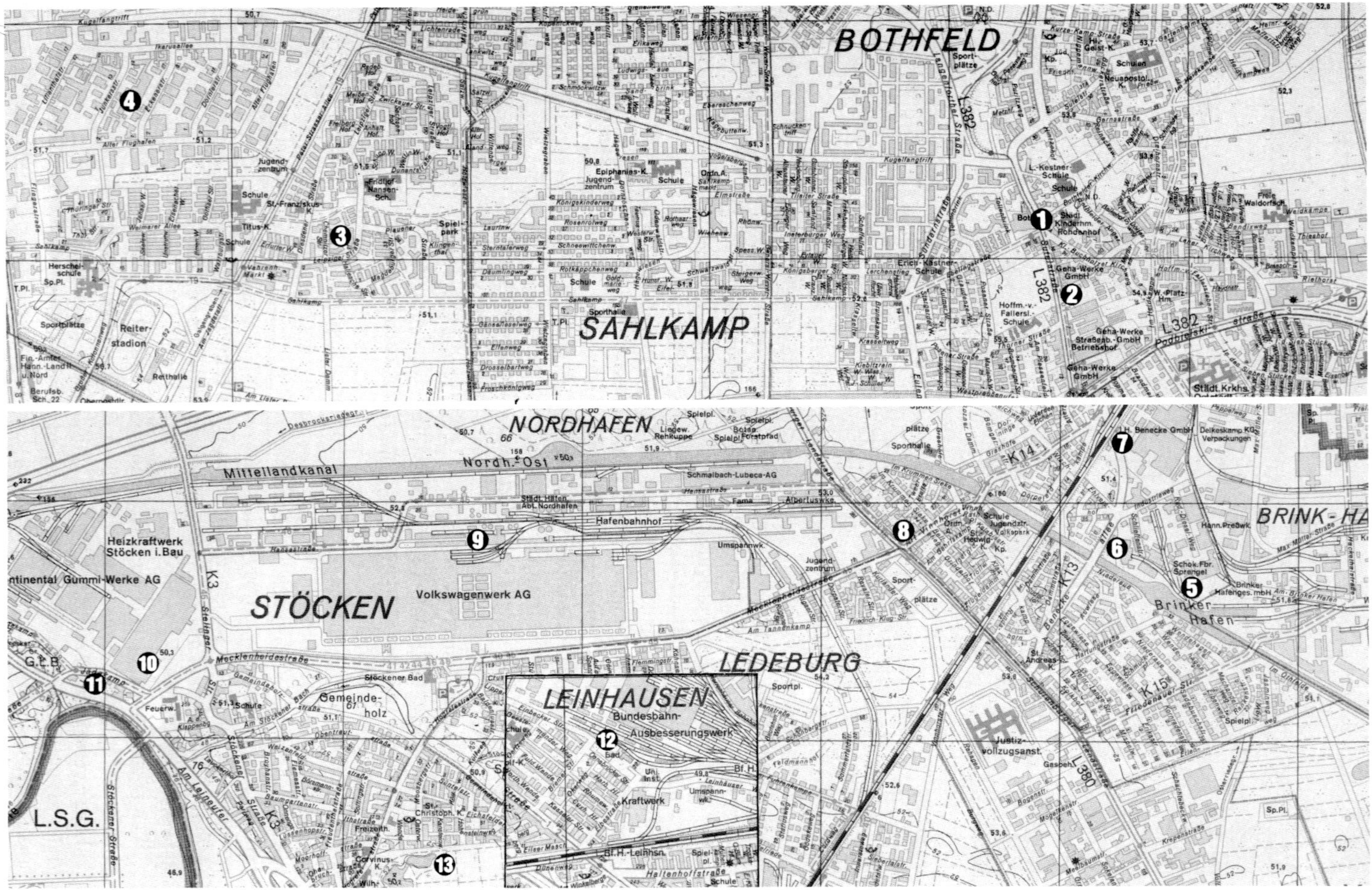
BOTHFELD
SAHLKAMP
NORDHAFEN
Mittellandkanal
STÖCKEN
Volkswagenwerk AG
LEDEBURG
LEINHAUSEN
Bundesbahn-Ausbesserungswerk
BRINK-HA
Brinker Hafen
Heizkraftwerk Stöcken i.Bau
ntinental Gummi-Werke AG
Hafenbahnhof
Schmalbach-Lubeca-AG
Justizvollzugsanst.
Reiterstadion
Gemeindeholz
Stöckener Bad
Kraftwerk
L.S.G.
L382
L380
K3
K13
K14
K15
1
2
3
4
5
6
7
8
9
10
11
12
13

Alte Heide hinter Bahn und Kanal

Von Bothfeld nach Stöcken

Von Ralf Knobloch

Ausgangspunkt: Bothfeld Kirche, Stadtbahn 7
Endpunkt: Stadtfriedhof Stöcken, Stadtbahn 1 u. 2
Dauer: ca. 4 Stunden mit dem Fahrrad

Auf unserer Fahrt durch die »alte Heide« bietet uns der Norden Hannovers das Bild eines typischen Stadtrandbezirks. »Hinter dem Kanal« und »Hinter der Bahn« erblicken wir ein Nebeneinander von zersiedelten, kaum noch wahrnehmbaren alten Dorfkernen, Freiflächen und breiten Ausfallstraßen, von sauberen Einfamilienhaussiedlungen, ausgedehnten Gewerbegebieten, Trabantenstädten, Kleingartenkolonien und Industriebrachen. Es ist das Gebiet der alten Mecklenheide, jene sandige Geest- und Heidelandschaft, die sich einst vor den Toren Hannovers von Buchholz bis Engelbostel erstreckte. Bis in die zweite Hälfte des letzten Jahrhunderts hinein war dieses Gebiet noch in weiten Teilen unberührt und mit Heidekraut und niedrigen Kiefern bestanden.

Doch auch der einstmals friedliche Eindruck der Landschaft, der längst der Vergangenheit angehört, war bloßer Schein. Bereits um 1500 entbrannte um die Mecklenheide als Bestandteil der Allmende (Gemeineigentum, zumeist an Weideflächen) ein mehrere Jahrhunderte andauernder Streit zwischen der Stadt und den umliegenden Gemeinden um die Nutzung. Immer wieder versuchten Bauern, ihren oftmals kärglichen Besitz durch den Ausbruch, d.h. die Rodung und Kultivierung von Heideland, zu vergrößern.

Die Nicolai-Kirche

Im 18. Jahrhundert hatten Vinnhorster Bauern »in der Heide widerrechtlich Land umgebrochen und eingezäunt. Ein Aufgebot der Hannoverschen rückte mit dem Stadtvieh heran, ...Sie trieben ihre Viehherden auf die bestellten Felder bei Engelbostel und ließen die Saat von den Kühen niedertrampeln. Nach kurzer Zeit waren in Schulenburg und Engelbostel vierzig Mann mobilisiert, die die Hannoverschen mit Peitschen und Knüppeln angriffen. Eine wilde Schlägerei begann, bei der die Hannoverschen ... besiegt wurden und die Kampfstätte verlassen mußten.« (Winkel)

Erst 1844 kehrte Ruhe ein, als die Mecklenheide zwischen allen interessierten Parteien aufgeteilt wurde. Das kleine ruhige Dorf Bothfeld, am Rande der Poststraße nach Celle — der heutigen Podbielskistraße — gelegen, bekam das gesamte Weideland bis hin zur

Altes Bauernhaus; nach einer Zeichnung des Architekten F.O. Goy

Vahrenwalder Straße zugesprochen, also jene Gebiete, auf denen in späteren Zeiten die Stadtteile Vahrenheide und Sahlkamp entstehen sollten.

❶
Bothfelder Kirche

Die Nicolaikirche bildete das Zentrum des alten Bothfeld, dessen dörfliche Vergangenheit noch vor allem entlang der Gernsstraße (Hausnummern 4, 22, 26) und des Laher Kirchwegs (Hausnummer 64: ein Vierständerbau aus dem Jahre 1768) vereinzelt sichtbar ist. Der Turm der Kirche stammt aus dem 14. Jahrhundert und sein leicht rostiges Schimmern deutet auf das Material hin, aus dem er erbaut wurde: Raseneisenstein ist ein eisenerzhaltiges Gestein, das bereits im 13. Jahrhundert entlang der Wietze abgebaut und verhüttet wurde (daher der Name Isernhagen). Aufgrund seiner Festigkeit wurde es auch bevorzugt als Baumaterial verwendet.

Laher Kirchweg

In der Zeit der politischen Reaktion, die der gescheiterten bürgerlichen Revolution von 1848 folgte, erreichte die »große Politik« Kirche und Pfarrhaus. Mit der Gemeinheitsteilung von 1824 und dem, was man »Bodenreform« und »Bauernbefreiung« nannte, bildete sich auch in Bothfeld und Umgebung aus den bereits vorher sehr armen landlosen Brinksitzern (Beibauern) und Häuslingen ein ländliches Proletariat, das sich organisierte und Forderungen stellte. Ein »Volksverein« wurde gegründet, die Obrigkeit registrierte »subversive Umtriebe«. Nach dem Scheitern der Revolution setzte im Königreich Hannover eine massive Reaktion ein; das bekam auch die Bothfelder Pastorenfamilie zum Berge zu spüren, deren Tochter den Literaten Hoffmann von Fallersleben *geheiratet hatte. Hoffmann war nicht nur der romantisierende Autor volkstümlicher Lieder (»Alle Vögel sind schon da«, »Ein Männlein steht im Walde«), sondern auch Verfasser der freiheit-*

lich-nationalen »Unpolitischen Lieder« (1840 erschienen), in denen u.a. das »Deutschlandlied« veröffentlicht wurde. 1843 schrieb er im »Lied vom deutschen Philister«:

Der deutsche Philister, das bleibet der Mann,
Auf den die Regierung vertrauen noch kann,
Der passet zu ihren Beglückungsideen,
Der läßt mit sich alles gutwillig geschehen.

Solang der Philister regieret das Land,
Ist jeglicher Fortschritt daraus wie verbannt:
Denn dieses erbärmliche, feige Geschlecht,
Das kennt nicht Ehre, nicht Tugend und Recht.

Von seiner Professur für deutsche Literatur in Breslau aus politischen Gründen amtsenthoben, irrte er als Heimatloser durch Europa; auch die Hannoversche Regierung verweigerte ihm das Domizilrecht. 1853, zu Besuch in Bothfeld, wurde er aus dem Königreich ausgewiesen, 1858 auf persönlichen Befehl des Königs im Pfarrhaus unter Arrest gestellt. Die Hoffmann-von-Fallersleben-Straße erinnert noch heute an diese Ereignisse aus einer schwierigen Zeit.

Hoffmann-von-Fallersleben-Str.

❷ Podbielskistr./ Sutelstr.

1922 erstand die Firma »Gebrüder Hartmann« das ganz in der Nähe gelegene Gelände des ehemaligen Buchholzer Kurgartens an der Podbielskistraße. Nach Fertigstellung der Fabrikgebäude wurde die Produktion von Bürobedarfsartikeln aufgenommen, die unter dem Markennamen »Geha«, einer Abkürzung des Firmennamens, vertrieben wurden. Das Geha-Werk II an der Sutelstraße entstand Anfang der 30er Jahre auf dem Gelände einer pleitegegangenen Zollstockfabrik. Wo noch 1939 Kohlepapier produziert wurde, verließen ab 1943 Patronenhülsen, Bleigeschosse und Flugzeugkompasse das Werk. Zwei Jahre später bezog die britische Militärregierung für Niedersachsen das Werk I. Die Gebäude des Hauptwerks an der Podbi, wie sie sich uns heute darbieten, wurden in den 50er und 60er Jahren fertiggestellt, als der Geha-Füller längst die Schulen erobert hatte.

❸ Vahrenheide Süd-Ost Chemnitzerstr.

Betonmassen ragen vor uns auf, wenn wir Bothfeld über die Kugelfangtrift verlassen und das ausgedehnte Kasernengelände durchquert haben. Wo noch in den Nachkriegsjahren weite Teile des Geländes mit offiziell nicht genehmigten »Not-Gartenhäuschen« bebaut waren — die Kugelfangtrift war die Nordgrenze der Bebauung — begann 1955 in größerem Umfang der planmäßige Wohnungsbau. Um der immensen Wohnungsnot dieser Jahre zu begegnen, wurden umfangreiche Maßnahmen zur Förderung des sozialen Wohnungsbaus ergriffen. Das benötigte, günstig gelegene Bauland fand man u.a. im Norden der Stadt: mit den Stadtteilen Sahlkamp und Vahrenheide entstand das größte zusammenhängende Sozialwohnungsgebiet Hannovers. Sozusagen »auf der grünen Wiese« stampften die stadteigene »Gemeinnützige Baugesellschaft Hannover« (GBH) und andere Bauträger die Großwohnsiedlungen und Trabantenstädte aus dem Boden.

Gebaut wurde in erster Linie für gesellschaftlich Benachteiligte, d.h. für Wohnungsnotfälle, Ausländer usw. Die Stadt Hannover, die die Belegungsrechte für einen Großteil der Wohnungen besitzt, ist gezwungen, all jene hierher zu vermitteln, die auf dem privaten Wohnungsmarkt keine Chance haben. Die Sozialstruktur dieses Wohngebietes und damit die räumliche Konzentration sozialer Probleme war von Beginn an vorgezeichnet. Heute zeichnet sich ab, daß die Großwohnsiedlungen zusehends zum Auffangbekken für gesellschaftlich Deklassierte, zum Getto werden.

Seit geraumer Zeit schon versucht man, den Problemen mit Mieterbeiräten, Gemeinwesenarbeit und ähnlichem beizukommen; der »Kulturtreff Vahrenheide« (am Vahrenheider Markt) leistet eine wichtige politische und kulturelle Arbeit, und in der Stadtverwaltung wird über sogenannte weitergreifende »Nachbesserungsmaßnahmen« für diese Wohngebiete zumindest nachgedacht. Doch die allem zugrundeliegenden gesellschaftlichen Probleme, wie das wachsende Heer an Dauerarbeitslosen und Sozialhilfeempfängern, lassen sich damit nicht aus der Welt schaffen.

❹ Alter Flughafen

Über die Fliegerstraße gelangen wir zum »Alten Flughafen«. Die Namen der Straßen und des Gebietes verweisen auf die Geschichte dieses Geländes, das seit 1959 als Gewerbegebiet genutzt wird. Auf der Vahrenwalder Heide unternahm der Flugpionier *Karl Jatho* bereits vor der Jahrhundertwende die ersten Flugversuche. Angeblich soll ihm hier am 18. August 1903, also vier Monate vor den Gebrüdern Wright, der erste Motorflug gelungen sein, doch ganz sicher sind sich die Geschichtsschreiber nicht. Jatho gründete noch vor dem 1. Weltkrieg an dieser Stelle die »Hannoverschen Flugzeugwerke«, die allerdings aus ökonomischen Gründen bald wieder schließen mußten. 1910 wurde auf der Heide ein Fliegerbataillon stationiert, Luftschiffe starteten und landeten hier. Ab 1923 wurde Vahrenwald als Zivilflugplatz genutzt und 1928 als »Flughafen Hannover-Vahrenwald« offiziell genehmigt. Hannover lag bereits damals an wichtigen deutschen und internationalen Flugstrecken. Im Juni 1932 landete Hitler hier, um auf einer Großkundgebung in der Stadt im Zuge des Reichstagswahlkampfs zu sprechen. Im 2. Weltkrieg wurde der Flughafen dann fast völlig zerstört, und bald schon fiel die Entscheidung, den ehemaligen Militärflughafen Evershorst zum neuen Flughafen Hannover-Langenhagen auszubauen.

Im Norden und Osten schließen sich an das heutige Gewerbegebiet »Alter Flughafen« große naturbelassene Rasenflächen mit teilweise seltenen Pflanzen an, die an den ehemaligen Heidecharakter des gesamten Landstrichs erinnern. Ihnen droht eine weitere Gewerbeansiedlung und die Nutzung des nördlichen Teils als Truppenübungsplatz. Die militärische Nutzung des Areals hat Tradition; der Name »Kugelfangtrift« macht das unmißverständlich deutlich und erinnert an die Zeit um 1850, als die Vahrenwalder Heide noch Exerzierplatz der Hannoverschen Garnison war.

❺ Brink-Hafen Mittellandkanal

Die Geschichte des Industriegebietes Brink-Hafen ist aufs engste verknüpft mit der Entstehungsgeschichte des Mittellandkanals. Die Idee einer Verbindung des Kohlereviers an der Ruhr mit Rhein, Weser und Elbe wurde bereits im 19. Jahrhundert geboren. 1856 bildete sich in Dortmund ein »Kanalkomitee«, das dem Preußischen Minister für Handel und Gewerbe eine entsprechende Denkschrift unterbreitete, doch erst 1892 wurde mit dem Bau des Dortmund-Ems-Kanals, 1906 mit den Bauarbeiten am Mittellandkanal begonnen.

Jahre bevor der Kanal Hannover erreicht hatte, kam man auf die Idee, in der Nähe des Dorfes Brink eine Hafenanlage zu bauen. 1912 gründete sich unter Beteiligung des Landkreises Hannover, der Gemeinden Brink und Vinnhorst sowie der großen ortsansässigen Firmen die »Brinker Hafengesellschaft mbH«. Als der Kanal 1916 fertiggestellt war, legten sogleich die ersten Kähne an, zwei Jahre früher als im städtischen Nordhafen. Nach dem 2. Weltkrieg total zerstört, wurden die Hafenanlagen aufgrund ihrer wirtschaftlichen Bedeutung schon bald wieder aufgebaut; umgeschlagen werden hier heute in erster Linie Eisen, Stahl und Schrott.

❻ Beneckeallee 32

Über die Straße Eggewiesen — hindurch durch die in den 20er Jahren entstandene Siedlung Friedenau — gelangen wir zu einem Haus von bemerkenswertem Äußeren. Es wurde 1921-22 von dem Berliner Architekten *Hans Poelzig* — neben *Fritz Höger*, dem Erbauer des Anzeiger Hochhauses, einer der führenden Vertreter der expressionistischen Architektur in Deutschland — für die Firma »Gebrüder Meyer« erbaut. Das Gebäude zeigt eine eigenwillige Verbindung von funktionalistischer Architektur und gotischen Elementen. Es wurde als Fabrik-, Lager- und Verwaltungsgebäude genutzt, bevor es 1938 die Stadt erwarb, um darin ein Altersheim unterzubringen. Während des 2. Weltkrieges ein Lazarett, diente es nach Kriegsende als Aufnahmelager für ehemalige Insassen des KZ Bergen-Belsen und später als Flüchtlingsheim. Es sind auch heute noch die Notleidenden und Abgeschobenen, die dieses Haus bewohnen. Es beherbergt, was der Volksmund abschätzig »Schlichtwohnungen« nennt.

❼ Beneckeallee/ Bhf. Vinnhorst

Für das Dörfchen Vinnhorst ging die Zeit als rein bäuerliche Gemeinde spätestens mit dem Jahr 1890 zu Ende. Es begann zum einen der Bau der Eisenbahnstrecke Hannover-Celle-Hamburg, deren Trasse den Dorfrand berührte. Zum anderen ließ sich in diesem Jahr die Firma »J.H. Benecke« in der Feldmark Godshorn-Vinnhorst nieder. Mit der Verlegung der Wachstuchfabrik (1718 als »Wachstuchmacherey vor dem Steinthore« gegründet) vom Judenkirchhof vor die Tore der Stadt hielt das Industriezeitalter in Vinnhorst Einzug.

Die Einwohner reagierten auf die geplante Ansiedlung mit stürmischem Protest. Die Erwartung von Abgasen und Dreck schürte die Angst um Gesundheit und Ernte. Es gab ein Anhörungsverfahren, Gutachter wurden bestellt. Den Ausschlag gab letztendlich das Gutachten des Hannoverschen ***Kreisphysikus Dr. Addickes: »Die sanitären Bedenken könnten angesichts*** *der Art der Fabrikation ›an und für sich‹ nicht völlig aus der Welt geschafft werden. Die Genehmigung werde aber im vorliegenden Fall für möglich gehalten, wenn der Schornstein eine größere Höhe als die vorgesehene von 25 Metern erhalte... falls der Schornstein hoch genug sei, werde der Ort Vinnhorst überhaupt nicht von hoch aufsteigendem Rauch berührt.« (Czaja) —*

So wurden alle Bedenken in den Wind geschlagen: Der Schornstein wurde schließlich 35 Meter hoch gebaut!

Benecke produzierte in den folgenden Jahrzehnten vor allem Kunstleder; heute arbeiten im Vinnhorster Werk 1650 Menschen in erster Linie an Produkten für die Fahrzeuginnenausstattung. Dr. Addickes positives Gutachten mit seiner fragwürdigen »Politik des hohen Schornsteins« scheint nach wie vor anzweifelbar: zuletzt Anfang 1989 durchsuchte die Staatsanwaltschaft und das Amt für Umweltschutz das Betriebsgelände wegen des Verdachts von Umweltvergehen.

8
Alt-Vinnhorst Nr. 105; 125

Auf unserem weiteren Weg stoßen wir auf Überreste des alten Dorfkerns: Alt-Vinnhorst Nr. 105 und 125, Heinescher Hof. Als an der Stelle der heutigen Hotelgaststätte »Altes Kurhaus« noch die Waldwirtschaft »Kurhaus Mecklenheide« stand, lag diese noch wirklich im Grünen und war beliebtes Ziel Hannoverscher Sonntagsausflügler, erst recht, als 1928 die Straßenbahn bis zum Nordhafen ausgebaut wurde.

Der Bau des VW-Werks war für die wirtschaftliche Entwicklung der Stadt Hannover nach 1945 von enormer Bedeutung. Seit der Währungsreform plante man ihn, ab 1950 wurde er gebaut: der »Bully«, ein VW-Transporter. 1954 hatte die Firma ihre erste Umsatzmilliarde erwirtschaftet und stieß an ihre Kapazitätsgrenzen. Ein eigenes Transporterwerk wurde in Hannover-Stöcken gebaut. Der Standort lag verkehrsgünstig, es gab genügend Arbeitskräfte und in der unmittelbaren Nähe wichtige Zuliefererbetriebe wie Conti und Varta. Endlich wurden die großen, seit Jahrzehnten brachliegenden Flächen südlich des Nordhafens genutzt. 1956 wurde mit 5.000 Beschäftigten die Produktion aufgenommen. Mitte der 70er Jahre war bereits jeder zweite industrielle Arbeitsplatz in Hannover von der Automobilindustrie abhängig. Das Werk Stöcken ist als Steuerzahler und größter Arbeitgeber der Stadt nach wie vor einer der bedeutendsten Wirtschaftsfaktoren Hannovers und Umgebung.

Der Bully

9
Volkswagen-Werk Stöcken

Die Volkswagen AG ist ein weltweit agierender multinationaler Konzern, zu dessen Imperium u.a. Audi und SEAT gehören; im Werk Stöcken wird seit 1988 in Kooperation mit Toyota ein sogenannter »Pick-up-Wagen« montiert. Daß »die Japaner kommen«, wird in den nächsten Jahren nicht die einzige Veränderung sein, die einem Betrieb ins Haus steht, der noch immer einen Sonderstatus genießt. Obwohl längst keine hundertprozentige ›Staatsfirma‹ mehr — 1988 brachte die Bundesregierung die restlichen 20% ihrer Besitzanteile an die Börse, lediglich das Land Niedersachsen hält noch 16% — setzt beispielsweise der hausintern ausgehandelte Tarifvertrag immer noch Maßstäbe allein, was das Lohnniveau anbelangt. Über 90% der Arbeiter und Angestellten sind in der IG Metall organisiert, die von Beginn an wichtige sozialpolitische Forderungen, wie z.B. 1958 die 40-Stunden-Woche, bezahlte Erholzeiten für die Bandarbeiter usw., durchsetzen konnte. Ob all die Errungenschaften gewahrt und die mittlerweile über 19.000 Arbeitsplätze in Zukunft erhalten werden können, bleibt ungewiß. Anfang 1989 noch berichtete die Presse über Pläne, Tausende von Arbeitsplätzen im gesamten Konzern abzubauen.

Westlich des VW-Werks setzt sich der »Gewerbegürtel Nord« mit dem Gelände des Continental-Werks Stöcken fort. Jene Firma, die im Jahre 1871 als »Continental Caoutchouc- & Gutta-Percha Compagnie« gegründet wurde und deren Stammwerk an der Vahrenwalder Straße steht, nahm in den Jahren des Nationalsozialismus einen enormen Aufschwung. Im Zuge der latent betriebenen Kriegsvorbereitungen wurde intensiv an Weiterentwicklungen auf dem Gebiet der Panzerbandagen, schwerer Bereifungen und technischer Gummiwaren gearbeitet. Um einer drohenden Rohstoffknappheit vorzubeugen und um im Kriegsfalle unabhängig zu sein, ging man zur Verarbeitung von synthetisch hergestelltem Kautschuk (Buna) über. Das Werk Stöcken, dessen Grundstein 1938 als reines Reifenwerk gelegt wurde, konnte während der Kriegsjahre seine Produktion nur unter Zuhilfenahme von Kriegsgefangenen und der damals sogenannten »fremdnationalen Arbeiter« aufrechterhalten. Es wurde durch die Bombenangriffe kaum zerstört, und heute produziert es mit 3.800 Beschäftigten wieder ausschließlich Reifen für unterschiedliche Nutzanwendungen.

⑩ Continental-Werk Stöcken

Das Gemeinschaftskraftwerk an der Stelinger Straße mit seinem 80 Meter hohen Kühlturm liefert als Kohlekraftwerk Fernwärme für das Netz der Stadtwerke und vor allem Prozeßenergie für VW und Conti. Im Schatten dieser Industrie-Skyline nimmt sich der alte Dorfkern Stöckens nahezu unscheinbar aus. Das Dorf lag an der Handelsstraße nach Nienburg und Bremen (heute Stöckener Straße), und einige der alten Höfe, entlang des Jädekamp und der

Stelinger Straße

⑪ Jädekamp 1, 5, 13

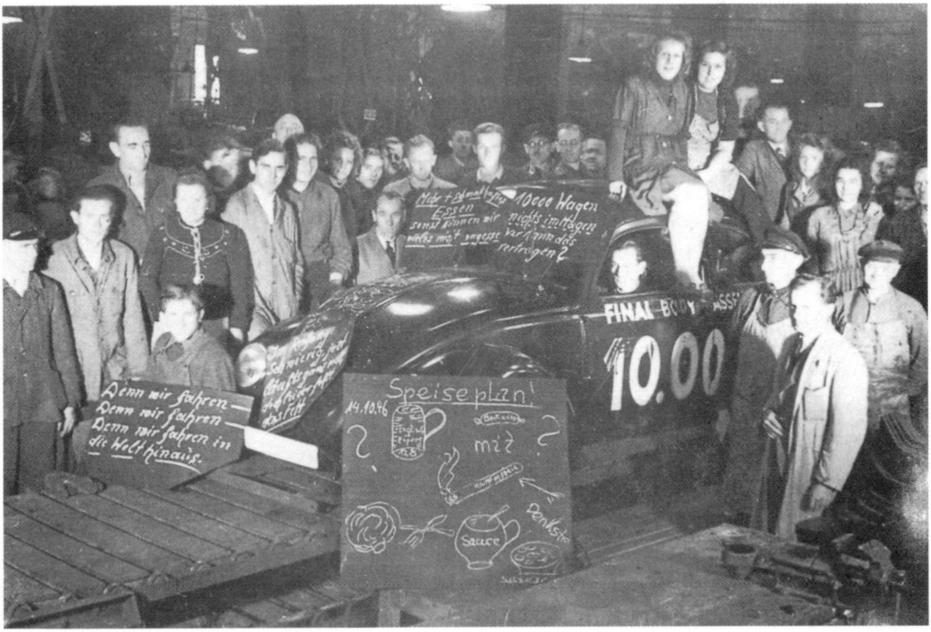

Im Oktober 1946 wird der 10.000. VW gebaut.

Gemeindeholzstr. 1, 11, 12

Gemeindeholzstraße, werden heute noch bewirtschaftet. Stöcken wurde 1907 von Hannover eingemeindet, an das es verkehrstechnisch bereits seit mehr als einem Jahrzehnt durch die »Elektrische«, die vom Königsworther Platz kam, angebunden war. Auf der Höhe Klappenburg gab es seit dem 18. Jahrhundert eine Fähre über die Leine, die die Verbindung zum Nachbarort Letter sicherstellte. Die Fähre verkehrte noch bis 1936.

Bundesbahn Ausbesserungswerk Leinhausen

Colonie Leinhausen Osnabrücker Str.

⓬

Östlich des Stadtfriedhofs Stöcken erstreckt sich das ausgedehnte Gebiet das Bundesbahnausbesserungswerkes und ungefähr zwischen Fuhse- und Elbestraße das Gebiet der ehemaligen »Colonie Leinhausen«. Beide haben eine gemeinsame Entstehungsgeschichte:

Als der Hannoversche Centralbahnhof im Jahre 1875 erweitert wurde, mußten die Eisenbahnwerkstätten ihr Gelände am Raschplatz räumen. Die Bahnverwaltung erstand schließlich 250 Morgen Land nördlich der Eisenbahnlinie nach Wunstorf; hier wurde drei Jahre später die »Königliche Eisenbahn-Hauptwerkstätte Leinhausen« gegründet und der Bau von Wohnsiedlungen für Arbeiter und Beamte begonnen. Der gesamte Komplex entstand inmitten der noch kaum erschlossenen Wald- und Heidelandschaft, es gab keine festen Verkehrswege, keine Versorgungsmöglichkeiten, und die Stadt war weit. Kein Wunder also, daß die Colonie nur recht zögerlich besiedelt wurde. Die Mindestwohnbedürfnisse einer Arbeiterfamilie wurden per Verordnung mit 43 qm festgelegt, zuzüglich eines Gartens und eines gesonderten Gebäudes für Stall und Grubentrockenabort. Es gab allerdings unterschiedliche Haustypen für Arbeiter, Werkmeister, Inspektoren und den Werkstattleiter, so daß sich die Werkshierarchie im Wohnbereich deutlich widerspiegelte.

Die Nachbardörfer standen der neuen Siedlung skeptisch gegenüber; die Stöckener Bauern fürchteten um ihre dörfliche Ruhe, die sie von »socialdemokratischen Elementen« in der Leinhausener Arbeiterschaft bedroht glaubten. 1878 wurde Leinhausen eine selbständige Gutsgemeinde; der Leiter der Werkstätten wurde zum Gemeindevorsteher ernannt, somit nicht demokratisch gewählt, sondern durch Verfügung der Eisenbahndirektion bestimmt.

Die Arbeitsbedingungen ›auf Leinhausen‹, in den Werkstätten, waren sehr hart, der Arbeitstag hatte 10 Stunden und wurde mit 20 Groschen entlohnt, und die Handwerker und Arbeiter wurden einer strengen Gesinnungskontrolle unterzogen; jeder Eisenbahner mußte einen Eid auf König und Kaiser ablegen, bei einer »Betheiligung an socialdemokratischen Bestrebungen« drohte die fristlose Entlassung.

Nebenbahnlokomotive von Hanomag

In den Jahren der Wirtschaftskrise wurde der gesamte Betrieb umstrukturiert, und der Bestand von vormals 4.500 Beschäftigten war 1931 um fast die Hälfte gesunken. Abgesehen von einem vorübergehenden Ausbau des Werkes, bedingt durch die Erfordernisse des Krieges, wurde die Umstrukturierung nach 1945 fortgesetzt. Die Deutsche Bundesbahn legte schließlich den gesamten westlichen Teil des Geländes still. Dieses Gebiet liegt seitdem brach. Auf dem Gelände, wie es sich uns heute darbietet, sind noch mehrere der alten, eindrucksvollen Werkstattbauten, darunter der 1909 erbaute Wasserturm, zu sehen.

Das Pförtnerhaus des Ausbesserungswerkes, 1958

Die alte Eisenbahnersiedlung ist heute fast ganz vom Erdboden verschwunden. Als man in den 50er Jahren erkannte, daß die Wohnungen und Häuser kaum mehr den Erfordernissen zeitgemäßen Wohnens entsprachen, entschied man sich für den Abriß. Es entstanden zwar mehr und größere Wohnungen, aber es gab keine Gärten mehr für jedermann und die Mieten stiegen; viele der damaligen Bewohner mußten in Gebäude umziehen, die sie selbst als anonym und trist empfanden.

Auch heute ist Leinhausen, das zwischen Friedhofsmauern, Schnellweg, Bundesbahnbetriebsanlagen und dem 1902 in Betrieb genommenen Kraftwerk Herrenhausen liegt, kein besonders bezaubernder Stadtteil. Ein abschließender Spaziergang über den Stöckener Friedhof könnte ein »versöhnlicher Ausklang« unserer Fahrradtour sein.

⑬ Stadtfriedhof Stöcken

Am Haupteingang steht eine imposante achteckige Kapelle, die 1890 von *Paul Rowald* in historisierenden Formen erbaut wurde. Auf dem Friedhof finden sich neben den Gräbern des ersten niedersächsischen Ministerpräsidenten *Hinrich Wilhelm Kopf* und des Literaten *Peter Bamm* Ehrengräber für die Opfer des Nationalsozialismus und eine Gedenkstätte für die Opfer des Massenmörders *Haarmann.* 1933 schuf *Fritz Höger* die Grabstätte der Verlegerfamilie *Madsack.*

Anfang des Jahrhunderts wurde der Nordwestteil des Friedhofs zu einem Landschaftspark mit See erweitert, dessen Anlage allein diesen kleinen Abschlußrundgang lohnenswert macht.

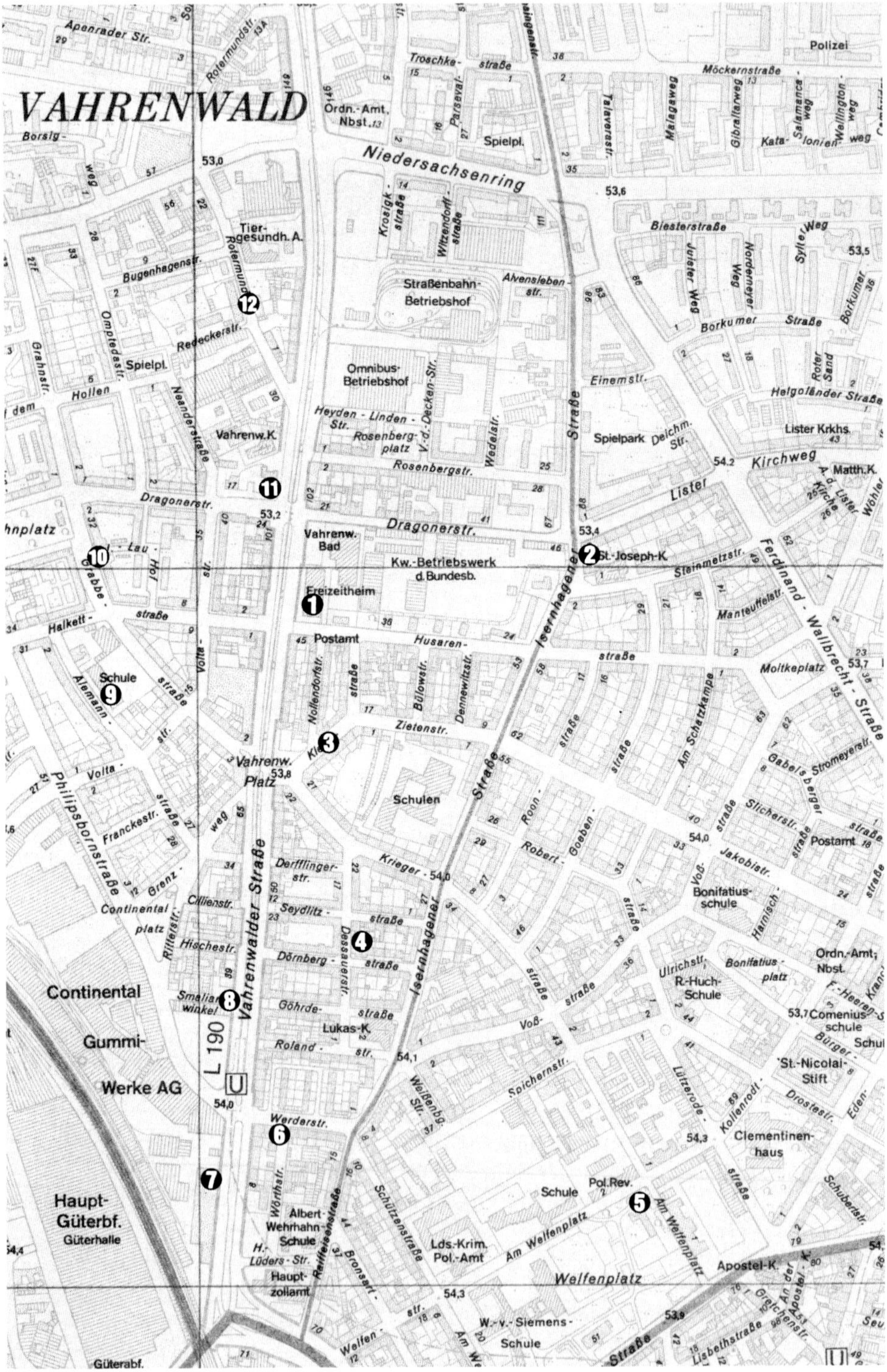

VAHRENWALD
Apenrader Str.
Rotermundstr.
Troschke- straße
Möckernstraße
Polizei
Ordn.-Amt. Nbst.
Parseval-str.
Spielpl.
Talaverastr.
Malagaweg
Gibraltarweg
Salamancaweg
Wellingtonweg
Kolonienweg
Borsigweg
Niedersachsenring
Kroisgkstraße
Witzendorffstraße
Tier-gesundh. A.
Biesterstraße
Juister Weg
Norderneyer Weg
Sylter Weg
Bugenhagenstr.
Straßenbahn-Betriebshof
Alvenslebenstr.
Borkumer Straße
Omptedastr.
Redeckerstr.
Omnibus-Betriebshof
Einemstr.
Roter Sand
Helgoländer Straße
Grahnstr.
Spielpl.
Hollen
Neanderstraße
Heyden - Linden - Str.
V.-d.-Decken-Str.
Rosenbergplatz
Wedelstr.
Spielpark
Deichm. Str.
Lister Krkhs.
Vahrenw.K.
Rosenbergstr.
Lister Kirchweg
Matth.K.
Dragonerstr.
Vahrenw. Bad
St.-Joseph-K.
Steinmetzstr.
Kw.-Betriebswerk d.Bundesb.
Ferdinand - Wallbrecht - Straße
Freizeitheim
Manteuffelstr.
Halkettstraße
Postamt
Husarenstraße
Moltkeplatz
Schule
Alemannstraße
Nollendorfstr.
Bülowstr.
Dennewitzstr.
Zietenstr.
Isernhagener Straße
Am Schatzkampe
Gabelsberger
Stromeyerstr.
Vahrenw. Platz
Voltastr.
Philipsbornstraße
Schulen
Roon-straße
Goeben-straße
Slicherstr.
Postamt
Francke str.
Robert-
Jakobistr.
Derfflinger-str.
Krieger-str.
Voßstraße
Bonifatius-schule
Grenzweg
Continentalplatz
Cilienstr.
Seydlitzstraße
Hischestr.
Dessauerstr.
Bonifatiusplatz
Ordn.-Amt; Nbst.
Ulrichstr.
R.-Huch-Schule
Dörnbergstraße
Comenius-schule
Continental Gummi-Werke AG
Smalianwinkel
Göhrdestraße
Vahrenwalder Straße
L 190
Lukas-K.
Roland-str.
Bürgerstr.
St.-Nicolai-Stift
Spichernstr.
Lützerodestr.
Kollenrodtstraße
Drostestr.
Weißenbg. Str.
Werderstr.
Clementinenhaus
Wörthstr.
Schützenstraße
Schule
Pol.Rev.
Am Welfenplatz
Haupt-Güterbf.
Güterhalle
Albert-Wehrhahn-Schule
Reitwallstraße
Bronsartstr.
Lds.-Krim. Pol.-Amt
Apostel-K.
H.-Lüders-Str.
Hauptzollamt
Welfenplatz
Gretchenstr.
Welfenstr.
W.-v.-Siemens-Schule
Lisbethstraße
Güterabf.

Stiefelwichse mit Goldmedaillen und ein Freiwilliger namens Löns

Vahrenwald

Von Hinrich Ewert

Ausgangspunkt:	*Freizeitheim Vahrenwald, Stadtbahn 8, 19/Bus 21*
Endpunkt:	*Niedersachsenring, Stadtbahn 8, 19*
Dauer:	*ca. 2 Stunden*

Vahrenwald ist ein moderner Stadtteil, in dem ca. 25.000 Menschen leben, vornehmlich sogenannte »Kleine Leute«. Hier hat die SPD seit jeher eine Hochburg. Dreiviertel der Wohngebäude wurden nach 1948 errichtet. Zu den Vorteilen des Stadtteils gehört seine gute Verkehrsanbindung, die City ist in wenigen Minuten mit der Stadtbahn zu erreichen. Die Vahrenwalder Straße, eine mehrspurige, vielbefahrene Ausfallstraße, die zur Autobahn und zum Flughafen Langenhagen führt, teilt und prägt den Stadtteil.

❶ Vahrenwalderstr. 92

Kultureller Mittelpunkt des Stadtteils ist heute das *Freizeitheim Vahrenwald*, das 1965 als zweites von sieben städtischen Freizeitheimen Hannovers eröffnet wurde. Der Stahlskelettbau mit seinen großen Fensterflächen wurde nach Plänen des Architekten *Heinrich Wilke* erbaut. Bei der Bauplanung spielte offensichtlich der Gedanke eine Rolle, daß das Geschehen und die Arbeit im Haus für die Bürger draußen im Stadtteil jederzeit transparent sein soll. Als Blickfang über dem breiten Eingangsbereich das Metallrelief »Tanzende Paare« von *Ursula Förster*. Dabeisein und Mitmachen: Das Freizeitheim bietet ein vielfältiges Kulturprogramm und stellt Gruppen und Vereinen Räumlichkeiten für Veranstaltungen und Treffen zur Verfügung.

Relief »Tanzende Paare« von Ursula Förster

Das Gebäude steht an einem geschichtsträchtigen Ort. Der gesamte Bereich zwischen der Dragonerstraße und der Husarenstraße war bis 1945 Militärgelände. Hier befand sich das 1875/76 unter der Leitung von *Ferdinand Wallbrecht* erbaute Königlich-Preußische Militär-Reit-Institut, die Offiziersreitschule des Heeres. Nach dem Ersten Weltkrieg war in den Institutsgebäuden die Kavallerieschule Hannover untergebracht. Sie wurde rasch bekannt durch die Reitsporterfolge ihrer Mitglieder. Bei den nationalsozialistischen Olympischen Spielen 1936 in Berlin gewannen die deutschen Militärreiter sechs Goldmedaillen. 1939 wurde die Kavallerieschule in die Heeres-Reit- und Fahrschule umgewandelt und von Vahrenwald nach Berlin-Krampnitz verlegt.

Königliche Militär-Reitschule um die Jahrhundertwende

Das Militär prägte maßgeblich die Entwicklung Vahrenwalds. Wäschereien, Gastwirtschaften und Militäreffektengeschäfte für Uniformen siedelten sich in der Umgebung an. Noch heute verkauft ein aus dieser Zeit stammendes Geschäft Reitstiefel.

Die alten Militärgebäude sind inzwischen weitgehend verschwunden. Ein Kasernenbau (um 1895) und in der Rosenbergstraße eine ehemalige Reithalle sind übriggeblieben. Das frühere Reitschulgelände hat sich allmählich zum Stadtteilzentrum entwikkelt. Neben dem Freizeitheim mit Stadtteilbücherei zieht auch das 1981 eröffnete Vahrenwalder Hallenbad viele Besucher an. Darüber hinaus soll auf dem Restgelände, das bislang gewerblich genutzt wurde und z.Z. brachliegt, in naher Zukunft ein Stadtteilpark (Vahrenwalder Park) entstehen. Geplant ist neben Grünanlagen, Brunnen, Spiel- und Bolzplätzen auch ein Jugendzentrum, das in dem einstigen Militärgebäude eingerichtet werden soll. Informationsveranstaltungen über die weitere Nutzung des Parks werden vom Freizeitheim angeboten.

❷
Isernhagener Str. 64

Wuchtig erhebt sich an der Ecke Isernhagenerstraße/Steinmetzstraße die 1911/12 unter *Maximilian Jagielski* errichtete katholische St. Joseph-Kirche. Durch einen Säulengang (»Kolonnaden von St. Joseph«) ist die Kirche mit dem angrenzenden Pfarrhaus verbunden. An dem markanten Kirchturm fällt neben dem gestuften Helm vor allem das Fehlen der Turmuhr ins Auge. Eine 1914 von Stadtdirektor Tramm persönlich gestiftete Uhr wurde im Zweiten Weltkrieg stark beschädigt, die übriggebliebenen Zifferblätter dann 1975 entfernt.

Zietenstr. 3

In dem Wohnbereich östlich der Vahrenwalder Straße bis zur Isernhagener Straße sind noch einige interessante Bürgerhäuser aus der Kaiserzeit erhalten geblieben, die z.T. reichverzierte Fassaden aufweisen. Ein gutes Beispiel für den Mietwohnungsbau vor dem Ersten Weltkrieg ist der um 1910 entstandene viergeschossige Putzbau, der heute unter Denkmalschutz steht.

Fassade eines unter Denkmalschutz stehenden Hauses

❸
Kleiststraße

Die Vermutung ist falsch: Die Kleiststraße wurde nicht nach dem Dichter des »Zerbrochenen Krugs«, *Heinrich von Kleist*, benannt. Geehrt werden soll vielmehr ein preußischer General: *Friedrich Graf Kleist von Nollendorf* (1762–1823), der in den Befreiungskriegen mit seinen Soldaten die Schlacht von Kulm (1813) zugunsten der Preußen gegen die Franzosen entschied. In auffallend vielen Straßennamen Vahrenwalds wird auch heute noch die militärische Tradition des Stadtteils deutlich.

Kriegerstr. 28

Aspekte der Architektur der zwanziger Jahre wurden beim Bau des Eckgebäudes, 1911 vom Spar- und Bauverein errichtet, vorweggenommen. Durch den hohen Giebelaufbau beherrscht der Backsteinbau den gesamten Straßeneckbereich.

In dem Haus war von 1911 bis 1919 das Büro des Spar- und Bauvereins untergebracht, um 1925 befand sich dann dort eine der Verkaufsstellen des Hannoverschen Konsum-Vereins, einer Verbrauchergenossenschaft, die gerade in den Zwanzigern sehr mitgliederstark war.

❹
Dessauerstr. 14

Hier wohnte der Widerstandskämpfer *Heinz Wille*, der bei den Pelikanwerken arbeitete und die dortige Betriebsgruppe der Sozialistischen Front leitete. Wille übersetzte darüber hinaus für die »Sozialistischen Blätter« ausländische Zeitungsartikel. 1936 wurde der Antifaschist von der Gestapo verhaftet und im Folterkeller Schlägerstraße (siehe S. 52) brutal mißhandelt. 1937 erfolgte durch den »Volksgerichtshof« in Berlin die Verurteilung zu fünf Zuchthausjahren. Nach seiner Haft wurde Wille in das Konzentrationslager Sachsenhausen verschleppt. Er überlebte.

Fassade eines vom Spar- und Bauverein errichteten Eckhauses

Dessauerstr. 2/Lukaskirche

Die Wohnbebauung zwischen Continentalwerk und Welfenplatz wurde im Zweiten Weltkrieg durch Bombenangriffe fast restlos zerstört. Einem Mahnmal gleich, ragte nach Kriegsende nur noch der mächtige Backsteinturm der 1899 bis 1901 erbauten evangelisch-lutherischen Lukaskirche aus der Trümmerwüste hervor. In den sechziger Jahren wurde der Turm dann mit einem neuen Saalbau (»Heimkirche«) versehen.

Spichernstr. 27

Ein kleiner Abstecher führt in den Stadtteil List. An der Ecke befand sich ein berüchtigtes SA-Lokal: die »Spichernhöhle«. Von hier aus starteten die braunen Mordtrupps Terrorumzüge in benachbarte Arbeiterviertel.

❺
Welfenplatz

Der Welfenplatz wurde Mitte des 19. Jahrhunderts als Exerzierplatz der hannoverschen Armee angelegt. Bis 1945 wurden auf dem sandigen Übungsgelände Soldaten für den Kriegsdienst geschliffen. Die Kasernen lagen so, daß die Vahrenwalder und Lister dabei zusehen konnten. An der Nordseite des Platzes erhoben sich drei große Backsteingebäude. Das östlichste dieser 1858 bis 1860 errichteten Bauten ist erhalten geblieben und beherbergt heute das

Welfenplatz

Am Welfenplatz 2

Am Welfenplatz 1

1. Polizeirevier. Auf dem Gelände der beiden zerstörten Kasernen befindet sich jetzt eine Grundschule und das Landeskriminalamt.

Ein »hervorragendes Beispiel der Militärarchitektur des 3. Viertels des 19. Jahrhunderts«, heißt es über die Kaserne an der Ostseite. 1867/68 ließ der preußische Staat diesen symmetrisch geschlossenen Komplex für die reitende Artillerie erbauen. Das Königreich Hannover war 1866 von Preußen annektiert, das Heer aufgelöst worden. Als Symbol der Herrschaft ziert der preußische Adler den Giebel des Bauwerks. Aber schon bald wurde Hannover wieder zur Garnionsstadt. 1912 zählte die Stadt 14 Kasernen mit einer Truppenstärke von über 7000 Mann.

Die Rekruten der Regimenter stammten vorwiegend aus der Stadt und Provinz Hannover. Rund 2000 Mann waren am Welfenplatz untergebracht. Hier war u.a. das 74. Infanterie-Regiment und das Feldartillerie-Regiment von Scharnhorst Nr. 10 beheimatet. Um die Traditionen des hannoverschen Militärs fortzuführen, trugen die Soldaten Bänder mit Namen der Kriegsschauplätze, an denen die jeweiligen hannoverschen Einheiten gekämpft hatten. Das Helmband mit der Aufschrift »Waterloo« des 74. Feldinf. Reg. erinnerte an das 3. hannoversche Infanterieregiment, die Helmbandaufschrift »Peninsular-Waterloo-Göhrde« des Feldartillerie-Reg. 10 an die hannoversche Artillerie. Nur wenige Tage nach der Generalmobilmachung marschierten die ersten hannoverschen Regimenter »unter großer Anteilnahme der Bevölkerung« an die Front. Unter ihnen war auch der 46jährige Kriegsfreiwillige Hermann Löns. *Am 26. September 1914 fiel Löns bei Reims.*

Ein Kriegerdenkmal, gleich gegenüber der einstigen Artilleriekaserne, weist auf den früheren militärischen Charakter des Welfenplatzes hin. Heute prägen Grünanlagen, Spielplätze, eine Realschule und eine Kindertagesstätte das Bild des einst kargen Platzes.

Ein Opfer des Nazi-Straßenterrors wurde *Heinrich Bleßmann*. Als am Abend des 12. Juli 1932 SA-Mitglieder einen Zusammenstoß mit Arbeitern provozierten, wurde er im Verlauf der Auseinandersetzung von einem SA-Mann erschossen.

❻ **Wörthstraße**

Reichsadler auf der einstigen Kaserne

Das Haus, in dem am 21. Oktober 1890 der Dichter *Gerrit Engelke* geboren wurde, ist nicht mehr vorhanden. Aus ärmlichen Verhältnissen stammend, bildete sich der Malergeselle autodidaktisch weiter und beschrieb in frühexpressionistisch geprägter Lyrik das moderne Industriezeitalter, nicht ohne Stolz auf die technische Leistung der Menschen.

Die Kehrseite der industriell-kapitalistischen Entwicklung erkannte Engelke durchaus, engagierte sich aber nicht in der Arbeiterbewegung. In seinem Gedicht »Die Fabrik« heißt es:

Tausend Mann, Schicht um Schicht,
Saugt die laute Arbeits-Hölle auf.
Zwingt sie all in harte Pflicht
Stunde um Stunde.

Bis der Pfiff heiser gellt:
Aus offenen Toren strömen dann –
Mädchen, Frauen, Mann und Mann –
Blasses Volk – müde – verquält –

Nach schwerer Kriegsverletzung starb Gerrit Engelke am 13. Oktober 1918 in einem Lazarett bei Boulogne.

❼ **Vahrenwalder Str. 7**

In Vahrenwald befindet sich das Stammwerk der Continental Gummiwerke AG, im Volksmund kurz »Conti« genannt, heute zweitgrößter Reifenhersteller Europas, 1871 in Kastens Hotel hinter der Oper als siebte Gummiwarenfabrik in Hannover gegründet. Die Firma produzierte zunächst Weichgummiwaren (Ballonstoffe, Regenmäntel, Dichtungen, Schläuche u.ä.). Um 1900 begann Conti als erstes deutsches Unternehmen mit der Herstellung neu entwickelter Luftreifen für Fahrräder und Automobile und erhielt eine Goldmedaille auf der Pariser Weltausstellung. Mit der aufkommenden Motorisierung wurde der Continentalreifen zum Weltmarktartikel. Als führendes Unternehmen der deutschen Gummi-Industrie errichtete Conti 1912 bis 1914 ein repräsentatives Verwaltungsgebäude nach Plänen des Berliner Architekten *Peter Behrens*.

Während des Ersten Weltkrieges produzierte die Conti fast ausschließlich für die Wehrmacht. In den Zwanziger Jahren vermochte das Unternehmen seine marktbeherrschende Position weiter auszubauen, nicht zuletzt durch die Übernahme einiger kleinerer Gummiwerke wie z.B. die Excelsior AG in Limmer. In der Werbeabteilung der Conti arbeitete von 1922 bis 1924 ein junger Schriftsteller, der später (1929) durch den Antikriegsroman »Im Westen nichts Neues« zu Weltruhm gelangen sollte: *Erich Maria Remarque*. Er schrieb für die Kundenillustrierte »Echo Continental« Reklameaufsätze und Verse.

Die Jahre während des Faschismus waren für die Conti trotz der Schwierigkeiten, Rohstoffe zu beschaffen, wirtschaftlich sehr erfolgreich. Von 1932 bis 1939 stieg der Umsatz um das Vierfache. In den Contiwerken wurden auf Hochtouren Rüstungsgüter produziert. In den dreißiger Jahren entstanden die sechsgeschossigen Produktionsgebäude an der Philipsbornstraße. Die langgezogenen, dunkelroten Klinkerbauten wurden der Bewegung der Straße harmonisch angepaßt. Durch Form und Größe spiegeln die Produktionshallen die Bedeutung wider, die die Nationalsozialisten der Industrie beimaßen.

Bis 1936 bestanden in den Contiwerken organisierte Widerstandsgruppen. Die KPD-Betriebsgruppe gab 1933/34 die »Bedeaux-Hölle« heraus. In dieser Untergrundzeitung, die nach einem bei der Conti praktizierten Arbeitszeitmeßverfahren benannt wurde, erschienen Artikel über Akkordschinderei und Lohnkürzungen.

Im Zweiten Weltkrieg hatten ausländische Zwangsarbeiter und Kriegsgefangene die Arbeit der zum Kriegsdienst eingezogenen Belegschaftsmitglieder zu übernehmen. Ende 1943 waren in den Contiwerken über 4500 Zwangsarbeiter aus den besetzten Gebieten und über 900 Kriegsgefangene beschäftigt. Untergebracht waren die Zwangsarbeiter in z.T. firmeneigenen Lagern, u.a. befanden sich in den Fabrikgebäuden des Stammwerks Vahrenwald und in der Büttnerstraße solche sog. Zivilarbeiterlager. Bei Bombenangriffen wurden viele Zwangsarbeiter und Kriegsgefangene getötet, da bei der Conti gearbeitet werden mußte, bis die Bomben fielen. Nur wenige Tage vor Kriegsende, am 25. März 1945, legten Luftangriffe das Contiwerk Vahrenwald samt umliegender Wohngegend in Trümmer.

Der erste Kessel im stark zerstörten Vahrenwalder Werk wurde schon am 10. Juli 1945 wieder angeheizt. Der Wiederaufbau ging zunächst von einem spontan gebildeten Betriebsausschuß aus. Die britische Militärregierung unterstützte die Wiederaufnahme der Produktion bei der Continental AG in jeder Hinsicht und setzte im Stammwerk einen kommissarischen Vorstand unter Leitung des »Betriebsführers« der NS-Zeit, *Könecke*, ein. Könecke wurde aber schon nach wenigen Wochen, wohl nicht zuletzt auf Initiative des kommunistischen Betriebsratsvorsitzenden *Erich Paats*, entlassen.

Die Conti wurde erneut zu einem international bedeutsamen Warenhersteller. Das Vahrenwalder Werk verlor jedoch seine zentrale Bedeutung für das Unternehmen, die Hauptverwaltung zog nach 1945 zunächst ins Werk Limmer und dann 1953 in das neuerrichtete Conti-Hochhaus am Königsworther Platz.

8
Vahrenwalder Str. 13

In Vergessenheit geraten ist mittlerweile, daß es an der Stelle, an der heute ein Reifenhändler seinen Service anbietet, ein Stadtteilkino gab: die »Vereinigten Lichtspiele«. In den Zwanziger Jahren wurden dort neben Kino auch Varieté-Nummern geboten. An das sonntägliche Kinderkino erinnert sich ein Teilnehmer aus der Stadtteilgeschichtsgruppe des Freizeitheims Vahrenwald:

»Dorthin gingen wir sonntags zur Kindervorführung, bei schlechtem Wetter oder im Winter, soweit unsere Eltern dafür Geld übrig hatten. Es wurden dort Märchen- und Abenteuerfilme, wie Buffalo Bill, Tom X, Texas Jack oder ähnliches vorgeführt. Darüber haben wir uns sehr gefreut, oft kamen wir mit vor Aufregung geröteten Gesichtern nach Hause. Das war auch der Ort, von dem wir die Ideen unserer Trapper- und Indianerspiele auf der Vah-

renwalder Heide herbezogen. Filme mit Dick und Doof, Pat und Patachon, Charlie Chaplin zeigte man uns dort.« (Aus: Freizeitheim Vahrenwald (Hg.): Geschichten aus der Vahrenwalder Erzählstube, Hannover 1987, S. 21.)

Arbeiterwohnhaus Hischestraße

Die ersten Bewohner der kleinen Arbeiterwohnhäuser aus dem 19. Jahrhundert haben vielleicht die Anfangszeit der Conti noch miterlebt. Das Haus in der Hischestraße, seit 1974 in städtischem Besitz, ist vom Abriß bedroht, da es sich in einem verkommenen Zustand befindet und die Wohnverhältnisse längst unzumutbar geworden sind. Vielleicht ist die Entscheidung über Abbruch oder Sanierung dieses historischen Bauwerks bereits gefallen.

9
Alemannstr. 5

Das Volksschulgebäude entstand in den Jahren 1893 bis 1896. Von dem einst symmetrischen Backsteinbau ist heute nur noch die linke Hälfte erhalten. In einem Trakt der Alemannschule war von 1923 bis 1933 die »Weltliche Schule« untergebracht. Dabei handelte es sich um einen staatlicherseits geduldeten Schulreformversuch der Weimarer Republik. Die Idee hatte ihre Wurzeln in der Arbeiterbewegung und im Freidenkertum. Im Unterschied zum alten, unter Einfluß der Kirche stehenden Schulmodell war nicht Erziehung zu Gehorsam und Demut das pädagogische Ziel, sondern Bildung, Politikverständnis, Selbstbewußtsein und Toleranz (siehe S. 100). Der Reformversuch, der stets vom Protest aus bürgerlichen und kirchlichen Kreisen begleitet war, fand 1933 ein jähes Ende.

10
Grabbestr. 25-38/ Jahnplatz 1-7

Dieser Wohnblock wurde 1920/21 von der Stadt Hannover, Architekt Stadtbaurat *Paul Wolf*, errichtet und enthält 104 Kleinwohnungen mit ca. 50 m^2 (Wohnküche mit Speisekammer, Stube, Kammer, Baderaum). Der Grund für so kleine Wohnungen war die drückende Wohnungsnot nach dem Ersten Weltkrieg. Durch den repräsentativen Torbogen mit kunstvoll geschmiedetem Gitter

1946: Zerstörte Häuserzüge an der Vahrenwalder Straße

Eingangstor zum Innenhof des in den 20er Jahren errichteten Wohnblocks

⓫ Vahrenwalder Str. 109

⓬ Rotermundstraße 24

(Grabbestraße) kann der Innenhof betreten werden, der sehr sorgfältig mit Pachtgärten, einem Kinderspielplatz und einer mit Sitzbänken versehenen Pergola ausgestaltet wurde.

In den späten Zwanziger und Dreißiger Jahren wurde auf der Grundlage der Idee des »Neuen Bauens« (Licht, Luft, Sonne) der Bereich um den Jahnplatz mit dunkelroten Klinkerwohnblöcken erschlossen. Ein markantes Beispiel für den Wohnungsbau dieser Jahre ist das Eckhaus, das mit seinen sieben Geschossen aus der viergeschossigen Blockbebauung herausragt.

Wo heute die Vahrenwalder Kirche steht, befand sich um die Jahrhundertwende das beliebte Tanzlokal »Vahrenwalder Turm«. Im Winter 1921/22 wurden Gasthaus und Tanzsaal von *Pastor Chappuzeau* erworben und zum ersten Gotteshaus der Vahrenwalder Kirchengemeinde umgestaltet. Nach der Zerstörung der »Notkirche« im Zweiten Weltkrieg errichteten die Gemeindemitglieder in Eigeninitiative und ohne Hilfe der Landeskirche aus den Trümmern einen neuen Kirchenbau, der 1950 eingeweiht wurde.

Ursprünglich war Vahrenwald ein Bauerndorf und lag weit vor den Toren der Stadt Hannover. Die Höfe des alten Dorfes lagen an der Rotermund- und an der Melanchthonstraße.

Seit Mitte des 19. Jahrhunderts verlor Vahrenwald allmählich seinen bäuerlichen Charakter, Industrie und Gewerbe siedelten sich an, der Bereich zwischen Dorf und Stadt wurde mit Wohngebäuden aufgesiedelt und das Gebiet 1891 nach Hannover eingemeindet.

Vom alten Dorf finden sich heute nur noch wenige Spuren. Auf dem Grundstück Rotermundstraße 24 stand ein schöner Niedersachsenhof, der 1944 durch Feuer vernichtet wurde. Die erste Schule Vahrenwalds, die 1885 an der Rotermundstraße/Ecke Melanchthonstraße errichtet worden war, ist ebenfalls verschwunden. Übriggeblieben sind einige alte Kastanien und ein Teil der alten Schulhofmauer. Im Foyer des Freizeitheims erinnert ein Modell an das alte Bauerndorf Vahrenwald.

Zwischen Supermarkt und Bunker fällt ein breiter, ungepflegter Grünstreifen auf, der sich von Herrenhausen (Burgweg) über vier Kilometer bis zur List (Klopstockstraße) erstreckt. Es ist die Trasse des Niedersachsenrings, einer »gigantischen ›Investitionsruine‹«. Der Niedersachsenring sollte einst die Stadtteile in Hannovers Norden miteinander verbinden, wurde dann aber nur in dem kurzen Abschnitt zwischen Vahrenwalder Straße und Ferdinand-Wallbrecht-Straße für den Verkehr ausgebaut.

Auf High Tech-Kurs

Hannovers Tageszeitung NEUE PRESSE brachte es am 30. März '89 in der Schlagzeile auf der ersten Seite: »100.000 Daten aufgelistet, von Arbeitskräftepotential bis Wohnwert — dann war klar: Hannover — Wirtschaftsstandort Nr. 1«. Die Zeitschrift »Impulse« hatte die 42 deutschen Großstädte der größten Wirtschaftsanalyse in der Geschichte der Bundesrepublik unterziehen lassen (von FORSA-Institut). Hannover kam in der Gesamtwertung aller Faktoren von Köln bis Braunschweig auf Platz 1. Bei der »Angestelltenstruktur« und dem »Sportangebot« ist Hannover top, bei »Umweltqualität« rangiert die Leinemetropole hingegen nur auf Platz 31. Maßgebliche Architekten der neueren Wirtschaftsentwicklung in Hannover sind Oberstadtdirektor *Dr. Hinrich Lehmann-Grube* und Wirtschaftsdezernent *Dr. Peter Fischer.* Bei beiden SPD-Mitgliedern schlägt das Herz für beinahe uneingeschränkte Wirtschaftsfreundlichkeit. Auch wenn der Stadtkämmerer gern die (Gewerbesteuer-)Kasse klimpern hört: Den Ökologen und sozialengagierten Stadtplanern in Hannover ist der Wirtschaftskurs der Stadtverwaltung und der regierenden SPD-Ratsfraktion ein Dorn im Auge.

Hannovers Stadtgebiet ist in Sachen »freie Gewerbeflächen« eigentlich ausgebucht. Dennoch wird am beliebten Titel »Großstadt im Grünen« immer wieder abgeknapst zugunsten des Etiketts »Wirtschaftsstandort Nummer 1«. Weil das aber auch nicht unbegrenzt geht, will Hannover künftig aus den Nähten platzen. Sprich: zur sogenannten »Regionalstadt« werden. Konkret hieße das, Hannover und sein Umland treten in Zukunft gemeinsam als Gewerbestandort (mit Finanzausgleich) auf, statt sich — wie bisher — gegenseitig die ansiedlungswillige Industrie hinwegzusubventionieren. Mit der Gründung eines gemeinsamen Großraumverbandes sollte bereits vor vielen Jahren der Grundstein für das Konzept »Regionalstadt« gelegt werden. Doch gegenseitige Eitelkeit und hemmende Gesetze aus dem niedersächsischen Landtag haben das gemeinsame Ziel in die Ferne rücken lassen. Derweil geht die Ansiedlungspolitik der Stadt Hannover auf Kurs »zukunftsorientierte Industrie«.

Längst hat die Hannover-Messe als Abspaltung und »kleinen« Bruder die jährliche Computer-Messe CeBIT hinzugesellt bekommen. Auf dem Wunschzettel der Stadt zur Industrieansiedlung stehen Gentechnik- und Wissenschaftsfirmen. Bei diesen Branchen läßt sich zwar auf Gewinn und damit Gewerbesteuereinnahmen hoffen, doch Arbeitsplätze werden in der Regel nur wenige geschaffen. Für beide Zweige bemüht sich Hannover um die Bildung sogenannter Parks. Dabei läßt sich die Stadt die mögliche Ansiedlung der Wunschfirmen einiges kosten: Im »Medical Park« in Osten Hannovers (Nähe Medizinische Hochschule) soll die amerikanische Gentechnik-Firma Invitron den Startschuß für medizinische High Tech geben. Das Baugrundstück haben die Amerikaner mit den lukrativen Plänen von der Stadt quasi geschenkt bekommen. Um den potentiellen Investor nicht doch noch zu vergrämen, genehmigte das niedersächsische Gewerbeaufsichtsamt im Sommer '88 im Galopp unvollständige und teilweise nicht aus dem Englischen übersetzte Antragsunterlagen der Invitron Corp. Augenfälliger Grund für die Hetze: Die Genehmigung sollte vor Inkrafttreten neuer gesetzlicher Regelungen erteilt werden, da ein öffentliches Verfahren drohte. Am 31. August, wenige Stunden vor Ablauf der Frist, stellte das Gewerbeaufsichtsamt den geheimen Genehmigungsbescheid aus. Auch bei der Gründung des »Wissenschaftsparks« im Norden Hannovers bissen die Rats- und Verwaltungspolitiker aus Angst vor Abwanderung der Interessenten in einen sauren Apfel. Das sogenannte Varta-Gelände, Industriebranche des finanzstarken Batterie-Giganten, war beim Kauf durch und durch von Blei verseucht. Obwohl der Verursacher feststand, zog die Stadt bei den Kaufverhandlungen den kürzeren und muß die Sanierungskosten (immerhin rund 20 Millionen Mark) bezahlen. Aus ökologischer und sozialer Sicht dramatischstes Wirtschaftsförderungsprojekt der Stadtverwaltung: Um die Jahrhundertwende will Hannover die Weltausstellung ausrichten. Zahlreiche Initiativen in Hannover versuchen, die »Wirtschafts- und imagefreundliche Umkrempelung Hannovers auf Kosten der Bürger« zu verhindern.

Stefan Schellenberg

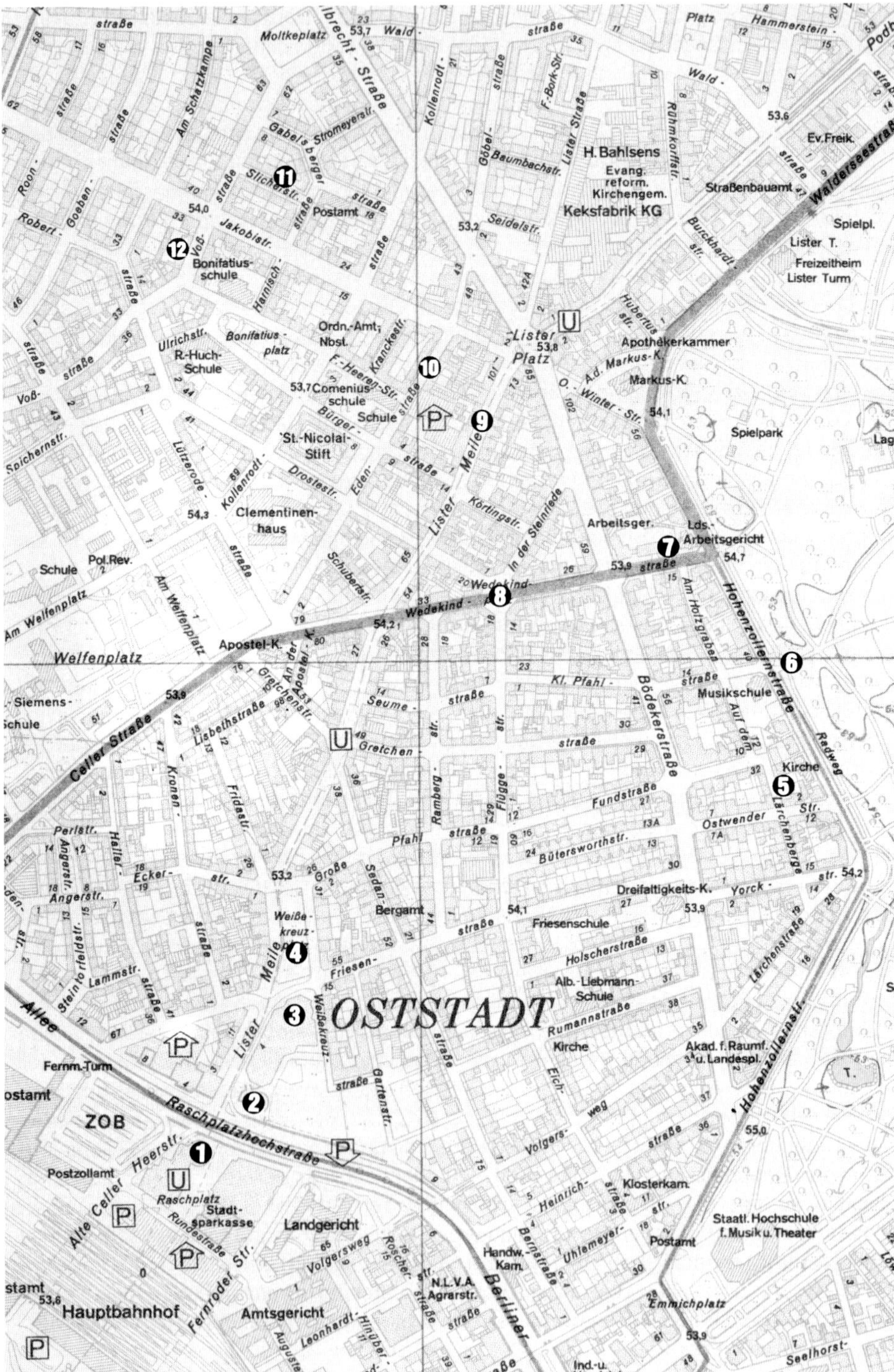
OSTSTADT
Moltkeplatz
Am Schatzkampe
Gabelsberger
Stromeyerstr.
Slicherstr.
Postamt
Jakobistr.
Voß-
Bonifatius-
schule
Roon-
Goeben-
Robert-
Hamisch-
Kranckestr.
F.-Heeren-Str.
Ordn.-Amt
Nbst.
Bonifatius-
platz
Ulrichstr.
R.-Huch-
Schule
Comenius-
schule
Schule
Bürger-
St.-Nicolai-
Stift
Drostestr.
Eden-
Lützerode-
Kollenrodt-
Clementinen-
haus
Spichernstr.
Schule
Pol.Rev.
Am Welfenplatz
Welfenplatz
Apostel-K.
Kollenrodt-
Göbel-
Baumbachstr.
Seidelstr.
F.-Bork-Str.
Lister Straße
H. Bahlsens
Evang.
reform.
Kirchengem.
Keksfabrik KG
Rühmkorffstr.
Wald-
Hammerstein-
Podbi
Ev.Freik.
Straßenbauamt
Waldersseestraße
Spielpl.
Lister T.
Freizeitheim
Lister Turm
Burckhardt-
str.
Hubertus
str.
Apothekerkammer
A.d. Markus-K.
Markus-K.
O.-Winter-Str.
Lister
Platz
Spielpark
Lister Meile
Körtingsstr.
In der Steinriede
Arbeitsger.
Lds.-
Arbeitsgericht
Wedekind-
straße
Schubertstr.
Am Holzgraben
Hohenzollernstraße
Redweg
Kl. Pfahl-
Bödekerstraße
Musikschule
Auf dem
Kirche
Lärchenberge
Ostwender
Str.
Siemens-
Schule
Celler Straße
Lisbethstraße
Gretchenstr.
An der
Apostel-K.
Seume-
straße
Gretchen
Rambeig-
str.
Flügge-
str.
Fundstraße
Bütersworthstr.
Pfahl
straße
Kronen-
Fridastr.
Perlstr.
Angerstr.
Haller-
Ecker-
str.
Große
Sedan-
Bergamt
Weiße-
kreuz-
platz
Dreifaltigkeits-K.
Yorck-
str.
Friesenschule
Friesen-
straße
Holscherstraße
Lärchenstraße
Steintorfeldstr.
Lammstr.
Meile
Alb.-Liebmann-
Schule
Rumannstraße
Kirche
Akad. f. Raumf.
u. Landespl.
Eich-
weg
Weißekreuz-
straße
Gartenstr.
Lister
Allee
Fernm.-Turm
Postamt
ZOB
Raschplatzhochstraße
Volgers-
weg
straße
Hohenzollernstr.
Alte Celler Heerstr.
Postzollamt
Raschplatz
Rundestraße
Stadt-
sparkasse
Landgericht
Volgersweg
Roscher-
str.
Fernroder Str.
Heinrich-
straße
Klosterkam.
Staatl. Hochschule
f. Musik u. Theater
Bernstraße
Uhlemeyer-
str.
Postamt
Handw.
Kam.
N.L.V.A.
Agrarstr.
Berliner
Emmichplatz
Hauptbahnhof
Amtsgericht
Leonhardt-
Hinüber-
Augustenstr.
Ferdinand-
Königstraße
Ind.-u.
Handelskam.
Seelhorst-
Sophienschule
Ernst-August-
Platz
Löwen

Bummelparadies und Träume von einer besseren Welt

Oststadt

Von Gudrun Hennke

Ausgangspunkt:	*Raschplatz, Stadtbahnlinie 3, 7, 8, 19*
Endpunkt:	*Bushaltestelle Jakobi-/Voßstraße, Buslinie 20/21*
Dauer:	*2 1/2 Stunden*

Zentral wohnen und doch das Grün vor der Haustür — zwischen Eilenriede und Hauptbahnhof gelegen, ist die Oststadt eine bevorzugte Wohngegend. Zwischen Lister Meile und der Hohenzollernstraße sind die bürgerlichen Etagenwohnhäuser aus der Zeit von 1880—1910 fast vollständig erhalten. Geräumige Wohnungen, Kulturangebote nicht nur für die Szene, gestylte Geschäfte und jede Menge Kneipen und Cafés: Die Oststadt mit ihrem Bummelparadies Lister Meile hat's.

❶ Raschplatz 1

Im September 1976 wurde der neugestaltete Raschplatz mit einem großen Fest seiner Bestimmung übergeben. Ein »Jahrhundertereignis«, das von der hannoverschen Presse mit großem Enthusiasmus gefeiert wurde. Die vielgeschmähte Gegend »hinter der Bahn« mit dem kreuzförmig angelegten Gerichtsgefängnis war lange genug ein unrühmliches Sammelsurium unschöner Gebäude und Geschichten gewesen. Durch düstere Eisenbahnunterführungen war die Oststadt für Fußgänger nur beschwerlich erreichbar. Schon in der ersten Nachkriegszeit war die Neugestaltung des Raschplatzes angestrebtes Ziel.

Berliner Allee 1-5

Aber erst 1969 wurde der holländische Bredero-Konzern mit der Bebauung des zukünftigen Raschplatzes beauftragt. 175.000 qm Büro-, Freizeit-, Wohn- und Geschäftsflächen wurden geplant, von denen später allerdings nur zwei Drittel fertiggestellt wurden. Das Bredero-Hochhaus ist mit 91,38 m eines der höchsten Gebäude Hannovers und wurde historisierend Lister Tor genannt. Das in dunklem Glas blinkende Hochhaus der Stadtsparkasse, ein Kaufhausneubau und eine niedrigere Ladenzeile mit dem runden »Musikpalast« vervollständigten das architektonische Sammelsurium. Von dem ursprünglichen Konzept, neben Geschäftsflächen und Verkehrsmitteln auch markante öffentliche Einrichtungen wie den Neubau des Schauspielhauses in der neuen City anzusiedeln, blieb, wie der ehemalige Oberstadtdirektor *Martin Neuffer* bemerkte, »nichts übrig... als eine Bedürfnisanstalt.« (HAZ).

Bredero Hochhaus und Raschplatz

Schon 5 Monate nach der Einweihung fragte die besorgte Öffentlichkeit nach der Zukunft des Raschplatzes. Die erwarteten 70.000 Passanten benutzten zwar die Passerelle, mieden aber ihren Endpunkt, den windgepeitschten Raschplatz.

Noch 1979 standen im Hochhaus Lister Tor der größte Teil der Büroflächen leer, das Wertheim Kaufhaus machte schon im 1. Jahr Verluste von 20 Millionen, im Juni 1979 schloß es seine Pforten. Mittlerweile in ICC (InnerCityCenter) umbenannt, hat sich in den oberen Etagen ein Hotel angesiedelt. Im Unter- und Erdgeschoß soll eine Markthalle mit vielen Läden, Restaurants und Cafés das Publikum anlocken. Bislang stehen noch fast alle Läden leer und eine Theke, an der sämtliche Biersorten der Welt angeboten werden, wartet auf die Kundschaft. Dennoch hat sich der Raschplatz belebt. An seinem Rand ist ein kulturelles Zentrum — wenn auch anders als einstmals geplant — entstanden. Die 4 Raschplatzkinos — 1977 von *J. Flebbe* errichtet — sind heute die zentralen hannoverschen Programmkinos; als einer der beliebtesten Tanzpaläste gilt, trotz Gesichtskontrolle, die Baghwan-Disco und der am Nordende liegende Pavillon ist zum alternativen Kulturmekka geworden. Unter der Hochstraße ist der Raschplatz zum Versammlungsort der Farbigen geworden. Ein Spezialgeschäft bietet afrikanische Spezialitäten und alles zur Pflege des krausen Haares an: die Diskothek Mango spielt afrokubanische Rythmen.

Raschplatz 7j

Die Passerelle, tagsüber voller Passanten, die ein vielfältiges Angebot von Läden, Boutiquen und Spezialgeschäften umwirbt, ist abends Treffpunkt der Obdachlosen und Junkies. Folgerichtig wurde hier auch ein Projekt der Straßensozialarbeit eingerichtet. Der Kontaktladen Mecki bietet alleinstehenden Wohnungslosen Beratung und Hilfe an.

Raschplatz 3a

❷ Gerichtsgefängnis

Gegenüber dem Lister Tor, etwa dort, wo heute die Raschplatzhochstraße und der Vorplatz des Pavillons liegen, entstand nach Beginn der ungeliebten Preußenherrschaft in den Jahren 1868/69 das Gerichtsgefängnis. Der Bau hatte Platz für 600 Häftlinge.

1918 sorgten ca. 60 von der Küste kommende Matrosen für revolutionäre Aufregung in der Stadt. Sie überwältigten die Bahnhofswache, da diese ihre von den Arbeiter- und Soldatenräten der Küstenstädte ausgestellten Urlaubsscheine nicht anerkannten und ihnen die Weiterreise verweigerten. ***Mit Hilfe von ca. 600 Soldaten aus der Welfenplatzkaserne befreiten sie die im Gerichtsgefängnis einsitzenden politischen Gefangenen. Anschließend ging es mit etwa 1000 Soldaten zum Militär-Arresthaus am Waterloo-Platz, dort wurden ebenfalls einige Gefangene befreit.***

1933 sperrten Hitlers Schlägertrupps der SA und SS Hunderte ein, weil sie sich den Nazis widersetzten oder unliebsame Wahrheiten über sie verbreitet oder auch nur ausländischen Rundfunkt eingeschaltet hatten: Sozialdemokraten, Kommunisten, Gewerkschafter, Sinti, Zeugen Jehovas, Homosexuelle. Während des Krieges kamen verschleppte, ausländische Zwangsarbeiter hinzu, um sie in öffentlichen Prozessen zu Objekten der Abschreckung für andere zu machen. Die Gefangenen lebten in überfüllten Zellen, schliefen auf Strohsäcken, bei ungenügender Nahrung, Heizung und Hygiene. Von 1937 bis 1943 wurde hier der KPD-Führer Ernst Thälmann gefangen gehalten, der am 18. August 1944 im Konzentrationslager Buchenwald von den Nazis ermordet wurde.

Der alte Gefängnisbau mußte nach dem zweiten Weltkrieg der Raschplatzhochstraße weichen. Fast wäre damit auch die Erinnerung an Gewalttaten und Willkür getilgt worden. Ernst Thälmanns Leidensweg war der Anlaß für die ›Vereinigung der Verfolgten des Naziregimes‹, im August 1984 das Schweigen um das Gerichtsgefängnis durch Forderung nach einem Mahnmal zu brechen. Hannovers Künstler Hans-Jürgen Breuste schuf es; das nötige Geld kam durch Sammlungen und Spenden zusammen.

Doch eben die Erinnerung an Thälmann verursachte Widerstände: Auch Mitglieder der stärksten, der sozialdemokratischen Ratsfraktion konnten den Bruderkampf der beiden Arbeiterparteien in Weimarer Zeit nicht vergessen, wiewohl die DDR auf dem Gelände des Konzentrationslagers Buchenwald für den Sozialdemokraten Rudolf Breitscheid ein Denkmal errichtet hatte. In jahrelangem Konflikt, in dem anfangs die Mehrheit der SPD-Ratsfraktion gemeinsam mit den bürgerlichen Fraktionen Thälmanns Nennung auf dem Denkmal ablehnte, die sozialdemokratische Parteiorganisation und ihre Landtagsabgeordneten sie mit den Befürwortern des Mahnmals aber forderten, setzte sich endlich die jetzige Fassung der Gedenktafel durch.

»Rund ums Fahrrad«, eine Veranstaltung des Pavillon

❸ Lister Meile 4

pavillon

KULTUR UND KOMMUNIKATION

Der Pavillon ist das bekannteste hannoversche »alternative« Kulturzentrum, beheimatet in einem umgenutzten, ursprünglich als provisorisches Kaufhaus erstellten Gebäude.

»Wenn ich sagen soll, was Hannover Besonderes vorzuweisen hat, fällt mir nicht viel ein. Aber zu dem wenigen, was mir einfällt, gehört der Pavillon...« (aus der Dokumentation der BI Raschplatz)

Im Oktober 1977 konnte nach 3 Jahre währenden Auseinandersetzungen mit der Stadt die Bürgerinitiative Raschplatz e.V. mit der Arbeit beginnen: nicht immer unumstritten, weil sie den politischen Gruppen und Minderheiten, die nirgendwo sonst Raum fanden, ebenfalls ein Zentrum bieten wollte. Nach längeren Kämpfen stellte die Stadt Hannover das Gebäude mietfrei zur Verfügung und gab Zuschüsse zu den Personalkosten. 1987 — zum 10jährigen Jubiläum — hatte sich der Pavillon zur anerkannten alternativen Institution gemausert.

Das soziokulturelle Zentrum »Pavillon« teilt sich die Räume mit anderen Initiativen — dem workshop, der Theaterwerkstatt, der Kindergruppe »Freche Rübe« — und städtischen Institutionen wie der Volkshochschule und der Stadtteilbücherei. Eine Café-Kneipe mit Restaurantbetrieb, das »Café Palaver« ist Montag bis Freitag von 17.00 bis 1.00 Uhr geöffnet. Aber auch die Landesbühne beansprucht selten genutzte Räumlichkeiten im Pavillon.

Gorlebenfindling

Der Findling

Gegenüber dem Haupteingang des Pavillons erinnert ein 20 Zentner schwerer Findling mit der Aufschrift »Gorleben ist überall« an die größte Anti AKW-Demonstration der BRD. Am Samstag, dem 31.3.1979, erreichten ca. 200 Trecker aus Gorleben an der Spitze eines Demonstrationszuges von knapp 100.000 DemonstrantInnen die hannoversche Innenstadt. Den aus Gorleben mitgebrachten Findling ließen sie als Mahnung gegenüber dem Pavillon zur Erde poltern. Das verhinderte allerdings nicht, daß ein Jahr später die Deutsche Gesellschaft für Wiederaufbereitung von Kernbrennstoffen (DWK) im Lister Tor Büroetagen beziehen sollte.

❹ Weiße-Kreuz-Platz

Das »Weiße Kreuz«

Vor dem Raschplatz-Pavillon erstreckt sich der Weiße-Kreuz-Platz, um 1880 angelegt und 1929 so benannt. Der Name geht auf ein verlorengegangenes mittelalterliches Steinkreuz zurück. Die Erinnerung daran bewahrte über Jahrhunderte hinweg die Gastwirtschaft zum Weißen Kreuz, die seit etwa 1770 bis in die 50er Jahre an der Ecke Lister Meile/Große Pfahlstraße stand. 1978 wurde der Platz als Grünanlage neugestaltet. Die Einweihung durch Oberbürgermeister *Schmalstieg* feierte den Abschluß 10jähriger Bautätigkeit zwischen Raschplatz und Lister Platz. Seit 1980 schmückt ein von der Aktion »Lister Meile« gestiftetes und dem alten Kreuz nachempfundenes Weißes Kreuz aus hellem Kalkstein diesen Ort.

Lister Meile 17

1984 wurde von mehreren Second-Hand-Händlern das Gebrauchtwarenkaufhaus GUM gegründet: »alles Gebrauchte unter einem Dach«, »das erste Second-Hand-Kaufhaus der Welt«. Im Oktober 1987 mußte die Ladengemeinschaft wegen Verkauf des fünfgeschoßigen Geschäftshauses in die Kurt-Schumacher-Straße umziehen.

Der Großen Pfahlstraße folgend erreicht man das Gebiet der alten Gartengemeinden, die im 18. Jahrhundert auf dem Steinthorfeld entstanden. In diesem Gebiet lag das Gartenland hannoverscher Bürger und kleine Gartenhäuser von armen Tagelöhnern und Gärtnern. 1828 teilte man die Gartengemeinden des Steinthorfeldes in 8 Ortschaften, von denen 3 auf dem Gebiet der heutigen Oststadt liegen: Ostwende, Bütersworth und Teile von Fernrode. 1843 schlossen sich die Anwohner zur politischen Gemeinde Vorstadt Hannover zusammen und wurden 1859 in die Residenzstadt Hannover eingemeindet. Die heutigen Straßenzüge Gartenstraße, Volgersweg, Lärchenstraße, Auf dem Lärchenberge folgen den alten regellos angelegten Gartenwegen. Von der ursprünglichen Bebauung sind nur wenige Häuser erhalten: Lärchenstr. 4, Lärchenstr. 18 und das 1850 erbaute Häuschen Ostwenderstr. 2/2a.

❺ Lärchenstr. 4/18 Ostwenderstr. 2/2a

Ostwenderstr. 3

Direkt neben dem alten Gartenhaus baute seit 1974 eine Hausgemeinschaft ihr Haus zum »Öko-Haus« um. Die Gruppe versucht, Ansätze einer sinnvollen, die bestehenden Möglichkeiten voll ausnutzenden alternativen und sparsamen Elektrizitätsgewinnung zu entwickeln. Neben Sonnenkollektoren für die Warmwasserbereitung ist ein Blockheizkraftwerk installiert. Ein umgebauter Elektromotor erzeugt mit Gas primär Wärme, und stellt den Überschuß als Strom zur Verfügung. Überschüssiger Strom wird an die Stadtwerke abgegeben, bei Bedarf wird aus dem Netz dazugekauft. Dies macht die Bewohner zwar nicht vollständig unabhängig von Atomstrom, ist aber ein machbarer Weg alternativer Energienutzung in der Stadt.

❻ Waldersee-Denkmal

Nach wenigen Metern erreicht man die Eilenriede. Bei schönem Wetter empfiehlt es sich, einen kleinen Abstecher in den Stadtwald zu machen. Die Wilhelm-Busch-Wiese mit einer kleinen Gartenwirtschaft ganz in der Nähe lädt zum Ausruhen ein. Gegenüber steht am Eilenriederand ein von Bernhard Hötger 1915 gestaltetes Denkmal des Grafen von Waldersee. Der preußische Generalfeldmarschall *Alfred Graf von Waldersee* hatte sich als Oberbefehlshaber der europäischen Truppen 1900 bei der blutigen Niederschlagung des Boxeraufstandes in China besondere »Verdienste« erworben; für die Stadt Hannover Grund genug, ihn mit der Benennung einer Straße zu ehren.

Am 22.2.1983 verhüllten etwa 50 junge Leute — in der Mehrzahl Mitglieder der »Falken« — das Waldersee-Denkmal an der Hohenzollernstraße. Später überklebten sie Straßenschilder der Walderseestraße mit der Bezeichnung Willi-Großkopf-Straße. Mit dieser Aktion versuchten die Falken (Jugendorganisation der SPD) eine Diskussion um die Namen von Straßen und Plätzen in Hannover in Gang zu bringen. Bis heute mit wenig Erfolg. Zum 50. Jahrestag des Naziüberfalles auf das Reichsbanner im Lister Turm (siehe S. 208) forderten die Falken, den Sozialdemokraten und Antifaschisten *Willi Großkopf* anstelle des Militaristen Waldersee mit einem Straßennamen zu ehren. In der Oststadt und List, die großenteils in den Blütezeiten des deutschen Kaiserreiches entstanden, erinnern viele Straßennamen an preußische Militärs und siegreiche Schlachten: Moltke, Jakobi, Goeben z.B. und die Wörth-, Spichern-, Sedanstraße sowie die Tannenbergallee.

Hohenzollernstr. 40

Diese Villa in der Hohenzollernstr. (1897) gehörte dem Grafen

Waldersee, die er bis zu seinem Tode 1904 bewohnte. In einem parkartig angelegten Grundstück steht die Villa Seligmann, die

Hohenzollernstr. 39

Hermann Schaedtler 1906 für den Generaldirektor der Continental Caoutchouc und Gutta-Percha-Compagnie *Siegmund Seligmann* (siehe S. 187) erbaute. Heute ist hier die städtische Musikschule untergebracht.

➐ Wedekindstr. 15

Wann der pensionierte Generalfeldmarschall von Hindenburg in der Villa in der Wedekindstraße und wann in der Bödeckerstraße 1c — gleich um die Ecke — gewohnt hat, ist immer noch umstritten, sicher scheint, daß er um 1911 Hannover als Wohnsitz wählte, weil dieses »in glücklicher Weise die Vorteile einer Großstadt nicht mit den Nachteilen einer solchen vereinigte«. Heute hat in der ehemaligen Villa ein großes Bauunternehmen seine Büroräume.

Wedekindstr. 14

Im stilistisch gleichen Nachbarhaus ist der Bildungsverein Soziales Lernen und Kommunikation untergebracht. Dieser im »Pavillon« 1980 gegründete Verein für Erwachsenenbildung bietet seit 1985 als »alternative« Volkshochschule ein gutorganisiertes Bildungsprogramm hauptsächlich in den Bereichen Fremdsprachen, Politische Bildung, Gesundheit, Selbst- und Körpererfahrung.

Die Haupterschließungsstraße in Nord-Süd-Richtung ist die Bödekerstraße, deren Planung Ferdinand Wallbrecht ab 1871 in Angriff nahm. Der südliche Teil bis zur Dreifaltigkeitskirche war 1873 fertiggestellt. 1893–95 wurde bis zur Wedekindstraße weitergebaut: mit der Anlage großer Vorgärten, breiten Bürgersteigen mit einer Baumreihe sowie einer breiten Fahrstraße bekam die vornehme Wohnstraße einen boulevardähnlichen Charakter. Bis zur Jahrhundertwende war das gesamte Gebiet zwischen Alter Celler Heerstraße (heute Lister Meile) und dem Eilenriederand vollständig aufgesiedelt worden.

➑ Wedekindplatz

Kinderspielplatz in der Kortingstraße

Der Wedekindplatz ist mit der geschlossenen Bebauung aus dem letzten Jahrzehnt des vorigen Jahrhunderts mit großen herrschaftlichen Wohnungen und Ladengeschäften in den Erdgeschossen eine attraktive Platzanlage.

Auf der nördlichen Straßenseite beginnt der Stadtteil List, ein weitgehend erhaltenes Viertel. Die Körtingstraße fällt besonders ins Auge: 1892 auf dem ehemaligen Gelände der Pumpenfabrik Körting, die 1890 nach Badenstedt übersiedelte, angelegt, wurde sie bis 1894 von dem Bauunternehmer Küster geschlossen bebaut. Gleichzeitig mit der Lister Meile wurde die Körtingstraße Mitte der siebziger Jahre zur Fußgängerzone. Ein Kinderspielplatz und der moderne Spielbrunnen mit stilisierten Hahnenköpfen aus Edelmetall — 1975 von *Gerhard Bünemann* entworfen — gestalteten diesen Straßenraum neu. Seit 1987 ist in der Körtingstraße der Verein

Körtingstr. 2a

›KunstWerk‹ angesiedelt, der Kurse und Aktionen zum kreativen Gestalten für Kinder, Jugendliche und Erwachsene anbietet.

Bis 1970 war die Alte Celler Heerstraße eine ganz normale belebte Geschäfts- und Durchgangsstraße. Parallel zum U-Bahn-Bau plante die Stadt die Neugestaltung als Fußgängerzone. Nach

Für die Oststadt typisch: Gründerzeithäuser

anfänglichen Protesten der Geschäftsleute schlossen sich die Anlieger zu einer Planungsgemeinschaft zusammen, der späteren »Aktion Lister Meile«. Am 16. November 1972 wurde die neue Bummelmeile feierlich eingeweiht. Der erste Abschnitt bis zur Wedekindstraße war fertiggestellt. Der 2. Teil bis zum Lister Platz wurde erst 1975 vollendet. Am Wochenende darauf organisierten die Anlieger ein großes Straßenfest, das von nun an jedes Jahr bis einschließlich 1977 gefeiert wurde. 1977 kamen 500.000 Besucher, und die Presse verglich es mit den Altstadtfesten. Seither wird die Lister Meile als längste und gemütlichste Fußgängerzone gefeiert und die Planung als mustergültige Mitbeteiligung des Bürgerwillens gewürdigt. 1979 wurde dies durch den Sonderpreis des Bundeswettbewerbs »Stadtgestaltung und Denkmalschutz im Städtebau« bundesweit anerkannt. Die Attraktivität der Meile erhöht ein Wochenmarkt, der seit dem 7. Juni 1973 regelmäßig jeden Donnerstagnachmittag südlich der Celler Straße stattfindet.

9
Lister Meile

In der parallel dazu verlaufenden Edenstraße ist der Stadtteilladen untergebracht. Dort bieten der Gesundheitsladen und der Verein »Betreuung und Pflege zu Hause« ihre Dienste an und werden verschiedene Kurse und Seminare durchgeführt.

10
Edenstr. 38/23

1893 wurde in der Edenstr. 23 (Volksschule Edenstraße) die erste Schule des neuen hannoverschen Stadtteils errichtet. Erst 6 Jahre später folgte dieser Jungen- eine Mädchenschule (Kollenrodtstr. 3, heute Comeniusschule). Von 1900–1902 wurde am Bonifatiusplatz 6 eine katholische Bürgerschule für Jungen und Mädchen (in getrennten Flügeln) erbaut, die heutige Bonifatiusschule. 1907 errichtete die Stadt ebenfalls am Bonifatiusplatz (Nr. 15) eine weitere Bürgerschule, die Ricarda-Huch-Schule.

Jakobistr. 13

Nahe am Lister Platz ist der Gemüseladen List, der seit 1983 von einem Frauenkollektiv betrieben wird, biologisch angebautes Obst und Gemüse und biologische Milchprodukte anbietet. Schon vorher bestand hier ein Tante-Emma-Laden, dessen Ausstattung auch weitgehend beibehalten wurde.

⓫
Harnischstr. 9

Das Lehrer- und Sozialarbeiterzentrum

Seit 1978 hat das Lehrer- und Sozialarbeiterzentrum in der Harnischstr. ihren Sitz. Mehrere Gruppenräume bieten Initiativen Möglichkeiten zum Treffen. Eine Kindergruppe und der Verein Jung und Alt haben hier Arbeitsmöglichkeiten gefunden. Das Zentrum ist einer der Kooperationspartner des Bildungsvereins in der Wedekindstraße. Im Gegensatz zu den frisch renovierten und neu eingerichteten Unterrichtsräumen des Bildungsvereins strahlt das Sozialarbeiterzentrum aber noch die zusammengewürfelte, alternative Gemütlichkeit der 70er aus.

⓬
Voßstr. 39

Die Voß-Straße ist eine belebte Durchgangsstraße, deren unregelmäßige Führung ihren Ursprung als alter Verbindungsweg des Dorfes List mit der Stadt Hannover erkennen läßt. Anfang dieses Jahrhunderts entwickelte sie sich zur großstädtischen Geschäftsstraße, die noch heute überwiegend die originale Bebauung aufweist. Beliebt ist hier neben zahlreichen neuentstandenen Bistros und Cafés die traditionsreiche Kneipe und Gastwirtschaft Plümecke. Ende 1988 haben sich das Wirtsehepaar *Horst* und *Else Fydrich*, die das Plümecke zur ersten Szene-Kneipe Hannovers machten, in den wohlverdienten Ruhestand begeben. 1963 übernahmen sie die Kneipe. »Es war 'ne Rentner-Pinte, der Tod lichtete die Reihen der Gäste, wir konnten uns fast ausrechnen, wann keiner mehr kommen würde«, sagt Else Fydrich heute. Damals öffneten sie das Lokal den »Langhaarigen«, die keiner haben wollte. Plümecke wurde »zum Treffpunkt für Studenten aller politischen Couleur ... Zwischen Rentnern aus der Nachbarschaft saßen *Manfred Lauermann* und *Dietrich Kittner* und entwarfen ihre Träume von einer besseren Welt. Hier fand der linke Professor *Peter Brückner* oft aufmerksamere Zuhörer als an der Uni. Viele, die damals studierten, kommen heute noch; Politiker wie *Gerhard Schröder,* Anwälte wie *Hela Rischmüller-Pörtner* ... Schaupieler wie *Hermann Treusch*« schreibt die HAZ 1989. Die deftige Küche mit Curry-Wurst und speckgebratenen Bratkartoffeln war genauso geschätzt wie die in Ruhe gezapften Biere in der rauch- und lärmgeschwängerten Atmosphäre des Lokals, das »den Charme einer Bahnhofskneipe hat«.

Die neuen Inhaber wollen alles beim Alten lassen.

Kennen Sie Knigge?

Ja? Ach, Sie meinen den, der über den Umgang mit Messer und Gabel geschrieben hat? Also kennen Sie Knigge nicht. Denn *Adolph Freiherr von Knigge* (geb. 1752 in Bredenbeck bei Hannover, gest. 1796 in Bremen) hat sich in seinem umfangreichen schriftstellerischen Werk niemals damit befaßt, ob man Fisch und Kartoffeln mit dem Messer zerteilen darf oder mit welchem anderen Gerät. Nicht über den Umgang mit Besteck äußerte er sich, sondern »Über den Umgang mit Menschen« — so lautet der Titel seines Hauptwerks. Kein Benimmonkel, ein Aufklärer war er, einer der einflußreichsten und von der Reaktion in Deutschland meistgehaßten jener Jahre, als zum Schrecken der Fürsten und ihrer Hofschranzen im revolutionären Frankreich die Menschenrechte ausgerufen wurden.

In seinem 1791 erschienenen Buch »Benjamin Noldmanns Geschichte der Aufklärung in Abyssinien« proklamierte Knigge: »Frei und ungehindert muß also jeder Bürger über Regierung und Staatsverwaltung reden und schreiben dürfen.« In dem ein Jahr später veröffentlichten Buch »Josephs von Wurmbrand, Kaiserlich abyssinischen Ex-Ministers, jezzigen Notarii, caesarii publici in der Reichsstadt Bopfingen, politisches Glaubensbekenntniß mit Hinsicht auf die Französische Revolution und deren Folgen« lesen wir im 7. Abschnitt »Welche Art von Revolution in den Staats-Verfassungen zu erwarten, zu befürchten oder zu hoffen sey?« einen Dialog mit einem Furchtsamen. Der Furchtsame sagt: »Aber man darf gewisse Wahrheiten eben so wenig laut predigen, als man kleinen Kindern Messer und Scheeren in die Hand geben darf.« Antwort an den Furchtsamen: »Wer hat Euch das glauben gemacht? Ächte Wahrheiten können unbrauchbare Werkzeuge für Unmündige , aber nie, in keines Menschen Hand, gefährliche Waffen seyn. Das Gegenteil haben von jeher nur solche Leute behauptet, die ihren schändlichen Vortheil bey der Verfinsterung finden.« An gleicher Stelle heißt es auch: »Publicität allein ist das sicherste Mittel, heimlichen Meutereyen und den Einwirkungen in Finstern schleichender Rotten vorzubeugen.«

Zu Knigges schönsten, schärfsten Satiren gehört die über den Pinsel-Orden, der in der Geschichte der Menschheit dem freien Unwesen der Vernunft immer wieder ein Ende zu setzen vermochte. Die Welt verdankt diesem Orden die größten und herrlichsten Anstalten, als das sind Folter, Leibeigenschaft, Zensur, Religionskriege und dergleichen mehr. In den Aufzeichnungen der Ordensbrüder steht auch das Gebot: »Der ächte Pinsel schwört Verderben den beiden neumodischen Cobolden, der sogenannten Toleranz und Aufklärung. Diese Namen müssen verächtlich und stinkend gemacht werden unter allen Pinselbrüdern.« Ganz so, als hätte er die Satire wörtlich genommen, verhielt sich der hannoversche Hofrat Johann Ritter von Zimmermann, der Knigge anschwärzte: »Man zeige mir einen Einzigen, der schlauer und listiger, mit größerer Gefährde für deutsche Völker und besonders für das Hannoversche zu Werke ging, als eben er... Der Freiherr von Knigge spricht dem Rechte der Fürsten über ihre Unterthanen allen Grund ab, erklärt es für Volkswahn, für Volkstäuschung... Der Freiherr von Knigge macht den Gehorsam der Unterthanen von dem freien Willen des größeren Haufens abhängig und gibt diesem das Recht, den Gehorsam, wenn es ihm nicht nach Kopf gehet, schlechthin aufzukündigen...«, weshalb Knigge nun »Demokrat und Volksaufwiegler« gescholten werden dürfe.

Knigge gewann zwar einen in ganz Deutschland beachteten Prozeß gegen Zimmermann, insgesamt aber behielten die Pinsel für mindestens weitere 200 Jahre die Oberhand, so jedenfalls sieht es die Adolph-Freiherr-von-Knigge-Gesellschaft. Sie »bewahrt und pflegt das geistig-moralische Erbe des großen Sohnes Kur-Hannovers«, wie es in ihrer Constitution aus dem Jahre 1985 heißt, und »tritt für den Beginn der Aufklärung im Lande Niedersachsen ein«. Die Constitution endet mit der Bestimmung: »Die Gesellschaft erlischt mit dem Beginn der Aufklärung im Lande Niedersachsen.« Die Mitglieder vermuten, daß bis dahin — trotz ihrer zahlreichen Aktivitäten, zum Beispiel 1989 anläßlich des 200. Jahrestags der Französischen Revolution — noch viel Zeit vergehen wird, die es mit landesunüblichem Humor, Witz, Ironie und Sarkasmus zu verkürzen gilt.

Anschrift: Adolph-Freiherr-von-Knigge-Gesellschaft c/o Dr. Helmut Weidemann, Eichstraße 8, 3000 Hannover 1

Eckart Spoo

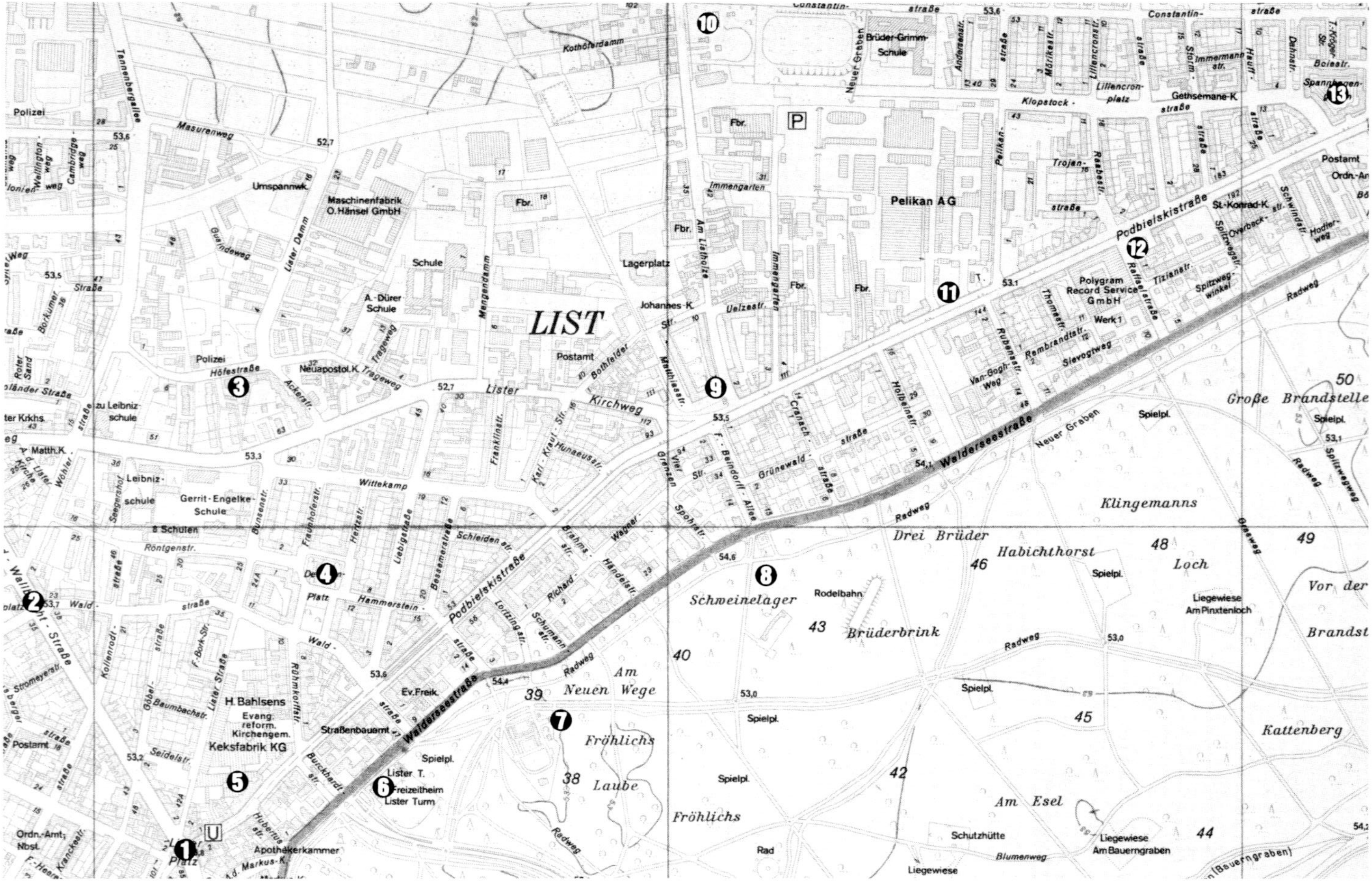

LIST
Podbielskistraße
Walderseestraße
Pelikan AG
Polygram Record Service GmbH
Brüder-Grimm-Schule
Maschinenfabrik O. Hänsel GmbH
H. Bahlsens Keksfabrik KG
A.-Dürer-Schule
Gerrit-Engelke-Schule
Lister Damm
Tannenbergallee
Kirchweg
Wittekamp
Klingemanns
Drei Brüder
Habichthorst
Schweinelager
Brüderbrink
Am Neuen Wege
Fröhlichs Laube
Am Esel
Kattenberg
Große Brandstelle
Lister Turm
Apothekerkammer
Straßenbauamt
Umspannwk.
Lagerplatz
Postamt
Polizei

Spekulanten, Schellack und Schleckereien

List

Von Gudrun Hennke

Ausgangspunkt: *Lister Platz, Stadtbahnlinie 3, 7*
Endpunkt: *Spannhagengarten, Stadtbahnlinie 3, 7*
Dauer: *3 Stunden*

Gründerzeitarchitektur mit großen repräsentativen Geschoßwohnungen prägt das Image dieses Stadtteils, obwohl er auch schlichte Genossenschaftswohnungen der 20er und 30er Jahre, Industriegebiete, alte Bauernhäuser und Einfamilienhausgegenden aufweist. Seit der Eingemeindung des Dorfes List 1891 wuchs das Viertel rasch zu einer bürgerlichen Wohngegend. In den 70er Jahren unseres Jahrhunderts zog es zahlreiche Wohngemeinschaften in die Altbauwohnungen der List, allerdings werden immer mehr große Wohnungen in teure Eigentumswohnungen umgewandelt und in vielen ehemaligen Villen wurden Büroräume eingerichtet.

Lister Platz

Die als Fußgängerzone neugestaltete »Lister Meile«, ehemals Alte Celler Heerstraße,ist zum Einkaufsparadies und Kommunikationsmittelpunkt der List und Oststadt geworden. An Sonnentagen sind die Cafés mit Tischen auf der Meile schnell bis auf den letzten Platz gefüllt (siehe S. 199).

❶ Lister Platz

Der Lister Platz, ein unregelmäßiges Mehreck, von dem 7 Straßen abgehen, und das umliegende Viertel haben fast vollständig ihre ursprüngliche Bausubstanz behalten. Die meisten Gebäude sind kurz nach der Jahrhundertwende mit Erkern, Jugendstildekor und Zierfachwerk entstanden.

Ab 1880 verkehrte eine Pferdebahn zwischen dem Steintor und dem Lister Platz. 1897 wurde die elektrische Straßenbahn eingeweiht, deren Linie nun über die ehemalige Celler Chaussee — seit 1904 Podbielskistraße, nach dem preußischen Staatsminister und Generalleutnant *Victor v. Podbielski* genannt — bis nach Buchholz führte.

Markuskirche

Stadtbildprägend erhebt sich zwischen Lister Platz und Eilenriede der repräsentative Bau der 1902–06 (Architekt *O. Luer*) erbauten Markuskirche. Die Stadt übernahm die gesamten Baukosten der Markuskirche. Der romanisierende Natursteinquaderbau ist nach dem Kriege, fast in seiner ursprünglichen Form, wiederhergestellt worden. Nur die Ausmalungen blieben nicht erhalten.

Flohmarkt auf der Lister Meile

Nach Nordwesten erstreckt sich das ehemalige »Listerstadtfeld«, das nach der Eingemeindung des Dorfes List zum bevorzugten Spekulationsobjekt wurde. Die Bebauung dieses Viertels erfolgte ab 1900, der etwas nördlich liegende Moltkeplatz wurde, wie die angrenzenden Straßenabschnitte, 1904–1906 aufgesiedelt. Besonders an Markttagen (Mittwochvormittags) lädt der Moltkeplatz zum Verweilen ein. Die Hauptstraße des Viertels wurde nach dem Spekulanten Wallbrecht benannt. *Ferdinand Wallbrecht* hatte als Bauunternehmer und Bürgervorsteher schon die Bebauung der Oststadt mitgeplant und u.a. den Ausbau der Bödeker- und Hohenzollernstraße entworfen. Die Fassaden der meist viergeschossigen großen Etagenwohnhäuser gestalteten die Bauherren für anspruchsvolle Mieter mit Balkonen, Erkern, Loggien und Stuckschmuck. Cafés mit Terrassenbetrieb verstärken das boulevardähnliche Flair der Straße. Aber nicht nur die städtischen Spekulanten verdienten sich eine goldene Nase, auch einige Landwirte profitierten. Der Bauer und Ziegeleibesitzer *Kollenrodt* z.B., nach dem eine weitere Straße benannt wurde, ließ sich am Lister Kirchweg eine großbürgerliche Villa bauen. Die systematische Straßenplanung erfolgte nach 1890 und umschloß alte Gartenwege und ältere Dorfstraßen.

❷ Moltkeplatz

Fassade eines der zahlreichen Jugendstilhäuser

Nahe der Wöhlerstraße beginnt der alte Dorfkern, den heute die Wöhler-, Höfe-, Liebig- und Waldstraße begrenzen. Das Dorf wurde nicht durch geplanten Wohnungsbau ersetzt. Die Straßen und Wege blieben erhalten, und viele der Höfe wurden erst durch

Das alte Bauernhaus in der Höfestraße

Bomben im 2. Weltkrieg zerstört. Noch heute erhalten ist in der Höfestraße ein Überbleibsel des Vollmeierhofes der Kollenrodts. Auch das ehemalige Schulgebäude, mit dem 1874 die alte einklassige Dorfschule ersetzt wurde, ist noch erhalten. Nebenan in einem neueren Gebäude befindet sich die Albrecht-Dürer-Schule. Heute sind die schönen Niedersachsenhäuser der größeren Höfe verschwunden. Außer dem Rest des Vollmeierhofes der Kollenrodts blieben nur ein Haus in der Wöhlerstraße und das der Kleinkötnerfamilie Kokemüllerer in der Waldstraße als letzte Zeugen des alten Dorfes bestehen.

❸ **Höfestr. 6/35**

Wöhlerstr. 34

Waldstr. 18

List wurde erstmals am 14. September 1304 urkundlich erwähnt. Im 18. Jahrhundert beschreibt der hannoversche Chronist Johann Heinrich Redekker *die List: »Es liegt in der Amtsvogtey Langenhagen, 1/8 Meile von der Stadt, ist zum Haynholze eingepfarret und hat jetzo 26 Häuser. Die Stadt-Warte Lister Turm, welche nahe dabey nach der Stadt stehet, ... ist davon benannt.«*

Obwohl die ursprüngliche Bedeutung des Namens List (»mit List erbaut«) nicht zweifelsfrei geklärt ist, bezeichnet dieser vermutlich einen »Ort am Waldrand«. Das Land gehörte dem Adel, der Kirche oder später auch hannoverschen Bürgern. Die Bauern, Pächter (Meier), hatten einen Teil ihrer Ernte dem Grundherrn abzuliefern. 1844 wurde das Pachtland und der von den Lister Bauern gemeinschaftlich genutzte Teil der Mecklenheide gegen Ablösung ins Eigentum der Bauern (Generalteilung) überführt. Reich waren die Lister Bauern nie. Der Ackerboden war durch die Stadt im Süden und die Heide im Norden eng begrenzt und die Qualität gering. Nur anspruchslose Getreidesorten konnten angebaut werden, für Weizen und Gemüse reichte die Qualität nicht. Aufgrund der Stadtnähe entwickelten sich

Graffiti an der ehrwürdigen Leibniz-Schule, 1989

im 19. Jahrhundert zunehmend Viehwirtschaft sowie lukrative Nebenbeschäftigungen wie das Postfahren mit eigenen Pferden. Zudem siedelten sich — gegen den Widerstand der alteingesessenen Bauern — Handwerker und Nebenerwerbslandwirte an. 1815 hatte List 241 Einwohner, kurz vor der Eingemeindung 1891 war diese Zahl auf 3.242 angewachsen.

Über die Bunsenstraße erreicht man die Lister Straße. Linkerhand erhebt sich das 1952–1954 erbaute neue Gebäude der traditionsreichen Leibnizschule (Gymnasium).

❹ De-Haën-Platz

1861 hatte *De Häen* an der heutigen Liebigstraße eine Chemische Fabrik eröffnet, die aber schon 1901 nach Seelze verlegt wurde. Um 1912 begann man mit dem Bau von Wohnungen am Rand des ehemaligen Fabrikgeländes. Mittelpunkt der Siedlung sollte der 1913 geplante De-Häen-Platz werden. Wegen des 1. Weltkrieges wurde die Bautätigkeit jedoch erst 1925 wieder aufgenommen und Anfang der 30er Jahre beendet. Der mit Grünflächen gestaltete Platz ist ein gutes Beispiel für die städtisch geförderten Wohnungsbauprogramme der späten 20er Jahre. Seit März 1986 ist »das Kinderhaus« am De-Häen-Platz untergebracht, ein Treffpunkt für Kinder und Eltern. Zwei Straßen weiter, in der Bessemerstr. 4, bietet ein Zentrum für Frauen, das aus einem Projekt der Fachhochschule für Sozialarbeit hervorgegangen ist, Beratung, Möglichkeiten zur Weiterbildung oder einfach die Gelegenheit, sich mit anderen Frauen zu treffen.

De-Haën-Platz 6

Franz-Bork-Str. 1-21

Zurück an der Lister Straße erreichen wir einen Wohnkomplex des Spar- und Bauvereins (siehe S. 98). In der Zeit von 1886–1891 entstanden in der Franz-Bork-Str. und der Lister Str. einfache Arbeiterwohnungen im viergeschossigen Rohziegelbau (»Polierstil«). Die reizvolle Wohnanlage wurde Ende der 70er Jahre renoviert. Benannt wurde die 1927 angelegte Franz-Bork-Straße nach dem ersten Geschäftsführer des Spar- und Bauvereins.

❺ Lister Str. 10

»In München vertrinkt man den Verstand in Bier; in Hamburg verfrißt man ihn durch schwere Fleischmassen; in Baden-Baden verspielt man ihn am Roulette; in Elberfeld verbetet man ihn; in Paris opfert man denselben der Wollust; aber in Hannover, ja in Hannover, es ist schauderhaft zu sagen, aber wahr, — verschlickert man ihn in Kuchen.«

So charakterisiert *Theodor von Kobbe* in seinen »Humoristischen Erinnerungen aus meinem akademischen Leben« 1817–1819 die Leinemetropole. Der Markt war also da, als *Hermann Bahlsen* 1898 in der Freisenstraße die »Hannoversche Cakesfabrik Hermann Bahlsen« gründete. Theodor von Kobbe zum Trotz, so könnte man meinen, widmete er 1981 dem Philosophen Leibniz einen »Cakes«; den »Leibniz-Keks«. Diese Namensgebung entsprach dem Naturell von Hermann Bahlsen. Bahlsens Bestreben war es zu allen Zeiten, das Materielle stets mit dem Humanen und Geistigen zu durchdringen.« Eine sehr profitable »Durchdringung«, denn bereits drei Jahre später wurde mit dem Bau neuer Fabrikanlagen an der Lister Straße begonnen. Der

Wandfries mit Terrakottadekor über dem Eingangstor zu den ehemaligen Werkshallen und der gegenüberliegende, von Bahlsen gestiftete Hänsel-und-Gretel-Brunnen, beides Arbeiten des Bildhauers *Georg Hertling*, sind heute noch zu sehen.

Der Hänsel- und Gretel-Brunnen

1904 schuf der Grafiker Heinrich Mittag aus einer altägyptischen Hieroglyphe mit der Bedeutung: Ewig dauernd, das heute noch gültige Firmenzeichen »TET«. Das Geschäft mit den Schleckereien ging weiterhin gut; 1905 installierte man die erste Fließförderanlage Europas, eine eigene Dampfmaschine und Gasanlage. Aber Hermann Bahlsen hatte noch größere Pläne: Auf dem Gelände zwischen Spannhagengarten und Eulenkamp sollte der von Bernhard Hötger konzipierte »TET«-Komplex, bestehend aus einer »TET«-Stadt und einer »TET«-Fabrik, errichtet werden. Dieses Riesenprojekt, nicht frei von Herrschaftsmonumentalismus, konnte wegen der Folgen des ersten Weltkrieges nicht verwirklicht werden.

Bahlsen ist heute ein internationales Unternehmen mit 1,6 Milliarden DM Umsatz (1987) und weltweit 8.500 Mitarbeitern, 6.200 davon in der BRD; trotzdem ist es noch fest in der Hand der Gründerfamilie.

Hier am Lister Platz wurde das Bahlsen Museum eingerichtet, das über die Entwicklung der Firma Bahlsen, aber auch über die Geschichte der Backkunst informiert. Das Museum ist im denkmalgeschützten Gebäude der ehemaligen Verwaltung untergebracht. Die restlichen Fabrikgebäude sollen nach dem Willen eines von Bahlsen beauftragten Planungsbüros abgerissen und durch elegante Ladenpassagen und teure Stadtwohnungen ersetzt werden. Dagegen kämpft der »Arbeitskreis Bahlsen« für den Erhalt der Gebäude, das nach den Vorstellungen der Gruppe Alternativbetrieben und einem Kulturzentrum Raum bieten soll.

Das Gebäude der Hauptverwaltung an der Podbielskistraße wurde 1911 eingeweiht, die Architekten waren *Karl* und *August Siebrecht*, und gehört »zu den besten des späten Jugendstils in Hannover«. Heute liegt das Hauptwerk der Bahlsen KG in Barsinghausen und die Hauptverwaltung an der Podbielskistraße 289.

Walderseestr. 3

Die 1897 angelegte Burckhardtstraße führt zum Eilenriederand, an dem sich entlang der Walderseestraße Villenbebauung hinzieht. Das Haus Nr. 3 wurde 1928 von Fritz Hötger für *Dr. Erich Madsack* gebaut. Madsack war Verleger des von seinem Vater *August Madsack* (1856–1933) 1893 gegründeten »Hannoverschen Anzeigers«. Als Chefredakteur leitete er gemeinsam mit seinem Bruder *Dr. Paul Madsack*, dem Chef des Feuilletons, lange Zeit den Anzeiger (siehe S. 31). Dieser etwas düstere Klinkerbau entsprach dem nüchternen Stil der 20er Jahre.

❻
Walderseestr. 100

Der 1387 zuerst erwähnte Lister Turm diente als Landwehr und stand ursprünglich an der Stelle, wo heute die Burckhardtstraße auf die Podbielskistraße trifft. 1896 wurde im Auftrage der Stadt Hannover das heutige Gebäude von dem Architekten *Hermann Schaedtler* erbaut. Das romantische Fachwerkhaus mit Turm, einem großen Kaffeegarten und Musikpavillon wurde zum beliebten Ausflugsziel und in den 20er Jahren zum Versammlungslokal. Im Garten hatten bis zu 3.000 Besucher Platz.

Zu traurigem Ruhm gelangte der Lister Turm in der Nacht vom 21. auf den 22. Februar 1933, als die nationalsozialistische SA einen Überfall auf eine Versammlung des sozialdemokratischen Reichsbanners verübte. Dabei kamen zwei Mitglieder des Reichsbanners, der 43jährige Heizer *Wilhelm Heese* und der Dreher *Willi Großkopf*, ums Leben; 17 weitere wurden verletzt. Am 22.2.1976 weihte Oberbürgermeister Schmalstieg eine an diesen Vorfall erinnernde Gedenktafel ein.

Der Sozialdemokratische Volkswille vom 23.2.1933 schilderte die Vorgänge:

Nachdem eine Versammlung der SPD in Bothfeld von etwa 100 Nazis überfallen worden war, »zog der gesamte Trupp, dem sich weitere Nazis anschlossen, nach dem Lister Turm, wo ebenfalls eine SPD-Versammlung stattfand. Die Nazis wurden aber von der Polizei nicht in den Saal hineingelassen und legten sich gegenüber dem Versammlungslokal in einer Waldecke der Eilenriede auf die Lauer. Als dann 10 Minuten später etwa 50 Schufo-Kameraden... erschienen, wurden sie von den Nazis mit dem Ruf ›Freiheit!‹ begrüßt. Das war offenbar das Signal zu der wüsten Schießerei, die dann einsetzte. Von den SA-Leuten wurden etwa 150 Schüsse auf die Schufoleute abgegeben. In der nächsten Minute wälzten sich 16 Reichsbanner-Kameraden in ihrem Blute. Einer der Kameraden starb sofort. 11 wurden in die Krankenhäuser eingeliefert. Das Überfallkommando, das erschien, durchsuchte die Reichsbanner-Kameraden ergebnislos nach Waffen. Die Nazis konnten ungehindert von der Polizei abmarschieren.«

Von 1950 bis 1973 befand sich die Hochschule für Musik und

Lister Turm

Theater hier im Haus. Nach dem Umzug der Hochschule forderten mehrere Bürgerinitiativen ein Kommunikationszentrum. Nach einjähriger Umbauzeit wurde dann am 20. Dezember 1974 der Lister Turm als Hannovers 4. Freizeitheim eingeweiht. Als Begegnungs- und Veranstaltungsort ist das Freizeitheim Lister Turm Bürgern aller Altersgruppen offen. Besonders wichtig ist dem Freizeitheim die antifaschistische Arbeit mit Jugendlichen. Ein Arbeitskreis Stadtteilgeschichte von älteren Lister Bürgern trifft sich regelmäßig. Stadtteilspaziergänge vermitteln die Ergebnisse einer größeren Öffentlichkeit. Alljährlich von 1976–1987 fand hier das Internationale 1. Mai-Fest statt, eine »Ergänzungsveranstaltung« zu den offiziellen DGB-Feierlichkeiten.

❼ Bernadotte-Allee 5

Das rote Holzhaus im Wald, genannt »Schwedenheim«, wurde 1947 von *Folke Graf Bernadotte* eingeweiht, um Essen und Kleidung an Flüchtlinge und Ausgebombte auszuteilen. Das Haus wurde von der schwedischen innereuropäischen Mission (IM) mit aus Schweden importierten Fertigbauteilen aus Holz errichtet, ohne daß ein einziger Baum weichen mußte. Die IM war 1938 von *Britta Holmström* als Praghilfe gegründet worden, um den Opfern der deutschen Okkupations- und Ausrottungspolitik zu helfen. Nach dem Kriege begann die IM Projekte in Westdeutschland. 1962 verließ die IM das Schwedenheim. Ein Teil des Gebäudes wurde seitdem von der »Lebenshilfe für Behinderte« genutzt. Der Rest des Gebäudes diente bis 1973 als Studentenwohnheim, danach ließ das städtische Forstamt diesen Gebäudeteil leerstehen. Als 1982 die Stadt Teile des Gebäudes abreißen wollte, bot die Lebenshilfe die Übernahme der Verwaltung des gesamten Gebäudes an. 1987 schließlich erhielt sie das gesamte Gebäude.

❽ Pelikan-Denkmal

Das »Pelikan-Denkmal« wurde zu Ehren *Dr. Fritz Beindorffs,* des langjährigen Inhabers der Pelikan-Werke, geschaffen. 1914 gestalteten *G. Halmhuber* und *E. Schmidt-Kestner* einen Brunnen mit einer Bronzefigur Merkurs; bis 1935 stand er im Rathaus, danach am Eilenriederand. Im 2. Weltkrieg wurde die Götterfigur zerstört und 1961 durch die Plastik der 2 Pelikane von *Ludwig Vierthaler* ersetzt.

❾ Vier Grenzen

Die Fritz-Beindorff-Allee führt zu den Vier Grenzen, seit 1913 offizielle Bezeichnung des Platzes bzw. der Straßenkreuzung. Der Name erinnert daran, daß hier bis 1891 (der Eingemeindung) die Residenzstadt Hannover an die Dörfer List, Klein- und Groß-Buchholz angrenzte. An der Ecke Podbielskistraße/Hunaeusstraße fällt durch Flachdach und Höhe das sogenannte Kanoldsche Hochhaus des gleichnamigen Architekten (1921 erbaut) auf. Hier sollte Ende der 20er Jahre eine größere geschlossene Wohnbebauung errichtet werden, von denen aber nur Teile ausgeführt wurden.

❿ Am Listholze 20-22

Ein kleiner Abstecher führt uns über die Straße Am Listholze in ein Gewerbegebiet mit größeren Brachflächen. Reste von um 1880 erbauten ärmlichen Landarbeiterhäuschen sind noch zu sehen. Die Menschen lebten dort in Wohnungen ohne sanitäre Anlagen, nicht

⓫ Podbielskistr. 139-141

Familienwappen Günther Wagner

selten trieb sie die Armut zum nahegelegenen Müllberg. Bis 1933 befand sich die im Volksmund »Kakolorium« oder auch emphatisch »Lister Alpen« genannte Mülldeponie auf dem heutigen Brachgelände gegenüber den Häusern um die Constantinstraße. Zurück zur Podbielskistraße erreicht man ein weiteres weltweit bekanntes, traditionelles hannoversches Unternehmen: Die Pelikan-Werke. Von 1904–1906 wurden auf freiem Feld für die schon 1838 gegründete, bisher am Engelbosteler Damm ansässige Firma Günther Wagner mit dem Markenzeichen Pelikan neue Fabrikgebäude errichtet. 1906 bezog die Firma die vom Architekten *Otto Taak* entworfene eindrucksvolle Gesamtanlage, bestehend aus massiven Werksgebäuden und zur Straßenfront vorgelagerten Pavillons im Landhausstil. Östlich der Einfahrt steht der von Vierthaler mit einer vergoldeten Frauengestalt gestaltete Brunnen, die zum 100jährigen Firmenjubiläum 1938 von der Belegschaft gestiftet wurde. Davor, in einem Freigehege, tummeln sich im Sommer zwei Pelikane. 60 Jahre lang bestimmte der 1881 in den Dienst der Firma getretene Fritz Beindorff die Geschichte der Firma. Der spätere Alleininhaber war Kommerzienrat, Senator, Ehrenbürger der Stadt Hannover und Ehrenpräsident der Industrie- und Handelskammer. Ungern erwähnt und von der Firmenchronik verschwiegen wird die Tatsache, daß Dr. Fritz Beindorff zu den 20 Vertretern von Industrie, Banken und Großgrundbesitz gehörte, die im November 1932 mit einer Eingabe an den Reichspräsidenten v. Hindenburg »die Übertragung der verantwortlichen Leitung eines mit den besten sachlichen und persönlichen Kräften ausgestattete Präsidialkabinetts an den Führer der größten nationalen Gruppe«, d.h. an Hitler und die NSDAP, forderten. 1978 wurde die Günther Wagner Pelikan-Werke GmbH in eine Aktiengesellschaft umgewandelt, die 1983 nach einem Vergleichsverfahren von der Schweizer Condorpart AG erworben wurde. Der traditionsreiche Name wurde übernommen – heute heißt die Firma Pelikan Holding AG.

Günther Wagner

⓬ Podbielskistr. 164

Auf der anderen Straßenseite stehen die Gebäude der ehemaligen Deutschen Grammophon Gesellschaft der Gebrüder Berliner. Wenn sich auch die erste Schallplatte der Welt vermutlich in der kleinen Kniestraßen-Werkstatt der Nordstadt gedreht haben mochte, fand die erste große Produktion (10 Millionen jährlich) ab 1904 auf dem außerhalb gelegenen Grundstück an der Landstraße nach Celle statt. Von der ersten Anlage sind noch einige Hallen erhalten, die Straßenfront beherrscht ein in den 20er Jahren erbautes Klinkergebäude. 1982 gab es nach Schallplatte und Musikkassette die 3. Weltpremiere eines neuen Tonträgers in Hannover: die Compact Disc (CD) wurde entwickelt und wird seitdem in dem 1959 errichteten Werk in Langenhagen gefertigt. Der ehemalige Familienbetrieb ist heute im Besitz ausländischer Multis. Nachdem 1986 Siemens seine Anteile verkauft hatte, ist die »Polygram« ein Gemeinschaftsunternehmen des holländischen Philips-Konzerns und des US-amerikanischen Chemiegiganten Du Pont.

Gut 100 Jahre ist die Schallplatte alt, die Emil Berliner *1887 in den USA patentieren ließ — zusammen mit seinem Abspielgerät: dem Grammophon.*

Emil wurde 1851 als 4. von 13 Kindern der jüdischen Kaufmannsfamilie Sally *und* Samuel Berliner *in der Langen Straße (Calenberger Neustadt) geboren. Sein Urgroßvater Jacob hatte sich um 1770 aus Berlin kommend in Hannover niedergelassen. In jener Zeit mußten Juden noch einen Schutzbrief erwerben, der ihnen gegen jährliche Zahlungen Leben und Eigentum sowie freie Religionsausübung gewährleistete. Der Vater Emils erwarb 1846 das Bürgerrecht der Stadt Hannover.*

Emil Berliner

1870 verließ Emil seine Heimatstadt, hauptsächlich um dem preußischen Militärdienst zu entgehen. Sein Ziel waren die Freiheit und Reichtum verheißenden USA. Ein Freund der Familie in Washington nahm ihn auf, und neben seiner Arbeit in einem Textilhandel beschäftigte er sich als Autodidakt mit physikalischen und elektrotechnischen Versuchen. Mit zwei Kisten der Seifenmarke Old Brown Windsor Soap und einigen Drähten soll er mit der Ton- und Sprachübertragung experimentiert haben.

Obwohl seit 1883 amerikanischer Staatsbürger, gründete er mit seinen Brüdern Jacob *(geb. 1848) und* Joseph *(geb. 1858) 1881 eine Telefonfabrik in der Kniestraße. Dort wurde im Jahre 1900 das erste Preßwerk der 1897 zum ersten Mal aus Schellack gefertigten Schallplatten errichtet: Die Deutsche Grammophon, Zweigwerk der 1898 ebenfalls von Emil Berliner in London gegründeten Gramophone Company. Die Firma mit ihrer Handelsmarke »His Masters Voice — Die Stimme seines Herrn« wurde ein durchschlagender Erfolg.*

Der erfolgreiche Unternehmer Joseph Berliner hatte gleichwohl Schwierigkeiten, die entsprechende gesellschaftliche Stellung zu erwerben. Er führte einen regelrechten Kampf um den Titel eines Kommerzienrates, der ihm erst 1914 gegen Zahlung von 3.000 Mark gewährt wurde. Größere Schwierigkeiten machten nach 1933 SA und Gestapo, die das »jüdischversippte Unternehmen« besonders aufmerksam kontrollierten.

Die meisten Berliners wanderten nach 1933 aus. Jedoch wurden zwei Familienmitglieder Opfer des nationalsozialistischen Massenmords. *Cora Berliner* (1890—1942), vor dem Berufsverbot war sie Professorin für Wirtschaftswissenschaften in Berlin, und ihre Cousine *Clara*, die Tochter Josephs. Cora wurde als Mitglied der Reichsvereinigung der Juden im Jahre 1942 an einen unbekannten Ort verschleppt, Clara am 16.3.1943 in das KZ Theresienstadt deportiert und 9 Monate später ermordet.

⑬
Podbielskistr. 231

Die Bebauung an der mittleren Podbielskistraße erfolgte nach der Jahrhundertwende und später in den 20er Jahren durch Baugesellschaften und Genossenschaften. Eine vollständig erhaltene Wohnanlage bildet der 1913—15 begonnene und 1927—31 fertiggestellte Spannhagengarten. Um einen weiten Innenhof mit Grünbewuchs gruppieren sich verputzte Häuser mit 185 Wohnungen. Die Kleefeld-Buchholzer Baugesellschaft errichtete hier preiswerte Wohnungen mit 3 beheizbaren Zimmern, Küche und Toilette im Treppenhaus. Ebenfalls hochgelobt wird die Siedlung Am Kreuzkampe, die zwischen 1927 und 1929 von den Architekten *Karl* und *August Siebrecht*, den Gewinnern eines städtischen Wettbewerbs, errichtet wurde.

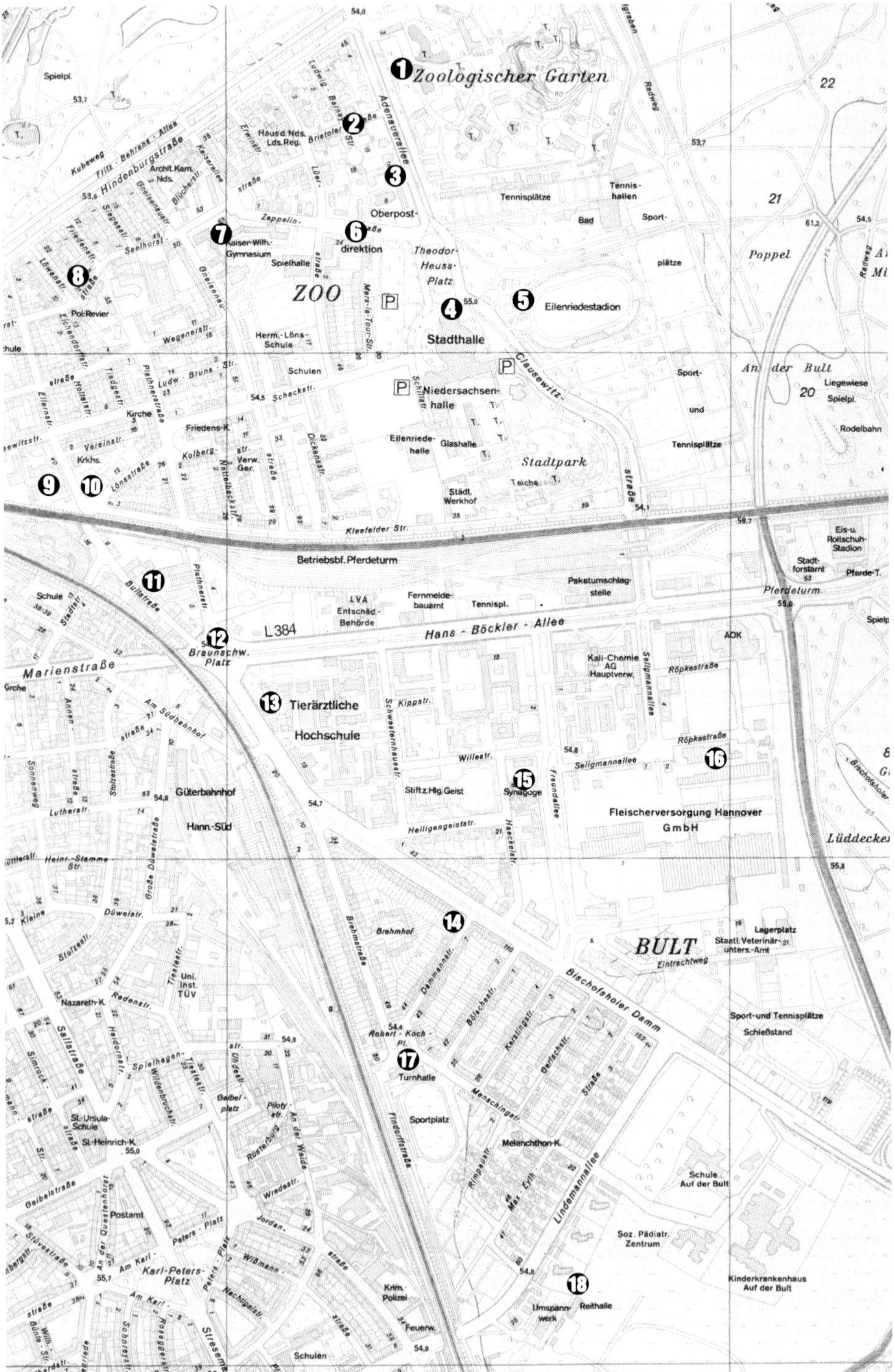

1 Zoologischer Garten
2
3
4
5
6
7
8
9
10
11
12
13
14
15
16
17
18
Spielpl.
Kubeweg
Fritz - Behrens - Allee
Hindenburgstraße
Haus d. Nds. Lds.Reg.
Bristoler Str.
Adenauerallee
Archit.Kam. Nds.
Tennisplätze
Tennis-hallen
Bad
Sport-plätze
Radweg
Poppel
Oberpost-direktion
Zeppelin-straße
Kaiser-Wilh.-Gymnasium
Spielhalle
Theodor-Heuss-Platz
ZOO
Eilenriedestadion
Stadthalle
Pol.-Revier
Wegenerstr.
Herm.-Löns-Schule
Schulen
Schackstr.
Niedersachsen-halle
Clausewitzstraße
An der Bult
Liegewiese
Spielpl.
Rodelbahn
Sport- und Tennisplätze
Ludw.-Bruns-Str.
Kirche
Friedens-K.
Vereinstr.
Krkhs.
Lönsstraße
Kolberg-straße
Verw. Ger.
Eilenriede-halle
Glashalle
Stadtpark
Teiche
Städt. Werkhof
Kleefelder Str.
Betriebsbf. Pferdeturm
Eis-u. Rollschuh-Stadion
Stadt-forstamt
Pferde-T.
Pferdeturm
Paketumschlag-stelle
Schule
Bultstraße
Plathnerstr.
LVA Entschäd.-Behörde
Fernmelde-bauamt
Tennispl.
L 384
Hans - Böckler - Allee
AOK
Braunschw. Platz
Marienstraße
Kali-Chemie AG Hauptverw.
Röpkestraße
Tierärztliche Hochschule
Kippstr.
Am Südbahnhof
Willestr.
Seligmannallee
Stift z. Hlg. Geist
Synagoge
Güterbahnhof Hann.-Süd
Fleischerversorgung Hannover GmbH
Lutherstr.
Heiligengeiststr.
Lüddecke
Heinr.-Stemme-Str.
Düwelstr.
Brehmhof
Brehmstraße
Dammannstr.
BULT
Lagerplatz
Staatl. Veterinär-unters.-Amt
Eintrachtweg
Bischofsholer Damm
Uni. Inst. TÜV
Nazareth-K.
Redenstr.
Sallstraße
Robert-Koch-Pl.
Turnhalle
Sport-und Tennisplätze
Schießstand
Spielhagenstr.
Geibelplatz
Sportplatz
Menschingstr.
St.-Ursula-Schule
St.-Heinrich-K.
Rüsterburg
An der Weide
Wredestr.
Melanchthon-K.
Hildesheimer
Lindemannallee
Schule Auf der Bult
Geibelstraße
Postamt
Peters-Platz
Jordanstr.
Soz. Pädiatr. Zentrum
Stüvestraße
Am Karl-Peters-Platz
Karl-Peters-Platz
Wißmannstr.
Krim.-Polizei
Kinderkrankenhaus Auf der Bult
Reithalle
Umspann-werk
Feuerw.
Schulen
Engelhardstr.
Stresemann

Vom sprechenden Zoo ins Café Loriot

Zoo/Bult/Eilenriede

Von Stefan Schellenberg

Ausgangspunkt: *Zoologischer Garten, Stadtbahnlinie 6*
Endpunkt: *Bahnhof Hannover-Bismarckstraße, Buslinie 20, 21*
Dauer: *2 1/2 Stunden*

Schon um 1750 wohnten die ersten Hannoveraner dort, wo heute das sogenannte Zoo- oder Hindenburgviertel ist. Eine dichtbesiedelte Gartenkolonie erstreckte sich am Eilenriederand zwischen Schiffgraben und Misburger Damm (heute Hans-Böckler-Allee) weit vor den Toren der Stadt. Fast hundert Jahre später (1843) wurde das Gebiet als Teil der sogenannten Steintorgartengemeinde zur Vorstadt Hannovers erklärt und schließlich 1859 eingemeindet. Ab 1872 entwickelte sich ein geschlossener Baukern. Vorwiegend entstandenen Einfamilienhäuser mit Vorgärten. Das Gros der Villen, noch heute eine noble Wohngegend, wurde nach der Jahrhundertwende gebaut.

Hirschhaus im zoologischen Garten, um 1865

Schon der Römer Tacitus hielt Germanien für ein fürchterliches Land, »entweder Wälder oder sumpfig«. Für Hannovers Stadtwald Eilenriede gilt sogar beides. Wo heute Bäume stehen, floß bis zum Ende der letzten Eiszeit die Leine, denn erst ein Sandberg unter dem heutigen Döhren zwang die Leine in ihr jetziges Bett. Soweit die Vermutungen der Wissenschaft, auf jeden Fall fließt noch heute zwei Meter unter der Erde eine Grundwasserader und bewirkt guten Pflanzenwuchs und zahlreiche Tümpel. Auch wenn der Wald am Ende der Eiszeit entstanden sein mag — als offizielle Geburtsstunde der Eilenriede gilt der 1. Juni 1371. An jenem Tag vor über 600 Jahren überreichten die Herzöge Wenzeslaus und Albrecht von Sachsen eine Urkunde an die Bürger Hannovers. Darin steht geschrieben:

»vortmer gheve wy den vorbenomden Borgheren to honovre, dat se dat holt, dat de Eylenride heet, bi honovre gelegen, to oken moghen unde holt darto planten unde heghen. unde wat se darto heghet unde to plantet to tookende dat schal ere mid der sulven Eylenride eghen bliven.« Bei schönem Wetter im Schatten eines Eilenriedebaumes läßt sich prima am genauen Wortlaut rätseln. »Ferner gestatten wir den vorgenannten Bürgern zu Hannover, daß sie das Holz, das Eilenriede heißt, bei Hannover gelegen, vergrößern dürfen und Holz dazu pflanzen und hegen. Und was sie dazu hegen und zupflanzen als Zuwachs, das soll ihr mit derselben Eilenriede eigen bleiben.«

Kinderspielplatz und Rasthäuschen in der Eilenriede; 1959

Hannovers Bürger waren also Besitzer eines Waldes geworden. Zu seinem Schutz vor Weidevieh erfanden die Hannoveraner eine Art lebenden Zaun, der bis zum Ende des 17. Jahrhunderts tätig war: Um den Wald wurden dicht bei dicht Hainbuchen gepflanzt, deren Zweige sich undurchdringlich ineinander verflochten.

In seiner mehr als 600jährigen Geschichte war der Stadtwald ständig von Abholzung bedroht, konnte jedoch immer gerettet werden. Die wahrscheinlich älteste Bürgerinitiative der Bundesrepublik, die Eilenriede-Initiative, wurde nach dem Zweiten Weltkrieg gegründet. Bis heute gibt es den Eilenriede-Beirat. Der jüngste Angriff auf den Wald kommt von oben: Saurer Regen. Über die Hälfte der Bäume sind erkrankt, die Stadt bemüht sich durch Kalkung des Bodens um Linderung. Die heute 639 Hektar große Eilenriede ist Hannovers Spazierrevier Nummer Eins. Mehrere Gaststätten in und um die Eilenriede laden zum Verweilen ein. Nachts allerdings ist der Wald insbesondere für Frauen ein gefährliches Pflaster.

Am 2. Februar 1987 wurde der Spielplatz am Westrand der Eilenriede Schauplatz eines grauenhaften Polit-Verbrechens: Vier jugendliche Neonazis der Freiheitlichen Deutschen Arbeiterpartei (FAP) und ihrer militanten Abspaltung »Einsatzkommando Eins« (EK 1) erschlugen ihren ehemaligen Kameraden Roger Bornemann.

❶
Adenauerallee 3

Mit Bären und Bergtieren fing es am 4. Mai 1865 an, als der Zoo als siebter Deutschlands auf 4 Hektar Fläche eröffnet wurde. Das heute auf dreifache Größe gewachsene Tiergelände wechselte aus finanziellen Schwierigkeiten in seiner über hundertjährigen Geschichte häufig den Besitzer und wurde diverse Male geschlossen. Seit 1972 führt die Stadt wieder Regie in den Gehegen (und legt dafür ordentlich drauf). In den letzten Jahren sind die Privatisierungsdiskussionen erneut entfacht: FDP und CDU wollen durch einen Zoo-Verkauf die städtischen Finanzen sanieren, scheitern bisher jedoch an der SPD/GABL-Mehrheit im Stadtrat. Bei schönem Wetter bietet ein Spaziergang durch Hannovers Zoo viel Spaß. Besonders Kinder sind von der Streichelwiese begeistert. Für den audiogeübten Tierfreund empfiehlt sich ein Rundgang, genannt »Der sprechende Zoo«, mit einem Walkman an den Ohren. Für Aussiedler ist der Eintritt als besonderes Willkommensgeschenk der Stadt sogar kostenlos. Der Zoo ist immer wieder ein gefundenes Fressen für die Geschichtenjäger der hannoverschen Lokalpresse. Ob ein Affenbaby geboren wird oder ein Elefant erkrankt — Hannover nimmt Anteil.

❷ **Bristoler Straße 6**

Ab 1920 bis 1925 wohnte der Reichspräsident und Heerführer Paul von Hindenburg in der Villa an der Seelhorsterstraße (heute

Ein Schäferhund für Hindenburg

Paul von Hindenburg — das Monument eines Feldherrn und Reichspräsidenten lebte viele Jahre in Hannover im heutigen »Hindenburg-Viertel«. Am 2. Oktober 1847 in Posen geboren, avancierte *Paul von Beneckendorff und von Hindenburg*, wie der spätere Reichspräsident und überzeugte Monarchist mit vollem Namen hieß, durch verschiedene Kriege zum obersten Heerführer. Orientiert war Hindenburgs Kampfgeist und Kriegführung stets an den Zielen der Industrie, der Monarchen und — später — der politischen Rechten. Sein Weggefährte im Feld und auch in der frühen Weimarer Republik war *Erich Ludendorff*, der sich in den zwanziger Jahren als politischer Sektierer für die Rechte betätigte und am Hitlerputsch (1923) teilnahm. Hindenburg unterzeichnete tief betrübt als Verlierer im 1. Weltkrieg die Kapitulations- und Friedenserklärung. Die Stadt Hannover schenkte ihrem Heimkehrer und vermeintlichen Rentner eine stattliche Villa in der Bristoler Straße 6 auf Lebenszeit und ernannte ihn zum Ehrenbürger. Nach einem von Hindenburg mit der Faust abgewehrten Einbruchsversuch in seine Villa bedachten die Stadtväter ihren Kriegsveteranen außerdem mit einem Schäferhund. Der ewige Monarchist wurde mit Beginn der Weimarer Republik zur Symbolfigur der deutschen Rechten. Nach dem Tode *Friedrich Eberts* wählten die verbündeten Rechten Hindenburg 1925 zum Reichspräsidenten. (1932 wurde er mit Unterstützung der Sozialdemokraten und des Zentrums gegen Hitler wiedergewählt.) Obwohl Hindenburg nicht als ausgesprochener Hitler-Anhänger gilt, war er weder fähig noch willig, der sich abzeichnenden Gewaltherrschaft des NS-Regimes entgegenzutreten. Mit der Unterzeichnung der »Verordnung zum Schutz von Volk und Staat« (28.2.33) und dem Ermächtigungsgesetz (24.3.33) trug Hindenburg wesentlich zur Festigung der faschistischen Diktatur bei. Hindenburg starb am 2. August 1934 in Westpreußen.

Stefan Schellenberg

Bristoler Straße). Zwar hat Paul von Beneckendorf und von Hindenburg, wie der von 1847 bis 1934 lebende Politiker und Feldherr mit vollem Namen heißt, auch in der Wedekindstraße und Bödekkerstraße gelebt, doch »Hindenburg-Viertel« werden wegen des Hindenburg-Hauses im hannoverschen Volksmund die hochherrschaftlichen Häuser des Zoo-Viertels genannt.

❸ Adenauerallee 51

1912/13 wurde für den amtierenden Stadtdirektor *Heinrich Tramm* in der Hindenburgstraße (heute Zeppelinstraße) eine Villa gebaut, die »Tramm-Villa« — aufgrund der enormen Kosten sehr zum Ärger der Sozialdemokraten. Drei Jahre später verlieh die Stadt »König Heinrich«, wie er spöttisch genannt wurde, die Ehrenbürgerwürde und ließ von ihm vom Bildhauer *Hötger* eine Portraitbüste schaffen (heute im Historischen Museum zu besichtigen).

Stadtdirektor Tramm

In die Amtszeit des rührigen Direktors fielen zahlreiche Eingemeindungen, der Ausbau von Kanalisation und Wasserversorgung, die Schaffung von Krankenhäusern und Friedhöfen, sowie zahlreiche andere Bauten und Einrichtungen. Im Revolutionsjahr 1918/1919, als Soldaten für kurze Zeit die Macht in der Stadt eroberten (siehe S. 195) floh Tramm *nach Berlin. Am 9. November, am gleichen Tag, als sein Kaiser,* Wilhelm I., *abdankt, ersucht er den Magistrat Hannovers um seinen Rücktritt. 1919 kehrt er zurück, die Wogen haben sich inzwischen geglättet, und spielt bis zu seinem Tod 1932 weiterhin eine wichtige Rolle in der Stadtpolitik. Seit 1960 ist das Stadtdirektorenhaus Teil der Oberpostdirektion, die darin ein kleines Museum, die »Poststube«, eröffnet hat.*

❹ Theodor-Heuss-Platz 1

Zwölf Jahre war diskutiert, zwei Jahre gebaut und 3.680.000 Reichsmark ausgegeben worden, dann eröffnete am 10. Juni 1914 die vom Architekten *Paul Bonatz* entworfene Stadthalle. Trotz nahendem 1. Weltkrieg dachte Hannover an den wirtschaftlichen Aufschwung. Das 45 Meter hohe, und mit seiner Kuppel für damalige Zeiten ungewöhnlich gebaute, ständige Zuschußprojekt städtischer Finanzen beherbergte über die Jahre die unterschiedlichsten Veranstaltungen. Zahlreiche Konzerte und Kongresse finden in dem »Congress-Centrum Stadtpark«, wie die mittlerweile fünf Säle heute heißen, statt. 1933 fand vor ihrer Tür die erste deutsche Gartenbauausstellung statt. Die Stadthalle war und ist auch Treffpunkt brauner Kräfte. Im Januar 1929 hielt Adolf Hitler seine erste Rede in der Stadthalle. Als sich am 21. Mai 1983 im Kuppelsaal die türkischen rechtsradikalen »Grauen Wölfe« trafen, nahm draußen bei der Gegendemonstration ein Justizskandal, der Hannovers Öffentlichkeit Monate beschäftigte, seinen Anfang (siehe S. 217).

❺ Eilenriedestadion

Das Eilenriedestadion hieß bis zum Ende des zweiten Weltkrieges »Hindenburg-Kampfbahn«. Die Sportarena sowie das Gelände bis hin zum Zoo diente zeitweise der militärischen Ertüchtigung, unter anderem gab es einen Schießstand. Auch die Reiterei (schließlich galt Hannover als Reiterstadt) nutzte das Gelände. 1896 weihten Hannovers Pferdefreunde hinter dem Zoo eine Pferderennbahn ein, die allerdings zwanzig Jahre später (1906) zur »Großen Bult« verlegt wurde. Vor dem zweiten Weltkrieg fanden

Die Flucht in den Freisprung

»Am frühen Morgen des 28. Aprils 1985 nahe der Stadt Minden und auf der Höhe der Mülldeponie Heisterholz wird der Leichnam Arndt Höhndorfs gefunden: Neben einem Leihwagen auf der Landstraße liegend. Kopfschuß. Er hat sich wohl selbst getötet, der erst hochgeschätzte, dann in Ungnade gefallene Anwalt etablierter und vermögender Kreise.« Auf den letzten Seiten des Kriminalromans »Bruchstellen — Eine Prozeßgeschichte« stehen diese Zeilen. Autor des in der »edition suhrkamp« erschienenen Buches ist ein Hamburger: *Uwe Maeffert,* hauptberuflich Rechtsanwalt, allerdings anders als der tote Anwalt Höhndorf ein nicht allzu hochgeschätzter Strafverteidiger — vor allem unter Polizeibeamten. Und die waren es auch, die die keineswegs fiktive Geschichte ausgelöst haben: mit einer Knüppelorgie im Mai 1983 vor der hannoverschen Stadthalle.

»Graue Wölfe«, faschistische Türken, trafen sich dort am Pfingstsonnabend zu einer Veranstaltung. Gegendemonstranten blockierten jedoch den Haupteingang der Stadthalle. Unter dem Beifall der »Grauen Wölfe« waltete die inzwischen aufmarschierte Polizei ihres Amtes. Während — wie später ein Verwaltungsgericht feststellte — die Nebeneingänge der Stadthalle völlig frei waren, knüppelte die Polizei den Haupteingang frei, um anschließend quer durch die Stadt »Türken zu jagen« — so formulierte es ein Polizeizeuge später vor Gericht.

Auf der Strecke blieben zwei Gegendemonstranten. Für *Orhan* und *Hassan Öner* begann an diesem Nachmittag eine 70tägige Untersuchungshaft. Die Polizei beschuldigte beide des versuchten Totschlags. Schwerverletzt habe ein zusammengeschlagener Polizist ins Krankenhaus eingeliefert werden müssen, teilte die Polizei der Presse mit.

Doch kaum hatte der Prozeß im Oktober 1983 begonnen, war von »versuchtem Totschlag« keine Rede mehr. Geringe Schürfwunden und leichte Prellungen lautete die Diagnose der ärztlichen Sachverständigen. Und ein TÜV-Experte löste auch das Rätsel um den schwer beschädigten Polizeihelm, der laut Anklage die brutalen Angriffe der Angeklagten auf den Polizeibeamten untermauern sollte. Der Helm, so der Gutachter, sei leer gewesen, als ihn jemand zurechtdemoliert habe. Widerwillig reagierte das Gericht: Die Haftbefehle für beide Angeklagte wurden aufgehoben. Doch die Verteidiger — unter ihnen der Hamburger Rechtsanwalt Uwe Maeffert — ließen es dabei nicht bewenden. Sie traten den Nachweis an, daß das in den Gerichtsakten enthaltene Vernehmungsprotokoll des angeblich zusammengeschlagenen Polizeibeamten nicht die erste Aussage war.

Das erste, nie vollständig aufgetauchte entlastende Protokoll hatte der Polizist, sein Anwalt — kein geringerer als der eingangs erwähnte *Arndt Höhndorf* — und die ermittelnden Kripobeamten verschwinden lassen.

Nach über 50 Prozeßtagen trat das Gericht die Flucht nach vorne an: Der Polizei — inklusive ihrem als Nebenkläger-Vertreter im Prozeß aufgetretenen Anwalt Arndt Höhndorf — bescheinigte das Gericht, alles vermasselt zu haben. Ein fairer Prozeß sei daher nicht mehr möglich: also Freispruch für die Angeklagten.

Michael Fender

auf den weiten Wiesen große Reitturniere statt, bei denen Deutschlands Olympiareiter ihr Können zeigten. Nach dem zweiten Weltkrieg eroberte sich die Jugend das Gebiet, wo »Kleefelder Butjer« und »Stadtjapper« nicht selten in Schlachten ihre Kräfte maßen.

Motorradrennen in der Eilenriede, 1953

Heute hat Hannovers Fußball-Aushängeschild »Hannover 96« das Eilenriedestadion und Gelände drumherum in Beschlag genommen (siehe S. 76).

❻
Zeppelinstr. 24

Das mächtige Gebäude der Oberpostdirektion wurde in den Jahren 1909 bis 1912 gebaut, etwa zur gleichen Zeit entstanden auch die meisten anderen Häuser des Viertels. Mit seinem aufwendigen Stil paßte es sich gut in das Flair der Gegend ein. Mittlerweile ist der große Bau zu eng für die Geschäfte der OPD geworden, und die Postverwalter haben in zahlreichen Häusern der Umgebung zusätzlich Quartier genommen.

❼
Seelhorsterstr. 52

Wo heute gelangweilte Pennäler im Kaiser-Wilhelm-Gymnasium sitzen (bis 1977 saßen sie in der Freiherr-vom-Stein-Schule), exerzierten einst die Soldaten des Hannoverschen Füselierregiments Nr. 73, das 1878 in die Bult-Kaserne in die Seelhorststraße eingezogen war. Ihnen folgten 1909 die Königs-Ulanen mit dem Einzug in die Ulanen-Kaserne in der Schackstraße. Beide Kasernen-Gebäude wurden im Zweiten Weltkrieg vernichtet.

❽
Seelhorsterstr. 12

Die Café-Kneipe »Loriot«, auch tagsüber geöffnet, ist die einzige Kneipe dieses Namens in der Bundesrepublik. Anläßlich der Loriot-Ausstellung im Wilhelm-Busch-Museum (Winter 88/89) besuchte »Mister Loriot« das erste Mal den Ort, dem er seinen Namen gab. Im Sommer laden Stühle unter freiem Himmel zum Verweilen ein.

5. April 1984: Im Ratssaal der Stadt herrscht gespannte Stimmung, die Tribünen sind voller Zuschauer. Auf der Tagesordnung

steht die geheime Abstimmung über den Verkauf von Gelände und Gebäuden der ehemaligen Kinderheilanstalt, Ellernstraße 12. Die Bürgergruppe »Gemeinsam Leben« will in den gut erhaltenen Gebäuden ein alternatives Wohn- und Arbeitsprojekt starten. 3,5 Millionen Mark haben die Alternativplaner als Kaufpreis zusammengekratzt. Dagegen steht das Angebot der Delta-Bau: 5 Millionen, Abriß und Neubau von Eigentumswohnungen. SPD, GABL und DKP haben im Rat eine Stimme mehr als CDU/FDP und wollen für »Gemeinsam Leben« votieren. Plötzlich steht SPD-Ratsherr *Wolfgang Liese* auf und geht seelenruhig zur Toilette. Er wäscht sich bis zum Ende des Urnengangs die Hände, die Delta-Bau bekommt den Zuschlag. Der Skandal ist perfekt, auch eine Besetzung der »Kinderheule« kann den Abriß nicht mehr abwenden. »Pinkel-Liese«, hat sich seither in Hannover als Symbol für politische Unglaubwürdigkeit eingeprägt. Trauriger Schluß: Die Delta-Bau konnte wegen finanzieller Schwierigkeiten nicht bauen. Während das CDU-Bundesbauministerium die sinnlos gewordenen Planungen der »Gemeinsam Leben« als besonders bürgerfreundlich auszeichnete, wurde der »Szene-Traum« zum Jahre währenden Brachland. Heute ist dort der Neubau des Arbeitsgerichtes.

⑨ Ellernstr. 12

⑩ Ellernstr. 39

In dem Gebäude der heutigen HNO-Klinik war das ehemalige jüdische Krankenhaus untergebracht. Von 1901 bis zum Dritten Reich (1939) war das vom Israelitischen Verein betriebene Haus Altersheim und Krankenpflegestation für Juden und Christen. Im zweiten Weltkrieg (1941/42) mißbrauchten die Nationalsozialisten die von ihnen »Judenhäuser« genannten Gebäude als Sammelstelle für Juden. Hunderte verfolgte Juden wurden hier zusammengepfercht und anschließend in die Konzentrations- und Vernichtungslager abtransportiert.

⑪ Bultstr. 7

Mit Zuschußgewinnsel und Benefiz-Lotterien konnten die fünf Millionen Mark für den Neubau der Landesbühne in der Bultstraße zusammengebracht werden. Im September 1987 eröffnete das moderne Haus mit seinen 489 Plätzen. Es gibt eine Infrarot-Schwerhörigenanlage und nach der Vorstellung wartet ein Üstra-Bus zum Normaltarif vor der Tür. Die Landesbühne zeigt Musical, Komödie, zeitgenössisches und klassisches Schauspiel.

⑫ Braunschweiger Platz

Über den Braunschweiger Platz — jahrelang ein bei Autofahrern berüchtigter Kreisel, seit Frühjahr '89 zur Kreuzung umgebaut — führte früher die »Misburger Straße«, heute Hans-Böckler-Allee. Die östliche Ausfallstraße nach Misburg war bis Ende des 19. Jahrhunders bis zum Pferdeturm (etwa ein Kilometer stadtauswärts) rechts und links umsäumt von Gartenanlagen und Feldern. Sie war die Trennungslinie zwischen der kleinen (linksseitig) und der großen Bult. Die nach dem 1387 erbauten Turm benannte Pferdeturmkreuzung ist ständiges Nadelöhr für Autofahrer und damit Diskussionsstoff für Kommunalpolitiker. Am Pferdeturm befindet sich Hannovers Eisstadion, das im Sommer zur Rollschuhbahn wird.

⓭
Bischofsholer Damm 15

Die Viecher starben an Rinderpest, Coenurosis, Pocken, Räude, Rotz und Druse. Jedenfalls war das 1778 so, als in Hannover als eine der ersten in Deutschland die »Königliche Roß-Arzeney-Schule« von König Georg III. gegründet wurde. Zwei Lehrer und zwanzig Schüler begannen damals noch am Clevertor (Innenstadt) die Viehdoktorausbildung. Nach einem Studentenstreik, dem ersten der Tiermediziner in Hannover, wurde die Tierarzneischule zur Hochschule erhoben und zog 1899 an ihren heutigen Standort. Im dritten Reich hatte die TiHo durch die Ausbildung von Veterinäroffizieren eine wichtige Funktion für Hitlers Kriegsmaschinerie und wurde durch gezielte Bombardements weitgehend zerstört. Auf der Rückseite der TiHo in der Schwesternhausstraße ist ein alternatives Wohnprojekt, dessen Sommer-Straßenfeste in Hannovers Szene berühmt sind.

⓮
Bischofsholer Damm 88

Jahrelang war der Bischofsholer Damm 88 Hannovers erste Adresse für Kabarett. *Dietrich Kittner* residierte hier im Keller in gemütlicher Atmosphäre mit einem »theater an der bult« vor ständig ausverkauftem Haus. Mittlerweile ist der Theaterchef nach Linden ins »tak« umgezogen.

⓯
Haekelstr. 10

Als in der Nacht auf den 9. November 1938 überall in Deutschland die Synagogen brannten, wurde auch Hannovers Synagoge in der Bergstraße (Calenberger Neustadt) ein Opfer der Flammen. Fünfundzwanzig Jahre später, am 10. November 1963, weihte die Jüdische Gemeinde Hannover ihr neues Gotteshaus in der Haekelstraße 10 ein (siehe S. 23).

⓰
Röpckestr. 12

Was heute langweilig »Fleischversorgung Hannover« heißt, war bis vor wenigen Jahren unter dem Namen »Schlacht- und Viehhof« als Endstation für Millionen Schweine, Rinder und Kälber bekannt.

1945 wurden, wie in anderen stadtnahen Wäldern in der Eilenriede Holzreste gesammelt.

In den Jahren 1879 bis 1881 wurden die ersten Schlachtanlagen errichtet. Damals war der Fleischbedarf auf 130.000 Einwohner ausgerichtet, seither ist der Schlachthof und sein Umsatz beständig gewachsen.

⑰ Robert-Koch-Platz 10

Am wohl einzigen hannoverschen Kreisel ohne Verkehrsregeln für Kreisverkehr — eine gemeine Falle für die Führerscheinprüflinge — haben Tierärztliche und Pädagogische Hochschule (letztere ist in der Südstadt) ihre gemeinsame Mensa und Turnhalle. Wenn gerade Mittagszeit ist, können Studenten hier für wenig Geld qualitativ satt werden. Das Mensa-Haus ist aber nicht nur aus kulinarischen Gründen interessant. Das von dem Architekten *Karl Grabenhorst* (geb. 1896) im Jahr 1930 erbaute Gebäude ist ein prägendes Beispiel für den architektonischen Baustil der zwanziger Jahre.

⑱ Bult

Als im Zooviertel schon die ersten Villen entstanden, war der heutige Stadtteil Bult noch weitgehend Wiese. Die Straße nach Bischofshol führte durch saftiges Gras und einige Felder hindurch. Die Bult gehörte den Bürgern der Altstadt, die dort ihr Vieh weiden ließen. Das Gelände eignete sich für Ausritte von den Kasernen des Hindenburg-Viertels. Kein Wunder also, daß 1906 die kleine Bult von der Zoo-Gegend auf das weite Gelände umzog und fortan »Große Bult« genannt wurde. Mittlerweile ist aber auch die »Große Bult« nicht mehr Ziel der Buchmacher und Pferdefreunde. Die zieht es jetzt nämlich zur »Neuen Bult«. Wer sich aber nur zum Spaß einmal einen wunden Hintern holen möchte: Noch immer werden hier Pferde vermietet. Die große Bultwiese, zum Teil mit der neuen Kinderheilanstalt bebaut, ist nicht nur für Pferdefreunde da, sondern Zankapfel vieler Anwohner: Die Fläche gilt als gigantisches »Scheißhaus« für Hunde.

Die Eilenriede im Schnee 1958/59

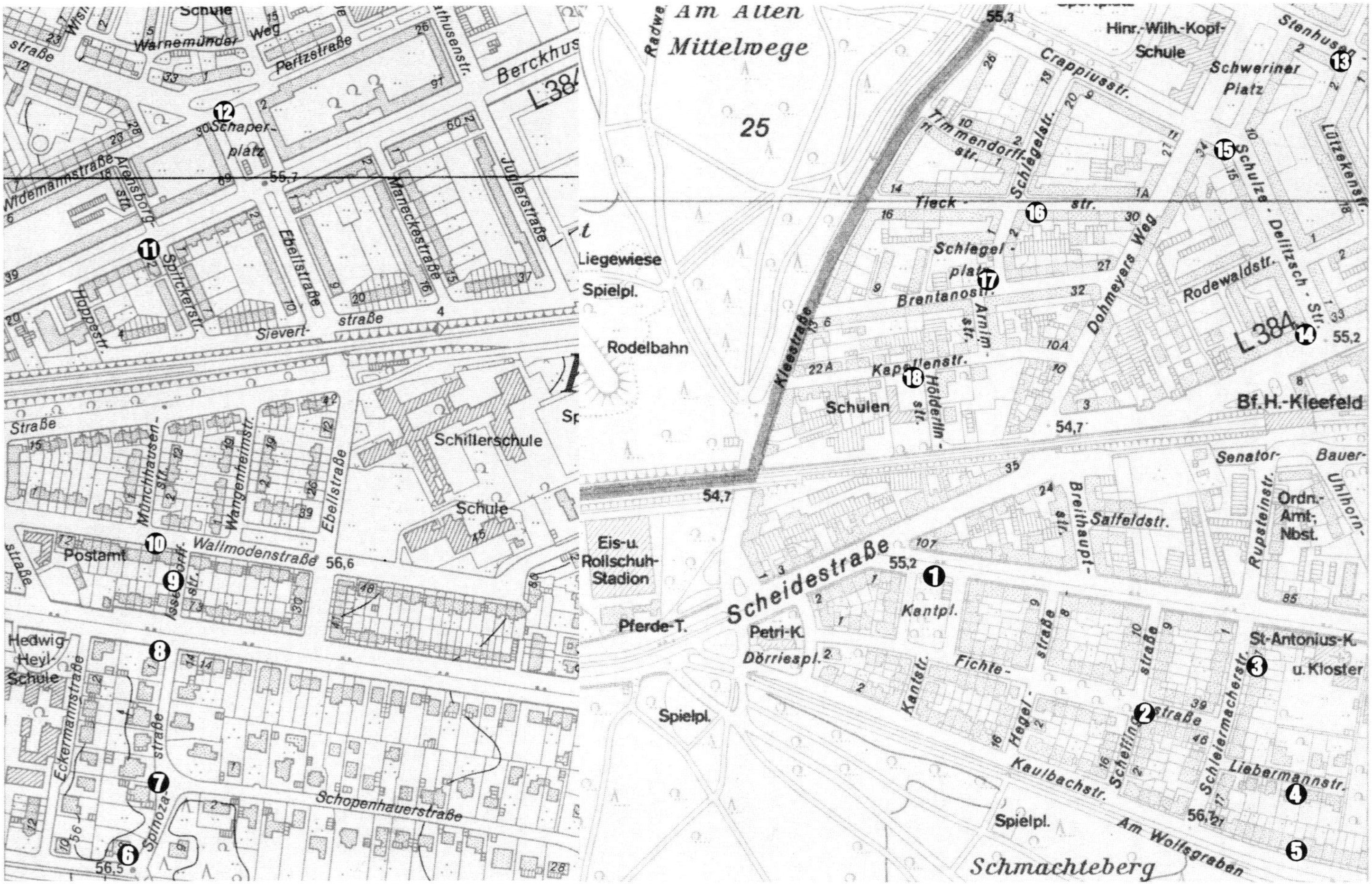
Am Alten Mittelwege
Scheidestraße
Kleestraße
Bf.H.-Kleefeld
Schillerschule
Schulen
Schule
Hinr.-Wilh.-Kopf-Schule
Hedwig-Heyl-Schule
Postamt
Eis-u. Rollschuh-Stadion
Pferde-T.
Petri-K.
Dörriespl.
Kantpl.
St-Antonius-K. u. Kloster
Ordn.-Amt-Nbst.
Liegewiese
Spielpl.
Rodelbahn
Schmachteberg
Am Wolfsgraben
Kaulbachstr.
Liebermannstr.
Schleiermacherstr.
Schellingstraße
Hegelstraße
Fichtestraße
Kantstr.
Breithauptstr.
Salfeldstr.
Rupsteinstr.
Senator-Bauer-
Uhlhorn-
Tieckstr.
Schlegelplatz
Schlegelstr.
Timmendorffstr.
Crappiusstr.
Schweriner Platz
Stenhusen
Lützekenstr.
Schulze-Delitzsch-Str.
Rodewaldstr.
Dohmeyers Weg
Brentanostr.
Arnimstr.
Kapellenstr.
Hölderlinstr.
Schaperplatz
Warnemünder Weg
Peritzstraße
Berckhusen
Juglerstraße
Maneckestraße
Ebellstraße
Spitckerstr.
Hoppestr.
Arensborgstr.
Widemannstraße
Sievertstraße
Münchhausenstr.
Wangenheimstr.
Wallmodenstraße
Isselhorststr.
Eckermannstraße
Spinozastraße
Schopenhauerstraße
L384
25
55,3
55,7
55,2
54,7
56,6
56,5
56,7
1
2
3
4
5
6
7
8
9
10
11
12
13
14
15
16
17
18

Dreigeteilt — schon immer

Kleefeld

Von Rainer Fröbe/Werner Heine

Ausgangspunkt: Kantplatz, Stadtbahn 4, 5, 6, 14
Endpunkt: Kantplatz, Stadtbahn 4, 5, 6, 14
Dauer: 2 1/2 Stunden

Fassadenverzierung Schleiermacherstr. 23

Großbürger und Genossen, Gärten und Graffiti — wer durch Kleefeld geht, wird bald entdecken, daß dieser Stadtteil in vieler Hinsicht geteilt ist. Hier leben Menschen mit unterschiedlich gefüllten Geldbeuteln und grundverschiedenen Lebensstilen nebeneinander in drei Vierteln: zwischen der Eilenriede und der Kirchröder Straße als der zentralen Einkaufsstraße Kleefelds liegt das kurz nach 1900 entstandene großbürgerliche Philosophenviertel; zwischen der Kirchröder Straße und dem Damm der Eisenbahnstrecke Hannover — Berlin wurde seit dem Ende der zwanziger Jahre die bürgerlich geprägte »Gartenstadt Kleefeld« errichtet, und jenseits der Bahnlinie befindet sich der alte Siedlungskern aus dem 19. Jahrhundert mit einem gewerblich-proletarischen Mischgebiet, der vor allem seit den zwanziger Jahren durch genossenschaftliche Neubauten stark erweitert wurde. Als einer der wenigen Stadtteile Hannovers hat Kleefeld kaum Schäden durch den Bombenkrieg erlitten, was gerade die großbürgerlichen Villen nach dem Krieg zu begehrten Objekten alliierter Dienststellen machte, die zum Teil noch heute darin untergebracht sind.

Kleefeld liegt nur drei Kilometer von der Stadtmitte entfernt, ist jedoch durch die Eilenriede und einen Gürtel von Sport- und Erholungsanlagen vom Zentrum getrennt. Bereits 1952 wurde der Stadtteil durch den Messeschnellweg zum Zentrum hin abgeschottet. Verkehrsprobleme entstanden allerdings erst in den letzten Jahren mit dem zunehmenden Autoverkehr aus dem Roderbruch-Gebiet, der sich durch das Nadelöhr der Pferdeturmkreuzung zwängen muß. Es ist jedoch abzusehen, daß sich die seit Ende der achtziger Jahre von eilfertigen »Verkehrspolitikern« zur Beschleunigung des Autoverkehrs vorgeschlagene Untertunnelung dieser Kreuzung im Falle ihrer Realisierung für den Stadtteil und für das Eilenriede-Gebiet als städtebauliche Katastrophe erweisen wird.

❶ Kantplatz

Der repräsentative Kantplatz wurde 1903 als »Empfangssalon« des Philosophenviertels angelegt. Die von ihm aus parallel zur

Fichtestraße und Kantplatz um 1906

Kirchröder Straße verlaufende Fichtestraße bildet die Längsachse dieses Viertels. Beim Baubeginn um die Jahrhundertwende war sie als Sichtachse — mit der evangelischen Petrikirche (1899–1902) an ihrem einen Ende — konzipiert worden. Auf Grund einer späteren Planungsänderung endet die Fichtestraße heute in einer Sackgasse. Die Straßen sind in diesem Viertel nach Malern, Musikern und Philosophen benannt — daher der Name »Philosophenviertel«.

Die Platzerweiterung zwischen Hegel- und Schellingstraße ist zur Blütezeit der Kanzan-Zierkirsche im April/Mai besonders sehenswert. Die kurz nach 1900 entstandenen Häuser sind Ausdruck eines noch ungebrochenen bürgerlichen Selbstverständnisses, das hemmungslos alle möglichen Architekturstile der Vergangenheit nachahmte: breite Natursteinfundamente, Holzfachwerk, Ornamente an Straßenfront und Portalen. Ein ähnlich ungebrochenes Selbstverständnis demonstrieren heute nur noch die studentischen Verbindungen, deren Burschenschaftshäuser sich in einigen der alten Villen befinden.

❷
Schellingstr. 8A

FREUNDINNEN
Ein Roman unter Frauen
von
MAXIMILIANE ACKERS
PAUL STEEGEMANN VERLAG
HANNOVER

Maximiliane Ackers hieß im Roman Eri Felden.

Von den zahlreichen Künstlerinnen, die in den Zwanziger Jahren im Philosophenviertel wohnten, hinterließ nur das »Multitalent« *Maximiliane Ackers* — sie war Sängerin, Kabarettistin, Schriftstellerin und Glasmalerin und wohnte bis 1931 in der Schellingstraße 8A — mit ihrem teilweise autobiographisch gefärbten Roman »Freundinnen. Ein Roman unter Frauen« bleibende Spuren. Die »Freundinnen« erschienen 1923 im hannoverschen Avantgarde-Verlag Paul Steegemann. Der Roman einer lesbischen Liebesbeziehung *(»Ihre scheuen Kinderlippen fanden sich in einem langen, fiebernden Kuß«)* war ein auch kommerziell erfolgreicher Reflex auf den

Erfahrungshunger der Weimarer Republik (bis 1928 vier Auflagen).

❸ Schleiermacherstr. 23

Das Haus Schleiermacherstraße 23 war ab 1913 Wohnsitz eines hohen Offiziers, worauf Kanone und Helm am Erker im ersten Stock hinweisen. Die Unschuld des Engels war schon damals — kurz vor dem Ersten Weltkrieg — fromme Fassade. In einer ähnlichen Weise haben viele der damaligen Bauherren Hinweise auf ihren Beruf in der Fassade untergebracht (z.B. der riesige Äskulapstab am Haus Spinozastraße 6).

Fassadendetail Schleiermacherstraße 2

Heute wohnen in diesen Häusern keineswegs nur »Pfeffersäcke«, wie Reiche gerne nach den durch Handel mit Gewürzen und Kolonialwaren reichgewordenen Kaufleuten genannt werden. Zwar dominiert hier noch wie früher der gehobene Mittelstand, aber auch einige Wohngemeinschaften haben sich mittlerweile ein Haus erkämpfen können. Mit der Präsenz der Alternativen hatte wohl jenes Diebespaar nicht gerechnet, das vor einigen Jahren zur Mittagszeit in die Wohnung eines stadtbekannten Autohändlers einbrach und dort einen Hausbewohner fesselte und knebelte. Ein Teil der Beute — Tafelsilber und russische Ikonen — wurde den Dieben noch auf der Straße von Mitgliedern einer ebenfalls stadtbekannten Wohngemeinschaft abgejagt, die den Einbruch aus dem gegenüberliegenden Haus beobachtet hatten.

❹ Liebermannstr.

Die Liebermannstraße hieß von 1937 bis 1945 nach dem antisemitischen »Kulturkritiker« *Paul de Lagarde* (1827–1891) Lagardestraße. In seinen Schriften hatte Lagarde mehrfach die Aussiedlung der Juden nach Madagaskar gefordert, ein Gedanke, den die Nationalsozialisten bis 1941 immer wieder aufgriffen.

1927 entstand die Villa des ehemaligen Stadtbaurats *Karl Elkart* (1880–1959) mit Fassadenelementen im Stil des Neuen Bauens. Einige Jahre später gehörte Elkart zu jenen Architekten, die ihre Konzeption der Moderne in den Dienst des Nationalsozialismus stellten und Rüstungsbauten für das Reich entwarfen.

Direkt gegenüber (Hausnummer 1) steht die Villa des Bauunternehmers *Friedrich Mehmel* (1883–1964). Mehmel, Gründer und Chef der Friedrich Mehmel AG, war 1927 führend am Bau des Anzeiger-Hochhauses beteiligt. Sein Lebensweg ist auf den grünbraunen Majolika-Kacheln an der rechten Häuserseite dargestellt. Von 1948 bis 1961 war Mehmel auch Ratsherr der welfisch-konservativen Deutschen Partei. In derselben Zeit baute die Friedrich Mehmel AG das hannoversche Arbeitsamt in der Brühlstraße, das Preussag-Gebäude am Leibnizufer und das Theater am Aegi; auch am Wiederaufbau des Opernhauses war sie beteiligt. Selbstverständlich wußte der Ratsherr Mehmel seine öffentliche Funktion und die privaten Geschäfte immer voneinander zu trennen — weshalb er 1961 mit der hannoverschen Verdienstplakette ausgezeichnet wurde.

❺ Kaulbachstr.

Die bebaute linke Straßenseite (hier ab 1910) zeigt eine seltene Geschlossenheit, ist aber durchaus mit modernen Einflüssen durch-

Ionische Säulen am Hause des Kunsttischlers: Hans Spellmann, Kaulbachstraße 26; gebaut um 1910

setzt. Neben großzügigen Einzelwohnungen befindet sich auch hier ein Verbindungshaus. Das Gebäude Nr. 26 mit den gedrungen wirkenden Holzsäulen in der ersten Etage wurde von der Familie *Spellmann* gebaut, deren in Alt-Kleefeld gelegene Kunst- und Bautischlerei (gegr. 1885) lange Jahre als Fachbetrieb für Kegelbahnen weltweites Renommee besaß. Der Wolfsgraben, hinter dem der südliche Teil der Eilenriede liegt, wurde schon vor dem 18. Jahrhundert zur Entwässerung des früheren Moorgebietes angelegt. Im Volksmund — der ja bekanntlich gerne »fünfe gerade« sein läßt und den hannoverschen Hofmaler *Friedrich Kaulbach* (1822-1903) nicht immer kennt — wird er gerne auch als »der Kaulbach« bezeichnet.

❻
Spinozastr. 8

Das wehrhafte Gemäuer aus grauem Bruchstein wird im Volksmund nach seinem wohl bekanntesten Besitzer als die »Benecke-Burg« bezeichnet. *Otto Benecke* (1895—1970) war am 1. Juli 1919 in die Firma J.H. Benecke — Deutschlands ältestes kunststoffverarbeitendes Unternehmen übrigens — eingetreten, die er bis zum Jahr 1968 leitete. 1927 zog er in die »Benecke-Burg« ein und genoß fortan die würzige Waldluft der Eilenriede, weitab von den stinkenden Schloten seines Stammwerkes in Vinnhorst (»Acella«), dessen Ortsväter dem Unternehmer zum 75. Geburtstag sogar das Ehrenbürgerrecht verliehen.

Hugo Haase hat dagegen sein Geld auf andere Weise verdient — aber ebenfalls nicht zu knapp. Zwar ist der Ingenieur (1857-1933) nicht, wie gelegentlich behauptet, der *Erfinder* der Achterbahn; wohl aber hat er durch die Umrüstung auf elektrischen Antrieb erst ihren Siegeszug rund um die Welt und ihren kommerziellen Erfolg ermöglicht. »Hugo Haases Groschenburg«, wie das Haus direkt am Wald mit dem originell gestalteten Gartenzaun genannt wird, ist der schlagende Beweis, daß eben auch Kleinvieh Mist macht.

❼
Spinozastr.

Der Religionsphilosoph (1632—1677) war den Nationalsozialisten nicht nur wegen seiner aufklärerischen Gedanken ein Dorn im Auge. *Spinoza* stammte aus einer jüdischen Familie (bereits als 23jähriger wurde er jedoch wegen seiner unorthodoxen Gedanken aus der jüdischen Gemeinde ausgestoßen) und wurde schon deshalb 1936 aus dem Straßenschild verbannt.

Nichts Böses ahnend: Schnitzwerk im Türstock der späteren Anstalt für Rassenkunde. Inzwischen wird das Haus in Eigentumswohnungen umgewandelt

Bis 1945 hieß die Spinozastraße dann Nietzschestraße, was auch gleich die richtige Adresse für die hier im Dezember 1942 auf Wunsch von Gauleiter Hartmann Lauterbacher *(1909—1988) gegründete und durch das städtische Gesundheitsamt eingerichtete* Anstalt für Germanische Volks- und Rassekunde *abgab. Hier sollte die Forderung nach »Reinheit des deutschen Blutes« durch »wissenschaftliche« Studien untermauert und in enger Zusammenarbeit mit der SS-Organisation »Ahnenerbe« die »rassenpolitische Schulung« von Ausländern aus den besetzten »germanischen« Ländern betrieben werden. In demselben Haus befand sich ab 1943 auch das* Rassenpolitische Amt der Gauleitung der NSDAP. *Der Leiter des Instituts,* Prof. Dr. Ferdinand Rossner *(1900-1987), der selbst mehrere rassistisch durchtränkte Biologiebücher verfaßt hatte, durfte übrigens seine Gedanken nach dem Ende des »Dritten Reiches« weiterverbreiten — als Biologielehrer in Hildesheim. Die Villa selbst diente gleich nach Kriegsende kurzzeitig als Durch-*

Des Fabrikanten Trutzburg: die Benecke Burg

Spinozastraße: Eine Burg auf der Suche nach einer Aufgabe

gangsheim für ehemalige KZ-Häftlinge. Hier fand auch am 8. September 1945, dem jüdischen Neujahrstag – und zwar zum ersten Mal nach der Befreiung vom Faschismus – wieder ein jüdischer Gottesdienst in Hannover statt.

❽ Spinozastr./Kirchröder Straße

Zur Kirchröder Straße hin demonstriert das Philosophenviertel Stärke und Macht; Türme »sichern« die Eingänge. Die Architektur der Weimarer Republik drückte das Bedürfnis nach Sicherheit und Abgeschlossenheit anders aus: durch eine keineswegs abweisend wirkende, dennoch aber völlig geschlossene Architektur präsentiert sich die 1927 auf Grund eines Architektenwettbewerbs entstandene »Gartenstadt« Kleefeld nach außen. Gebaut wurde die Gartenstadt durch die von der Stadt Hannover gegründete Gemeinnützige Baugesellschaft; reichsweit war dies eines der wenigen Modelle einer kommunalen Bauplanung für die obere Mittelschicht. Neben den großzügig geschnittenen Wohnungsgrundrissen besaß die Siedlung bereits damals durch ihre stadtnahe Lage und die vorzügliche Verkehrsanbindung zur Innenstadt (Straßenbahn und Eisenbahn) eine große Attraktivität. Pikanterweise hatte zu den Preisträgern auch der Architekt *Wilhelm Fricke* gehört, ein Mann, der kaum fünfzehn Jahre später (und wiederum als Architekt) in engster Kooperation mit der SS riesige Rüstungsbetriebe plante und baute. Fricke gelang der Übergang in die Nachkriegszeit jedoch bruchlos; die Wiederaufbauplanungen mehrerer norddeutscher Städte gehen auf seine Initiative zurück.

❾
Issendorfstr.

Die Issendorfstraße — Durchgang zur Gartenstadt.

Durch die Issendorffstraße — eine Zeit lang die einzige Straße Hannovers ohne Hausnummern — geht es in die Gartenstadt. Besonders im Sommer fallen die reich bewachsenen und sorgfältig gepflegten Gärten auf. Nur selten ist jedoch auch tatsächlich der Blick in einen Innenhof möglich; anders als bei den sozialdemokratischen Genossenschaftsbauten dominieren Ruhe und Privatheit als konzeptionelle Elemente.

Die Gartenstadt wurde auf dem Gelände einer riesigen Spargelplantage, dem von der Pächterfamilie Ebell bewirtschafteten Rittergut Kleefeld, errichtet (heute abgerissen). Die Planung der Weimarer Architekten konnte des Krieges wegen nur zu einem Teil realisiert werden. Ursprünglich war eine Bebauung mit etwa 600 Ein- und Zweifamilienhäusern vorgesehen gewesen, die bis zum Nackenberger Friedhof reichen sollte. Durch den Krieg wurden diese Pläne hinfällig; danach entstand auf dem Ausbaugebiet eine englische Siedlung mitsamt einer Schule. Schließlich okkupierte — das war noch vor dem Pillenknick — die Schillerschule einen Teil des verbliebenen Areals. Was übrig blieb, verwilderte allmählich, bis zu Beginn der achtziger Jahre auch diese letzten Wildflächen verschwanden.

❿
Wallmodenstr. 14

Hier lebte das jüdische Ehepaar Josef und Frieda-Maria Cohn, die beide im März 1939 starben. In der »Reichskristallnacht« am 9. November 1938 hatte man ihre Wohnung verwüstet und wenige Tage später den beinahe 70jährigen Josef Cohn in das KZ Buchenwald verschleppt. Es liegt nahe, daß der gemeinsame Tod des Ehepaares bald nach Josef Cohns Rückkehr ihre Antwort auf die fortschreitende Entrechtung der Juden im »Dritten Reich« war.

Wallmodenstr. 68

Jenseits der Ebellstraße (wer müde ist, kann diesen Abstecher ausfallen lassen) steht in der Wallmodenstr. 68 das Haus des ehemaligen hannoverschen Oberbürgermeisters *Dr. Arthur Menge* (1884—1965).

Menge war immer Menge; parteipolitisch legte sich der Jurist nie fest. 1919 wurde er über die welfisch-monarchistische Deutsch-hannoversche Partei, 1924 über den bürgerlichen Ordnungsblock in das Bürgervorsteherkollegium (das Kommunalparlament) gewählt. 1925 wurde er Nachfolger von SPD-Oberbürgermeister Robert Leinert, *dessen Stelle nach der Wahl einer »Sparmaßnahme« der neuen bürgerlichen Mehrheit zum Opfer fiel; Leinert wurde in Zwangspension geschickt. 1933 blieb Menge im Amt und war damit neben dem (1945 von den Nazis hingerichteten) Leipziger Oberbürgermeister Carl Goerdeler einer der wenigen deutschen Oberbürgermeister, die nicht Mitglied der NSDAP waren. Selbst eingefleischte braune Kämpfer unterstützten 1937 seine Wiederberufung; Menge mußte jedoch dem Druck der Gauleitung weichen. Seine zwölfjährige Regentschaft (1925—1937), die er als rechtskonservativer Politiker autoritär und antiparlamentarisch ausübte, ist als »Ära Menge« in die Stadtgeschichte eingegangen; mit seinem Namen sind jedoch auch die Stabilisierung der Wasserversorgung Hannovers nach der Typhusepidemie von 1926, der Bau des Maschsees sowie der Erwerb und die Erhaltung der Herrenhäuser Gärten verbunden.*

Nun die Ebellstraße hinunter und gleich hinter der Bahnunterführung links in die Sievertstraße. Diese Häuser entstanden im Rahmen des genossenschaftlichen Wohnungsbaues und in einfacherer Ausführung als die der Gartenstadt. Auf dieser Seite der

Werner Blumberg, 1900—1965. Der Sozialist und spätere Widerstandskämpfer lebte bereits 1932 wegen seiner illegalen Arbeit zeitweilig unter anderen Adressen

Bild links: »Bildnis des Oberbürgermeisters i.R. Arthur Menge«. Das Gemälde von Adolf Wissen (1941) zeigt Menge in der Pose des autoritären Stadtregenten.

Bahnlinie war vor allem die Kleefelder Baugenossenschaft aktiv; daneben gab es auch kleinere Bauträger. An der Gestaltung der Siedlung wirkten mehrere Architekten mit, die sich an vorgegebene Gestaltungsrichtlinien halten mußten, was insgesamt ein relativ geschlossenes Ensemble entstehen ließ.

⓫ Spilckerstr. 2

In der Nr. 2 wohnte seit dem Ende der zwanziger Jahre *Werner Blumenberg*. Er war bis 1933 Redakteur beim sozialdemokratischen *Volkswillen,* leitete seit 1934 in Hannover die Widerstandsgruppe »Sozialistische Front« und gab deren illegale Zeitschrift »Sozialistische Blätter« heraus. Blumenberg konnte kurz vor seiner geplanten Verhaftung im August 1936 nach Amsterdam fliehen und arbeitete von dort aus gegen den Faschismus; dort tauchte er während der Kriegszeit auch unter. Nach 1945 leitete er — bis zu seinem Tod im Jahr 1965 — die Deutschlandabteilung des Amsterdamer Instituts für Sozialgeschichte. Erst 1946 kehrte er für kurze Zeit nach Hannover zurück.

Noch in den ersten Kriegsjahren lebte im selben Haus der Lehrer *Friedrich (»Fritz«) Deike* (1884—1977), der als Sozialdemokrat in der Weimarer Zeit die Bewegung der nichtkonfessionellen Weltlichen Schulen engagiert unterstützt hatte und deshalb 1934 von den Nazis aus dem Dienst entfernt wurde.

Ebenfalls in Nr. 2 wohnte der beinahe gleichaltrige *Albin Karl* (1889—1976). Karl war bereits als Sechzehnjähriger in die Gewerkschaft eingetreten und dort seitdem in verschiedenen Funktionen aktiv. 1933 wurde er verhaftet und in das KZ Columbiahaus in Berlin eingeliefert; dennoch war er nach seiner Freilassung im Widerstand tätig. Nach dem Krieg spielte er eine wichtige Rolle beim Neu-

Friedrich (»Fritz«) Deike. Der Sozialdemokrat wurde sofort nach Kriegsende in Hannover zum Schulrat ernannt.

Bild rechts: Mehr als nur ein Sozialdemokrat: der hannoversche Gewerkschaftsfunktionär Albin Karl.

aufbau der Gewerkschaftsbewegung in Hannover sowie im DGB-Bundesvorstand; kurzzeitig vertrat er die SPD im Hannoverschen Landtag (1946).

Berckhusenstr.

Das Ensemble der Häuser an der Berckhusenstraße zwischen Ebellstraße und Spilckerstraße wurde ab 1922 mit expressionistischen Stilelementen errichtet. Auffällig sind vor allem die vieleckig vorkragenden Treppenhäuser, die Zickzackelemente über den Hauseingängen und im Dachgesims (»Dreiecksmoderne«) sowie die auffallend gegliederten Fassaden. Von der Mitte der Spilckerstraße aus sind deutlich im Innenhof die kupferbehelmten Türme dieses Wohnblocks zu erkennen. Sichtbarer Ausdruck des gewachsenen Selbstbewußtseins der genossenschaftlichen Bewegung, wurden sie von den bürgerlichen Zeitgenossen als »sozialdemokratische Schießscharten« verspottet (besonders deutlich am Haus Ebellstraße 1).

⓬ Schaperplatz

Durch die Berckhusenstraße zurück zum Schaperplatz, auf dem an jedem Donnerstag der Kleefelder Markt stattfindet.

Während der NS-Zeit schrammte der Schaperplatz nur knapp an einer Umbenennung vorbei: schließlich war er nach dem Vorsitzenden der Kleefelder Wohnungsbaugenossenschaft, Heinrich Schaper *(1852–1927), benannt worden. Eine augenfällige Umbenennung dieses zentralen Platzes in der ehedem sozialdemokratischen Hochburg scheuend, dekretierten die Nationalsozialisten schlitzohrig, der Platz sei nach dem Maler* Hermann Schaper *(1853–1911) benannt worden. Hermann Schaper war vor allem Dekorationsmaler und hatte unter anderem die früheren Wandmalereien im Alten Rathaus, der Marktkirche und der Garnisonkirche zu verantworten; ein Nationalsozialist war allerdings auch er nicht. Wohl aus diesem Grund flammte 1950 — nachdem der Platz bereits am 1. Mai 1945 per Dekret der Militärregierung wieder nach dem Genossenschaftsvorsitzenden benannt worden war — in Kleefeld noch einmal eine Kontroverse um den Schaperplatz auf.*

Widemannstr.

Die Widemannstraße (erste Straße links, Baubeginn ab 1930) ist unter den älteren Kleefeldern noch als »Storchengasse« bekannt, da in die hier in den Jahren 1935/36 im Zuge des nationalsozialistischen Wohnungsbaues entstandenen Wohnungen bevorzugt kinderreiche Familien eingewiesen wurden. Ein Teil dieser Familien kam übrigens aus den Sanierungsgebieten der hannoverschen Altstadt (Ballhofsanierung).

⑬ **Stenhusenstr. 8**

Das Haus an der Ecke zur Lützekenstraße hat in der Geschichte des Kleefelder Widerstandes eine gewisse Rolle gespielt. Vor 1933 befand sich im Keller dieses Hauses ein Versammlungsort des republikanischen »Reichsbanners«, und mehrfach fanden im Bereich des Häuserblocks Kämpfe mit NS-Schlägertrupps statt.

Nach der Zerschlagung der Arbeiterbewegung mauerten die Sozialdemokraten einige ihrer Parteireliquien — darunter die Fahne des Ortsvereins und Parteibücher — im Keller in einen Schornstein ein. Allerdings kam der örtliche Schornsteinfeger durch einen Zufall noch während der Kriegszeit hinter dieses Geheimnis. Vor die Wahl gestellt, die Hausbewohner zu denunzieren oder das Geheimnis für sich zu behalten, entschied er sich für letzteres — gegen einen Laib Brot, der ihm alljährlich bei der Kontrolle der Schornsteine übergeben wurde.

Lützekenstr.

Die kurz vor Kriegsbeginn fertiggestellte Lützekenstraße hat sich in den letzten fünfzig Jahren nur geringfügig verändert. Der Reiz der eher düster wirkenden Bauten liegt heute in den verwaschenen Parolen und Wandbeschriftungen, die ein Stück der Geschichte dieser Straße während des Faschismus und der frühen Nachkriegszeit erzählen (dies mit der dringenden Bitte an die Hauseigentümer, sie nun nicht zu entfernen). Aus der Kriegszeit ist in seltener Vollständigkeit noch die Kennzeichnung der ehemaligen Luftschutzkeller erkennbar, die an der Außenwand mit Pfeilen und dem Schriftzug »LS-Raum« markiert wurden, um im Falle einer Verschüttung als erste freigelegt werden zu können. Das ebenfalls noch mehrfach sichtbare »D« in Höhe der Kellergeschosse bezeichnet die nur mit halben Steinen vermauerten Durchbrüche zum Nachbarkeller, die im Notfall von den im Keller Eingeschlossenen aus eigener Kraft aufgestemmt werden konnten. Für diese Luftschutzmaßnahmen und die Räumung der Dachböden von brennbarem Material war in jedem Häuserblock ein »Luftschutzwart« verantwortlich, der über diese Funktion (und zusätzlich zum Blockwart) Einblick in das Privatleben der Hausbewohner nehmen konnte.

Lützekenstraße 1

Die ungelenken und schon stark verwaschenen Schriftzüge an der Ecke zur Stenhusenstraße sind dagegen Relikte aus den Nachkriegsjahren. Die Parole »FDJ lebt!« (Stenhusenstr. 8 und Lützekenstr. 18) stammt aus den frühen fünfziger Jahren, als die »Freie Deutsche Jugend« als Jugendorganisation der KPD in die Illegalität gedrängt wurde. Die Parolen »Raus mit... away!« (Nr. 1) und

»Tom(m)i go home« (Nr. 6–4) dürften einen antibritischen Reflex auf die Errichtung der nahegelegenen englischen Soldatensiedlung Ende der fünfziger Jahre darstellen; mit Sicherheit sind auch dies Parolen der KPD.

⓮ **Berckhusenstr. 31**

Die Berckhusenschänke war von 1931 bis 1933 das Verkehrslokal der *Eisernen Front* in Kleefeld. Die »Eiserne Front« war mehr als nur die Wehrorganisation der SPD: in ihr hatten sich Mitglieder der SPD, der Gewerkschaften, des »Reichsbanners« und der Arbeitersportvereine zum Kampf gegen den Nationalsozialismus zusammengeschlossen. Von der NS-Lokalpresse wurde die Berckhusenschänke deshalb 1932 als »Rüstkammer der Eisernen Front« bezeichnet. Der Stil der Zwanziger Jahre hat sich im Innern beinahe unverändert bis in die Gegenwart erhalten; das Design der Holzverkleidung innen ist ein Abbild der Außenfassade. Die Außenwand verlief anfangs schräg über Eck und bildete so einen Eckdurchgang, der erst vor einigen Jahren in die Gaststube einbezogen wurde.

Das Fachwerkhaus gegenüber zählt zu den letzten Kleefelder Häusern aus dem 19. Jahrhundert; daneben liegt das alte Stadtteilkino (»Kleefelder Lichtspiele«), inzwischen als Supermarkt genutzt.

Der unter Denkmalschutz stehende Kleefelder Bahnhof (von 1912) überstand zwar zwei Kriege, nicht jedoch die Nähe zu einer Currywurstbude, deren explodierende Gasflaschen im April 1988 einen Teil der Sandsteinverblendung zerfetzten. Jenseits des Bahnhofs steht unübersehbar einer der drei Kleefelder Bunker.

Im linken Ladengeschäft führte *Else Israel* (*1902) unter ihrem Mädchennamen *Else Katz* einige Jahre lang ein Kurzwarengeschäft. Dieser Laden wurde nach Auskunft von Anwohnern während der »Reichskristallnacht« verwüstet. *Hermann Israel*, ihr Mann, wurde kurz darauf in das KZ Buchenwald eingeliefert; ihm gelang jedoch nach seiner Freilassung im Januar 1939 die Flucht nach Holland. Am 15. Dezember 1941 wurden Else Katz und ihr Sohn nach Riga deportiert; dort sind sie ermordet worden. Ihr Laden wurde dann bis in die ersten Kriegsjahre hinein von der Ortsgruppe Kleefeld-Mitte der NSDAP genutzt.

⓯ **Schweriner Platz**

Durch die Schulze-Delitzsch-Straße (nach dem Begründer der handwerklich-christlichen Genossenschaftsbewegung und wohl daher während der NS-Zeit nicht umbenannt) zum Schweriner Platz. Die Häuser 19 und 20 sind Bauten der völkisch orientierten Siedlungskameradschaft »Deutsche Arbeit«, die später in der Kleefelder Baugenossenschaft aufging. Interessanterweise zitierten gerade diese Bauten Elemente des expressionistischen Bauens (wie zum Beispiel die dreieckigen Treppenhauserker) und wirken damit keineswegs völkisch-bieder. Bemerkenswert sind auch die Tierdarstellungen in den Hauseingängen auf der rechten Straßenseite.

Schweriner Platz 7

Im Eckhaus residierte seit 1938 die Ortsgruppe Kleefeld-West der NSDAP; dort befanden sich auch die Büros der NS-Zwangsgewerkschaft »Deutsche Arbeitsfront« (DAF) und der Nationalsozialistischen Volkswohlfahrt (NSV). Das Haus — es wurde 1938 als letztes dieses Komplexes fertiggestellt — nahm damit eine beherrschende Stellung im Kleefelder Alltag ein. Noch heute ist dies übrigens an den Fahnenhaltern erkennbar, die sich unter jedem Fenster und neben der Tür befinden. Diese optische Dominanz hatte durchaus eine materielle Substanz, da nach den Luftangriffen von 1943 Kleefeld zum bevorzugten Auffanggebiet für die Wohnungslosen aus der Südstadt wurde, womit die NS-Organisationen am Schweriner Platz nochmals an Bedeutung gewannen. Der Vorsitzende der Ortsgruppe Kleefeld-West der NSDAP, *Martin Feldmann*, hatte im Ersten Weltkrieg als Soldat gedient und 1919 als Freikorpsmann auf der Seite der Reaktion gegen den Spartakusbund gekämpft. 1931 trat er der NSDAP bei und stieg nun rasch innerhalb der Stadtverwaltung auf; 1941 wurde er Verwaltungsrat.

Straßenschild am Haus der Ortsgruppe (1938/39). Kurze Zeit später fiel die Frakturschrift bei den Nazis als »Judenletter« in Ungnade. Das Schild überlebte auch spätere Modernisierungen.

Schweriner Platz 1

Die Hinrich-Wilhelm-Kopf-Schule auf der gegenüberliegenden Seite des Schweriner Platzes ist ein bemerkenswerter Bau des hannoverschen Stadtbaurates und Architekten *Paul Wolf* aus der Frühphase der Weimarer Republik; heute beherbergt er die Kleefelder Grundschule. Wolf wechselte leider bereits 1922 nach Dresden, so daß sich nur wenige seiner fortschrittlichen Bauten in Hannover befinden. Gleich hinter der Schule befindet sich, verbannt ins städtebauliche Niemandsland zwischen Eilenriede und Schrebergartenkolonien, die bereits erwähnte Wohnblocksiedlung der englischen Soldaten aus den fünfziger Jahren. Das damalige Niemandsland — die Baumschulen, Obstplantagen und Barackensiedlungen des Roderbruchs — gibt es jedoch inzwischen nicht mehr. Seit dem Bau der *Medizinischen Hochschule* (ab 1963) sowie der Hochhaus-Siedlung im Roderbruch seit dem Ende der sechziger Jahre ist dieses Gebiet eine städtebauliche Wüste ganz anderer Art.

Direkt neben den Wohntürmen des Roderbruchs errichteten in den letzten Jahren zahlreiche Firmen repräsentative Verwaltungsbauten. Inzwischen hat sich hier ein neues administratives Zentrum herausgebildet, das auch dem Osten Hannovers die »Postmoderne« beschert und dessen Pendlerverkehr eine Ursache der Kleefelder Verkehrsprobleme darstellt.

Vom Schweriner Platz über Dohmeyers Weg ins »alte« Kleefeld, das so alt auch noch nicht ist. Eine etwas dichtere Bebauung des heutigen Kleefelds begann erst in der Mitte des vorigen Jahrhunderts; vorher existierten hier nur drei Meierhöfe. Von der ursprünglichen Bebauung des 19. Jahrhunderts sind nur noch hier und da Reste erhalten; vor allem ist der Charakter eines ländlich-gewerblichen Mischgebietes inzwischen beinahe völlig verlorengegangen. Die Tieckstraße bietet jedoch eine interessante und relativ geschlossene Bebauung aus Arbeiter- und vor allem Bürgerhäusern (zum Beispiel Tieckstraße 25—23 und die Eckhäuser Schlegelstr. 3 bzw. Kleestr. 21). Ein großer Teil dieser Bauten entstand seit der Jahrhundertwende im Rahmen der von Heinrich Schaper gegründeten Kleefelder Baugenossenschaft.

16
Tieckstr. 25-23
Schlegelstr. 3
Kleestr. 21

⑰ Schlegelplatz

Über Schlegelstraße und Brentanostraße geht es zur Eilenriede. Der Schlegelplatz (mit Kinderspielplatz) vereinigt beinahe alle Kleefelder Baustile in einem dennoch ruhig wirkenden Ensemble; neben wilhelminischen Bauten sind spätexpressionistische Häuser vertreten. Dominiert wird der Platz von einem der drei Kleefelder Hochbunker; selbst er bot jedoch der Bevölkerung während des Zweiten Weltkrieges nicht genügend Platz. Markant sind auch heute noch die Kennzeichnungen der Luftschutzräume an den Häusern Brentanostraße 16–6 (schräg gegenüber).

Die Kleestraße schließt Kleefeld zur Eilenriede hin ab; hier sind zahlreiche Handwerksbetriebe angesiedelt. Ein Unikat ist sicherlich das im Pseudorenaissance-Stil errichtete Haus Kleestraße 11, dessen Erdgeschoß und erster Stock reich mit Ornamenten aus rotem Sandstein verziert sind; das Dachgeschoß präsentiert (auch zur Seitenfront an der Kapellenstraße) ein erfrischend blaues Holzfachwerk.

⑱ Kapellenstr. 3-6/22

In starkem Kontrast hierzu stehen die Arbeiterhäuser aus dem 19. Jahrhundert. Gedrungen und dunkel wirkend, erscheinen sie für eine sozialromantische Idyllisierung kaum geeignet.

In der Kapellenstraße 16 existierte bis in die siebziger Jahre die Gurkeneinlegerei und Marinieranstalt von *Heinrich Utermöhlen;* heute ist noch das Vorderhaus von 1876 in Ziegelfachwerkbauweise erhalten.

Auf der Freifläche schräg gegenüber stand bis 1945 die »NSV-Baracke«, in der die meisten Kleefelder Nebenorganisationen der NSDAP untergebracht waren: Hitlerjugend, BDM, NS-Volkswohlfahrt, NS-Kriegsopferversorgung, die Ortsgruppe Hannover-Ost des Reichsluftschutzbundes und schließlich auch der SA-Sturm 24/13. Bis etwa 1970 befanden sich in der Baracke dann »Notunterkünfte« des städtischen Wohnungsamtes.

Dohmeyers Weg 6

Zurück zu Dohmeyers Weg. Der vierstöckige Ziegelbau gegenüber der Einmündung zur Kapellenstraße bildet mit seiner grünen

Verklinkerung und den beinahe filigran wirkenden Türmchen sicher ein Prachtstück der Kleefelder Architektur. Wie ein winziger Mosaikstein aus der Bausubstanz des späten 19. Jahrhunderts wirkt heute noch die kleine Ecke zwischen den Häusern Dohmeyers Weg 4 und 2; auch die engen Hofdurchfahrten (Dohmeyers Weg 10) verweisen noch auf die Vor-Autozeit.

Dohmeyers Weg 4/2

Durch die Unterführung an Dohmeyers Weg und über die Scheidestraße zurück zum Kantplatz. Möglich ist auch ein Abstecher in die andere Richtung, wo sich bis vor einigen Jahren das kleine holzverkleidete Haus des Drehorgelbauers *Johann Heinrich* (genannt Fritz) *Wrede* (1868–1945) befand. Wrede soll bereits als Sechzehnjähriger seine erste eigene Drehorgel gebaut haben; später entwickelte er Lochstreifensysteme für Drehorgeln. Berühmt wurde er durch den Bau von Orchestrions, unter anderem für das damalige hannoversche Vergnügungslokal »Tivoli« und das »Neue Haus«. Fritz Wrede wurde am 28.März 1945 Opfer eines Luftangriffs, der den weltberühmten Drehorgelbauer beim Stimmen einer 80stufigen Prunkorgel überraschte. Sein Haus wurde erst vor kurzem abgerissen, wobei es sich der neue Besitzer nicht nehmen ließ, ein Teil des bunt verzierten Holztores in der Garagendurchfahrt anzubringen.

Berckhusenstraße 9

Zusammen mit der Kirchröder Straße ist die Scheidestraße die Einkaufsstraße Kleefelds. Hier sind viele Hofeinfahrten noch auf die Breite einer Pferdekutsche abgestimmt, wenngleich die früheren Stallungen in den Hinterhöfen längst zu Garagen und Lagerschuppen umgebaut worden sind. Bisher haben sich viele kleine Geschäfte des täglichen Bedarfs hier halten können. In den letzten Jahren haben allerdings mehr und mehr Läden modischen »Lädchen« oder Filialen großer Handelsketten Platz gemacht, die preislich dem Kleefelder Niveau angepaßt sind und das Bild des Stadtteils schleichend zernagen. Auch die ein- oder zweigeschossigen alten Kleefelder Backsteinbauten sind bis auf wenige Ausnahmen — Scheidestraße 16, 18 und 20 (Haus von 1871 mit Gastwirtschaft) und Berckhusenstraße 10 — in den letzten Jahren abgerissen worden. Selbst die einzige Kleefelder Traditionsgaststätte, der 1856 gegründete »Weiße Schwan« in der Scheidestraße (nach dem Krieg auch kurzzeitig britisch-deutsches Tanzlokal), mußte 1971 dem Neubau einer Filiale der Stadtsparkasse weichen. Wenige Jahre später ließ diese den »Weißen Schwan« dann in einer Hochglanzbroschüre feiern. Traditionspflege im hannoverschen Stil.

Scheidestraße

Scheidestraße 16/18/20

In Kleefeld fehlen originelle Restaurants und Kneipen. Empfehlenswert ist im Sommer jedoch die italienische Eisdiele direkt am Kantplatz. Hundert Meter entfernt befindet sich in der Kleestraße ein italienisches Restaurant. Im Sommer ist es allerdings am schönsten, vom Kantplatz aus quer durch die Eilenriede in die Obstweinkneipe »Waldfrieden« in Bischofshol zu gehen. Dort kann man in Ruhe inmitten der Schrebergärten sitzen und neben Bier und Obstwein einen kleinen Imbiß zu sich nehmen.

Scheidestraße 21

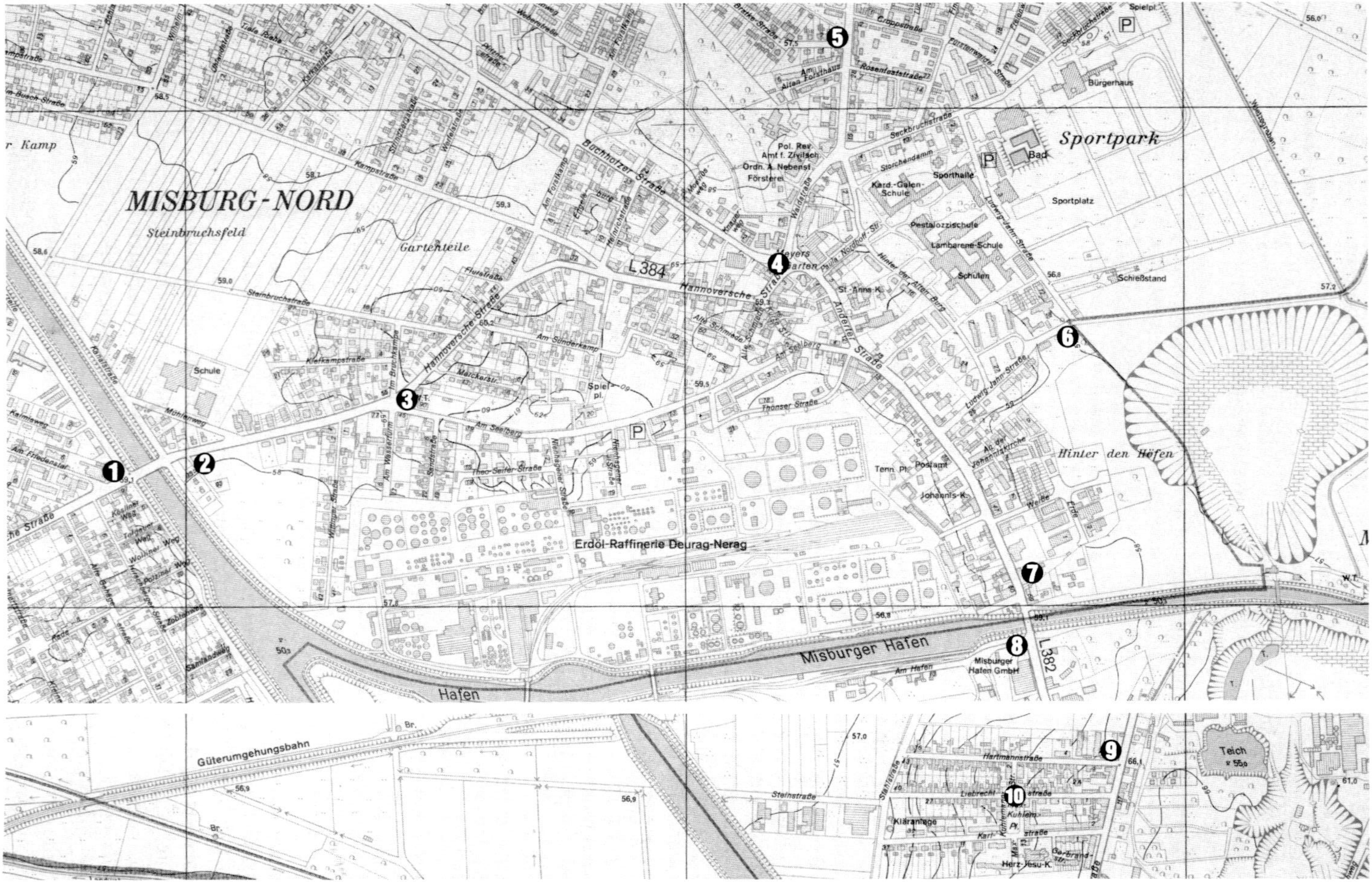

MISBURG-NORD
Steinbruchsfeld
Gartenteile
Sportpark
Bürgerhaus
Bad
Sportplatz
Schießstand
Sporthalle
Kard.-Galen-Schule
Pestalozzischule
Lambarene-Schule
Schulen
Pol. Rev.
Amt f. Zivilsch.
Ordn. A. Nebenst.
Försterei
St.-Anna-K.
Postamt
Johannis-K.
Hinter den Höfen
Erdöl-Raffinerie Deurag-Nerag
Misburger Hafen
Misburger Hafen GmbH
Am Hafen
Hafen
L 384
L 382
Hannoversche Straße
Anderter Straße
Buchholzer Straße
Kampstraße
Steinbruchstraße
Seckbruchstraße
Ludwig-Jahn-Straße
Rosenfeststraße
Croppstraße
Am Seelberg
Am Sünderkamp
Thönser Straße
Theo-Seifer-Straße
Nienhagener Straße
Sandstraße
Am Wasserturm
Mühlenweg
Kanalstraße
Schule
Güterumgehungsbahn
Steinstraße
Hartmannstraße
Kläranlage
Herz-Jesu-K.
Teich

Versteinerte Muscheln auf einer Reise nach Jerusalem

Misburg

Von Geschichtsinitiative Hannover-Ost der Naturfreundejugend OG Hannover u. Kulturtreff Roderbruch

Ausgangspunkt: *Kurhaus Friedensthal, Bus 21*
Endpunkt: *Anderter Straße, Bus 22*
Dauer: *ca. 2 Stunden*

Fragt man ältere Misburger, woher sie kommen, so werden sie, ohne lange zu überlegen, »aus Misburg« antworten. Erst im Jahre 1974 nach Hannover eingemeindet, hat Misburg seinen Charakter als eigenständige Kleinstadt bis heute nicht verloren. Es soll sogar Leute geben, die einen eigenständigen Misburger Wortschatz ausgemacht haben wollen.

Graffitis: Überbleibsel der Auseinandersetzungen um das Jugendheim

Zwei große Industrien haben den Charakter von Misburg geprägt. Ende des vorigen Jahrhunderts entstanden mehrere Zementfabriken und in den 30er Jahren die Erdölraffinerie Deurag-Nerag. Nahezu die Hälfte des Stadtteils besteht noch heute aus Industriegebiet. Kein Wunder, daß Misburg während des Krieges bei rund 45 Bombenangriffen von ca. 40.000 Spreng- und Brandbomben getroffen wurde. 60% der Wohnhäuser wurden vernichtet oder beschädigt. Doch nach dem Krieg blühte Misburg mit seinen Industriebetrieben rasch wieder zu einer reichen Vorstadtgemeinde auf. Das für Misburg sicherlich etwas zu groß geratene Rathaus aus den 60er Jahren, dem das alte Forsthaus weichen mußte, zeigt etwas von dem damaligen Bürgerstolz. Trotz Eingemeindung hat das Alltagsleben auch heute noch etwas Geruhsames und Provinzielles bewahrt, einhergehend mit einem ausgeprägten Vereinsleben.

❶ Hannoversche Straße 92

1892 stand zwischen den Dörfern Misburg und Kleefeld noch ein Buchenwald, als das Kurhaus Friedensthal eröffnet wurde. Es war bald ein beliebtes Gartenlokal. Seine Nutzung spiegelt Alltag und Politik der vergangenen Jahre wider. Der Saal des Ausflugslokals wurde im 2. Weltkrieg zum Lager für Zwangsarbeiter, die u.a. bei der Deurag-Nerag arbeiten mußten. Vor allem italienische Kriegsgefangene waren dort untergebracht, so daß das Lokal in der Bevölkerung nur das »Italienerlager« hieß. In den fünfziger Jahren brachte der bekannte »Witwenball«, in den siebziger Jahren die stadtbekannte Disco »Ballroom Blitz« noch einmal Leben in das Kurhaus. Inzwischen wurde der Saal abgerissen, und in einem neuen Anbau wurde ein Supermarkt eröffnet.

Das »Kurhaus Friedensthal« war einst Erholungszentrum mitten im Wald

❷ KZ-Außenlager Misburg

Schräg gegenüber — auf der anderen Seite der Kanalbrücke — liegt ein umzäuntes Wiesengelände. Hier wurde Mitte 1944 das Außenlager Misburg des KZ Neuengamme eingerichtet, von dem heute nur noch Reste der Barackenfundamente im Gras zu sehen sind. Die Häftlinge wurden eingesetzt, um die kriegswichtige Produktion bei der Deurag-Nerag zu sichern.

Die »Gewerkschaft Deutsche Erdöl-Raffinerie« (Deurag) war im April 1931 gegründet worden, um die in Niedersachsen geförderten Erdöle zu verarbeiten. 1936 kam die »Neue Erdöl-Raffinerie-AG« (Nerag) dazu. Im Rahmen der Kriegsvorbereitungen wurde die Produktion in beiden Werken erheblich gesteigert. Die um Hannover liegenden Erdölfelder lieferten 1937 bereits zehnmal soviel Erdöl wie im gesamten übrigen Deutschland. Die Nerag deckte im Sommer 1939 bereits 40% des deutschen Gesamtbedarfs an hochwertigen Flugmotorenölen. Über dem Gelände lag »stark unangenehmer Geruch nach Benzin und organischen Schwefelverbindungen«, der von den Abwässern der Deurag stammte. Im Misburger Wald wurde von Zwangsarbeitern ein »Tarnölwerk« errichtet, um die seit 1940 ständig stattfindenden Luftangriffe fehlzuleiten. Dennoch kam es immer wieder zu schweren Treffern auf dem Gelände. Um die Produktion auch im letzten Kriegsjahr aufrechtzuerhalten, wurden aus Neuengamme und Buchenwald nach und nach über 1200 Häftlinge — aus mindestens neun verschiedenen Nationen, die meisten aus der UdSSR und aus Polen — in das KZ-Außenlager Misburg gebracht.

»Politische« gab es unter den wenigen deutschen Häftlingen kaum. Die Häftlinge wurden zu Abbruch- und Verschrottungsarbeiten eingesetzt. Gelegentlich »lieh« sich die Gemeinde Misburg Häftlinge für Aufräumungsarbeiten und zum Bombenentschärfen aus. Dann mußten sie nach 11-12 stün-

»Meyers Garten«

diger Schwerstarbeit in Erdlöchern übernachten, ehe im Herbst 1944 Zelte und später Baracken errichtet wurden. Kurz vor Einmarsch der Amerikaner wurden die noch marschfähigen Häftlinge — als Kolonne — ins KZ Bergen-Belsen getrieben; wie viele von ihnen diesen »Todesmarsch« überlebten, ist nicht bekannt.

Die während der Ostermärsche 1983 und 1984 provisorisch aufgestellten Mahntafeln wurden von Unbekannten entfernt. Die Stadt Hannover plant jetzt an der Stelle des ehemaligen Außenlagers — spät, aber immerhin — die Aufstellung eines Mahnmals, das im Juni 1989 eingeweiht werden soll. 1985 wurde die Raffinerie aus wirtschaftlichen Gründen geschlossen und die Anlagen demontiert.

❸ **Hannoversche Str./ Am Seelberg**

Der »Runde Bunker«

Der runde Bunker wird gerade von engagierten Leuten zu Übungsräumen für Musikgruppen ausgebaut. Während des 2. Weltkrieges fanden hier viele Misburger Schutz bei Luftangriffen. Nicht nur deutsche Zivilbevölkerung, auch einige Zwangsarbeiter und Kriegsgefangene, aber nur aus westeuropäischen Ländern, durften in den Bunker. 1959 erhielt der runde Bunker seinen markanten Aufsatz und diente zwischen 1960 und 1971 als Wasserturm.

❹ **Meyers Garten**

Im Zentrum von Misburg, wo sich heute an einer belebten Ampelkreuzung Supermärkte, Boutiquen, Restaurants und sogar ein Kaufhaus ein Stelldichein geben, befand sich früher die Gaststätte »Meyers Garten«, an die heute nur noch der Name des Platzes erinnert. Im Saal dieses beliebten Gartenlokals, das an der Stelle des heutigen Hochhauses stand, tagte häufig die Misburger SPD.

»Meyers Garten«: Heute nur noch eine Straßenkreuzung

Bis Ende der 60er Jahre gab es am *Meyers Garten* sogar ein eigenes Misburger Kino namens »Scala«. Heute finden am »Meyers Garten«, dem Zentrum von Misburg, regelmäßig Stadtteilfeste statt.

Ganz in der Nähe forderte der Naziterror sein erstes Misburger Opfer: Im Juni 1933 wurde Anton Macioszyk, *Vorsitzender der Naturfreunde und der Freireligiösen Gemeinde, aktiv in SPD und Reichsbanner, von der SA verhaftet, zusammengeschlagen und im Spritzenhaus der Freiwilligen Feuerwehr in der Kurzen Straße eingesperrt. Durch ein vermutlich von der SA gelegtes Feuer brannte das Spritzenhaus aus. Anton Macioszyk wurde dabei so schwer verletzt, daß er eine Woche später, am 23.6.1933 im Alter von 34 Jahren starb. In der Kurzen Straße erinnert bis heute kein Mahnmal an dieses Verbrechen.*

Aber an *Gustav Bratke* (1878–1952) ist gedacht worden. Wenn etwas seinen Namen mit dieser Industriegemeinde verbindet, »dann ist es der Aufschwung des Wohnungsbaus in jenen Jahren«, heißt es in einem Zeitungsartikel aus dem Jahr 1948.

Der seit 1919 als Gemeindevorsteher tätige SPD-Politiker betrieb in der Weimarer Republik eine aktive Sozialpolitik, während im benachbarten Hannover der von den bürgerlichen Parteien beherrschte Magistrat eine strikte Sparpolitik verfolgte. Neben seinem Einsatz für Siedlungsbauten verdankt ihm Misburg das Jugendheim, die Badeanstalt, den Sportplatz und die Ansiedlung zahlreicher Industrien. So vor allem der Aufbau der Erdölraffinerien ab 1932. Um ihn politisch zu diskreditieren, wurde 1933 gegen ihn ein Verfahren wegen angeblicher Veruntreuung von Geldern eingeleitet. Es folgten eine neunmonatige Untersuchungshaft und langwierige Prozesse. Es konnte ihm jedoch nichts nachgewiesen werden. Bis 1945 betätigte sich Bratke dann als Prokurist und kaufmännischer Leiter einer Baufirma. Nach dem Krieg wurde er Oberbürgermeister und später der erste Oberstadtdirektor der Stadt Hannover. Er war maßgeblich am wirtschaftlichen Wiederaufbau der Stadt beteiligt, so geht z.B. das Zustandekommen und der Aufbau der Hannover-Messe (damals noch »Exportmesse«) auf seine Initiative zurück.

❺ Gustav-Bratke-Str./Waldstr.

Bereits in den 20er Jahren entstanden die Siedlungen *Heimfrieden* (südwestlich von der Buchholzerstraße, z.B. Wilhelm-Tell-Str., Kafkastr.) und *Heimaterde* (westlich von der Waldstraße, z.B. Gustav-Bratke-Str., Siedlerstr.). 1932 nahm dann der Gemeinderat ein Darlehen im Rahmen des Förderungsprogramms für vorstädtische Kleinsiedlungen auf und ließ 50 kleine Siedlungshäuser auf gemeindeeigenem Bauland in der Siedlerstraße errichten. Zu den Häusern gehörte ein Stück Land, das ausreichte, um Gemüse, Obst, Salat im eigenen Garten zu ziehen. So lebte es sich billig im »Klein-Marokko«, wie es wegen seiner Flachdachbauten genannt wurde. Später griffen auch die Nazis mit ihrer Ideologie von »Volksgemeinschaft« und »Blut und Boden« die Siedlungsidee auf und ließen in den Stadtteilen Bemerode, Oberricklingen und Badenstedt vorstädtische Siedlungen bauen. Auf die Flachdachbauten wurden in der Nachkriegszeit Spitzdächer aufgesetzt, so daß dieser typische Baustil heute nicht mehr zu erkennen ist. In den Siedlungen wohnen heute noch alteingesessene Misburger Familien. Die zum Haus gehörenden Gärten wurden teilweise ebenfalls bebaut.

❻
Ludwig-Jahn-Str.

Von der Böschung aus hat man einen guten Überblick über eine Mergelgrube. Die Zementindustrie hat großen Anteil daran, daß sich das Dorf Misburg zum Industrievorort entwickelt hat. Sie fand in den reichlich vorhandenen tonigen Kalken und Mergeln der oberen Kreideformationen ein vorzügliches Rohmaterial, denn hier befand sich vor ca. 100 Millionen Jahren der Meeresboden. In den Mergelgruben sind auch heute noch versteinerte Tierreste wie Muscheln, Seeigel und Tintenfische zu finden.

1878 nahm die »Hannoversche Portland-Cement-Fabrik« (HPC) als erstes Werk in diesem Raum die Produktion auf. Später kamen noch die »Germania« und die »Teutonia« hinzu. Drei Schornsteine der Zementindustrie dienten sogar als Vorbild für das Misburger Wappen. Am 15. März 1945 wurde die HPC völlig zerstört. Sie wurde nach dem Krieg wieder aufgebaut, arbeitet heute aber nur noch mit verminderter Kapazität. Die »Germania« ist inzwischen geschlossen, die »Teutonia« ist weiter in Betrieb. Der Niedergang der Zementindustrie hat viel zur Arbeitslosigkeit in Misburg beigetragen. Als Hinterlassenschaft bleiben die tiefen Mergelgruben, über deren Nutzung noch nicht entschieden ist. Zur Debatte stehen Mülldeponie oder Freizeitpark.

Anderter Str. 40

Misburg war früher eine ausschließlich protestantische Gemeinde. Die 1904 eingeweihte Johanniskirche gilt als religiöses Zentrum. Das Gemeindeleben war nicht immer beschaulich. So wird über eine Meinungsverschiedenheit mit den Nazis aus dem

Germania Zementfabrik

Hannover-Messe

»Sind sie bereit und in der Lage, eine Exportmesse kurzfristig zu erstellen, der die Aufgabe zufallen soll, interessierten Ausländern ein Bild über die derzeitige Leistungsfähigkeit der deutschen Exportindustrie zu geben?« fragte der englische Militärgouverneur *General McReady* den hannoverschen Stadtdirektor *Gustav Bratke* im April 1947. Bratke sagte »ja« und legte damit den Grundstein für die größte Industriemesse der Welt und für eines der wichtigsten hannoverschen Markenzeichen der Nachkriegszeit.

Die Chance, eine Exportmesse durchzuführen, bekam Hannover wohl hauptsächlich wegen seiner günstigen Verkehrslage, denn die eigentliche Messestadt Deutschlands, Leipzig, lag in der sowjetischen Besatzungszone. Die Idee der Ausrichtung einer Messe zur Förderung der deutschen Exporte von Industriegütern kam von den Briten. Zwar wurde so einem potentiellen Konkurrenten auf dem Weltmarkt Starthilfe gewährt, aber wichtiger war es für die Briten, ihre immensen Kosten für die Ernährung der deutschen Bevölkerung zu senken. Durch stärkere Deviseneinnahmen sollte die deutsche Wirtschaft diese Aufgabe der Briten übernehmen.

Die Vertreter der Bi-Zone proklamierten so den Beschluß, daß vom 18.8. bis 7.9.1947 in Hannover die Exportmesse stattfinden werde. Die Stadt gründete die »Deutsche Messe- und Ausstellungsaktiengesellschaft Hannover« und mußte unter erheblichem Zeitdruck Ausstellungsfläche schaffen. Zu diesem Zwecke wurden die Hallen der »Laazener Vereinigten Leichtmetallwerke« in insgesamt 123 Tagen demontiert und auf dem Messegelände für ihren neuen Zweck wieder aufgebaut.

Als begleitende Infrastrukturmaßnahmen mußten 32 Schulgebäude und der Welfenplatzbunker als Notunterkünfte für Messebesucher während der Messezeit bereitgestellt werden. Schon 1947 zeigte sich, daß sich während der Messetage das Leben in Hannover auf die Messegäste einstellt: die Preise steigen, und Einheimische ziehen sich aus den gastronomischen Bereichen der Stadt zurück. Damals wurde eine Leichtmetallkonstruktion, der »Alu-Palast«, am Aegi errichtet, in dem *Willy Fritsch* in der Ausstellungsrevue »Liebesexpress« auftrat. Der Eintrittspreis von 18 RM und die Tatsache, daß im ebenfalls provisorisch errichteten Café Kröpcke nach 18 Uhr nur noch Besucher mit Messeausweis und der Zahlung von 2 RM Eintritt hatten, erboste viele Hannoveraner.

Die Messe war mit über 1300 Ausstellern und über 700.000 Besuchern ein Erfolg, der sich von nun an jährlich wiederholen sollte. Die Hannover-Messe ist, als mittlerweile größte Industriemesse der Welt, sich selbst zu groß geworden, so daß sie seit 1986 geteilt worden ist. Zuerst findet die CeBIT-Messe als »Centrum für Büro-, Informations- und Kommunikationstechnik« statt, bevor einige Wochen später die eigentliche »Industriemesse« stattfindet.

Die Messe-AG veranstaltet mittlerweile darüber hinaus eine große Anzahl von Fachmessen. Unter den vielen sich jährlich wiederholenden Messen fand im Mai 1982 zum ersten und letzten Mal die Militärelektronik-Ausstellung IDEE (International Defence Electronic Exposition) statt. Die Messe wurde von einer Vielzahl von Protestaktionen im gesamten Stadtgebiet und einer Großdemonstration mit 40.000 Personen zum Messegelände begleitet. Danach bekundete die Messe-AG ihr Desinteresse an einer Wiederholung der elektronischen Waffenshow.

Für die Zukunft plant die Stadt, sich für die Weltausstellung 1998 zu bewerben. Trotz so berühmter Monumente vergangener Weltausstellungen wie dem Eiffelturm in Paris von 1889 und dem Brüsseler Atomium 1958, die den Stand der technischen Leistungsfähigkeit und Kreativität symbolisieren, wird mancherorts bezweifelt, daß dieser Plan der Stadt viel Gutes bringt, denn ein Besucherstrom über fünf Monate hinweg — doppelt so hoch wie der an einem Tag während der CeBIT- und Industriemesse — würde Infrastrukturmaßnahmen in verkehrstechnischer und städtebaulicher Größenordnung verlangen, die aus der »Großstadt im Grünen« eine sündhaft teure Betonstadt werden lassen würde.

Thomas Neumann

Jahre 1940 berichtet, als die Gemeinde der allgemeinen Aufforderung zur »Entgitterung« (Abbau und Ablieferung eiserner Gitter und Zäune als Spende zur Gewinnung von kriegswichtigen Rohstoffen) nicht nachkam. Am 21.4.1940 fanden die Gemeindemitglieder das gußeiserne Gitter gewaltsam aus den Verankerungen gerissen, es hatte jemand »nachgeholfen«.

1977/78 geriet die Johanniskirchengemeinde in die Schlagzeilen der hannoverschen Presse. Der Kirchenvorstand hatte trotz des Protestes vieler Gemeindemitglieder die Versetzung eines Pastors wegen angeblicher »Indoktrination« beschlossen, der u.a. in seinen Predigten das Thema Atomenergie angesprochen hatte. Infolge des »Misburger Kirchenstreits«, wie er genannt wurde, setzte sich Landesbischof *Lohse* auf seiten des Kirchenvorstandes ein, ließ sich der zweite Pastor versetzen, kündigten ein Diakon und eine Diakonin wegen Unmöglichkeit einer Zusammenarbeit mit dem Kirchenvorstand.

7
Anderter Str. 53/54

Ursprünglich war dieses 1926/27 errichtete Haus mit wechselvoller Geschichte eines der ersten Jugendheime in Deutschland, im damaligen Stil der »Neuen Sachlichkeit« erbaut. Hier war der Treffpunkt der in Misburger Vereinen organisierten Arbeiterjugendlichen. Während der Weltwirtschaftskrise wurde die Teeküche des Jugendheims in eine Volksküche umgewandelt, in der Mahlzeiten für die Arbeitslosen gekocht wurden, bis dann die Räume von der HJ und anderen NS-Organisationen übernommen wurden. Mehrfach wurden von den Nazis im Jugendheim Leute eingesperrt und mißhandelt. Von 1945–68 wurde das Jugendheim zum kulturellen Mittelpunkt in Misburg. Es gab vielfältige Angebote wie Theater und Tanzveranstaltungen, die von allen Altersgruppen genutzt wurden. Aber auch Institutionen wie ein Kindergarten, eine Bankfiliale sowie eine Polizeiwache kamen im Jugendheim unter. 1968 wurde das Haus wegen angeblich zu hoher Renovierungskosten verkauft und stattdessen für mehrere Millionen DM ein neues Bürgerhaus in der Seckbruchstraße gebaut. 15 Jahre stand das Haus leer, dann kam 1983 noch mal Leben hinein, als die »Initiative für offene Jugendarbeit« das Jugendheim zwei Jahre lang renovierte und als unabhängiges Jugendzentrum nutzte. Die 1979 gegründete Initiative erreichte 1980, daß das Haus unter Denkmalschutz gestellt wurde. Der geplante Abriß des Gebäudes fand 1985 dann doch statt. Nach einer erfolglosen Besetzung durch Misburger Jugendliche wurde die zum Haus gehörende Halle teilweise abge-

Misburger Hafen 1989

❽
Kanalbrücke Anderter Straße

❾
Anderter Str./ Hartmannstr.

rissen und später ein Supermarkt eröffnet. Vereinzelte Graffitis an Misburger Häuserwänden zeugen noch heute von den für Misburg heftigen politischen Auseinandersetzungen um das Jugendheim.

Der Niedergang der Misburger Industrie brachte auch ruhigere Zeiten für den Hafen. Als er 1917 entstand, hatte er noch große wirtschaftliche Bedeutung, vor allem für die Zementindustrie. Er schloß Misburg an den Mittellandkanal und damit an die Wasserstraße zum Ruhrgebiet an — die Unternehmen waren nicht mehr auf den teuren Schienenweg angewiesen. In den 20er Jahren ging es hier hoch her, gab es doch regelmäßig Auseinandersetzungen zwischen Wachpersonal und Dieben, die Zucker stehlen wollten, der im Hafen gelagert und umgeladen wurde. Während des 2. Weltkrieges wurde der Hafen zeitweise abgedeckt, um den feindlichen Bombern mit Angriffsziel Deurag-Nerag die Orientierung zu erschweren.

Nur der Name der Bushaltestelle weist noch auf die frühere Gastwirtschaft Schrader hin. Vor der Fertigstellung der katholischen Kirche wurden in ihrem Saal noch Gottesdienste abgehalten. Später wurde dieses Lokal zum Treffpunkt der NSDAP, eine Provokation in dem von Sozialdemokraten dominierten Misburg. Das Lokal wurde zum Schauplatz einer der wenigen Widerstandsaktionen der Misburger Arbeiterparteien gegen die Faschisten.

Die erste größere Versammlung der NSDAP sollte dort am 12. Dezember 1930 stattfinden. Der Saal war schon lange vor Beginn der Veranstaltung mit Anhängern der Arbeiterparteien gefüllt. Die Parteileitung schickte SA aus

Der Misburger Hafen um 1920

Hannover als »Saalschutz«. Die Versammlung mußte abgebrochen werden, weil die SPD- und KPD-Anhänger »Aufhören, Aufhören!« schrien und die Internationale sangen. Anschließend kam es zu Auseinandersetzungen auf der Straße, wobei die 100 organisierten SA-Leute 500 Sozialdemokraten und Kommunisten in die Flucht schlugen.

⑩ Max-Kuhlemann-Platz

Der Max-Kuhlemann-Platz (benannt nach: *Max Kuhlemann*, Geschäftsführer der Misburger-Hafen-Gesellschaft m.b.H., Sohn des Mitbegründers der HPC) ist Mittelpunkt der gegen Ende des 19. Jahrhunderts entstandenen Siedlung »Jerusalem«. Hier und in den umliegenden Straßen siedelten sich vor allem polnische Zuwanderer an, die von den Zementfabriken angeworben wurden. Mit diesen Zuwanderern kamen erstmals Katholiken in das protestantische Misburg. 1905 wurde die katholische Herz-Jesu-Kirche in der Siedlung eingeweiht, eine polnisch geprägte Katholikengemeinde mit eigener Schule und einer katholischen Wohnungsbaugenossenschaft war entstanden. Die polnische Bevölkerungsgruppe gab jedoch nach und nach ihr kulturelles Eigenleben auf und wurde immer mehr in die Arbeiterorganisationen integriert. Die Misburger gaben der Siedlung den Namen »Jerusalem«, doch niemand weiß so recht, warum. Die Siedlung mit den »Fremden« lag etwas höher als der restliche Stadtteil, und wenn die fußballbegeisterte Jugend gegeneinander antrat, hieß es »Jerusalem gegen Bethlehem«. Am Ende des Krieges waren 90% der Siedlung durch Bomben, die größtenteils der Deurag-Nerag gegolten hatten, zerstört. Auf dem Platz laden heute Bänke zum Verweilen ein.

Kinder spielen auf dem Max-Kuhlemann-Platz

KZ Bergen-Belsen Februar - April 1945 nach einer Lagerskizze von D. Sington: Die Tore öffnen sich, Hamburg, 1948

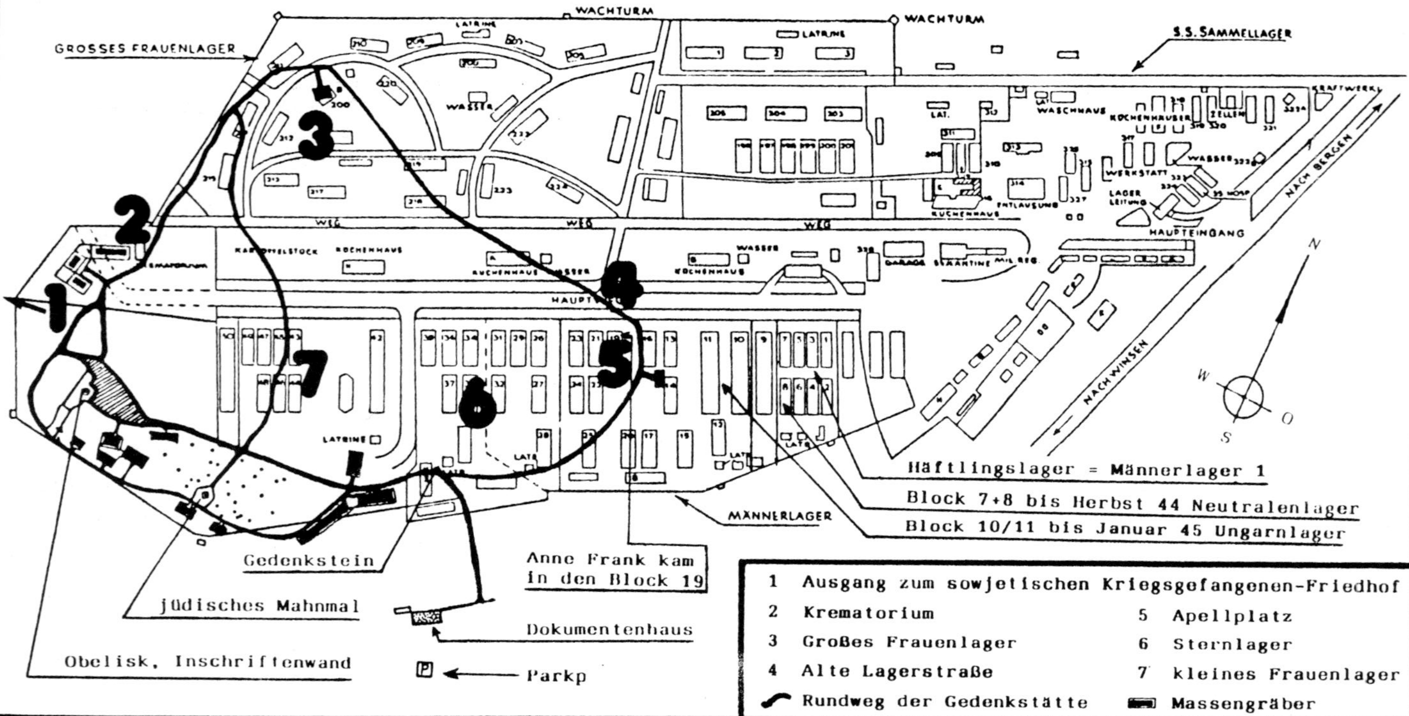

Gedenkstätte und Ausflugsziele

Wegweiser durch die

Gedenkstätte Bergen-Belsen

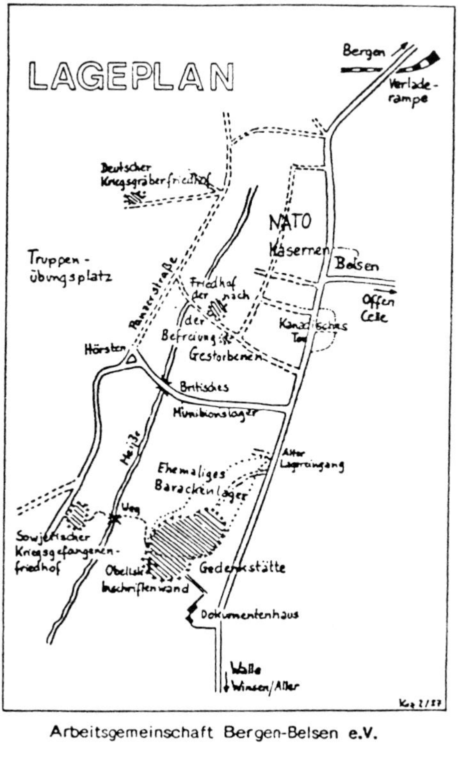

Arbeitsgemeinschaft Bergen-Belsen e.V.

Gedenkstätte Bergen-Belsen

Das Konzentrationslager Bergen-Belsen wurde am 15. April 1945 von den Briten befreit. Wo es einst stand, befindet sich heute die »Gedenkstätte Belsen«. So heißt sie offiziell. Den Namen der nahegelegenen Stadt Bergen sucht man vergeblich.

Am Eingang der Gedenkstätte steht das 1966 eröffnete kleine **Dokumentenhaus**. Es bietet die einzige Möglichkeit, sich von den unvorstellbaren Greueltaten der Nazis ein Bild zu verschaffen. Den Fotos von skelettierten Leichen, Massengräbern, den »Muselmännern« (= vom Tode Gezeichnete) und den Überlebenden kann sich keiner entziehen. Fragen drängen sich auf: Wie konnte das geschehen? Warum wurde es nicht verhindert? Gab es keine Gegenwehr? Wie hätte ich mich verhalten? ...

Bis April 1990 soll das Dokumentenhaus erheblich vergrößert werden und die Ausstellungsbereiche »System der Konzentrationslager und Verfolgung der Juden in Norddeutschland«, »Geschichte des Lagers Bergen-Belsen« und »Bergen-Belsen nach der Befreiung« beherbergen. Ein Lagermodell, Sonderausstellungen, ein Einführungsfilm und eine Handbibliothek werden die Ausstellung ergänzen. Dann werden dort auch 2 feste Mitarbeiter ansprechbar sein. Daß das Land Niedersachsen 45 Jahre dafür brauchte, ist für viele der jährlich über 300.000 Besucher unbegreiflich. Bis 1987 gab es in der Gedenkstätte nur einen Hausmeister. Dann wurde ein Historiker eingestellt, später auch ein weiterer Mitarbeiter. Beide arbeiten z.Zt. in Hannover.

43 Jahre dauerte es auch, bis im Februar 1988 endlich ein Führungsdienst mit 10 Lehrern und 1989 einer ABM-Kraft eingerichtet wurde. Optimal ist der Führungsdienst leider nicht, da er nur auf schriftliche Anfrage und nur ausnahmsweise am Wochenende arbeitet. Was das Land nicht schafft, leisten indessen private Initiativen, z.B. *Gertrud Schröter*, eine Mitarbeiterin der VVN, die Bergen-Belsen seit über 20 Jahren ehrenamtlich betreut, oder die Arbeitsgemeinschaft Bergen-Belsen e.V.

Durch ein offenes, großes Gittertor betritt man das **Gelände der Gedenkstätte**: eine weite Parklandschaft mit Heide, Birken und den Hügeln der Massengräber. Im Südwesten erhebt sich ein monumentaler **Obelisk** vor einer Gedenkmauer mit Inschriften in 15 Sprachen. Obelisk und Inschriftenwand wurden zwischen 1946 und 1952 auf Betreiben der Briten errichtet. Gut 200 Meter vor dem Obelisken steht das **jüdische Mahnmal**, das am ersten Jahrestag der Befreiung von überlebenden Juden errichtet wurde. In hebräisch und englisch steht dort:

Israel und die Welt seien daran erinnert,
daß 30.000 Juden
im Konzentrationslager Bergen-Belsen
durch die Hände der mörderischen Nazis
ausgerottet wurden.
Erde verdecke nicht das Blut,
das auf dir vergossen wurde!
Am ersten Jahrestag der Befreiung,
15. April 1946

Keine Überreste zeugen vom einstigen Ort des Schreckens, kein Stacheldraht, keine Baracke, kein Weg, kein Fundament — nicht einmal Hinweise. Die letzte Baracke wurde am 21. Mai 1945 von den Briten wegen der Typhusgefahr abgebrannt. Nur die Massengräber und einige Grabsteine erinnern an die Vergangenheit.

Im Winter ist es hier eisig kalt und im Sommer kann es warm und viel zu schön sein. Dann bildet nur der Geschützdonner vom angrenzenden Truppenübungsplatz eine makabre Kulisse für diesen Ort. Eigentlich gehört ja beides zusammen, der Truppenübungsplatz und das Konzentrationslager:

1935 bis 1938 mußten die hier lebenden Bauern das Land verlassen. Ganze Ortschaften wurden umgesiedelt, um Platz für ein riesiges Truppenübungsgelände zu schaffen, das Hitler für seine Kriegsvorbereitung brauchte. Die Bauarbeiter, die über 100 Kasernen errichteten (heute NATO-Bereich »Bergen-Hohne«), bauten für sich und ihre Geräte ein Barackenlager — das spätere KZ Bergen-Belsen.

In einer ersten Phase wurden die Baracken von der Wehrmacht als Kriegsgefangenenlager, **Stalag 311**, genutzt. Zunächst kamen Belgier und Franzosen. Dann wurden ab Sommer 1941 Zehntausende sowjetische Kriegsgefangene eingeliefert. Weil viele im Freien kampieren mußten und nichts zu essen bekamen, grassierten bald Seuchen (Fleckfieber, Typhus), denen 50.000 sowjetische Kriegsgefangene zum Opfer fielen. Auf dem **Kriegsgefangenenfriedhof Hörsten**, der heute mit zur Gedenkstätte gehört, wurden die Toten begraben. Man kann ihn über einen ca. 1 km langen Fußweg über das NATO-Gelände erreichen. Der Weg beginnt nordwestlich vom Obelisken. Viel wissen wir nicht über das Stalag 311; eine systematische Erforschung unterblieb bisher.

Im April 1943 wurde ein Teil des Lagerkomplexes an die SS übergeben zur Errichtung des sog. **Aufenthaltslagers.** Ca. 10.000 Häftlinge sollten hier interniert werden, um gegen deutsche Kriegsgefangene im Ausland, gegen militärisches Gerät oder gegen Geld ausgetauscht zu werden.

Das Aufenthaltslager war in abgezäunte Teillager untergliedert, von denen das **Sternlager** den Kernbereich mit durchschnittlich 4.000 »Austauschjuden« bildete.

Wer am Beginn des Rundweges bei dem Gedenk-

Rabbi Henry Brandt und Emil Levy 1988 in Bergen-Belsen

stein mit den Jahreszahlen 1943/1944/1945 (die Jahre 1940–1942 sucht man vergebens!) Halt macht, steht am Fuße des ehemaligen Sternlagers. In der Mehrzahl waren im Sternlager niederländische Juden, die nicht wie 95% ihrer Leidensgefährten in den Ostlagern vernichtet wurden, sondern hier zusammen mit Griechen, Jugoslawen, Albaniern, Nordafrikanern und Französinnen auf ihren Austausch hofften. Sie durften Zivilkleidung mit einem Davidstern tragen und konnten im Gegensatz zu den Bestimmungen in anderen KZs ihre Familienangehörigen sehen. Ihr Leben war gefährdet durch harte Arbeit in Arbeitskommandos von 12 bis 19 Stunden täglich, bei immer schlechter werdender Ernährung.

Ab Dezember 1944 wurde die Lage der Häftlinge in Bergen-Belsen völlig unerträglich. In endlosen Todes- und Vernichtungstransporten kamen wegen der vorrückenden Ostfront Häftlinge aus den KZs im Osten. Nicht selten waren die Transporte 14 Tage unterwegs, ohne daß die Häftlinge etwas zu essen bekamen. Eingepfercht in Güterwaggons mußten sie ihren Durst mit Schneeflocken löschen. Wenn diese Transporte auf der **Rampe in Bergen** ankamen, waren oft über 30% der Häftlinge tot. Die Überlebenden schleppten sich in das Lager, das ihnen weder ausreichenden Platz noch Ernährung bot. Oft stand nicht einmal eine Pritsche zur Verfügung. Im März 1945 bestand die Tagesration aus: 1 Tasse Ersatzkaffee, etwas Rübensuppe und evtl. 1 Schnitte schimmliges Brot. Wieder brachen Seuchen aus; Zehntausende starben an Hunger, Krankheit und Erschöpfung.

Mit einem der Transporte aus Auschwitz kamen auch *Anne Frank* (bekannt durch ihr »Tagebuch der Anne Frank«) und ihre Schwester *Margot* im November 1944 nach Bergen-Belsen.

Wer den Rundweg von dem Gedenkstein mit den Jahreszahlen 1943–45 nach Nordosten verfolgt, bewegt sich in Richtung des Kernbereichs des Aufenthaltslagers. Etwa 50 m hinter dem ersten Massengrab stand linkerhand die Baracke 19 des Sternlagers. In sie wurden Anne und Margot Frank im November 1944 eingeliefert. Wenige Monate später, im Februar/März '45 starben beide an Typhus.

Folgt man dem Weg weiter, so stößt man nach 50 m auf Reste der **alten Lagerstraße**. Sie führt nach Nordosten zu einem Tor und dann weiter aus dem Gedenkstättengelände heraus. Hier lag das **Ungarnlager** (für ungarische Juden), das **Neutralenlager** (für Juden aus Spanien, Portugal, Argentinien und der Türkei) und das **Häftlingslager**, so genannt, weil dort Gefangene aus anderen KZs (vor allem Polen und Russen) unter den schlimmsten Bedingungen lebten. Das Häftlingslager wurde ab März 1944 zynisch von der SS **Erholungslager** genannt. Dorthin kamen schwerkranke Häftlinge aus anderen KZs, die diese Art von »Erholung« meistens nicht überlebten.

Ab Februar '45 wurde das Gebiet vom Sternlager bis zum Häftlingslager zum **Männerlager 1 und 2** umfunktioniert. In dieser Phase kamen hier viele bekannte Politiker wie z.B. der Ministerpräsident von Braunschweig, *Heinrich Jasper,* der niederländische Wirtschaftsminister *Verschuur* oder der belgische Innenminister *Vanderpoorten* elend ums Leben. Fälle von Kannibalismus werden aus dieser Zeit berichtet, aber auch von Solidarität und Widerstand.

Wer dem Rundweg weiter nach Westen folgt, überquert ein weites Areal, dessen größerer Teil heute außerhalb der Gedenkstätte liegt. Es war bis Januar '45 **Kriegsgefangenenlazarettlager** und wurde danach dem KZ eingegliedert. Hier, sowie in einigen Baracken auf dem Gelände nördlich vom jüdischen Mahnmal, waren 28.000 Frauen gefangen, die am 15. April 1945 befreit wurden.

Die Erweiterung des KZs im Januar '45 fällt in die schlimmste Zeit von Bergen-Belsen. Das Massensterben forderte täglich Hunderte von Toten. Allein im März '45 starben 18.000 Menschen.

Insgesamt kamen in Bergen-Belsen über 100.000 Häftlinge aus 40 Nationen ums Leben; darunter 50.000 sowjetische Kriegsgefangene und 30.000 Juden. Nach der Befreiung starben noch 14.000 Menschen. Viele von ihnen sind auf einem **Gräberfeld** auf dem Gelände der NATO-Kasernen in Bergen-Hohne bestattet.

Gedenken und Mahnung für alle, die nach Bergen-Belsen kommen? Leider nicht! Ganz in der Nähe hat eine neonazistische Wehrsportgruppe ein Übungsgelände und im nahen Hetendorf wird ein Zentrum für Neonazis aufgebaut, in dem die Wiking-Jugend alljährlich Pfingstjugendtreffen mit rund 300 Jugendlichen durchführt. Wer die Inschriftenwand genau ansieht, entdeckt helle Flekken, die von der Beseitigung der Hakenkreuze und Sprüche herrühren. Im September 1988 konnte man an der Außenmauer »Hängt sie alle auf« und »Juda verrecke« lesen, Unterschrift: »FAP«. Schon 1976 wurden die Grabsteine verwüstet — und so geht es weiter.

Es gibt ein paar Engagierte und Gruppen wie die Arbeitsgemeinschaft Bergen-Belsen, die sich für die Gedenkstätte einsetzen und vor der Ignorierung oder Verharmlosung der Neonazis warnen. Sie fordern eine umfassende Aufklärungs- und Betreuungsarbeit, die Ausweitung der Gedenkstätte auf das gesamte Gelände des alten Lagers und eine angemessene Ausgestaltung der Anlage, z.B. durch Mahnmale.

Nachdem der Landtag im April 1985 die Erneuerung des Dokumentenhauses beschlossen hatte, wurde mit dem Ausbau und dem Führungsdienst ein Anfang gemacht. Folgen ihm weitere Schritte?

Eberhard Prölß

Die Anfahrt

Wer sich auf den Weg nach Bergen-Belsen macht, sollte sich nicht auf öffentliche Verkehrsmittel verlassen. Der seltene Bus aus Bergen macht die Gedenkstätte fast unerreichbar.

Mit dem PKW fährt man von Hannover über die A 7 in Richtung Hamburg/Bremen bis zur Ausfahrt »Mellendorf«, dann der Beschilderung folgend über Fuhrberg, Allerhoop (danach links), Ovelgönne, Oldau, Winsen, Walle bis nach Bergen-Belsen. Fahrzeit etwa 1 Stunde.

Öffnungszeiten des Dokumentenhauses in Bergen-Belsen

1. Februar bis 30. September: täglich 8—18 Uhr
1. Oktober bis 31. Januar: täglich 8—17 Uhr

Adressen

Führungsdienst (Di-Fr) und Mitarbeiter der Gedenkstätte: Niedersächsische Landeszentrale für politische Bildung, Hohenzollernstr. 46, 3000 Hannover 1, 0511-39010
Gertrud Schröter (Vereinigung der Verfolgten des Naziregimes/AG Bergen-Belsen), Im güldenen Winkel 35, 3100 Celle, 05141-31584
Arbeitsgemeinschaft Bergen-Belsen e.V., c/o Dokumentationsstätte zu Kriegsgeschehen und über Friedensarbeit, Kirchweg 4, 3160 Lehrte-Sievershausen, 05175-5738; oder: Eberhard Prölß, Haltenhoffstr. 7, 3000 Hannover 1, 0511-7010677; oder: Alf Noll, Uetze, (05173-7000); oder: Julius Krizsan, Winsen (05143-8817)

Steinhuder Meer und Fliegerhorst Wunstorf

Das Steinhuder Meer, mit 32 km² Ausdehnung größter Binnensee Norddeutschlands und Naherholungsgebiet für Tausende von Hannoveranern, entstand vor mehr als 200.000 Jahren als Hinterlassenschaft der Saale-Eiszeit. An Sommerwochenenden wälzen sich endlose Autoschlangen über Wunstorf oder Neustadt in den 25 km nordwestlich Hannovers, zwischen Weser und Leine gelegenen »Naturpark Steinhuder Meer«. Am Wasser, in Kiefernwäldern und ausgedehnten Wiesenlandschaften versuchen sich die gestreßten Städter zu erholen. Für Segler und Surfer hat das Steinhuder Meer auch überregionale Bedeutung, denn wo findet man schon so ideale Segelmöglichkeiten? Der Ausbau einer touristischen Infrastruktur mit Bootsstegen, Wanderwegen, Campingplätzen, Hotels, Parkplätzen und damit verbundener Werbekampagnen hat dem Touristikgeschäft weiteren Auftrieb gegeben.

War früher **Steinhude** das touristische Zentrum, gewann in den letzten Jahren **Mardorf** am Nordufer durch die Anlage einer Unzahl von Bootsstegen für Wassersportler immer größere Bedeutung. Surfern wurde am »Weißen Berg« ein extra gekennzeichneter Platz zugewiesen, der bei gutem Wetter völlig überbelegt ist. Drängt die Touristikbranche auf weiteren Ausbau von Freizeitanlagen, versuchen Naturschützer die noch bestehenden Reste naturnaher Ufergebiete zu erhalten.

Bei einer Radtour auf den selbstverständlich gut ausgebauten Wegen um das Steinhuder Meer (etwa 30 km), bekommt man den besten Eindruck vom Widerspruch zwischen Naturschutz und Tourismus. Fährt man von Steinhude nach **Hagenburg**, kann man die 100–150 m breiten, aus etwas 20 cm dikkem Wurzelfilz bestehenden, schwimmenden Wiesen sehen, genau wie die westlich des Meeres gelegenen sumpfigen Wiesen und die breiten Schilfgürtel an der Ostseite Zufluchtsort für eine Vielzahl von Wasservögeln. Besonders als Rast- und Überwinterungsplatz für Wasservögel hat das Steinhuder Meer auch internationale Bedeutung. Erreicht man **Mardorf** an der Nordseite, wird man sein Fahrrad an heißen Sommerferienwochenenden wegen des Menschenandrangs wahrscheinlich schieben müssen. Erst an der Ostseite des Meeres, wenn der Weg am Rand des Naturschutzgebietes entlangführt, wird es wieder etwas leerer. Nordöstlich des Weges — für den Radwanderer an dieser Stelle unsichtbar — wird bis **Neustadt** großflächig, im Frästorfverfahren Torf abgebaut und damit das hier liegende »Tote Moor« unwiederbringlich zerstört. Wer sich vom großindustriellen Torfabbau einen Eindruck verschaffen will, sollte einen Abstecher über die Moorstraße nach Neustadt machen. Setzt man die Rundfahrt fort, geht es am Klärwerk vorbei durch Wiesen über **Großenheidorn/Strand** nach Steinhude. Man kann auch noch eine Bootsfahrt zum **»Wilhelmstein«** machen, einer ehemaligen Festungsanlage im Steinhuder Meer, die auch als Kriegsschule und Staatsgefängnis genutzt wurde.

Trotz Massentourismus und großflächigem Torfabbau sind rund um das Steinhuder Meer noch Reste von Moor- und Heidelandschaften zu finden, von deren karger Schönheit schon *Hermann Löns* begeistert war. In seiner Erzählung »Der Schwarze aus dem Jammertal« beschreibt er eine Heidelandschaft südlich des Steinhuder Meeres, in der Nähe von **Klein Heidorn:**

»Jammertal nennen die Bauern die Dünengegend rechts und links von der Landstraße. Weil nichts darauf wächst, auf dem Treibsand, darum heißt es so, und weil von da der böse Treibsand kommt, den drei Winde über die benachbarten Felder pusten, daß der Roggen zurückbleibt, daß der Buchweizen kümmert, daß die Lupinen schlecht stehen und die Seradella erstickt. Jahr für Jahr ziehen die Bauern tiefe Gräben, die den Treibsand schlucken sollen, wenn er über die Dünenkuppe tanzt im Wirbelwind, und bauen Zäune aus Fuhrentelgen, die mit rotbraunem Nadelwerk den Sand fangen, wenn der Pladderregen ihn feldeinwärts wäscht, und Jahr für Jahr frißt er sich wieder über die Feldmarksgrenze und schleicht über den Koppelweg.

Ein Jammertal für die Bauern, ein Tal der Lust für mich, diese Sandecke mit ihren Fuhrendickungen, ihren Heidflächen, ihren Grasabhängen und Gräben, ihren Kulturen und Krüppelfuhren, ihrem Fernblick auf das grüne Feld und das blaue Steinhuder Meer, auf die Rosenheide und die Schwarzwälder.«

Das »Jammertal«, in dem der Tourist und Jäger Löns einen schwarzen Rehbock jagte, wird der Erholungssuchende heute allerdings vergeblich suchen. Die sandige, hügelige Heidelandschaft ist unwiederbringlich zerstört und auch die erwähnte Landstraße ist unterbrochen und umgeleitet, denn hier dehnt sich heute das Gelände des **Fliegerhorstes Wunstorf** aus, genutzt vom Lufttransportgeschwader 62 der Bundeswehr und auf dem Weg zum Südufer des Steinhuder Meeres nicht zu übersehen.

Im Frühjahr 1934 wurde mit der Anlage des Fliegerhorstes begonnen, zunächst zivil getarnt, denn die von den Nazis betriebene Wiederaufrüstung mußte noch geheimgehalten werden. Deutschland war nach dem 1. Weltkrieg lediglich ein Berufsheer von 100.000 Mann zugestanden worden, und Fliegerverbände waren überhaupt nicht zugelassen.

Zur Anlage des Rollfeldes wurden die dünenähnlichen Sandhügel des letzten naturnahen Heidegebietes im Raum Wunstorf abgetragen, die Senken eingeebnet, Feuchtgebiete mit Knüppeldämmen befahrbar gemacht und trockengelegt. Große Mengen von Klärschlamm aus dem Ruhrgebiet bildeten die Grundlage für eine einheitliche Grasnarbe. Es

Fahnenübergabe an die Flieger in Wunstorf; 6. März 1937

entstanden Hallen für Flugzeuge, eine Reparaturwerft, Räume für Waffenmeisterei und technische Dienste, Kasernen, Geschäftszimmergebäude, Unterkünfte für Luftnachrichtendienste und Funkmeisterei, ein Befehlsgebäude für die Kommandantur und seinen Stab, Küchengebäude, Kantinen, Offizierscasinos, ein Krankenrevier und Garagenhallen.

Über den Bahnhof Poggenhagen wurde der Fliegerhorst an das Bahnnetz angeschlossen und verfügte damit über einen Anschluß an die Strecken Berlin — Köln und Hannover — Bremen. Dieser gigantische Aufwand, der in der Region nicht länger geheimgehalten werden konnte, wurde für zunächst 30 Flugzeuge betrieben: 3 Stabsmaschinen und 27 Bomber.

Am 2. April 1936 wurde Wunstorf Garnisonsstadt und blieb es bis heute, am 6. März 1937 wurde den Fliegern vom »Führer« Adolf Hitler eine Hakenkreuzfahne überreicht. Zu dieser Zeit waren die ersten, auf dem Fliegerhorst ausgebildeten Bomberbesatzungen bereits im Kriegseinsatz: Im Spanischen Bürgerkrieg kämpften sie als Teil der Bombereinheiten der »Legion Condor« auf Seiten des Putschgenerals Franco gegen die gewählte spanische Republik. Bereits ab Februar 1936 waren auf dem Fliegerhorst Bomberbesatzungen des hier stationierten Kampfgeschwaders Boelcke, auf Ju 52-Behelfsbombern und Heinkel 111-Maschinen geschult, für den Einsatz in Spanien zusammengestellt und unter größter Geheimhaltung, als Zivilpersonal getarnt, nach Spanien eingeschifft worden. Kaum angekommen, legten sie den Beweis ihres Könnens vor: Spanische Städte und Dörfer wurden systematisch in Schutt und Asche gebombt.

Eine dieser Städte war die kleine, an der Atlantikküste gelegene, baskische Stadt Guernica (baskisch: Gernika), die am 26. April 1937 unter anderen von Wunstorfer Bomberpiloten dem Erdboden gleichgemacht wurde. Es handelte sich um einen der ersten Luftangriffe auf eine offene, unverteidigte Stadt, der weltweit Entsetzen auslöste. Picasso malte unter dem Eindruck dieses Luftterrors sein berühmtes Gemälde »Guernica« als Mahnung und Protest gegen den Krieg.

Auch heute wird auf dem Fliegerhorst der Bundeswehr militärische Tradition gepflegt: Eine Ju-52 wird liebevoll restauriert, von der Kommandantur verharmlosend als Technikliebhaberei abgetan. Regelmäßig treffen sich auf dem Fliegerhorstgelände ehemalige Angehörige des Kampfgeschwaders Boelcke zur Pflege militaristischer Tradition. Im September 1985 beging der Fliegerhorst mit großem Pomp 50jähriges Jubiläum, feierte die faschistische Vergangenheit gleich mit und löste damit heftige Proteste aus. Von einer Partnerschaft zwischen Gernika und Wunstorf wollte der Fliegerhorst und das offizielle Wunstorf nichts wissen — man befürchtete, der Fliegerhorst (der Bundeswehr!) könne an Ansehen verlieren.

Rollbahn und Befeuerungsanlagen des Fliegerhorstes sind nicht zu übersehen, was der Wochenendurlauber jedoch nicht sofort wahrnimmt: Ein Großteil des gesellschaftlichen Lebens im Raum Wunstorf/Neustadt wird vom Militär bestimmt.

Hubert Brieden

Alltagskultur im Kreismuseum Peine

Peine ist mit der Bahn von Hannover aus in ca. 30 Minuten auf der Strecke Hannover-Braunschweig-Berlin zu erreichen. Seit den 60er Jahren des vorigen Jahrhunderts waren die Stadt und der südliche Landkreis ein Standort der deutschen Schwereisenindustrie mit Ilseder Hütte, Peiner Walzwerk und Eisenerzbergbau. Heute besteht davon nur noch das Stahlwerk Peine und die Kokerei in Ilsede am ehemaligen Standort der Ilseder Hütte. Wer einmal mit der Bahn von Hannover nach Braunschweig oder Berlin gefahren ist, ist direkt am Peiner Stahlwerk vorbeigekommen.

Seit Ende 1988 besteht das neue Peiner Kreismuseum im restaurierten **Glück-Auf-Haus** an der **Stederdorfer Straße.** An kleinen Heimatmuseen und Heimatstuben herrscht in der Region um Hannover kein Mangel. Davon hebt sich das neue Peiner Kreismuseum durch seine Schwerpunktbildung deutlich ab. Von der Konzeption her beinhaltet es als historisches Museum mit dem Schwerpunkt der sozialgeschichtlichen Darstellung die Themen Ur- und Frühgeschichte, Kultur- und Regionalgeschichte, Wirtschafts- und Sozialgeschichte sowie Volkskunde des Kreises Peine. In der Dauerausstellung des Museums werden prägende Epochen aus der Geschichte des Landkreises in Zusammenhängen dargestellt. Gegensätze, wie das bürgerliche Leben im 19. Jahrhundert und die Lebensverhältnisse der damals zahlreichen Kleinhandwerker, werden so deutlich gemacht.Bewußt hat man darauf verzichtet, die Geschichte in traditioneller Weise quasi chronologisch nur an Fundstücken darzustellen.

Die ständige Ausstellung des Museums vermittelt auch für auswärtige Besucher einen guten Einblick in die Wirtschafts-, Sozial- und Kulturgeschichte des Kreises Peine. Besonders interessant ist die Darstellung der Industriegeschichte, der Schwereisenindustrie und des Bergbaus, in der nicht nur die übliche Technikgeschichte oder Unternehmensgeschichte präsentiert, sondern auch auf die Lebensverhältnisse der Arbeiterinnen und Arbeiter eingegangen wird. Selbst die organisierte Arbeiterbewegung wird in der Dauerausstellung berücksichtigt, für ein Kreismuseum sicher sehr ungewöhnlich.

Wer neugierig ist, einmal etwas über den benachbarten Landkreis Peine zu erfahren und zu sehen, daß in Hannovers unmittelbarer Nachbarschaft einmal so etwas wie ein kleines Ruhrgebiet bestanden hat, sollte sich das Kreismuseum Peine nicht entgehen lassen. Vielleicht ist so ein Museumsbesuch der Auslöser für weitere Erkundungen im ehemaligen Industrierevier.

Das Kreismuseum Peine ist geöffnet: Dienstag bis Freitag von 10.30—18.30 Uhr, Samstag und Sonntag von 11.00—17.00 Uhr.

Reinhard Jacobs

Wer mäht das Dach? — Eine Siedlung in den Laher Wiesen

Über die Siedlung in den Laher Wiesen ist viel geschrieben worden. An sonnigen Sonntagen würde es sich lohnen, die Straßenzufahrt zu sperren und Eintrittsgelder zu verlangen. Besucherscharen durchstreifen die Wohnwege mit den Grasnamen, unterhalten sich angeregt über beobachtete Details oder richten die Kamera auf die ungewöhnlicheren Dinge.

Gardinenlose Fenster im Eingangsbereich geben den Blick teilweise bis zum Innenhof frei, so daß die Spaziergänger fast das Gefühl haben, die Häuser zu durchschreiten. Etliche Bewohner fühlen sich bereits durch den Besucherandrang in ihrer Privatsphäre gestört. Der Zorn richtet sich allerdings eher gegen Voyeure und aufdringliche Besucher, die die Bewohner in langatmige Gespräche verwickeln wollen. Wenn Sie die besondere Atmosphäre dieser Siedlung mit der gebührenden Zurückhaltung genießen und nicht die Parkplätze der Anwohner blockieren, hat gegen Ihren Besuch niemand etwas einzuwenden.

Neunundsechzig Reihenhäuser zählt die Siedlung, und das ungewöhnliche Merkmal dieser Häuser sind sicherlich die Grasdächer, die ihnen das Aussehen von Dauerweiden in Hanglagen geben. Ein Blickfang sind auch die vielen kleinen Fenster, die geschmackvoll eingerichteten Wintergärten und die Naturnähe spendenden, sprießenden Vorgärten. Die holzverschalten, meist grau gestrichenen Fassaden finden dagegen nicht ungeteilte Zustimmung. Manche halten diese Abweichungen von der örtlichen Bautradition für so unästhetisch, daß sie von Baracken sprechen. Sie lassen sich jedoch in der Regel von der ausgestrahlten Gemütlichkeit, vor allem durch die offen sichtbaren Dachkonstruktionen im Inneren der Häuser, versöhnen.

Häufiges Gesprächsthema ist die Dichtigkeit des Daches auf Dauer. Fünf Jahre hat die Spezialfolie bisher ohne Ermüdungserscheinungen gehalten. Sie wird durch eine dränierend und dämmend wirkende Schicht aus Tonkügelchen von der durchwurzelten Mutterbodenauflage getrennt und soll angeblich mindestens 25 Jahre dem Säureangriff wachsender Wurzeln standhalten können.

Als Bewohner kommt man manchmal nicht umhin, den angeregten Gesprächen der neugierigen Besucher zu lauschen. Sind das Plastik-Narzissen auf dem Dach? Werden die Dachwiesen regelmäßig gemäht? Könnten nicht Schafe oder Kaninchen das Gras kurzhalten?

Aber das Gras bleibt auch ohne Rasur lebensfähig. Ein Blick genügt, um bei längerer Abwesenheit feststellen zu können, wie das Wetter in den letzten drei Wochen gewesen ist. Ist das Gras gelblich und verdorrt, ist es kurz und graugrün oder ist es knöchel- bis kniehoch und sattgrün? Im extrem trockenen Sommer 1986 verbrachten die Hausbesitzer Stunden auf dem Dach, um den Graspelz vor dem Verdursten zu retten.

Die größte Gefahr geht allerdings von Wildkräutern aus, die die umhegten Gräser rasch überwuchern können und ihnen Licht und Kraft rauben. Die Kräuter verwelken rasch wieder und würden das Dach im Winter ohne Schutz lassen. Bei soviel Pflegeintensität hört man schon ab und zu: »Für mich kommen nur noch Frankfurter Pfannen infrage!«

Die Idee zu dieser Siedlung entstand im Zusammenhang mit der benachbarten und ebenfalls mit Grasdächern versehenen Waldorf-Schule. Doch streng ökologisch ausgerichtete Lebensweisen und anthroposophisch orientierte Bewohner sind eher die Ausnahme. In der Siedlung wohnen überwiegend Lehrer, Journalisten und Ingenieure mit Kindern im Schulalter. Auch die Architekten haben sich hier niedergelassen und ihre Büros eingerichtet. Die zeitlichen und nervlichen Beanspruchungen in der mehr als halbjährigen Bauphase waren hoch und haben mit Sicherheit den Elan gebremst, vorher geplante Gemeinschaftseinrichtungen zu errichten. Für viele steht im Zeitalter chronischer Zeitknappheit das Familienleben im Vordergrund.

Wolfgang Schulz

Langenhagen

Langenhagen, eyn groß Dorf, eyn halb meil lang...,

das stimmt heute natürlich nicht mehr. Langenhagen ist seit 1959 eine Stadt und besteht aus den 1974 eingemeindeten Ortschaften Kaltenweide, Krähenwinkel, Engelbostel, Schulenburg und Godshorn mit ca. 20.000 Einwohnern und dem Ortskern aus den 1935 bzw. 1938 zusammengelegten Orten: Langenhagen, Langenforth und Brink mit ca. 30.000 Einwohnern.

Das moderne Stadtzentrum, geplant in den 60er Jahren, bildet — wenn auch nicht geographisch — den Mittelpunkt der Stadt. Mittelpunkt für Clowns, Pantomime und Kabarettisten ist Langenhagen jedes Jahr für zwei Wochen Ende April, wenn u.a. im Daunstairs das größte Kleinkunstfestival Norddeutschlands, die Mimuse, stattfindet.

Hier beginnt der Spaziergang: Vom Stadtzentrum aus geht es zum Stadtpark, der z.T. auf dem Gelände der ehemaligen, 1862 gegründeten Anstalt für Geisteskranke liegt. 1897 benannte man den Komplex, in dem zeitweise mehr als 1.000 Patienten betreut wurden, in »Provinzial Heil- und Pflegeanstalt« um. Kein geringerer als Hermann Löns behauptete von ihr, daß sie wie ein Sperrfort vor der Stadt Hannover läge und die Entwicklung Langenhagens behindere. Heute befinden sich auf dem Gelände die Nervenklinik, die Klinik für Rehabilitation und ein Altersheim.

Folgt man dem Wanderweg, so kommt man zur Rennbahn »Neue Bult«. Dort finden von Ostern bis Dezember an fast jedem Wochenende Galopprennen statt. Im Eingangsbereich steht ein Denkmal für 13 hannoversche Schüler, die während des Krieges als Flakhelfer eingesetzt wurden und starben.

Der Wanderweg führt jetzt an der Wietze — die vor 60 Jahren noch Fische führte —, am Kiessee, unter der Bahn hindurch auf den Stuckenmühlenweg bis zum Sportplatzweg.

Wer dringend eine Rast braucht, kann am Waldsee, der am Krähenwinkler Gebiet liegt, picknicken.

Auf dem Weg nach Evershorst durch Krähenwinkel wird man allen »lauten« Problemen Langenhagens begegnen: den zwei Bahnlinien, der Autobahn A 352 und dem Flughafen. Bevor man sich ihm nähert, sei Wanderern mit Appetit und Geldbeutel eine Pause im Hotel Jägershof (Sonntag Ruhetag) empfohlen.

In Evershorst selbst bietet sich ländliche Idylle: auf den Weiden stehen die Pferde des bekannten Gestüts Plinke-Buhmann. Der Flughafen ist mittlerweile unüberhörbar, er wurde hier 1935 angelegt und 1952 dem zivilen Luftverkehr übergeben; der Flughafen ist ein bedeutender Faktor im Wirtschaftsleben Langenhagens, etwa 3.000 Menschen leben mittelbar von ihm. Trotz der Bedenken der Naturschützer wird sehr wahrscheinlich die nördliche Startbahn verlängert werden, so daß auch überseeische Ziele von Langenhagen aus angeflogen werden können.

Richtung Norden schließen sich ein ausgedehntes Waldgebiet, der Kananoher Forst, und das Kaltenweider Moor an. Beide Gebiete eignen sich für eigenständige Spaziergänge. Ebenso der Ortsteil Engelbostel. Er hat sich viel vom alten dörflichen Charme erhalten. Weitere Pluspunkte dort sind die sehenswerte Kirche und der ebenso sehenswerte, gemütliche Gasthof Tegtmeyer (Sonntag Ruhetag, Spezialität Heidschnucken aus eigener Zucht, Hausgeschlachtetes), in der auch das Preis-Leistungsverhältnis stimmt.

Heike Brück-Winkelmann

(Flughafen: Buslinie 66 ab Berliner Platz
Engelbostel: Buslinie 48 ab Berliner Platz)

Praktische Tips

Wir beschränken uns hier auf wenige zentrale Angaben. Wer detailliertere Informationen benötigt, sollte zu den Stadtmagazinen *Flex* und/oder *Schädelspalter* greifen. In diesen gibt es neben weiteren Adressen monatlich aktuelle Veranstaltungshinweise. Letztere finden Sie auch in der *Hannover Vorschau* des Verkehrsvereins, die ebenfalls monatlich erscheint.

Auskünfte

Verkehrsbüro, Ernst August Platz 8, gegeüber dem Hbf. Mo–Fr 8.30–18 Uhr, Sa 8.30–12 Uhr.
Kartenvorverkauf, Ruf 168-2800
Stadtführungen, Ruf 1682319
Touristikangebote, Ruf 1683000/3001/4923
Zimmervermittlung, Ruf 1683903
Stadtinformation, Ruf 1682319
Presse- und Informationsamt, Ruf 1681
Hotelzimmeransage, Ruf 19414
Fahrplan- und Fahrpreisauskunft der Bundesbahn, Ruf 19419 (täglich 7–22 Uhr)
Fluggastinformation, Ruf 7305223/224

Verkehrsmittel

Öffentliche Verkehrsmittel in Hannover sind Stadtbahnen, Busse und Nahschnellverkehrszüge. Sie sind zusammengefaßt im Großraum-Verkehr-Hannover (GVH). Kundenberatung durch die *ÜSTRA*, Hannoversche Verkehrsbetriebe AG, Am Hohen Ufer 6, Ruf 6681238 (siehe auch Streckennetzplan in der hinteren Umschlagklappe dieses Buches). Für alle Verkehrsmittel gelten dieselben Fahrscheine, sie sind an blauen Automaten sowie an zahlreichen Kiosken als 6er-Block erhältlich. Sie sind noch nicht entwertet. In der Regel kann beim Fahrer/bei der Fahrerin auch in bar bezahlt werden, das ist allerdings teurer. Der Flughafen-Zubringerdienst verkehrt täglich alle 30 Minuten (zur halben und vollen Stunde, 6–23 Uhr) vom City-Air-Terminal im Hauptbahnhof.

Stadtrundfahrten und -rundgänge

Stadtrundfahrt mittwochs und sonnabends (während der Hannover-Messe CeBIT täglich), jeweils 13.30 Uhr ab Verkehrsbüro, Luisenstraße. Erwachsene zahlen 15,--DM, Kinder die Hälfte.

Eine *Antifaschistische Stadtrundfahrt* kann ggf. für Gruppen organisiert werden. Infos bei der *Grün-alternativen Bürgerliste*, Ruf 1685250.

Der *»Rote Faden«*: Eine rote Linie von 4698 m Länge führt durch die Innenstadt Hannovers. Das erklärende Heft dazu ist im Verkehrsbüro erhältlich.

Märkte

Wochenmärkte finden regelmäßig in allen Stadtteilen statt. Wichtigster Lebensmittelmarkt ist die Markthalle im Stadtzentrum nähe Rathaus. Besonders empfehlenswert ist der Lindener Markt am Samstag vormittag und ein Bummel über die Lister Meile am Donnerstag nachmittag. Hier eine Auswahl der Stadtteil-Märkte:
Täglich:
Markthalle, Zentrum, Mo–Fr 7–18 Uhr, Sa 7–13 Uhr
Dienstag:
Klagesmarkt, Nordstadt/Zentrum, 8–13 Uhr
Lindener Marktplatz, Linden-Süd, 8–13 Uhr
Mittwoch:
Moltkeplatz, List, 8–13 Uhr
Jahnplatz, Vahrenwald 8–13 Uhr
Donnerstag:
Klagesmarkt, Nordstadt/Zentrum, 8–13 Uhr
Lister Meile, List/Zentrum, 14–18 Uhr
Freitag:
Stephansplatz, Südstadt, 8–13 Uhr
Fiedelerplatz, Döhren, 8–13 Uhr
Samstag:
Klagesmarkt, Nordstadt/Zentrum, 8–13 Uhr
Lindener Marktplatz, Linden-Süd, 8–13 Uhr
Pfarrlandplatz, Linden-Nord, 8–13 Uhr

Flohmarkt

Ein schöner großer Flohmarkt findet das ganze Jahr über jeden Samstag *Am Hohen Ufer* statt.

Hallenschwimmbäder/Sauna

Stadionbad, Arthur-Menge-Ufer (Spielnachmittage, Aqua-Rhythmik mit Musik, Nacktbaden, Auskunft: Ruf 4000753), von Mo–Sa geöffnet.
Vahrenwalder Bad, Vahrenwalderstr. 100

Eisstadion
Am Pferdeturm, Hans-Böckler-Allee, Ruf 555868

Frauen
Frauenbuchladen annabee, Hartwigstr. 7, Ruf 324024
Notruf und Beratung für vergewaltigte Frauen und Mädchen, Ruf 660610 (Mo 16–20 Uhr)
Frauenbüro der Stadt Hannover, Röselerstr. 3, Ruf 1685300/5301
Frauenhaus Hannover — Frauen helfen Frauen e.V., Postfach 2005, Ruf 664477
Autonomes Frauenkollektiv der Uni Hannover, Am Welfengarten 1, Ruf 7625065
Frauen- und Kinderschutzhaus, Gretchenstr. 30, Ruf 698646
Frauentreffpunkt, Bessemerstr. 4, Ruf 665677
§ 218-Beratung, Arbeiterwohlfahrt, Wilhelmstr. 7, Ruf 8114236
Frauenbündnistreffen, Kontakt: Lilo Zack, Stärkestr. 22, Ruf 440580
Frauenlokal, An der Lutherkirche/Nordstadt, täglich geöffnet

Schwule und Lesben
Lesbenzentrum Bloody Mary, Lichtenbergplatz 7, Eingang Teichstraße
Lesbentelefon, Mo 19–21 Uhr, Ruf 440568
Home e.V., Johannsenstr. 8, Ruf 17997

Beratung/Hilfe/Gesundheit
Hannoversche AIDS-Hilfe e.V., Johannssenstr. 8, Ruf 19411, Mo–Fr 10–16 Uhr.
Anonyme Alkoholiker, Lavesstr. 79, Ruf 321412 (18.30–21.30 Uhr)
DROBS, Jugend- und Drogenberatungszentrum, Schloßwender Str. 12a
Info-Café Connection, Drogenberatung, Raschplatz, Tel. 3480187
Beratung für Frauen, Frauentreffpunkt, Bessemer Str. 4, Tel. 664477, dienstags 14–16 Uhr.
Pro Familia, Sexualberatung u. Familienplanung, Am Hohen Ufer 3a, Tel. 15457
Jugendberatung Hinterhaus, Schneiderberg 19a, Tel. 703377, mittwochs 18 Uhr offener Treff.
Ambulanter Hilfsdienst für Behinderte, Tel. 454150, 8–18 Uhr

Notdienste
Apotheken-Notdienst, Tel. 1141
Ärztlicher Notdienst (Sprechstunde tgl. außerhalb der üblichen Sprechzeiten bis 24 Uhr), Ärztehaus, Berliner Allee 22, Tel. 16346
Behinderten-Fahrdienst, Tel. 716060
Krankentransporte, Tel. 123456
Medikamentennotdienst, 20–6 Uhr, Tel. 588080
Zahnärztlicher Notdienst, Tel. 311031
Tierärztlicher Notdienst, Tel. 555092

Notrufe
ADAC Notruf, Tel. 19211
Feuerwehr-Telefon 112
Polizei-Telefon 110
AIDS-Telefon, tägl. 11–12, Tel. 120426
Altenhilfe, Tel. 1682345
Beratung für mißhandelte Frauen, Tel. 665677
Frauen-/Kinderschutzhaus, rd. um die Uhr, Tel. 698646
Sorgentelefon, Tel. 1685252
Umweltschutz, Tel. 1685555 (Stadt), Tel. 1682561 (Grün-alternative Bürgerliste)

Fundbüros
Stadt, Tel. 1682457
Bundesbahn, Tel. 1285497
Stadtbahn, Tel. 1686239

Mitwohnen und -fahren
Mit-Wohn-Zentrale, Weißekreuzstr. 18, Tel. 3480404
Mitfahrzentrale, Weißekreuzstr. 18, Tel. 312021
Mit-Fahr-Vermittlung, Lister Meile 17, Tel. 344011

Jugendherberge
Ferdinand Wilhelm Fricke Weg 1, Ruf 322941
Stadtheim des T.V. Die Naturfreunde, Hermann Bahlsen-Allee 8, Ruf 691493

Freizeitheime
Döhren, Hildesheimer Str. 293, Ruf 1689112
Linden, Windheimstr. 4, Ruf 1684897
Lister Turm, Walderseestr. 100, Ruf 1682402
Mühlenberg, Mühlenberger Markt, Ruf 1689613
Ricklingen, Ricklinger Stadtweg 1, Ruf 1689595
Stöcken, Eichsfelder Str. 101, Ruf 1683551
Vahrenwald, Vahrenwalder Str. 92, Ruf 1683866
Pavillon am Raschplatz, Lister Meile 4, Ruf 1683056

Kino
Appollo, Limmerstr. 50, Ruf 452438
Capitol, Schwarzer Bär 2, Ruf 444066
Hochhaus, Goseriede 9, Ruf 14454
Kommunales Kino, Sophienstr. 2, Ruf 168-4732
Raschplatz-Kinos, Raschplatz 7, Ruf 317802 u.v.a.m.

Theater
Altes Magazin, Kestnerstraße
Ballhof, Ballhofstr. 12, Ruf 1686141
Commedia Futura, Eisfabrik, Seilerstr. 15–17, Ruf 816353
Hochschule für Musik und Theater, Emmichplatz 1, Ruf 31001
Landesbühne Hannover, Bultstr. 8A, Ruf 815093

Mittwoch Theater, Am Lindener Berge 38, Ruf 525183
Neues Theater, Georgstr. 54, Ruf 17989
Opernhaus, Opernplatz 1, Ruf 1686999
Rambaff, Windheimstr. 4, Ruf 2102267
tak, Theater am Küchengarten, Am Küchengarten 3, Ruf 445585
Tanz Theater im Hof, Kommandaturstr. 6A, Ruf 329849
Theater am Aegi, Aegidientorplatz, Ruf 884991
Theater an der Glocksee, Glockseestr. 35, Ruf 131518
Theater Seraphin, Helmkestr. 5A, Ruf 3503480
Theater der Jugend, Helmkestr. 5A, Ruf 3503480
Theater im Künstlerhaus, Sophienstr. 2, Ruf 13434
Theaterwerkstatt Hannover, Lister Meile 4, Ruf 344104

Musik

Bad, Am Großen Garten 60, Ruf 703404
Capitol, Schwazer Bär 2, Ruf 444068
Café ateljee, Landwehrstr. 75, Ruf 8386186
Café Monopol, Langenforter Platz 1 (Langenhagen)
daunstärs, Konrad-Adenauer-Str. (Langenhagen), Ruf 73072222
Flohcirkus, Am Hohen Ufer 3A, Ruf 321068
Frosch, Franz-Nause-Str. 3, Ruf 211175
Jazz Club, Am Lindener Berge 38, Ruf 454455
Kanapeé, Edenstr. 1, Ruf 3481717
Leine Domicil, Kamarschstr. 50, Ruf 325056
Mizzis's Galerie, Am Uhrturm 3, Ruf 836377
Musikzirkus, Schützenplatz, Ruf 561504
Nashville, Country Club, Weidendamm 8, Ruf 717269
Notenkiste, Schneiderberg 7, Ruf 7010587
Vier Linden, Alfelder Str. 55b, 3200 Hildesheim, Ruf 05121-25255

Kulturzentren

Amerika Haus, Prinzenstr. 9, Ruf 327284
Eisfabrik, Seilerstr. 15–17, Ruf 816353
Haus der Jugend, Maschstr. 22, Ruf 1682117
Institut Français, Theaterstr. 14, Ruf 323233
Kornbrennerei, (Kunstwerkstatt Hainholz), Bertramstr. 4c, Ruf 3501369
Freizeitheime (s.o.)
Kulturtreff
Davenstedt, Langredestr. 11
Hainholz, Voltmerstr. 40
Roderbruch, Nobelring 3a
Vahrenheide, Vahrenheider Markt 10
Künstlerhaus, Sophienstr. 2, Ruf 1682698
Medien Werkstatt Linden, Charlottenstr. 5
Pavillon am Raschplatz, Lister Meile 4, Ruf 344558
Stadtteilzentrum Nordstadt, Bürgerschule, Schaufelder Str. 30, Ruf 708984
UJZ Glocksee, Glockseestr. 35, Ruf 18774
UJZ Kornstraße, Kornstraße (Nordstadt), Ruf 715032
VVK, Verein für visuelle Kommunikation, Schwarzer Bär/Minister-Stüve-Str., Ruf 441440
Werkstatt Galerie Calenberg, Kommandaturstr. 7, Ruf 322774
Wohnwelt Wunstorf, Lebenstraum e.V., Haster Str. 4, 3050 Wunstorf, Ruf 05031/13320
BAKu, Nedderfeldstr. 8, Ruf 454835
Bildungsverein, Wedekindstr. 14, Ruf 344144
LSZ, Lehrer- & Sozialarbeiterzentrum, Harnischstr. 9, Ruf 625100
Stadtbibliothek, Hildesheimerstr. 12, Mo, Di, Do, Fr. 11–19 Uhr, Mi u. Sa 11–16 Uhr
VHS, Volkshochschule, Theodor-Lessing-Platz 1, Ruf 1684783

Museen

Niedersächsisches Landesmuseum
(Landesgalerie/Naturkunde/Aquarium/Völkerkunde/Ausstellungen/Veranstaltungen), Am Maschpark 5, Ruf 883051, Di–So 10–17 Uhr, Do 10–19 Uhr, Öffnungszeiten an Fciertagen, Ausstellungen und Führungen auf Anfrage
Historisches Museum (Stadtgeschichte/Landesgeschichte/Volkskunde) Am Hohen Ufer/Burgstraße, Ruf 1683052, Di 10–20 Uhr, Mi–Fr 10–16 Uhr, Sa u. So 10–18 Uhr
Kestner-Museum (Ägyptische Kunst, Antike Kunst, Kunsthandwerk vom Mittelalter bis zur Gegenwart, Münzkabinett), Trammplatz 3, Ruf 1682120, Di, Do, Fr 10–16 Uhr, Mi 10–20 Uhr, Sa u. So 10–18 Uhr
Sprengel Museum (Kunst des 20. Jh./Schwitters-Sammlung/Kabinett der Abstraktion/Sonderausstellungen), Kurt-Schwitters-Platz, Ruf 1683875, Di 10–22 Uhr, Mi–So 10–18 Uhr
Wilhelm-Busch-Museum (Ständige Wilhelm-Busch-Ausstellung/Sonderausstellungen: Zeichnungen, Karikaturen), Georgengarten 1, Ruf 714076
Kestner-Gesellschaft (Ausstellungen/Fotoarbeiten), Warmbüchenstr. 16, Ruf 327081, Sa–Do 10–18 Uhr, Fr 10–21 Uhr
Kubus, An der Aegidienkirche/Theodor-Lessing-Platz 2, Ruf 1685790, Di, Mi, Fr, Sa 10–18 Uhr, Do 10–20 Uhr, So 10–14 Uhr
Kunstverein, Sophienstr. 2, Ruf 324595, Di–So 10–18 Uhr

Parks und Gärten

Herrenhäuser Gärten (Großer Garten, Georgengarten, Berggarten mit Gewächshäusern), Stadtbahnlinien 1 u. 2, Winter 8–18 Uhr, Sommer 8–19 Uhr
Eilenriede und Zoo, Stadtbahnlinie 6, 8–17 Uhr
Tiergarten/Hermann-Löns-Park, Stadtbahnlinie 14
Stadtpark/Stadthalle, Stadtbahnlinie 6

Vegetarisches Essen

»Bei Hiller«, Blumenstr. 3/Ecke Lavesstraße (Zentrum)
Aleuron, Königstraße 46/Höhe Hamburger Allee (Zenrum)
Oase, Wallensteinstr. 8 (Oberricklingen)
Café ateljee, Landwehrstr. 75 (Döhren)
Flambeé, Jakobistr. 43 (List)
Café Klatsch, Limmer Straße 58/Höhe Pfarrlandplatz (Linden-Nord)
Schmelz-Gaststätte, Karmaschstr. 16 (Innenstadt/Nähe Kröpcke)

Volkswagenwerk Hannover

Besichtigung Mo–Fr nach Vereinbarung, Ruf 7984139

Blues in Hannover

»New York war die Hölle, und auch Chicago war schrecklich.« Ausgerechnet in Hannover fühlt sich der 56jährige Iverson Minter (alias Louisiana Red, alias Rocky Fuller, alias Cryin' Red, alias Elmo James Junior) richtig wohl.

Dabei hat es die Leinestadt wohl eher einem Zufall zu verdanken, daß »der größte schwarze Bluesmusiker« (Eric Clapton über Louisiana Red) hier sein Domizil gefunden hat: »Ich mußte New York verlassen. Da rief mich eines Tages mein alter Freund Jack Dupree an und erzählte, daß in seinem Haus ein Appartement frei ist.« Und der, Jack Dupree, einer der letzten großen Pianisten des Barrelhouse-Blues, schätzt an der Stadt, daß sie »wie ein Dorf ist. Du gehst durch die Straßen und triffst laufend Bekannte.« Nun wohnen sie beide im Bredero-Hochhaus, direkt in Hannovers Innenstadt, der eine schon seit 15 Jahren, der andere seit sechs Jahren, und denken an alte Zeiten.

Champion Jack (diesen Titel besitzt er seit seiner Zeit als Preisboxer in Chicago) arbeitet gerade an einem Buch über sein Leben: »Über die Zeit, die ich als Waisenjunge in New Orleans verbracht habe, über die Jahre als Boxer und die Musik.« Während seiner über sechzigjährigen Musikerkarriere hatte er mit Leuten wie Fats Domino, Browny McGhee, John Mayall, Eric Clapton und Rolling Stones gemuckt, rund 500 Soloplatten gemacht. Elf Kinder und »ein paar Enkelkinder — wieviel weiß ich nicht genau —« hat Opa Dupree. »Doch die leben alle in England oder den Staaten — aber nicht in Hannover.«

»Ganz zufrieden« mit seinem neuen Leben in der Bundesrepublik ist auch Gitarrist Louisiana Red. »In Chicago gehörte ich einer Streetgang an, heizte auf dem Motorrad durch die Stadt, kam dann auch noch in den Knast.« Hier geht es dagegen bedeutend ruhiger zu.

Doch wie für Champion Jack Dupree gibt es auch für Louisiana Red noch andere Gründe für den Neubeginn in Europa. »Ku-Klux-Klan-Rassisten töteten meinen Vater. Was soll ich in diesem gottverdammten Land? Hier lassen einen die Menschen wenigstens in Ruhe.« Und auch Jack Dupree möchte »am liebsten nicht an die Staaten erinnert werden. Weil Du als Schwarzer oder Indianer dort nicht akzeptiert wirst. Es war wirklich eine harte Zeit in Louisiana.«

Vielleicht hat Jack deshalb eine Vorliege für Nordeuropa, das doch mit der Atmosphäre von New Orleans oder Memphis nichts gemein hat. »Wenn es mir in Hannover zu langweilig wird, fahre ich in mein Sommerhaus in Schweden und male Bilder oder setze mich ans Klavier und spiele den Blues.« Doch endgültig vorbei sind die Zeiten des Tingeltangel weder für Louisiana Red, noch für den »Champ«. Tourneen durch Frankreich, Italien oder Großbritannien sind für die beiden Blueslegenden Pflichtprogramm.

Viele der einstigen Weggefährten im Bluesbuisiness sind inzwischen gestorben. Die Zeiten haben sich für die »Old Men« geändert. »Der Blues geht seinem Ende zu«, sinniert Jack Dupree etwas melancholisch. »Die jungen Leute wollen unsere Stücke nicht hören oder sie imitieren sie bloß. Aber neue Impulse gibt es nicht.« Es fehle das »feeling«. »Blues ist ein Lebensgefühl. Das kannst Du nur genauso empfinden, aber niemals abkupfern.«

Thilo Thielke

Zum Weiterlesen

Stadtführer, Stadtgeschichte und Kultur

Alversleben, Udo von/Reuther, Hans, Herrenhausen; Die Sommerresidenz der Welfen, Hannover 1966

Amt für Verkehrsförderung (Hrsg.), Königliche Gärten Herrenhausen Hannover, Großer Führer

Architektenkammer Niedersachsen (Hrsg.), Architektur in Hannover seit 1900, München 1981

Baedeker, Hannover, Stadtführer, Freiburg 1983

Beyer, H., Hannover im Vormärz, Hann. Gesch. Bl. 16, Hannover 1962

Beyer, H., Hotels und Hotelgäste in Hannover, Hann. Gesch. Bl. 23, Hannover 1969

Bloch, Ernst, Leipziger Vorlesungen zur Geschichte der Philosophie, Frankfurt 1985

Both, Barbara/Ilien, Albert, 10 Jahre Glocksee, in »Päd. extra« 1982

Brawand, Leo, die »Spiegelstory«, wie alles anfing, Düsseldorf 1987

Büchner, Joachim, Kurt Schwitters und Merz

Busse, Heinrich, Das Schwefelbad Limmerbrunnen, Hann. Gesch. Bl. 13, 1910

Czaja, Arno, Geschichte des Dorfes Vinnhorst, Fortsetzung der Chronik, 1981

Denkmaltopographie Bundesrepublik Deutschland. Baudenkmale in Niedersachsen, Stadt Hannover Teil 1 u. 2, 1983 und 1985

Dreimann, Theodor/Anger, Martin, Chronik der Ortschaft Kleefeed, Hannover 1981

Dreimann, Theodor, Döhren im Rückblick, Hannover 1979

Engelke, B., Lindener Dorfchronik, Hannover 1910

Estermann, Karl-Heinz/Walther, Ernst, Chronik von Vahrenwald 1183-1981, Hannover 1981

Freizeitheim Vahrenwald (Hrsg.), Geschichten aus der Vahrenwalder Erzählstube, Hannover 1987

Freizeitheim Vahrenwald (Hrsg.), Weltliche Schule Alemannstraße, Geschichtliches Lesebuch Vahrenwald, Hannover 1988

Führer durch die Residenz-Stadt Hannover, Braunschweig 1988

Gemeindeverwaltungen Anderten-Misburg (Hrsg.) Anderten-Misburg bei Hannover, Hannover 1927

Gerhäuser, M.F., Planung und bauliche Entwicklung im Bereich des Maschsees, in Hann. Gesch. Bl., Neue Folge, BD. 21, Hannover 1967

Geschichtswerkstatt Hannover, Alltag zwischen Hindenburg und Harmann. Ein anderer Stadtführer durch das Hannover der 20iger Jahre, Hamburg 1987

Grabe, Thomas/Hollmann, Reimar/Mlynek, Klaus, Wege aus dem Chaos, Hannover 1945-1949, Hamburg 1985

HAZ, Stadtteilbeilage Ost, 1987, »Als Tanzpalast hat das Kurhaus Friedenstal endgültig ausgedient.«

Hammer-Schenk, H./Kohli, G., Vom Schloß zum Bahnhof. Bauen in Hannover, Hannover 1988 (Ausstellungskatalog)

Henning Rischbieter, Die Zwanziger Jahre in Hannover, Hannover 1962

Hauptmeyer, Carl-Hans, Hainholz, Vahrenwald und List. Ausgewählte Probleme der Dorf- und Stadtgeschichte, in Hann. Gesch. Bl. N.F. Bd. 40, Hannover 1986

Hannover, ein Lesebuch, Husum

Historisches Museum, Bürgerliche Wohnkultur des 19. Jahrhundert, Hannover 1987

Historisches Museum, Hannover im 20. Jahrhundert. Aspekte der neueren Stadtgeschichte, Hannover 1978

Historisches Museum, 100 Jahre Schallplatte: Von Hannover in die Welt, Hannover 1987

Jakob, Wolfgang, Misburg und Anderten damals von A bis Z, 1981

Knibbe, Heinrich, Die Großsiedlung Hannover. In Mitteilungen des Statistischen Amtes der Stadt Hannover, BD 9, Hannover 1934

Lange-Kothe, Irmgard, Die Wasserkunst in Herrenhausen, in: Hannoversche Geschichtsblätter, Neue Folge Bd. 13, Heft 1/2, Hannover 1959, S. 121-151

v. H. Lauenroth (Hrsg.), Hannover — Gesicht einer lebendigen Stadt, Hannover u. Berlin 1955

Meyer, Karl H., Königliche Gärten. Hannover 1966

Merian-Heft »Hannover«, Hamburg 1963

Museum, Wilhelm Busch Museum Hannover, Braunschweig 1980

Niedersächsisches Landesverwaltungsamt, Institut für Denkmalpflege: Siedlungen der zwanziger Jahre in Niedersachsen. Arbeitshefte zur Denkmalpflege 4, Hannover 1985, *Hrsg. Hans-Herbert Möller*

Provinzialausschuß und Landesdirektorium der Provinz Hannover, (Hrsg.), Die Kunstdenkmäler der Provinz Hannover, I. Regierungsbezirk Hannover, Hannover 1932

Rabe, B., Linden; Hannover 1984

Röhrbein, W. (Hrsg.), 60 Jahre Rundfunk in Hannover, Hannover 1984

Röhrbein, Waldemar, Hannover, so wie es war, Düsseldorf 1979
Röhrbein, Waldemar, R., (Hrsg.), Der Maschsee in Hannover, Seine Entstehung und Geschichte, Hannover 1986
Röhrbein, Waldemar R.,/Rohr, Alheidis von, Beiträge zur Ausstellung: Hannover im Glanz und Schatten des britischen Weltreiches, Hannover 1977
Schneider, H.-P., Die Reform der Juristenausbildung in Hannover — vor dreihundert Jahren und heute; in: Festschrift zur 150-Jahr-Feier des Rechtsanwaltsvereins Hannover e.V., 1831-1981, Hannover 1981, S. 211—240
Schrader, Eckard, Der Große Garten zu Herrenhausen, Hannover 1985
Stadtmüller, Klaus: Querstraße, Hannover 1982
Stadtverwaltung Hannover (Hrsg.), Zehn Jahre Aufbau, Die Hauptstadt Hannover von 1925 bis 1935, Hannover 1935
Städtisches Presseamt Hannover, (Hrsg.), Hannovers Maschsee, Zu seiner Eröffnung am 21. Mai 1936, Hannover 1936
Steinweg, W., Das Rathaus in Hannover, Hannover 1984
1000 Jahre Döhren, 983-1983, Döhren ein Stadtteil von Hannover, Hannover 1983.
Ueding, Gerd, Buschs geheimes Lustbrevier, Frankfurt/M. 1982
Wehrhahn, Ludwig, Geschichte des Dorfes Vinnhorst, Sonderdruck Hannoversche Geschichtsblätter, Hannover o.J.
Winkel, Wilhelm, Bothfeld — Geschichte von Kirchspiel und Voigtei, Hannover 1986
Zimmermann, Helmut, Von Anderten nach Stökken, Streifzüge durch Hannovers Geschichte, Hannover 1987.
Zimmermann, Helmut, Vom Kröpke bis zum Ihmeufer, Hannover 1984
Zimmermann, Helmut, Zwischen Maschsee und Eilenriede, Hannover 1985.
Zimmermann, H., Linden. Vom Bauerndorf zum Ihmezentrum; o.O. 1986
Zimmermann, Helmut, Vom Turm der Petrikirche. Kleefeld historisch gesehen, o.O. (Hannover) 1980.

Industriegeschichte

Bundesbahnausbesserungswerk Hannover (Hrsg.), bearbeitet von Sigurd Werner, 100 Jahre Bundesbahn-Ausbesserungswerk Hannover, Hannover 1978
Buschmann, W., Linden — Geschichte einer Industriestadt im 19. Jahrhundert; Hildesheim 1981
Continental-Gummi-Werke AG (Hrsg.), bearbeitet von Th. Schmidt, Ein Jahrhundert Fortschritt und Leistung, Hannover 1971
Däbritz, W./Metzeltin, E., Hundert Jahre Hanomag 1835-1935; Düsseldorf 1935
Döpper, Franz B., Hannover und seine alten Firmen, Hamburg 1984
Geha-Werke GmbH (Hrsg.), Schwarz auf Weiß, 50 Jahre Geha 1918-1968, Hannover 1968
Mlynek, Klaus, Die größte industrielle Ansiedlung in Hannover, in: 50 Jahre Volkswagen — Beilage der HAZ vom 1.6.88
Reichsverkehrsministerium (Hrsg.), Der Mittellandkanal, Berlin 1938
Volkswagen AG, Vorstand und Gesamtbetriebsrat (Hrsg.), Das Buch, Wolfsburg 1988
Voigt, W., Der Eisenbahnkönig oder Rumänien lag in Linden; München 1980

Arbeiterbewegung, Politik, NS-Zeit, Jüdische Geschichte

Antifaschistische Arbeitsgruppe des Lister Turms, Das Reichsbanner Schwarz Rot Gold in Hannover 1924-1933, Hannover Februar 1988
1. Biographisches Handbuch der deutschsprachigen Emigration nach 1933, Band I: Politik, Wirtschaft, Öffentliches Leben, München — New York — London — Paris 1980.
Boll, F., Massenbewegungen in Niedersachsen 1906-1920. Eine sozialgeschichtliche Untersuchung zu den unterschiedlichen Entwicklungstypen Braunschweig und Hannover, Bonn 1981
Brieden, H./Dettinger, H./Hirschfeld, M./Strege, D./Weigang, S., Fliegerhorst Wunstorf 1933-1939, Hannover 1984
Buchholz, Marlis, Die hannoverschen Judenhäuser. Zur Situation der Juden in Zeit der Ghettoisierung und Verfolgung 1941 bis 1945, Hannover 1987.
Buchholz, Marlis: Die hannoverschen Judenhäuser. Zur Situation der Juden in der Zeit der Ghettoisierung und Verfolgung 1941 bis 1945. (= Quellen und Darstellungen zur Geschichte Niedersachsens, Bd. 101. Herausgegeben vom Historischen Verein für Niedersachsen) Hildesheim 1987.
Bürgerinitiative Umweltschutz Hannover: Dokumentation »Der Fall Kertess«, Hannover 1987
Dietzler, Anke, Bücherverbrennung in Hannover am 10. Mai 1933, in: Hannoversche Geschichtsblätter, Neue Folge, Bd. 37, Hannover 1983
Döscher, Susanne/Urban, Elke, Der Stadtteil Vahrenheide — ein soziales Spannungsfeld, Hannover 1983
Fénelon, Fania, Das Mädchenorchester in Auschwitz (Befreiung in Bergen-Belsen; München o.J.)
Gäßler, Ewald u.a., Baugenossenschaften in Hannover bis 1930, Hannover 1980
Geiling, H., Die Entstehung der hannoverschen Arbeiterbewegung aus der moralischen Ökonomie der arbeitenden und armen Volksklassen; Dissertation Fakultät Geistes- und Sozialwissenschaften, Hannover 1984
Heimatgeschichtlicher Wegweiser zu Stätten des

Widerstandes und der Verfolgung 1933-1945. Bd. 3: Niedersachsen II (Regierungsbezirke Hannover und Weser-Ems). Herausgegeben vom Studienkreis zur Erforschung und Vermittlung der Geschichte des Widerstandes 1933-1945 und dem Präsidium der VVN-Bund der Antifaschisten. Köln 1986.
Hell, Wolfram u.a., Institut für Grünplanung und Gartenarchitektur an der Universität Hannover, Projektarbeit: Wohnen an der Fuhsestraße, 1984-86
Historische Kommission für Niedersachsen und Bremen, Rüstungsindustrie, Hildesheim 1985
Historisches Museum Hannover (Hrsg.), Hannover 1933. Eine Großstadt wird nationalsozialistisch, Hannover 1981
Historisches Museum Hannover (Hrsg.), »Reichskristallnacht« in Hannover. Eine Ausstellung zur 40. Wiederkehr des 9. November 1938, Hannover 1978
Homeyer, Friedel, Gedenkstätte Ahlem, Faltblätter Nr. 1-8. Hrsg. vom Landkreis Hannover, Hannover 1988
Homeyer, F., Beitrag zur Geschichte der Gartenbauschule Ahlem 1893-1979, Hannover 1980
Institut f. Bauforschung Hannover, Die Erneuerung einer Wohnanlage durch Verdichtung, Beispiel Leinhausen, Bonn 1970
Kolb, Eberhard, Bergen-Belsen 1943 bis 1945 (zu beziehen über die Landeszentrale s.o.)
Krizsan, Julius H. Bergen-Belsen, Menschen und ihre Schicksale, zu beziehen über die Konzentrationslager in Hannover 1943-1945, Ausstellungskatalog, Hrsg. Kulturamt der Landeshauptstadt Hannover 1983
Laqueur, Renata, Bergen Belsen Tagebuch 1944/45, Hannover
Landeshauptstadt Hannover: Erfahrungsbericht Erhaltende Erneuerung in der Victoriastraße; Hannover 1984
Landeshauptstadt Hannover: Sanierung Linden-Süd. Geschichte, Verlauf, Bilanz 1972-1985; o.O., o.J.
Levy-Hass, Hanna, Tagebuch aus dem KZ Bergen-Belsen, Berlin o.J.
Mosler, Peter: Was wir wollten, was wir wurden, Reinbek 1977
Naor, Simha, Krankengymnastin in Auschwitz und Bergen-Belsen; Freiburg
Obenaus, Herbert, »Sei stille, sonst kommst Du nach Ahlem!« Zur Funktion der Gestapostelle in der ehemaligen Israelitischen Gartenbauschule von Ahlem (1943-1945).
Rabe, B., Der sozialdemokratische Charakter. Drei Generationen aktiver Parteimitglieder in einem Arbeiterviertel; Frankfurt/Main 1978
Rossner, Ferdinand, Rasse und Religion, Hannover 1942 (= Schriftenreihe des Rassenpolitischen Amtes der Gauleitung Südhannover-Braunschweig der NSDAP, Bd. 6).
Ruetz, Michael, »Ihr müßt diesen Typen nur ins Gesicht sehen«, APO Berlin 1966-1969, Frankfurt 1980
Blumenberg, Werner, Sozialist, Antifaschist, Widerstandskämpfer, Emigrant. Eine biographische Dokumentation, Hannover, o.J.
Statistischer Vierteljahresbericht Hannover 1987, Heft 1 und Jahresübersichten 1985-1987
VVN (Hrsg.): Die FAP in Hannover, Hannover 1988
Wistrich, Robert, Wer war wer in dritten Reich, München 1983
Winter, I., Alltag und Arbeiterkultur in der Fannystraße, Diplomarbeit FB Erziehungswissenschaften, Hannover 1978
Zorn, Gerda, Stadt im Widerstand, Frankfurt am Main 1965.

Hannover und seine Bewohner Belletristik und Populäres

Eckart, R., Lexikon der Niedersächsischen Schriftsteller. Osterwieck/Harz 1891
Hannover, ein Lesebuch, Husum
Hirsch, Karl Jakob, Kaiserwetter, Frankfurt a.M. 1971
Hoffmann von Fallersleben, A.H., Gedichte und Lieder, Hamburg 1974
Jahn, Moritz, Erinnerungen
Kraus, Karl, Die chinesische Mauer, Frankfurt
von Knigge, Adolf, (1752-1796): Die Sorgfalt der Regierung verdient Beifall. »Briefe auf einer Reise aus Lothringen nach Niedersachsen«, Hannover 1793
Krolow, Karl, (geb. 1915): Hannover/Berühmter als Hindenburg; »Deutschland deine Niedersachsen«, Hamburg 1972.
Marwedel, Rainer, Theodor Lessing 1872-1933. Eine Biographie, Frankfurt/M., Olten/Wien 1988 (orig. Darmstadt 1987)
Petersen, Asmus, Choreographie des Untergangs, Katalog Wilhelm Hack Museum, Ludwigshafen 1988
Raabe, Paul, Gottfried Benn in Hannover 1935-1937, Seelze-Velber. 1986.
Radtke, Michael, Das Hannöversche Weihnachts-Buch
Sackmann, Jacobus, (1643-1718): Aus einer plattdeutschen Leichenpredigt. Aus: H. Mohrmann, »Sackmann«, Hannover 1880
Toll, Hans J., (1900-1978); Zweimaliges Wiedererstehen der Herrenhäuser Gärten. »Schönes Herrenhausen«, Hannover
Rischbieter, Henning, Hannoversches Lesebuch oder: Was in Hannover und über Hannover geschrieben, gedruckt und gelesen wurde, Bd. 1 1650-1850, Velber 1975
Rischbieter, Henning, Hannoversches Lesebuch oder: Was in Hannover und über Hannover geschrieben, gedruckt und gelesen wurde, Bd. 2, 1850-1950, Velber 1978

Personenverzeichnis

Ackers, Maximilian 224
Addickes, Dr. 177
Adler, Otto 102
Adrian 99
Alberti, G.N. 165
Albrecht, Ernst 80/166
Alten, Jürgen von 125
Ansull, Oskar 63
Arendt, Hannah 103
Auffahrth, Syd 87
Augstein, Rudolf 29/31
B'ela, Dajos 43
Bahlsen, Hermann 35/206
Baker, Josephine 44
Ballhause, Walter 18
Barche, Otto 9/16
Barth, Erwin 114
Basse, Wilfried 45
Bebel, August 9/17
Beckedorf 139
Becker, Hans Detlev 29
Becker, Regina 150
Beckmann 71
Beermann, Hermann 114
Behrendts, Hans 78
Behrens, Michael 23
Behrens, Peter 187
Beike, Heinz 153
Beindorff, Dr. Fritz 73/209/210
Benecke, J.H. 177
Benecke, Otto 226
Benfey, Philip 23
Benn, Gottfried 37
Benningsen, Rudolf von 69
Berliner, Clara 211
Berliner, Cora 211
Berliner, Emil 154/211
Berliner, Jacob 23/211
Berliner, Joseph 23/154/155
Berliner, Käthe 21
Bernadotte, Folke Graf 209
Berndes, Melchior 10
Bezzel, Chris 63
Billerbeck, Robert 45
Bismarck, Otto von 76
Blanchard, Jean Pierre 16
Blanke, Toto 109
Blenke, Erna 125
Bleßmann, Heinrich 187
Blumenberg, Werner 97/229
Bock, Werner 76
Bode, Heinz 153
Bode, Karl 143
Bodenstedt, Eva-Maria 125
Bohrer, Harry 29
Bonatz, Paul 216
Borchers, Harry 124
Borchers, Johann Heinrich 124
Bork, Franz 206
Brandes, Ernst 27
Brandes, Georg 90
Bratke, Gustav 114/240/242
Brawand, Leo 29
Breder, Hans 70
Breker, Arno 15/78
Bremer, Graf 66
Brenner, Otto 18/58/103/114
Breuste, Hans-Jürgen 15
Broyhan, Cord 13
Bruch, Walter 122
Brückner, Peter 21/157/200
Brüggemann, Heinrich 145
Buchheister, Carl 32/45
Buff, Charlotte 151
Burton, Gary 109
Busch, Wilhelm 37/168
Böcker, Louis 114
Bödeker, Hermann Wilhelm 79
Börgeman, Karl 46/56/85
Bötticher, Wilhelm 148
Bühring, Franz 43
Bünemann, Gerhard 198
Calder, Alexander 73
Chaloner, John S. 29
Chappuzeau, Pastor 190
Charbonnier, Martin 163
Chick Corea 109
Christfreund, Rudolf 79
Cleve, Heinrich 20
Cohn, Frieda-Maria 228
Cohn, Josef 228
Cranach, Lucas 17
Culemann, Friedrich Georg Hermann 67
Czaja 177
Dachhausen, Friedrich Wilhelm von 25
Dammann 103
De Haën 206
Deike, Friedrich 229
Delitz, Gräfin 171
Dingelstedt, Franz von 162
Doesburg, Theo van 167
Dollar Brand 109
Domela, C'esar 32
Donat, Erna 63
Dorner, Alexander 70/71
Droste, Ludwig 78/79
Duve, Johann 26
Ebert, Friedrich 215
Eckermann, Johann Peter 67
Egestorff, Georg 112
Egestorff, Johann 110
Ehlers, Carl 136
Eichler, Willi 103
El Lissitzky 45/70/71
Elkart, Karl 52/59/73/225
Elsbach 155
Emmich, Otto von 79
Engelhard, Wilhelm 46
Engelke, Gerrit 187
Engels, Friedrich 13/112
Erich I. 19
Ernst August 11/93/163/165
Etté, Bernhard 44
Evers, Tiele 11
Fallersleben, Hoffmann von 167/174
Feldmann, Martin 233
Fellini 169
Felsenstein, Marian 15/75/81
Fiedler, Carl Georg 88/90
Fischer, Dr. Peter 191
Flebbe, J. 194
Frank 155
Franke, Egon 97/154
Freise 76
Freund, Samuel 155
Fricke, Wilhelm 227
Fried, Erich 130/158
Friedrich I. 168
Fritsch, Willy 242
Fröbel, Friedrich Wilhelm August 100
Fydrich, Else 200
Fydrich, Horst 200
Förster, Ursula 183
Gabarek, Jan 109
Gans, Salman 144
Gehrke, Mike 14
Georg I. 163/165
Georg II. 167
Georg III. 29
Georg IV. 95
Georg Ludwig, Kurfürst 164/165
Georg V. 158/166
George, Heinrich 48
Georgi, Yvonne 79
Giusti, Tommaso 163
Goeben 197
Goehling, Klaus 14
Grabenhorst, Karl 221
Grimmer, Adolf 79
Gropius, Walter 70/99
Grosse, Michael 163
Grotefend, Georg Friedrich 52
Großkopf, Willi 197/208
Grupen, Christian Ulrich 15
Grynszpan, Herschel 16
Gröne, Simon 56
Gumpel, Hermann 23
Gundelach, Karl 66/70
H., Markus 22
Haarmann, Fritz 9/26/157
Haase, Hugo 226
Hahn, Gerhard 12
Halbritter 169
Halmhuber, G. 209
Hanebut, Jasper 20
Hardenberg, Graf 66
Harder, Otto (»Tull«) 137
Hartmann, Gebrüder 175
Hase, Conrad W. 143
Hasselmann, Wilfried 9/15/81
Hauser, Erich 21
Hausmann, Raoul 45
Heese, Wilhelm 208
Heidegger 103
Heine, Heinrich 144
Heinemann, Daniel 23/155
Heinrich der Löwe 165
Heintze 90
Heise 154
Herschel, Caroline 52/151
Herschel, Friedrich Wilhelm 52
Herting, Georg 70/207
Hertschen 11
Herzfeld, Karl 23
Hesse, A. 34
Hillebrecht 99/161
Hindenburg, Paul von 39/198/215
Hirsch, Jakob 37
Hirsch, Karl Jakob 170
Hitler, Adolf 48/216
Hoffmann, Angela 63
Hogarth 169
Holekamp, Joh. 87
Holmström, Britta 209
Hornemann, Gustav 148
Horst, ter 101
Hugenberg 157
Husserl 103
Höger, Fritz 29/58/177/188/207
Höhndorf, Arndt 217
Hülshof, von 142
Höpfner 125
Höxter, John 63
Hüphers, Arne 44
Ilien, Albert 90
Ising, Hilmar 11
Israel, Else 232
Israel, Hermann 232
Jackson, Michael 65
Jacob I. 164
Jagielski, Maximilian 184
Jahn, Moritz 72
Jahns, Rudolf 45
Jakobi 197
Jaspers, Karl 103
Jatho, Karl 176
Jensen, Jens 152
Johann Friedrich, Herzog 163

Kalanag 44
Kappeler, Detlef 157
Karl, Albin 114/229
Karstadt, Rudolf 33
Katz, Else 232
Katz, Iwan 45/143
Katzer, Hans 45
Kaulbach, Friedrich 226
Kautsky, Karl 17
Kertess, Theodor 60
Kestner, Charlotte 51
Kestner, Gustav 67
Kestner, Hermann 67/79
Kittner, Dietrich 94/220
Klee, Paul 71
Kleist, Heinrich von 185
Kobbe, Theodor von 206
Kolbe, Georg 79
Kollenrodt 204
Kopf, Hinrich Wilhelm 166/181
Kracauer, Siegfried 45
Kracke, Heinrich 124
Kreibohm 42
Krolow, Karl 58/62
Kugelmann, Louis 12/67/155
Kurras, Karl-Heinz 91
Kästner, Erich 18
Könecke 188
Küster, Max 156
Küsthardt, Georg 70
Lagarde, Paul de 225
Lange, Helmut 125
Lardera, Berto 69
Lauermann, Manfred 200
Laurens, Henri 71
Lauterbacher, Hartmann 136
Laves, Georg Friedrich Ludwig 25/27/42/66/139
Leander, Zarah 44
Leger, Ferdinand 71
Lehmann, Kurt 35
Lehmann-Grube, Dr. Hinrich 191
Leibniz, Gottfried Wilhelm 9/13/155/162/164/168
Leinert, Robert 60/228
Lessing, Theodor 26/29/36/63/76/155/157
Liese, Wolfgang 219
Livschakoff, Ilja 44
Lohse, Bischof 243
Loriot 169
Lothar, Hans 79
Ludendorff, Erich 215
Ludwig XIV. 168
Luer, O. 203
Lutz, Franz-Otto 134
Luxemburg, Rosa 9/17
Löns, Hermann 19/68/186
Lübbren, Sorsbie 88
Macioszyk, Anton 240
Madsack, Dr. Erich 31/181/207
Madsack, August 207
Madsack, Dr. Paul 207
Maeffert, Uwe 217
Mangelsdorff, Albert 109
Marcks, Gerhard 12
Marschner, Heinrich 42
Marx, Karl 9/13/67
Marx, Laura 13
Mayer, Hans 15/158
McReady 242
Mehmel, Friedrich 225
Meier, David 12
Meinhof, Ulrike 157
Meister, Wilhelm 96
Meißner, Ruth 77
Menge, Arthur 228
Merkel, Georg J.P. 22
Metheny, Pat 109
Meyer, Adolf 23/96/98
Meyer, Samuel E. 155
Meyer, Siegmund 23
Mittag, Heinrich 207
Moholy-Nagy 45
Montalban, Graf Nicolà 15
Moore, Henry 68
Möhle, Karl 114
Motte, Manfred de la 14
Nadasky, Janos 16
Nannen, Henri 31
Negt, Oskar 90
Neuffer, Martin 14/42/193
Nitzschke, Hans 32/45
Nollendorf, Kleist von 185
Noske, Gustav 79
Obertraut, Hans Michael von 12
Ohnesorg, Benno 91
Ollenhauer, Erich 103
Öner, Hassan 217
Öner, Orhan217
Oppler, Edwin 155
Ormond, Henry 29
Otto-Hillebrand, Lucy 45
Paats, Erich 188
Palnikow, Peter 71
Pape, W.D. 123
Pegel, Maria 44
Pegel, Wilhelm 44
Petermann-Durbeck, Herta 153
Peters, Karl 59/79
Petersen, Asmus 170
Pfad, Bernhard 139
Picasso 71
Pincelli 163
Poelzig, Hans 177
Pöhl, Karl Otto 79
Podbielski, Victor von 203
Ramberg, Johann Heinrich 52/168
Rath, Lazzlo Maria von 81
Redecker, Johann Heinrich 205
Remarque, Erich Maria 187
Rischmüller-Pörtner 200
Roden, Grafen von 27
Rolan, Franz 54
Rossner, Ferdinand 226
Rowald, Paul 181
Sachsen, Albrecht von 213
Sackmann, Jobst 133
Saint Phalle, Niki de 14/27
Sasse, Alfred 136
Schachmeister, Efim 44
Schaedtler, Hermann 198/207
Schaeffer, Albrecht 75
Schaper, Heinrich 230
Schaper, Hermann 230
Scheuernstuhl, Hermann 73
Schlieker, Martha 153
Schlosser, Fr. Chr. 166
Schmalstieg 196
Schmidt, Burghart 158
Schmidt-Kestner, E. 209
Schneider, Adele 88
Schneider, George 88
Schneider, Hans-Peter 115
Schröder, Gerhard 200
Schuchhardt, Carl 27
Schulz, Dr. Heinrich 60
Schumacher, Kurt 103/123/139
Schwarze, Friedrich 12
Schweimler 122
Schwien, Karl 77
Schwitters, Eduard 85
Schwitters, Kurt 32/37/45/48/71/79/85/86
Schütze, Jutta 151
Sebastian, Heinrich 153
Seligmann, Siegmund 23/198
Sempe 169
Seydel, Emil 102
Siebrecht, August 45/207/211
Siebrecht, Karl 45/207
Siemens, Anna 148
Siemens, Werner von 95
Siepmann, H. 53
Simon, Moritz 23/138/155/156
Simon, Robert 21
Sinken, Hein 14
Snelsons, Kenneth 14
Sophie Charlotte 151/164/168
Sophie Dorothea 15
Spellmann 226
Spengemann, Christoph 68
Spinoza 226
Sprengel, Bernhard 69/70
Stadler, Toni 68
Stadtmüller, Klaus 63
Stamme, Gebrüder 124
Steegemann, Paul 224
Steffani, Agostino 42
Stein, Freiherr von 167
Steinnitz, Dr. Ernst 45
Steinnitz, Käte 45
Stiers, Hubert 66
Stolberg-Stolberg 66
Storch, Anton 114
Strousberg, Henry Bethel 112
Süßmuth, Rita 150
Suppé, Franz von 148
Taak, Otto 210
Tacitus 213
Tellkampf, Adolf 79
Thiele, Carl 73
Toll, H.J. 48
Torriani, Vico 44
Towner, Ralph 109
Tramm, Christian Heinrich 68/158/216
Treusch, Hermann 200
Trip, Julius 68
Tucholsky, Kurt 18
Täntzeel, Ernst Ludwig 107
Uerding 169
Uihlein, Henri 35
Ungerer 169
Utermöhlen, Heinrich 234
Vierthaler, Heinrich 209
Vordeberg-Gildewart, Friedrich 32/45
Waechter 169
Wagner, Günther 148/210
Waldersee, Alfred Graf von 197
Wallbrecht, Ferdinand 32/183/204
Wallmoden-Gimborn, Johann Ludwig von 167
Wangenheim, Ludwig August von 66/67
Ward, Joseph 88
Wassberg, Greta 44
Weber, Marek 43
Weber, Wilhelm 139
Wedekind 139
Weidlich, Hansjürgen 33
Werlhof, Paul Gottlieb 11
Werner, Wolfgang 25
Westermann, Brand 163
Wiechert, Karl 139
Wiegmann, Maria 13
Wiener, Paul 10/18
Wigman, Mary 13/54
Wilhelm I. 216
Wilhelm II. 60
Wilke, Heinrich 183
Wille, Heinz 185
Willmer, Friedrich 85
Winter, Ernst 111
Wolf, Paul 189
Wolfhagen, Ernst 79
Wrede, Johann Heinrich 235
Wunder, Karl Friedrich 67
Zack, Lilo 151
Zborala, Paul 153
Ziegler, Wilhelm 62
Zille 169
Zimmermann, Johann Ritter von 20

Verzeichnis der Straßen und Objekte

Abelmannstraße 88
Adenauerallee 214/216
Aegidienplatz 47/48
Ahlemer Turm 136
Ahrbergstraße 118
Alemannstraße 189
Alt-Vinnhorst 178
Alte Döhrener Straße 78
Alte Herrenhauser Straße 171
Altenbekener Damm 79
Alter Flughafen 176
Altes Rathaus 10
Am Edelhofe 125
Am Großen Garten 171
Am Hochbehälter 110
Am Judenkirchhof 145
Am Karl-Peters-Platz 59
Am Klagesmarkt 143
Am Küchengarten 94
Am Landwehrgraben 85
Am Lindener Berge 108/109
Am Lindenhofe 90
Am Listholze 209
Am Maschpark 70
LAm Puttenser Felde 145
Am Seelberg 239
Am Steinbruch 108
Am Uhrturm 89
Am Welfengarten 158
Am Welfenplatz 186
An der Bauernwiese 128
An der Engesohde 78
An der Lutherkirche 147/148
An der Strangriede 156
An der Weide 60
Anderter Straße 241/243/244
Arthur-Menge-Ufer 71/73/75
Bahnhof Vinnhorst 177
Ballhofstraße 16
Bandelstraße 58
Beekestraße 124/126
Beneckeallee 177
Bennostraße 98
Berckhusenstraße 230/232
Berggarten 162
Bermann Straße 21
Berliner Allee 193
Bernadotte-Allee 209
Bischofsholer Damm 220
Blumenauerstraße 95
Bothfelder Kirche 174
Braunschweiger Platz 219
Brink-Hafen 176
Bristoler Straße 215
Brüggemannhof 144
Brühlstraße 21
Bult 220
Bultstraße 219
Bundesbahn Ausbesserungswerk 182
Burgstraße 16
Bürgermeister-Fink-Straße 56
Calenberger Straße 25
Canarisweg 130
Charlottenstraße 119
Chemnitzerstraße 175
Christuskirche 143
Clevertor 20
Colonie Leinhausen 180
Continental-Werk Stöcken 179
De-Haën-Platz 206
Deisterplatz 115
Deisterstraße 106/107/116
Dessauerstraße 185
Dohmeyers Weg 234
Dornröschenbrücke 98
Döhrener Mühle 88
Döhrener Turm 83
Edenstraße 199
Eilenriedestadion 216
Elisenstraße 95/97
Ellernstraße 219
Engelbosteler Damm 145/148
Englischer Friedhof 137
Ernst-August-Platz 39
Escherstraße 21
Feuerwehrstraße 25
Fiedeler Platz 87
Fischerhof 117
Franz-Bork-Straße 206
Freizeitheim Ricklingen 130
Friedrich-Ebert-Platz 121
Friedrichswall 66/67
Fröbelstraße 100
Fröbestraße 88
Gartenfriedhof 51
Gedenkstätte Bergen-Belsen
Geibelplatz 62
Geibelstraße 58
Geibelstraßenbastion 79
Gemeindeholzstraße 182
Georgengarten 167/168
Georgsplatz 46
Georgstraße 33/34/36/43/45
Glockseestraße 22/25
Glünderstraße 156
Goethestraße 18/20
Gorlebenfindling 196
Goseriede 141
Grabbestraße 189
Grazer Straße 85
Gronostraße 122
Großer Garten 163
Großkopfstraße 119
Gustav-Bratke-Straße 240
Göttinger Chaussee 122
Göttinger Straße 116
Haekelstraße 220
Hanebuts Gang 20
Hannoversche Straße 237/239
Hanns-Lilje-Platz 11
Hanomagstraße 113/115
Harenberger Straße 133/137/138
Harnischstraße 200
Hartmannstraße 244
Hartwigstraße 21
Haspelmathstraße 118
Heisestraße 156
Hennigesstraße 98
Herrenhäuser Allee 161
Herrenhäuser Kirchweg 156
Herrenhäuser Straße 162
Hildesheimer Straße 54/55/84
Hinrich-Wilhelm-Kopf-Platz 15
Hirschstraße 189
Hoffmann-von-Fallersleben-Straße 175
Hohenzollernstraße 197/198
Holzmarkt 13
Humboldtstraße 25
Höfestraße 205
Höltystraße 52
Ihmeplatz 95
Im Kleinen Felde 146
Im Moore 146/148
In den Kämpen 169/170
Isernhagener Straße 184
Issendorferstraße 228
Jacobstraße 10/103
Jahnplatz 189
Jakobistraße 199
Judenkirchhof 144
Jugendzentrum Glockseestraße 22
Jädekamp 179
KZ-Außenlager Misburg 238
Kanalbrücke Anderter Straße 244
Kantplatz 223
Kapellenstraße 234
Karl-Thiele-Weg 76/77
Karmarschstraße 66
Kaulbachstraße 225
Kirchröder Straße 227
Klagesmarkt 143
Kleestraße 233
Kleiststraße 185
Klusmanstraße 124
Kniestraße 154
Knochenhauerstraße 18
Kochstraße 95
Kommandanturstraße 25
Konkordiastraße 102
Kornstraße 151
Kramerstraße 13
Krausenstraße 56
Kreuzkirche 17
Kreuzkirchhof 17
Kreuzstraße 17
Kriegerstraße 185
Kröpcke 37
Kröpcke-Center 37
Kurt-Schwitters-Platz 70
Königsworther Platz 21
Körtingstraße 198
Küchengarten 93
Laher Kirchweg 174
Laher Wiesen 253
Landwehrstraße 87/88
Lange Laube 21
Langenhagen 254
Langensalzastraße 54
Leibnizhaus 13
Leibniztempel 168
Leibnizufer 27
Leineaue 135
Leinstraße 65
Levesterstraße 122
Lichtenbergplatz 102
Liebermannstraße 225
Lilienstraße 146
Limmerbrunnen 139
Limmerstraße 10/100
Lindener Berg 108
Lindener Marktplatz 102/103
Lindener Mühle 110
Lister Meile 195/196/199
Lister Platz 203
Lister Straße 206
Louisen-Passage 39
Ludwig-Jahn-Straße 241
Lukaskirche 185
Lutherkirche 146
Lärchenstraße 197
Lützekenstraße 231
Marktkirche 11
Markuskirche 203
Martinskirche 108
Maschstraße 52/53
Max Kuhlemann-Platz 245
Menzelstraße 123
Meyers Garten 239
Michaelisfriedhof 123
Michaeliskirche 127
Mittellandkanal 176
Moltkeplatz 204
Mönckebergallee 136
Mühlenberger Markt 129
Münzstraße 21
Nanas 27
Nedderfeldstraße 97

Nienburger Strraße 156
Nordfeldstraße 124
Nordmannpassage 32
Oberstraße 144
Ohedamm 77
Opernplatz 42
Osnabrücker Straße 180
Ostwenderstraße 197
Passerelle 38
Peine 253
Peiner Straße 84
Pelikan-Denkmal 209
Pfarrlandstraße 97
Pferdestraße 15
Podbielskistraße 175/210/211
Pyrmonterstraße 122
Querstraße 88
Raschplatz 193/194
Reitwallstraße 30
Ricklinger Holz 123
Ricklinger Masch 126
Ricklinger Straße 118
Robert-Koch-Straße 221
Rote Reihe 26
Rotermundstraße 190
Rudolf-v.-Bennigsen-Ufer 77/79/80
Röpckestraße 220
Sackmannstraße 133/134
Sallstraße 58/62
Schaperplatz 230
Schaufelder Straße 152/153
Schellingstraße 224
Schillerstraße 33
Schlegelplatz 234
Schlegelstraße 233
Schleiermacherstraße 225
Schlägerstraße 58
Schmiedestraße 10/13
Schnabelstraße 123
Schneiderberg 154/158
Schneller Graben 77
Scholvinstraße 18
Schrebergärten »Lindener Alpen« 111
Schwarzer Bär 105
Schweriner Platz 232/233
Seelhorsterstraße 218
Seilerstraße 57
Seufzerallee 75
Spichernstraße 185
Spilckerstraße 229
Spinnereistraße 95
Spinozastraße 226/227
Sportpark 76
Sprengel-Schokoladenfabrik 152
Springerstraße 122
Stadtfriedhof Ricklingen 123
Stadtfriedhof Seelhorst 91
Stadtfriedhof Stöcken 181
Stadtfriedhof am Lindener Berge 109
Stammestraße 124/127
Steckerstraße 124
Steinhuder Meer 251
Steintor 29/32
Steintorstraße 30
Stelinger Straße 179
Stenhusenstraße 231
Stephansplatz 57
Stephanusstraße 95
Stockhardtweg 134
Stolzestraße 63
Stärkestraße 97
Sutelstraße 175
Theaterplatz 46
Theodor-Heuss-Platz 216
Tieckstraße 233
Trammplatz 67
Vahrenheide Süd-Ost 175
Vahrenwalder Straße 183/187/188/190
Velvetstraße 98
Victoriastraße 10
Vier Grenzen 209
Volkswagen-Werk Stöcken 178
Voßstraße 200
Waldersee-Denkmal 197
Walderseestraße 207
Waldhausenstraße 85
Waldstraße 205/240
Wallmodenstraße 228
Warstraße 145
Waterlooplatz 27
Weberstraße 107
Wedekindplatz 198
Wedekindstraße 198
Weidendamm 148
Weiße-Kreuz-Platz 196
Welfengarten 158
Welfenplatz 185
Werrastraße 90
Widemannstraße 231
Wiehbergstraße 87/90
Wiehbergpark 90
Wilhelm-Blum-Straße 98
Willmer Straße 85
Windheimstraße 100
Wunstorfer Straße 133/134
Wöhlerstraße 205
Wörthstraße 187
Zeppelinstraße 218
Ziegelstraße 87
Zietenstraße 184
Von-Alten-Allee 107
Von-Alten-Garten 107

Bildnachweis:

Edgar Frackmann: S. 11, 13, 15, 21 f., 25 f., 39, 67 f., 73 f.,77,79 f., 183, 185, 187, 189 f., 194 f., 203, 205 f., 237, 240, 244 f.
Landesmedienstelle Hannover: 10, 12, 16 f., 20, 32 f., 35 f., 38 f., 47, 66, 72, 75, 78, 84, 87, 89, 143, 147, 159, 214, 221
Historisches Museum: 12, 46, 55, 144, 152, 154, 186,224, 229 f., 244
Stadtarchiv: 24, 135 f. Hauschild: 41. M. Paysan: 44. Dokumentationsarchiv Freizeitheim Vahrenwald: 184, 189. Sewing: 53. Harald Koch: 57. Klaus Fesche: 54, 56, 59 f., 62. Wolfgang Kaese: 88, 91. Institut für Bau- und Kunstgeschichte: 96. Thomas Neumann: 97, 163, 168 f., 171. Axel Harneit-Sievers: 106 f., 109, 118. Jutta Schiecke: 123, 126, 130, 131. Horst Schweimler: 124 f., 127 f., Gudrun Henke: 204. F. Astholz, Hannover in Wort und Bild: 46. Koberg: 220. Annelene Hoppe: 224. Rainer Fröbe: 223, 225 f., 227 f., 230, 233. Freizeitheim Linden: 229. Friedrich Wilhelm Rogge: 133 f., 137, 139. Forschungsst./Ausstellung: Konzentrationslager Hannover: 138. Ballhause: 142. Claudia Gröschel: 148, 153. Nicolai-Archiv: 173. VW-Archiv 178 f. Herbert Grohe: 218 Repro. Wolfgang Jakob: 238, 241. Erna Plaue: 239. Kielmann: 239. Julius H. Krisan: 247. Knut Dohrmann: 249, Peter Williams: 248
Weitere Fotos wurden aus folgenden Büchern übernommen: Alltag zwischen Hindenburg und Haarmann, Geschichtsinitiative Hannover; Buch der Heimatchronik Hannover; Buschmann; Albersleben/Reuther, Herrenhausen.
Trotz unserer Bemühungen ist es uns nicht in allen Fällen gelungen, die Inhaber der Abdruckrechte ausfindig zu machen.